国际经济合作（第二版）

International Economic Cooperation

卢进勇 杜奇华 杨立强 编著

北京大学出版社
PEKING UNIVERSITY PRESS

图书在版编目(CIP)数据

国际经济合作/卢进勇,杜奇华,杨立强编著. —2 版. —北京:北京大学出版社,2018.7
(21 世纪经济与管理规划教材·国际经济与贸易系列)
ISBN 978-7-301-29641-7

Ⅰ.①国… Ⅱ.①卢… ②杜… ③杨… Ⅲ.①国际合作—经济合作—高等学校—教材 Ⅳ.①F114.4

中国版本图书馆 CIP 数据核字(2018)第 125508 号

书　　　名	国际经济合作 (第二版) GUOJI JINGJI HEZUO
著作责任者	卢进勇　杜奇华　杨立强　编著
责任编辑	杨潇宇　刘　京
标准书号	ISBN 978-7-301-29641-7
出版发行	北京大学出版社
地　　　址	北京市海淀区成府路 205 号　100871
网　　　址	http://www.pup.cn　　新浪微博:@北京大学出版社
电子信箱	em@pup.cn
电　　　话	邮购部 62752015　发行部 62750672　编辑部 62752926
印　刷　者	三河市博文印刷有限公司
经　销　者	新华书店
	787 毫米×1092 毫米　16 开本　22.5 印张　532 千字 2013 年 1 月第 1 版 2018 年 7 月第 2 版　2021 年 12 月第 3 次印刷
印　　　数	8001—11000 册
定　　　价	49.00 元

未经许可,不得以任何方式复制或抄袭本书之部分或全部内容。
版权所有,侵权必究
举报电话:010-62752024　电子信箱:fd@pup.pku.edu.cn
图书如有印装质量问题,请与出版部联系,电话:010-62756370

丛书出版前言

作为一家综合性的大学出版社,北京大学出版社始终坚持为教学科研服务,为人才培养服务。呈现在您面前的这套"21世纪经济与管理规划教材"是由我国经济与管理领域颇具影响力和潜力的专家学者编写而成,力求结合中国实际,反映当前学科发展的前沿水平。

"21世纪经济与管理规划教材"面向各高等院校经济与管理专业的本科生,不仅涵盖了经济与管理类传统课程的教材,还包括根据学科发展不断开发的新兴课程教材;在注重系统性和综合性的同时,注重与研究生教育接轨、与国际接轨,培养学生的综合素质,帮助学生打下扎实的专业基础和掌握最新的学科前沿知识,以满足高等院校培养精英人才的需要。

针对目前国内本科层次教材质量参差不齐、国外教材适用性不强的问题,本系列教材在保持相对一致的风格和体例的基础上,力求吸收国内外同类教材的优点,增加支持先进教学手段和多元化教学方法的内容,如增加课堂讨论素材以适应启发式教学,增加本土化案例及相关知识链接,在增强教材可读性的同时给学生进一步学习提供指引。

为帮助教师取得更好的教学效果,本系列教材以精品课程建设标准严格要求各教材的编写,努力配备丰富、多元的教辅材料,如电子课件、习题答案、案例分析要点等。

为了使本系列教材具有持续的生命力,我们将积极与作者沟通,争取每隔三年左右对教材进行一次修订。无论您是教师还是学生,在使用本系列教材的过程中,如果发现任何问题或者有任何意见或者建议,欢迎及时与我们联系(发送邮件至em@pup.cn)。我们会将您的宝贵意见或者建议及时反馈给作者,以便修订再版时进一步完善教材内容,更好地满足教师教学和学生学习的需要。

最后,感谢所有参与编写和为我们出谋划策提供帮助的专家学者,以及广大使用本系列教材的师生,希望本系列教材能够为我国高等院校经管专业教育贡献绵薄之力。

北京大学出版社
经济与管理图书事业部

21世纪经济与管理规划教材

国际经济与贸易系列

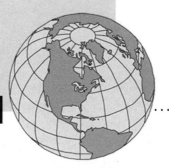

第二版前言

当前的国际经济活动除了很早就受到经济学家重点关注和研究的国际贸易活动外,还包括各种方式的国际经济合作活动,如国际直接投资、国际间接投资、国际工程承包、国际劳务合作、国际技术贸易、国际发展援助、国际租赁活动以及除国际货物贸易以外的其他各种国际经济业务。随着经济全球化的不断发展,以生产要素的跨境直接移动和重新组合配置为本质特征的国际经济合作活动在全球经济和社会发展中的地位越来越重要,作用也越来越突出。

改革开放以来,作为全球最大的发展中国家,中国的对外经济合作活动得到了迅猛发展。当前,中国已经成为世界上最大的资本输入和输出国之一,拥有众多世界级的工程承包商,不断快速推进技术贸易、发展援助、国际租赁等经济合作活动,并深度参与双边、区域和多边等各层次的国际经济协调。

为了及时地反映各种方式的国际经济合作活动的发展状况,更好地指导国际经济合作实践,我们修订了《国际经济合作》这本教材。本书在基本保持了第一版教材章节框架的基础上,全面更新了全书所用的数据,增补了涉及的政策法规,更新和调整了引导案例和课后案例。本书基本上每章都增加了一到两个阅读专栏,进一步为读者提供了阅读材料。

本书第二版修订由卢进勇教授和杨立强副教授共同完成。感谢北京大学出版社李娟编辑的中肯建议和大力支持!限于编者的学术水平和实际经验,书中难免存在不足和错误之处,恳请各位专家和广大读者不吝赐教。

编 者
2018 年 1 月 28 日

21世纪经济与管理规划教材

国际经济与贸易系列

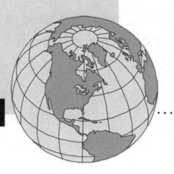

第一版前言

近年来,在世界范围内跨境贸易流、资金流、信息流、人才流汇成了一股经济全球化和区域经济一体化的大潮,而在这股大潮下涌动着的却是各种物化在商品中的或者直接移动的诸如资本、技术、劳动力等各种生产要素。国际经济合作就是研究资本、技术、劳动力和经济信息等生产要素在国际间的直接移动与重新合理组合配置的问题,而在形式上主要表现为国际货物贸易以外的其他各种国际经济业务和交往方式。各种生产要素的国际直接移动推动了国际经济关系由传统的国际贸易领域深入到生产领域,而国际生产分工与合作的发展反过来又催生了生产要素更频繁、更大规模的跨境直接移动,从而使得各国(地区)间的经济联系越来越紧密,国际经济交流越来越频繁,国际经济交往方式也越来越多样化。

伴随着中国开放型经济的深入发展,中国经济的开放度不断提高,我们不仅要"引进来",还要"走出去",不仅要大力发展对外贸易业务,还要大力发展对外经济合作业务。目前,国际经济合作业务涉及的范围包括国际直接投资、国际间接投资、跨国公司、利用外资与海外投资、国际工程承包、国际劳务合作、国际发展援助、国际技术贸易、项目可行性研究、国际租赁和国际税收等。国际经济合作既是一项新的业务,也是一门新的学科课程。本书既研究和分析了国际经济合作的理论、政策与主要方式,也介绍了各类国际经济合作业务的操作知识。

本书由对外经济贸易大学卢进勇教授、杜奇华教授和杨立强副教授共同编著,各章的具体分工是:卢进勇负责编写第一章、第二章、第三章、第十二章和第十三章,卢进勇、杨立强负责编写第四章和第五章,杜奇华、杨立强负责编写第六章和第七章,杜奇华负责编写第八章、第九章、第十章和第十一章。在编写本书过程中,王勇、于峰、赵囡囡、郜志雄、黄珊珊、闫实强、李锋、李秀娥、温丽琴、张超、陈静、裴秋蕊、邹赫、邵海燕、田云华等协助收集了一些案例资料,在此表示诚挚的感谢。

本书既适合作为高等院校涉外经济、贸易、金融、管理、法律等专业学生的教材,也适合相关企业与政府管理部门进行人员培训时使用。我们衷心希望本书的出版能为国际经济合作课程的教学和国际经济合作事业的发展添砖加瓦。限于编者的学术水平和实际经验,书中难免存在不足和错误之处,恳请各位专家和广大读者不吝赐教,以便今后修订时更正。

编 者
2012 年 7 月

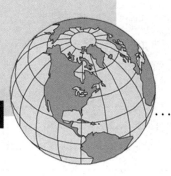

目 录

第一章　国际经济合作总论 …………………………………………… 1
　第一节　国际经济合作的概念 ………………………………………… 2
　第二节　国际经济合作的类型与方式 ………………………………… 3
　第三节　国际经济合作的产生与发展 ………………………………… 5
　第四节　生产要素的国际移动与国际经济合作 ……………………… 8

第二章　国际直接投资 …………………………………………………… 21
　第一节　国际直接投资的概念与形式 ………………………………… 22
　第二节　国际直接投资的动机与理论 ………………………………… 25
　第三节　跨国并购 ……………………………………………………… 41
　第四节　国际直接投资环境与环境评估方法 ………………………… 46
　第五节　世界贸易组织与多边投资协定 ……………………………… 54
　第六节　国际直接投资协调 …………………………………………… 67

第三章　跨国公司 ………………………………………………………… 73
　第一节　跨国公司概述 ………………………………………………… 74
　第二节　跨国公司的组织形式 ………………………………………… 82
　第三节　服务业跨国公司 ……………………………………………… 86
　第四节　跨国公司与国际技术转让 …………………………………… 89

第四章　中国利用外商直接投资 ………………………………………… 96
　第一节　中国利用外商直接投资的发展历程和作用 ………………… 97
　第二节　中国利用外商直接投资的方式 ……………………………… 102
　第三节　中国利用外商直接投资的一些政策法律规定 ……………… 110

第五章　中国对外直接投资 ……………………………………………… 125
　第一节　实施"走出去"战略与企业对外直接投资 ………………… 126
　第二节　中国企业对外直接投资的发展、特点与可能性 …………… 128

第三节　中国对外直接投资的管理 …………………………………………………… 135
　　第四节　企业国际竞争力与对外直接投资 …………………………………………… 137
　　第五节　中国海外企业经营当地化 …………………………………………………… 144

第六章　国际间接投资 …………………………………………………………………… 149
　　第一节　国际证券投资概述 …………………………………………………………… 150
　　第二节　国际债券投资 ………………………………………………………………… 157
　　第三节　国际股票投资 ………………………………………………………………… 163
　　第四节　投资基金 ……………………………………………………………………… 169
　　第五节　中国证券市场 ………………………………………………………………… 180

第七章　国际技术贸易 …………………………………………………………………… 190
　　第一节　国际技术贸易概述 …………………………………………………………… 191
　　第二节　国际技术贸易内容 …………………………………………………………… 194
　　第三节　国际技术贸易方式 …………………………………………………………… 203
　　第四节　国际技术贸易价格与税费 …………………………………………………… 206
　　第五节　知识产权及其保护 …………………………………………………………… 208
　　第六节　保护知识产权的国际公约 …………………………………………………… 213
　　第七节　中国对外技术贸易管理 ……………………………………………………… 217

第八章　国际工程承包与劳务合作 ……………………………………………………… 223
　　第一节　国际工程承包概述 …………………………………………………………… 224
　　第二节　招标与投标 …………………………………………………………………… 228
　　第三节　国际工程承包合同与施工管理 ……………………………………………… 232
　　第四节　国际工程承包的银行保函 …………………………………………………… 239
　　第五节　国际工程承包的施工索赔与保险 …………………………………………… 240
　　第六节　国际劳务合作 ………………………………………………………………… 245
　　第七节　中国对外承包工程与劳务合作 ……………………………………………… 251

第九章　国际租赁 ………………………………………………………………………… 259
　　第一节　国际租赁概述 ………………………………………………………………… 260
　　第二节　国际租赁方式 ………………………………………………………………… 263
　　第三节　国际租赁合同 ………………………………………………………………… 268
　　第四节　国际租赁机构及实施程序 …………………………………………………… 272
　　第五节　中国的融资租赁业 …………………………………………………………… 274

第十章　国际发展援助 …………………………………………………………………… 281
　　第一节　国际发展援助概述 …………………………………………………………… 282
　　第二节　联合国发展系统的援助 ……………………………………………………… 289

第三节　世界银行贷款 …………………………………………… 293
　　第四节　政府贷款 ………………………………………………… 298
　　第五节　主要发达国家的对外发展援助 ………………………… 301
　　第六节　中国与国际发展援助 …………………………………… 306

第十一章　可行性研究与资信调查 ………………………………… 314
　　第一节　可行性研究的概念与阶段划分 ………………………… 315
　　第二节　可行性研究的实施 ……………………………………… 319
　　第三节　资信调查 ………………………………………………… 321

第十二章　国际税收 ………………………………………………… 329
　　第一节　国际税收概述 …………………………………………… 330
　　第二节　国际避税方法与国际反避税措施 ……………………… 334
　　第三节　中国的外商投资企业税收制度 ………………………… 341

主要参考文献 ………………………………………………………… 345

专业名词中英文汇编 ………………………………………………… 348

21世纪经济与管理规划教材
国际经济与贸易系列

第一章

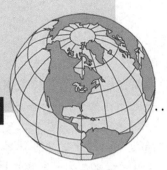

国际经济合作总论

【教学目的】

通过本章学习,学生将能够:
1. 了解国际经济合作的类型及生产要素分析的历史发展;
2. 熟悉生产要素的国际移动与国际经济合作的内在联系;
3. 掌握国际经济合作的概念及国际经济合作的方式。

【关键术语】

生产要素　　　　　　　　　　　生产要素的国际移动
生产要素禀赋　　　　　　　　　国际经济合作
生产要素的非同一性

【引导案例】

某电工集团自创业以来发展迅速,在大力推动线缆和变电设备产品外销的同时还在东南亚地区投资1 000万美元建立线缆厂以实现"当地生产,当地销售",同时依托自身变电设备的技术优势和工程承包实力在当地承揽了电厂工程建设项目,为此还将该公司成熟的变电设备制造技术转让给了当地合作伙伴,并为当地主要客户提供设备融资租赁服务。经过几年的发展和积累,该公司已经发展成为一家以变电设备制造、销售和工程承包为主的跨国公司。目前,该集团公司为进一步扩大海外业务,正在寻求在香港证券交易所上市融资。该电工集团在海外业务中有哪些属于本书将要探讨的国际经济合作活动?

第一节　国际经济合作的概念

一、国际经济合作的概念

国际经济合作是指世界上不同国家(地区)政府、国际经济组织和超越国家界限的自然人与法人为了共同利益,在生产领域和流通领域(侧重生产领域)内所进行的以生产要素的国际移动和重新合理组合配置为主要内容的较长期的经济协作活动。

国际经济合作与世界经济、国际贸易等相关学科一样,是研究国际经济关系的学科之一,但各自研究的重点不同。国际经济合作着重研究国家间在生产领域所进行的经济协作活动,即发生在生产领域中的以生产要素国际移动为本质内容的经济关系的特点和规律。

二、国际经济合作的含义

国际经济合作具有以下几个方面的含义:

(1) 国际经济合作的主体是不同国家(地区)政府、国际经济组织和各国的企业与个人。它们之间的合作超越国界,不同于国内各地区间的自然人、法人(企业或经济组织)和各级政府的经济协作。国际经济合作所涉及的政治风险、文化背景、国家法律、管理条件等都远比国内地区间的经济协作复杂。

(2) 开展国际经济合作的基本原则是平等互利。在国际经济合作的过程中,不论国家大小强弱,企业规模如何,它们的地位是平等的,都有享受合作的利益的权利。因此,国际经济合作不同于历史上宗主国对殖民地附属国的掠夺、侵略与剥削,也有别于在不平等条约下国与国之间的经济活动,它是随着殖民体系全面崩溃而发展起来的新的经济范畴。

(3) 国际经济合作的范围主要是生产领域。随着科学技术和生产力的发展,国家间的经济联系不断加强,世界经济日趋一体化。过去的那种仅发生在流通领域的国际经济联系方式已经不能完全适应科技进步和生产力发展的需要,现代化的大生产要求在全球范围内实现生产资源和要素的最优配置,以取得最佳的经济效益。国际经济合作就是这种要求在经济领域中的反映。

(4) 国际经济合作的主要内容是不同国家生产要素的优化组合与配置。由于各国的自然条件和经济发展水平的不同,各国所拥有的生产要素存在着一定的差异,包括质量上和数量上的差异。只有将不同国家的优势生产要素结合起来,才能更快地发展经济。通过国际经济合作,各国可以输入自己经济发展所必需而又稀缺的各种生产要素,输出自己具有优势的或者多余的生产要素,从而实现生产要素的优化组合,使各国的生产要素充分发挥作用,优势互补,推动各国生产力的发展。

(5) 国际经济合作是较长期的经济协作活动。传统的国际贸易活动一般都是就某些商品的交易进行磋商,达成协议并签订合同后,卖方负责备货交货,买方则验收付款,货款两讫后,买卖双方的权利与义务即告结束,合同即告终止,此笔交易也告完成。每笔交易持续的期限一般都不长。国际经济合作要求合作各方建立一种长期、稳定的协作关系,共同开展某些经济活动,因此,国际经济合作活动的周期一般比较长,有些项目的合作周期可能长达数十年。而且,国际经济合作的方式也比国际贸易更为灵活多样。由于合作的时间长,一般来讲其风险也比较大。

第二节 国际经济合作的类型与方式

一、国际经济合作的类型

国际经济合作的内容十分丰富,从不同的角度可以把国际经济合作划分成不同的类型。目前,人们一般认为国际经济合作应包括以下几种类型:

1. 广义国际经济合作与狭义国际经济合作

广义国际经济合作是指除国际贸易以外的国际经济协作活动。狭义国际经济合作则仅指国际工程承包与劳务合作和对外经济援助。我们着重研究的是广义的国际经济合作。

2. 宏观国际经济合作与微观国际经济合作

宏观国际经济合作是指不同国家政府之间以及不同国家政府同国际经济组织之间通过一定的方式开展的经济合作活动。微观国际经济合作是指不同国籍的自然人和法人之间通过一定方式开展的经济活动,其中主要是指不同国家的企业或公司间的经济合作活动。宏观国际经济合作对微观国际经济合作的主体、范围、规模和性质有较大的影响,宏观国际经济合作服务于微观国际经济合作,多数形式的宏观国际经济合作最终都要落实到微观国际经济合作上来,微观国际经济合作是宏观国际经济合作的基础。

3. 多边国际经济合作与双边国际经济合作

多边国际经济合作是两个以上的国家政府之间以及一国政府与国际经济组织之间所进行的经济合作活动。多边国际经济合作又可分为全球多边与区域多边两种具体类型。双边国际经济合作是指两国政府之间进行的经济合作活动。多边国际经济合作与双边国际经济合作一般都属于宏观国际经济合作的范围。

4. 垂直型国际经济合作与水平型国际经济合作

垂直型国际经济合作是指经济发展水平差距较大的国家之间所开展的经济合作活动。水平型国际经济合作是指经济发展水平较接近的国家之间所开展的经济合作活动。垂直型和水平型国际经济合作一般都包括宏观与微观的国际经济合作。

二、国际经济合作的方式

国际经济合作的内容十分丰富,方式多种多样,主要方式有:

(1) 国际工程承包。其具体形式包括总包、单独承包、分包、二包、联合承包和合作承包等。国际工程承包业务涉及的范围比较宽,不仅涵盖工程设计和工程施工,还包括技术转让、设备供应与安装、资金提供、人员培训、技术指导和经营管理等。

(2) 国际劳务合作。主要包括直接境外形式的劳务合作和间接境内形式的劳务合作。具体形式有劳务人员(劳动力)的直接输出和输入、国际旅游、国际咨询、服务外包以及加工贸易中的一些业务环节等。

(3) 国际技术合作。包括有偿转让和无偿转让两个方面。有偿转让主要是指国际技术贸易。国际技术贸易所采取的形式有许可证贸易(分为专利、商标和专有技术许可等)、技术服务、合作生产或合资经营中的技术转让、工程承包或补偿贸易中的技术转让等。无偿转让一般以科技交流和技术援助的形式出现。

(4) 国际发展援助。主要包括对外援助和接受国外援助两个方面,具体形式有财政援助、技术援助、项目援助、方案援助、智力援助、成套项目援助、优惠贷款、援外合资合作等方式。

(5) 国际直接投资。包括一个国家引进的其他国家的直接投资和在其他国家进行的直接投资。其具体方式有中外合资企业、中外合作企业、外资企业、外商投资股份有限公司、中外合作开发、境外投资企业、境外加工贸易企业、境外研发中心、境外并购、非股权投资等。

(6) 国际间接投资。主要包括国际证券投资和国际信贷投资两种方式。具体形式包括发行国际债券、境外发行股票、外国政府贷款、国际金融组织贷款、国际商业银行贷款、出口信贷、混合贷款、吸收外国存款、项目融资、国际风险投资以及国际租赁信贷等。

(7) 其他方式。包括双边与多边(分为全球多边和区域多边)经贸合作、国际经济政策的协调与合作、国际土地合作(具体有对外土地出售、土地出租、土地有偿定期转让、土地入股、土地合作开发等)、国际经济信息合作、国际经济管理合作等。

案例讨论 中国石油工程建设(集团)公司开展国际经济合作业务

在1998年年初,中国石油工程建设(集团)公司通过参与国际公开招标,总承包了苏丹油田生产设施项目。该项目设计年原油生产能力近1 000万吨,工程主要包括一个中心处理厂,五个集油站,90公里长、20英寸原油集输管线,108公里长、33千伏的高压输电线路,66套井口设施以及144公里井口管线,合同总金额1.9亿美元,工期18个月。由于自然环境差、工期紧以及当地配套设施落后,该项目可谓困难重重。不过中国石油工程建设(集团)公司通过科学组织、严格管理、精心施工和顽强拼搏,最终按时保质地完成了该工程。苏丹油田生产设施项目的成功,为公司更好地扩展国际市场、进行广泛的国际经济合作打下了坚实的基础。

【思考与讨论】

1. 上述国际经济活动属于哪种方式的国际经济合作?该种方式的国际经济合作主要涉及哪些生产要素的国际转移?

2. 除了上述方式之外,国际经济合作还有哪些方式?请举例说明。

第三节　国际经济合作的产生与发展

一、国际经济合作是一个历史性的经济范畴

国际经济合作是在传统的国际经济联系形式的基础上产生和发展起来的,是国际经济关系在一定的历史条件下存在的方式。所以,国际经济合作是一个历史性的经济范畴,它的产生与发展有着深刻的经济、科技和社会历史原因。

在第二次世界大战以前的传统国际分工格局中,商品贸易是国际经济联系的最主要形式,国际间生产要素直接转移的地位并不重要。各国所具有的生产要素优势主要以商品贸易为中间载体和媒介进行间接转移,即由各国发展具备相对优势的商品的生产,向其他国家出口这种商品;同时,进口本国处于相对劣势的商品。在这种国际分工的状况下,各国的生产要素主要是在国内进行直接的自由流动,而在各国之间没有实现完全直接的自由转移。因此,在第二次世界大战以前,国际经济合作只是处于萌芽状态。

在第二次世界大战后,国际经济联系发生了一系列的变化,出现了一些新的联系形式,各国在更广泛的领域内进行合作,以国际间生产要素的转移为主要内容的国际经济合作活动,已发展成为当代世界经济和国际经济关系中一个非常重要的领域。真正意义上的国际经济合作是在第二次世界大战以后产生和发展起来的,主要动因包括：

（1）第三次科学技术革命的出现及其影响。第三次科学技术革命的成果在生产中运用后,出现了大量"技术密集型"的产品,而且技术商品化的形成又催生了新的独立的生产要素市场——技术市场。在资本、劳动力、土地资源等其他生产要素中,技术的作用也越来越明显,使科学技术成为影响一国生产力水平的最重要的因素。第三次科学技术革命对国际生产、国际通信和国际运输产生了深远的影响,使不同国家在生产领域进行广泛的合作成为可能,为生产要素在国家间直接转移和重新组合配置提供了必要的条件和实际内容。因此,第三次科技革命的出现是国际经济合作在第二次世界大战后产生与发展的直接动因。

（2）跨国公司的大发展。第二次世界大战以后,跨国公司取得了长足的发展。跨国公司与其子公司、分公司之间以及与其他国家的企业之间的生产投资和经济技术活动日益增加。跨国公司有力地促进了各国在生产领域的合作与国际化,它们是开展国际经济合作和生产要素国际移动的重要主体。

（3）第二次世界大战以后国际分工的新变化。国际分工是国际经济关系的具体体现。第二次世界大战以后,世界经济进入了一个全新的发展阶段,国际分工有了新的变化,出现了一些新的特征：第一,国际分工产生的基础发生了变化。第二次世界大战前国际分工产生的基础主要是自然条件,而第二次世界大战后尽管自然条件对国际分工仍有重要的影响,但其产生的主要基础已经变为科学技术水平和由此决定的一国的综合竞争力。第二,国际分工的地域和范围不断扩大。国家间的经济联系进一步加强,几乎所有的国家和地区都被纳入当代国际经济的体系中来,自觉或不自觉地参与了国际分工。第三,国际分工的深度进一步发展。国际分工已由部门间发展到部门内和公司内,而且还出现了国与国之间在不同产品、不同零部件和不同生产工艺流程方面的分工,即实现了按产品、按规格型号、按零部件、按生产工艺流程的国际分工。各国的直接生产过程成为统一

的世界生产过程的组成部分。与此相适应,各类生产要素不断地在国家间转移与重新组合配置,出现了各国在生产领域中进行国际商务合作的各种方式。第四,混合型国际分工成为国际分工的主要类型。第二次世界大战后,虽然垂直型和水平型国际分工都存在,但居于主导地位的则是二者结合而成的混合型国际分工。第五,国际分工的性质也发生了改变。由于第二次世界大战后世界政治经济格局发生了重大变化,广大发展中国家纷纷独立,国际分工的性质也由第二次世界大战前那种极不平等的分工变成了基本平等的分工。

(4) 经济生活国际化和国家间相互依赖的加强。进入20世纪50年代以后,世界经济的一个重大特点就是经济生活国际化趋势和相互依赖关系的迅速发展与加强。经济生活国际化是生产力发展的直接结果,是世界各国和地区经济生活社会化、生产专业化协作发展超越本国界限而实行国际安排的表现。正是生产力这一最活跃、最革命的因素地不断发展,推动生产的社会化超出了一个地区、一个国家,进而把现代社会的整个经济生活推向了国际化。经济生活国际化具体表现为生产国际化、市场国际化、资本国际化、金融国际化、科技国际化和经济调节国际化等方面。经济生活国际化不仅强化了国家之间在经济技术领域的相互依赖,使全球经济融合为一个难以分割的整体,而且也使国家之间在经济协调领域的相互依赖加深。任何国家都不可能在封闭状态下求得发展,任何国家的经济活动必然会以某种渠道或某种方式"传递"到其他国家,同时也接受其他国家对自己"传递"的影响。近年来,经济生活国际化进一步发展到经济全球化,各种商品和生产要素在全球范围内大规模地流动与配置,跨越国界的经济活动日益增加,各国经济在各个层面上进一步相互渗透、融合与依存。经济生活国际化和国家间的经济依赖加强成为当代世界经济发展的主要趋势之一,也是推动国际经济合作发展的重要动因。

二、国际经济合作的发展趋势

国际经济合作的开展,能够推动各国经济的发展,提高居民的福利水平,并能在某些方面发挥国际贸易难以发挥的作用。国际生产要素市场的状况也会对国际经济合作的开展产生一定的影响。国际经济合作今后主要的发展趋势有:

(1) 竞争更加激烈。国际经济合作领域同国际贸易领域一样存在着激烈的竞争,今后这种竞争将呈现加强的势头。当前的资本要素市场是买方竞争,众多的国家都在想方设法地吸引更多的资本流入国内;劳动力要素市场则是卖方竞争,劳动力输出国之间为争夺劳务市场而展开的竞争丝毫不亚于为争夺有形商品市场而展开的竞争。

(2) 集团化。由于生产要素移动趋向集团化,各经济集团内部国家之间以及经济集团与经济集团之间的经济合作业务将会有所增加。国际经济合作中出现的集团化趋势实际上是发达国家之间经济合作加强的表现,因为目前发展层次较高的区域经济一体化经济集团主要集中在发达的资本主义国家。

(3) 经济合作形式多样化。形式是为内容服务的,国际经济合作的形式将随着国际经济合作业务内容的发展而不断多样化。近年来在国际经济合作中出现的新形式主要有:非股权形式的国际投资、BOT投资方式、联合研究与开发新技术或新产品、带资承包工程、带资移民、劳务支付形式的补偿贸易、对外加工装配等形式的境内国际劳务合作、跨国性经济特区等。

(4)经济政策协调经常化、制度化。国际间经济政策的协调属于宏观国际经济合作。国与国之间经济依赖的加强以及为保障和推动生产要素国际移动更顺利地进行,需要加强国际经济政策协调。现在,世界贸易组织(以下简称世贸组织)成员之间、八国集团之间、欧盟成员国之间、发展中国家之间以及在联合国内进行的发达国家与发展中国家之间的经济政策协调日趋频繁,并且正在向定期化和制度化方向发展。

三、国际经济合作的意义和作用

国际经济合作的开展打破了以商品贸易为主的国际经济交往的格局,为国际经济联系增添了新的内容。国际经济合作的开展不仅会对直接参加合作的各国经济起到积极作用,而且会对整个世界经济的发展产生良好影响。国际经济合作的作用主要表现在以下几个方面:

(1)加强各国的生产国际化和经济国际化。由于国际经济合作是各国间重点在生产领域开展的较长期的经济协作活动,也是各国在生产领域的相互结合,即生产的直接国际化,这就大大扩展了生产力发展的空间,使世界经济由传统的以世界市场为主要特征的时代演变成以世界工厂为主要特征的时代。

(2)提高要素的使用效率和要素收益。生产要素由闲置或过剩的国家流向短缺的国家,由价格低、报酬低的国家流向价格高、报酬高的国家,实际上也就是由使用效率低的国家流向使用效率高的国家,这样可以提高要素的使用效率和收益。一个国家可以通过输出本国相对充裕或处于闲置或半闲置状态的生产要素而为本国带来比较利益和绝对利益。

(3)直接实现各国在生产要素的数量、质量和种类方面的互补。通过国际经济合作,能够实现各国在生产要素方面的互通有无,促进生产要素在国家间的优化配置,使各国获得在生产中所必需但又缺少的生产要素,使各个国家的经济发展能够突破本国生产要素禀赋的制约。例如,某种产品的生产需要甲和乙两种生产要素。如果甲国拥有较多的甲种生产要素而不具备乙种生产要素,乙国拥有较多的乙种生产要素而不具备甲种生产要素,在不存在生产要素流动的条件下,甲、乙两国都不具有生产该种产品的能力;而通过国际贸易,甲、乙两国是不能生产该种产品的;只有甲、乙两国开展国际经济合作,甲国向乙国输出甲种生产要素,乙国向甲国输出乙种生产要素,甲、乙两国才都具备该种产品的现实生产能力。通过开展国际经济合作输入本国稀缺的生产要素,实现生产要素的国际集合,可以为各国进行规模经济生产创造条件。规模经济的发展可以提高劳动生产率,降低产品的生产成本,扩大产品的销售市场,使产品的质量和竞争力提高,从而获得规模经济效益。

(4)促使生产要素价格在世界范围内出现均等化的趋势。根据"赫克歇尔—俄林—萨缪尔森定理"(简称 H-O-S 定理),如果各国都以自己的要素禀赋比率和要素价格比率的差距为基础来进行商品的生产和贸易,将会使贸易前相对充裕的要素价格上升,贸易前相对稀缺的要素价格下跌,从而逐渐地达到要素价格的国际均等化。这是在分析各国之间若进行自由贸易,进行以进出口商品为载体的要素间接移动所导致的结果。进行生产要素的直接移动更会导致生产要素的价格在世界范围内出现均等化的趋势。但是,这仅仅是一个趋势,各国之间要素价格的完全均等化是可望而不可即的,因为各国政府或多或少都会对要素的国际移动施加限制,况且市场上的要素价格也会因各种因素的影响而变动不停。

(5)扩大国际贸易的数量和范围,影响和改变国际贸易的流向。从动态和实际业务工作的角度来看,生产要素的国际移动将会给国际贸易带来多方面的积极影响:其一,资本和技术要素的国际移动会导致机器设备和原材料等资本货物类商品的国际贸易的增加;其二,一国把从国外输入的生产要素投入出口产品生产企业或出口产业部门,会推动该国出口贸易的扩大;其三,国际工程承包业务的开展会带动和扩大与此相关的设备材料等商品的进出口;其四,生产要素国际移动数量的增加还意味着世界服务贸易(无形贸易)规模的扩大。生产要素的国际移动,特别是以直接投资形式出现的资本要素的国际移动,可以突破贸易保护主义的限制,实现国外生产国外销售,从而使国际贸易的商品流向发生改变。

(6)生产要素的国际移动会导致某些出口产业的国际转移和某些进口替代产业的加速建立,改变一些国家参与国际分工的态势。众所周知,劳动密集型出口产业总是呈现出从劳动费用高的国家向劳动费用低的国家进行"候鸟式"转移的特征。20世纪50年代劳动密集型产业由欧美转移到日本,60年代开始转移到亚洲"四小龙",80年代移向泰国、马来西亚等东盟国家和中国东南沿海地区。近年来,日本等发达国家开始向国外转移一些资本密集型产业。任何产业的国际转移都包含着一部分资金、技术等生产要素的国际转移,也就是说,它们是通过生产要素的国际移动实现的。出口产业的国际间转移,必然会使相关国家的出口产业结构、出口企业组织结构和出口商品结构发生变化,从而改变这些国家在国际分工中的地位。从另一个角度来看,一国要加速本国进口替代产业的发展,就必须采用开放式的进口替代发展战略,通过输入国外的生产要素促进本国进口替代产业与产品的发展,从而实现本国产业结构的高级化和现代化。

(7)国家间的经济协调行动为世界各国的经济发展提供了良好的外部条件。国家间在政策方面进行协调,发展区域合作和跨区域合作是战后国际经济合作的重要内容和主要特征之一。第二次世界大战以后,国家间在经济上的协调包括经济发展水平相近或差距较大的国家间的协调、区域性经济组织、跨区域性经济组织所进行的协调等多种形式。国际经济协调有利于克服国际经济的矛盾和纠纷,解决国际经济中的不平衡现象,进而有利于各国之间开展各种形式的国际经济合作。

第四节　生产要素的国际移动与国际经济合作

一、生产要素的概念和种类

从一定角度来讲,生产要素分析是经济学的一个重要基础。对于如何理解生产要素这一概念以及生产要素包括哪些主要内容,国内外经济学界存在着不同的看法。较具代表性的观点有五种:第一种观点认为,生产要素是指用于商品和劳务生产的经济资源,通常分为土地、劳动和资本。第二种观点认为,生产要素是指用于生产过程的社会资源,通常包括土地、劳动、资本和企业家才能。这个解释与西方经济学教科书的解释基本相同。第三种观点认为,生产要素是进行物质资料生产所必须具备的条件,即劳动者和生产资料。这个解释多见于中国的政治经济学教科书中。第四种观点是我国经济学界在研究生产力系统的构成因素时提出的,这种观点认为,生产力因素是社会生产力的细胞形态,是生产力经济学的逻辑起点。但是,在分析生产力具体由哪些因素构成时,却存在着"七要素论"和"九要素论"的争论。"七要素论"者认为,生产力的构成因素包括劳动者、劳动资料、劳动对象、科学技术、生产管理、经济信息和现代教育。"九要素论"者则认为生产力的构成因素有九个,即劳动者、生产工具、能源设施、基础设施、材料、科学技术、生产信息、现代教育和生产管理。第五种观点是中国实务经济界在解决企业兼并和产权转让等现实问题时提出的。这种观点认为,生产要素包括人员、资金、土地、固定资产、物资、技术、信息、管理和经营权等。

以上我们分别介绍了中外经济学界对生产要素概念和内容的不同解释。第一种观点提出的是三要素,第二种观点提出的是四要素。这两种观点侧重于从使用价值的创造和具体生产过程的角度来分析生产要素,基本上反映的是西方经济理论界较传统的认识,对第二次世界大战后提出的新生产要素(人力资本要素、研究与开发要素、规模经济要素和信息要素等)则未加以分析概括。第三种观点实际上是我国政治经济学界对生产要素的解释,是从人类社会生产最基本和最一般的条件的角度所下的定义,因此比较抽象。第四种观点对现代化大生产条件下的生产力构成情况进行了分析,虽然比较具体,但对于要素内容的概括有些过宽,在理论渊源上与第三种观点有联系。第五种观点则完全是从实际经济活动过程来概括生产要素的内容。后三种观点在一定程度上反映了我国经济理论界和实际经济部门对生产要素概念和内容的认识。

借鉴以上几种观点的长处,并结合对国际经济合作实际业务的理论分析,我们认为应当把生产要素定义为:使具体的生产过程得以正常进行所必需的各种物质条件和非物质条件。生产要素通常包括资本、劳动力、技术、土地、经济信息和经济管理六种。其中,资本是指通过直接和间接的形式最终投入产品生产过程的资本货物(指机器设备、厂房建筑物和原材料等)和金融资产(指股票、债券和借款等)。劳动力是指可用于生产过程的一切人力资源,不仅包括体力劳动者,也包括脑力劳动者。劳动力与劳动是两个关系密切但又有区别的概念,劳动是劳动力的使用和消费,即人们在生产中付出体力和智力的活动。技术是指制造某项产品、应用某项工艺或提供某项服务的系统知识。技术要素的表现形态可以是文字、表格、数据、配方等有形形态,也可以是实际生产经验、个人的专门技能等无形形态。土地是一个广义的概念,不仅包括土地本身,还包括地下的矿藏和地上的自然资源。经济信息要素是指与产品生产、销售和消费直接相关的消息、情报、数据和知识等。经济信息是经济运动过程中各种发展变化和特征的真实反映,它具有可传递性、可再生性、可处理性、可贮存性和可共享性等特征。经济管理要素又称生产组织要素或企业家才能要素,是指人们为了生产和生活的需要而对经济活动过程的一种自觉的控制,即通过计划、组织、指挥、监督等手段,使生产过程中的各种生产要素在时间、空间、种类和数量上组成更为合理的结构,实现最佳效益生产。经济管理的主要职能是决策和协调。

二、生产要素国际移动的原因

由于制约和影响生产要素国际移动的因素较多,对生产要素国际移动原因的分析就较为复杂和困难。从输出方和输入方的不同角度进行分析所得出的原因同对一个国家(地区)的不同时期进行分析所得出的原因都会是不相同的。但一般而言,导致生产要素国际直接移动的具体原因主要有:各国(地区)间生产要素禀赋的差异性、各国(地区)间经济发展水平的不平衡性和各国(地区)政府的干预。

(一) 各国(地区)间生产要素禀赋的差异性

由于受到自然地理条件、经济发展水平和科学技术发展速度等因素的影响,各国(地区)间的生产要素存在着较大的差异。这种差异性主要表现在以下几个方面:

1. 各国(地区)间资本要素的差异

各国(地区)间资本要素的差异性主要是由历史的原因和经济与科技发展水平的不同所决定的。资本丰裕的国家对于资本密集型产品的生产具有巨大的优势。在历史发展中,当今的发达资本主义国家通过原始积累和殖民主义的对外经济政策获取了大量建立现代化工业的资本。第二次世界大战后,科学技术的发展促进了社会劳动生产率的提高,从而推动了当今发达资本主义国家的资本积累。与发展中国家相比,发达资本主义国家具有资本优势。因此,发达国家与发展中国家在发展经济的资本方面具有显著的差别。不仅如此,即使在发展中国家之间和发达国家之间,在发展经济所需的资本方面也存在着一些差异。

2. 各国(地区)间劳动力要素的差异

各国(地区)间劳动力要素的差异对于发展经济也是一个重要的影响因素,人口稠密的国家在劳动密集型产品的生产方面具有明显优势。由于历史等原因,发展中国家的劳动力比较丰裕,因此,第二次世界大战后劳动密集型产品的生产主要集中在发展中国家。对于劳动力的分析,不仅要考虑劳动者的数量,还需考虑劳动者的能力。劳动者的能力取决于人的天然资质、接受教育的程度和长期从事的职业等。首先,就某项工作而言,某些人的天然资质优于其他人,不同的天然资质会使某人更适合做一个工程师,另一个人更适合从事医生或律师工作。其次,一个人接受教育的程度取决于该国的教育水平。一般而言,接受教育多的劳动者比接受教育少的劳动者能生产出更多的产品。第二次世界大战后,西方经济学提出的人力资本概念就是指这一情况。人力资本是指在劳动者身上进行的投资,其中包括教育、培训、卫生、保健等,以使普通劳动者的素质大大提高,从而提高劳动生产率、发展科学和利用先进的技术。这种投资和劳动力结合可以形成一种新的生产要素并对国际经济合作和国际贸易发生作用。最后,即使每个人的天然资质和接受教育的水平一样,长期从事一种或少数几种职业仍然会使人与人之间的能力产生差别。劳动者的技能会因职业的不同而发生变化和改进。

3. 各国(地区)间技术要素的差异

赫克歇尔和俄林在生产要素禀赋理论中假设各国间在技术上是没有差别的。用这一假设来解释第二次世界大战后各国间的经济发展和经济往来是不现实的。各国在劳动力、资本和自然资源上的差异性对于其生产要素的流动性固然具有十分重要的影响,但是技术也是一个不可忽视的因素。从历史上看,人类社会迄今为止经历过三次科技革命,每次科技革命都推动了各国劳动生产率的提高。但是,科技革命对于各个国家来说都是不同步的。18世纪60年代到19世纪60年代,英国率先开始了产业革命,其他资本主义国家在英国之后相继完成了产业革命。19世纪后期,德国开始了第二次科技革命,其他资本主义国家则在德国之后完成了这次科学技术革命。20世纪40年代到50年代初,一些主要的资本主义国家又开始了一项新的科技革命,这次科技革命发源于美国,随后西欧和日本也迎头赶上,在这一过程中,国际技术的转让起到了很大的作用。一个国家在科学技术上的优势决定了该国在技术密集型产品生产方面具有的有利条件。发达资本主义国家由于技术比较发达,其技术密集型产品的生产大大优于发展中国家。技术要素属于一种人为的可得性生产要素。从根本上来说,各国(地区)间技术要素方面的差异性源自其在基础研究和应用研究上的水平。

4. 各国(地区)间在其他生产要素方面的差异

各国(地区)间在土地要素、经济信息要素和经济管理要素方面也存在差异。由于各国(地区)所处的纬度位置和地理条件的不同,以及社会历史因素,各国(地区)的国土面积、土地状况和气候状况也不尽相同。土地要素丰富的国家或地区,其价格会相对低廉;反之亦然。土地要素丰富,则有利于进行土地和资源密集型产品的生产。经济信息要素对于经济发展来说也是不可缺少的因素之一。经济信息虽是一种无形的非物质的生产要素,但是,当它与其他有形的生产要素结合在一起时,就能够对产品的生产、销售和消费等方面产生巨大的影响。第二次世界大战后,发达国家都十分强调这一要素的重要性并具有一定的相对优势,而广大的发展中国家也日益对这一要素加以重视。各国或地区在经济管理要素方面的丰裕程度也不尽相同。与市场经济相关的经济管理既包括整个国民经济的宏观管理,又包括微观企业的管理。总的来说,发达国家这种要素多一些,而发展中国家稀缺一些。

(二)各国(地区)间经济发展水平的不平衡性

制约和影响生产要素在各国间进行移动的第二个重要因素是各国经济发展水平不平衡规律的作用。发展中国家如何从不发达的经济状态进入经济发达国家的行列,如何提高本国居民的社会福利水平,都与正确的国内经济发展战略及合理的对外经济战略密切相关。其中一个非常重要的问题就在于如何运用自己相对充裕的要素(劳动力、土地等)的输出和相对稀缺的要素(资本、技术、管理等)的输入,做到国内资源的合理配置与运用。因而,从发展中国家和发达国家经济发展的阶段性差距来看,要素的国际移动非常必要。同时,从发达国家之间的关系来看,发展不平衡规律的作用也导致了生产要素在发展水平相近的欧美等资本主义国家间的相互流动。

从各国经济结构的角度来分析,各产业间、各部门间、各类产品生产间的比例在经济发展水平相差悬殊的国家间会不一致,即使在经济发展水平相近的国家间也不会完全一致。这种经济发展的不平衡性从两个方面促进了生产要素进行跨越国界的移动。一方面,各国在生产能力、生产结构上的不一致,导致了对于要素需求在种类、质量和数量上的不一致;另一方面,从要素供给的角度来看,各国在要素禀赋、要素创造方面的不一致,使得各国在各类要素的可供量上也存在种类、质量和数量上的不一致。这种来自供给和需求两方面的促进因素,将直接造成要素在各国市场上的供求状况的差异,进而造成它们的价格差异。有了价格差,如果各国又不对要素移动施加限制,生产要素就将为获取更高的报酬而开始移动。这是因为,生产要素的国际直接移动是一国参加国际分工的方式之一,获取绝对和相对利益是生产要素发生国际移动的根本原因。追求更高的要素收益是移动的基本出发点,是价值规律在各国间进行作用的必然结果。当然,不可否认,在现实的经济生活中,由于要素配置在数量和质量上的相对固定性,或由于对要素在未来某个时期价格可能提高的预期以及可能出现的强大的非经济因素的作用,有时也会出现某种生产要素由价格相对较高的国家流向价格相对较低的国家的现象。

（三）各国（地区）政府的干预

在这里,我们主要分析各国(地区)政府所采取的鼓励性措施对生产要素国际移动的影响。毫无疑问,国际经济的现实说明,各国(地区)政府采取的鼓励性干预措施对生产要素的国际直接移动产生了巨大的推动作用,是促使生产要素流出和流入的一个重要原因。这种干预措施所采取的主要手段有行政手段(颁布有关行政性的政策条例)、法律手段(以法律的形式固定有关条文)、经济手段(如税收方面的优惠政策)和国际协调手段(通过双边政府首脑会议或多边国际组织);干预的范围则涉及各种生产要素。就干预措施中的法律手段而言,涉及资本要素移动的有外商投资法和海外投资法等;涉及技术要素移动的有技术转让法、专利法和商标法等;涉及劳动力要素移动的有外国劳工管理法和本国劳工输出管理法规等;涉及土地要素移动的有经济特区法和有关土地出售与出租方面的法规等。尽管政府干预的动机是多种多样的,但是就经济动机来考察,政府的一切干预措施都是着眼于鼓励本国充裕要素的流出和本国稀缺要素的流入,从而缓解本国在生产要素的数量、质量和结构方面的不平衡,直接和间接地提高本国要素的收益率。

三、生产要素的国际移动与国际经济合作的内在联系

早期的经济学家在考察国际分工与国际生产时,假定生产要素在国内完全移动而在国际间则完全不移动。由于各国生产要素的自然禀赋状况不同,每个国家都是依据本国具有优势的生产要素参加国际分工,它们集中生产那些密集使用本国禀赋丰富的生产要素的商品,然后同其他国家进行交换,大家都能从国际交换中获利。在这种情况下,国与国之间进行经济联系的主要方式就是国际贸易,各种生产要素是物化在商品中发生国际移动的,商品的国际移动代替了要素的国际移动。

伴随生产国际化趋势的加强,国与国之间经济交往的规模和方式不断扩大和多样化,生产要素国际间直接移动日益频繁,经济生活的现实推翻了生产要素在国际间完全不移动的假定。生产要素的国际直接移动与国际贸易之间既存在相互替代的关系,也存在相互补充的关系,一方不能取代另一方的功能。替代关系着眼于静态分析,它指的是,一方面要素移动有其障碍,国际贸易仍然有替代要素移动的基础;另一方面,国际贸易只能减轻但不能消除生产要素在各国的边际生产力差异,而且国际贸易的进行也会遇到各种障碍,因此,贸易也不能消除生产要素移动的基础。补充关系着眼于动态分析,是指国际贸易的进行间接地扩大了生产要素的国际移动。反过来讲,生产要素的国际移动也会从侧面促进贸易机会的扩大,国际贸易与生产要素的国际移动成为一国发展与他国经济联系的两种相互补充、交错使用的方式。当然,从实质上讲,国际贸易与生产要素国际移动的起因是相同的,即都是各国生产要素禀赋不同所导致的生产要素价格差异;同时,它们的进行又都会使各国生产要素的价格差异趋向均等化。

生产要素的国际直接移动,使各国原本相互独立的生产过程走向国际化和一体化,使国家间经济关系的重心由传统的流通领域进入生产领域,各个国家在生产领域依据一定的原则进行较长期、较稳定的经济合作活动。国家间借助于生产要素的直接移动与重新合理组合配置而进行的活动就是国际经济合作。生产要素的国际直接移动与重新合理组合配置是国际经济合作的实质和主要内容。为了保障和推动生产要素国际移动的顺利进

行,各个国家之间经常在经济政策的制定和执行方面进行一些协调活动,这种政策协调也属于国际经济合作的范畴,它是宏观国际经济合作。

四、国际经济合作与国际贸易的区别和联系

国际经济合作和国际贸易是既有联系又有区别的两个经济范畴。

（一）国际经济合作与国际贸易的主要区别

1. 研究对象不同

国际贸易主要研究国际间商品流通的特点和规律,即生产要素间接国际移动的特点和规律,研究的重点是商品的进口与出口,属于流通领域的范畴。国际经济合作主要研究生产要素在国际间直接移动和重新组合配置的特点与规律及其协调机制,研究的重点在于生产领域内的直接协作。

2. 国际经济合作和国际商品贸易开展的领域不同

国际经济合作是各国侧重在生产领域方面的合作;而国际商品贸易则是各国侧重在流通领域中开展的经济往来活动。

3. 国际经济合作业务与国际商品贸易的交易方式不同

（1）国际商品交易都是买断和卖断的行为,所需时间一般较短。当交易达成后,买方收货付款,卖方交货收款,买方与卖方的关系即告结束。而在国际经济合作业务中,各方需在一段较长的时期内进行合作和发生经济往来,直到合同规定的合作期满或项目完成为止。

（2）国际商品贸易的方式比较简单。商品贸易的谈判签约内容相对简单,成交较快。而国际经济合作业务的内容一般都比国际商品贸易复杂,合作方式多样,合作项目的风险也较大,因此谈判时间长,难度大。

（3）国际商品贸易的作价比较容易。国际商品贸易在价格和支付条款方面都有国际市场行情和国际惯例可供参考;而国际经济合作项目的价格构成和计算方法以及支付方式等都要比商品贸易复杂得多。

（4）国际商品贸易的表现形式一般是各种各样的合同,而国际经济合作一般表现为各种各样的项目。虽然项目中包含着合同,但是项目的范围比合同广,除包括合同外,还包括项目建议书、项目可行性研究报告与项目章程等内容。

4. 国际经济合作和国际商品贸易对各国国民经济所起的作用不同

国际商品贸易主要是通过各国的进口和出口影响各国国民经济,对各方来说,都可以从对方获得稀缺的产品,或者通过比较利益节约生产要素的耗费,但并不直接影响各国的科技水平和生产力的提高,不能直接解决一国的资金短缺问题。而国际经济合作则是合作各方在生产领域的直接合作。通过资本、技术、劳动力、土地资源等方面的转移,直接促进各国技术水平的提高和生产力的发展,并可缓解一国经济建设时的资金紧张状况。

（二）国际经济合作与国际贸易的联系

（1）国际经济合作与国际贸易是一国对外经济交往的两种主要形式。国际经济合作与国际贸易是各个国家参与国际分工、获得比较利益的重要手段,两者都需要在国际市场上进行交换,都必须受到平等互利和相互尊重主权等原则的制约和调节。

（2）国际经济合作和国际贸易都与生产要素禀赋相关。生产要素禀赋决定了国际经济合作中各种生产要素的组合形式和结构类型，同时，生产要素的禀赋也决定了国际贸易中各国参与交换的商品种类、数量和结构。

（3）国际经济合作和国际贸易都与商品生产有关。在国际经济合作中，合作各方以自己占优势的生产要素直接参与合作，共同生产商品和服务；在国际贸易中，各国利用自己相对占优势的生产要素生产商品，通过商品的国际交换实现生产要素的间接转移，获得比较利益。

（4）在现实的经济活动中，国际经济合作与国际贸易常常结合在一起进行。如国际经济合作方式中的补偿贸易、承包工程都与国际商品贸易结合进行，技术转让、直接投资等也往往与国际商品贸易联系在一起，构成国际经济合作和国际贸易两种业务相互交织的综合性国际经济活动。国际经济合作与国际贸易相互替代、相互补充、相互促进、共同发展。

五、生产要素国际移动与重新组合配置的机制及生产要素市场的主要类型

生产要素国际移动与重新组合配置有市场机制和非市场机制两种主要机制。市场机制是一种自发的过程，它主要通过价格杠杆来进行调节；非市场机制主要是指政府和有关国际经济组织的调节，它是一种自觉的过程，主要通过法律、行政、计划等手段和政策协调来实现。国家通过制定经济发展战略和计划，通过国家立法和对外签署有关协定，有意识地对生产要素的流进与流出进行调节，这就是非市场调节机制。非市场调节机制不仅可以保证一国在国际生产要素流动中获得最佳效益，同时也在某种程度上影响和制约着生产要素流动的方向和生产要素移动与重新组合配置的规模。例如，如果两国间签有投资保护协定和避免双重征税协定，就有可能使这两国间的生产要素，特别是资本要素的流动规模扩大，速度加快。再如，如果一国对生产要素流出的政策较松，限制较少，那么该国相对充裕的生产要素的对外移动规模就相对较大；反之，则较小。市场机制与非市场机制的有机结合，可以有效促进生产要素在国际间的移动与重新组合配置。

生产要素的国际移动是通过生产要素市场进行的，在市场上，各种要素表现为不同的要素商品，要素商品价格的确定和一般商品价格的确定既有相同点也有不同点。生产要素的国际市场为要素的跨国界流动提供了条件和动力。与商品的国际市场一样，它也是由需求方（买方）与供给方（卖方）构成的。在国际市场中，需求方力图以较低的价格购买所需要素，而供给方则力图以较高的价格售出自己所具有的要素。供需双方的行为，形成了两个方向相反的作用力，都对最终的成交价格、成交数量起着极大的影响。要素价格属于使用价格。需求方在支付了要素价格之后得到的仅是要素的使用权，要素的所有权仍归供给方。因而，利息是资本要素的使用价格，利润是管理要素的使用价格（不包括超额利润），工资是劳动力要素的使用价格，而地租则是土地要素的使用价格。消费者之所以对商品提出需求，是为了从中求得生理和心理欲望的满足（亦即所谓的"获得效应"），因此称之为"直接需求"；生产者之所以需要生产要素，是为了运用它们进行产品生产，通过交换使自己的利益最大化。由于生产者对于要素需求的大小与消费者对其产品的需求量密切相关，生产者对要素的需求称为"间接需求"。通过加总所有生产者对于某一特定要素的需求量，可以得出对这种要素的总需求；而加总所有的供给者对于某一特定要素的供给

量,则可获得这种要素的总供给。显然,随着价格水平和市场规模的变动,总需求和总供给也会发生变动。因而,要素的移动规模也会发生变动。

从市场理论角度来划分,国际要素市场可分为完全竞争市场、完全垄断市场、垄断性竞争市场。不同类型的市场中,买卖双方的行为方式不同,要素移动的特点也存在差异。

1. 完全竞争的要素市场

(1) 供给或者需求的要素完全同质,供给者与需求者是在平等的地位上进行交易决策,互不歧视。

(2) 要素的供给者或需求者的数目无限多,个人的销售量或购买量仅占总供给或总需求的极小部分,个人无法影响总成交量和价格。

(3) 要素的供给者和需求者拥有关于市场的充分信息。

(4) 要素的供给者和需求者皆可自由出入市场,因而,任何单个的买方或卖方都无法通过操纵要素成交量和价格得到额外的利益。

2. 完全垄断的要素市场

从买方和卖方两个角度来分析,有买方垄断和卖方垄断两种形式的要素市场垄断。卖方垄断市场指的是一个卖方面临许多相互竞争的买方,而买方垄断市场的情形却恰好相反。卖方(买方)完全垄断市场的特性在于:

(1) 市场上仅有一个要素的供给者(需求者),因而要素供给量(需求量)的大小完全取决于他的行为,其个人的供给量(需求量)就是整个市场上的总供给量(总需求量)。

(2) 某类要素具有特殊的、难以为其他要素所替代的性质。

(3) 垄断性供给者(需求者)可独自决定要素的价格。

(4) 根据自己利益的需要,供给者(需求者)会在不同的市场中制定不同的价格,以求获得整体利益的最大化。

3. 垄断性竞争的要素市场

这一类市场介于上述两类极端市场之间,并且同时具备上述两类市场的某些特征。卖(买)方垄断性竞争市场的主要特征在于:卖(买)方数目非常多以致无法对各自的竞争者产生影响,这一点与完全竞争市场相似;然而,每一个卖(买)方所供给(需求)的要素在性质上很相似但又不完全相同,其他要素可部分而非完全地替代,这一点显然又与垄断市场相近。这类市场的垄断性(竞争性)与要素的不可替代性(可替代性)正相关。在现实的国际经济环境中,大多数的要素市场属于这种类型。

六、生产要素分析的历史发展

生产要素理论出现于20世纪30年代,第二次世界大战以后,这一理论的研究取得了新的进展和突破。但是,生产要素理论的渊源却可以追溯到18世纪的古典经济学。

(一) 绝对成本和比较成本理论中的要素分析

亚当·斯密在1776年出版的《关于国民财富的性质和原因的研究》中,提出了作为国际贸易理论第一块基石的绝对成本说。按照他的观点,在由两个国家和两种商品构成的所谓"2×2模型"中,两国各自在一种商品的生产上具有优势,而在另一种商品的生产上处于劣势,通过商品生产的专业化以及相互间的商品交换,两国皆可获得绝对利益。决定商品优劣势所在的根本原因在于各国在商品生产的劳动成本上存在差异,因而认为只有能生产出成本绝对低的产品才有可能进行国际交换。显然,绝对成本说无法解释下述两个问题:第一,由于各国的生产力发展水平不一样,许多生产力水平低的国家生产不出成本绝对低的产品,但它们仍然可以参加国际贸易;第二,在两种商品的生产上皆具有优势或皆处于劣势的国家是否仍有必要参与国际贸易进而获得利益。1817年,大卫·李嘉图在其《政治经济学及赋税原理》一书中提出了意义深远的比较成本说,该学说在西方国际贸易理论中一直占据着重要地位。这一学说的主要观点是:即使一国在两种商品的生产上皆具备优势或皆处于劣势,也可通过国际间的生产专业化以及商品交换而获取所谓的"比较利益",即生产和出口优势较大(劣势较小)的商品,进口优势较小(劣势较大)的商品。与绝对成本说相同的是,比较成本说也把决定商品生产优劣势的基本原因归于各国在劳动成本方面存在的差异。

绝对成本理论、比较成本理论奠定了自由贸易理论的基础,对以后国际贸易理论的发展具有十分重要的意义。在要素分析上,绝对成本理论与比较成本理论采用的都是单个要素,亦即劳动要素分析法。在假定生产要素在国际间不能自由转移的前提下,以活劳动消耗的多少来区别成本的差异。李嘉图在其比较成本理论中假定,各国每单位劳动的素质是同一的,各国生产同类产品的生产函数是不同的。两国间劳动量投入与产出的差异来源于各国劳动要素在生产过程中所处的条件差异,因而导致了同质劳动的不同生产效率。李嘉图当时分析的生产过程中的条件差异主要指自然资源状况方面存在的国别差异。古典经济学家坚持了劳动价值理论,以劳动成本来说明贸易的流向和利益。斯密和李嘉图在分析劳动成本差异时,都把各国自然资源的差异放在了十分重要的地位。

(二)生产要素禀赋理论与里昂惕夫之谜

生产要素禀赋理论是瑞典经济学家赫克歇尔和俄林提出的,因而又被称为"赫克歇尔—俄林定理"。他们把贸易理论的分析扩大到一个要素以上,并且明确提出生产要素禀赋是国际贸易的基础。生产要素禀赋理论认为:不同的商品需要不同的生产要素比例,而不同国家拥有的生产要素相对来说是不同的,因此,各国应生产那些能密集地利用其较充裕的生产要素的商品,以换取那些需要密集地使用其较稀缺的生产要素的进口商品。在俄林的《地区间贸易和国际贸易》中,他从区域贸易论及国际贸易的角度,认为由于生产要素供给的差异,充裕要素的价格便宜,而稀缺要素的价格昂贵,这样,不同国家生产要素价格的差异就导致了生产成本的不同,从而导致了商品的价格不同,于是产生了贸易的比较利益。要素禀赋论认为,产生比较成本差异的两个前提条件是:两个国家的禀赋不一样,不同产品在生产过程中所使用的要素配置不一样。生产要素禀赋理论还包括生产要素价格均等化的内容。由于在前面的阐述中已论及这一问题,这里不再赘述。

生产要素禀赋理论为大多数西方经济学家所接受,较长时期以来,该理论成为国际贸易学说的主流。但是,随着研究的深入,要素禀赋理论的两点不足逐渐暴露出来:一是它的一些假定与国际贸易的现实不符;二是它基本上采用的是静态分析方法。要克服这两点不足就需要在研究上有所突破。真正对生产要素禀赋理论构成挑战的是"里昂惕夫之谜"。美国经济学家里昂惕夫于1947年利用美国的投入—产出表对赫克歇尔—俄林定理进行实证研究时得出了一个与通常见解相反的结果,即美国出口劳动密集型产品,进口资本密集型产品。他根据美国的投入—产出表考察了美国200种产业,特别是其中直接进行对外贸易的产业,比较生产每百万美元的美国出口商品与进口竞争商品所需的资本和劳动的比率。结果他发现,美国的进口替代产品的资本密集程度高于出口产品,而美国的出口产品的劳动密集度大于进口替代产品,换句话说,美国进口的商品是资本密集型产品,而出口的商品是劳动密集型产品。这正与一般公认的美国是全世界资本最为丰富的国家,其出口品应较进口品为资本密集的观点相反,即美国的贸易结构与方向同赫克歇尔—俄林所预测的背道而驰。里昂惕夫在其所著的《国内生产和对外贸易:美国资本状况再考察》(1953)一文中公布了这一发现,使美欧国际贸易学术界大为震惊,被称为"里昂惕夫之谜"。许多学者对其他国家进行实证研究的结果,有的符合赫克歇尔—俄林定理,有的符合里昂惕夫之谜。为回答学术界的评论,里昂惕夫又对此问题做了大量研究,发表的《生产要素比例与美国贸易结构:进一步的理论和检验分析》(1956)一文中所得到的结果仍与前述结论基本相同。为解开里昂惕夫之谜,里昂惕夫本人及其他学者曾用多种相关因素(诸如劳动生产率、人力资本、研究与开发、要素密集度逆转等)解释,试图调和赫克歇尔—俄林定理与里昂惕夫之谜。从这个意义上说,里昂惕夫之谜的提出带动了其他经济学者对国际贸易各种新现象的分析,促进了现代国际贸易理论的创新和对生产要素禀赋理论的更加全面的认识。

(三)第二次世界大战以后生产要素分析的新发展

第二次世界大战以后,对生产要素的认识和分析在深度和广度上都取得了新的进展。

1. 生产要素分析在深度方面的新发展

(1)生产要素的非同一性(异质性)。传统的贸易理论含有一种假定,就是土地、劳动和资本三种生产要素中的每一种本身都是同一的,没有任何差异。然而实际上,每种生产要素都不是同一的,它包含着许多小类或亚种,这些小类或亚种的组合也是千差万别。因此,各国的生产要素禀赋不仅有数量供应上的差异,还有质量上的差异。忽略生产要素禀赋的质的差异,即生产要素的非同一性,就无法对贸易做出完整或合理的解释。例如,就劳动力而言,不同国家之间在数量上可能是不相等的,但更为重要的是在质量上也可能存在差异,即在教育程度、技能是否熟练以及健康等方面都可能不同。

(2)生产要素禀赋的变动性。在一个简单的分析模型中,将一国拥有的生产要素假设为固定不变,似乎有其必要性。但运用于具体的贸易分析,就必须考察生产要素禀赋的变动性。一个国家所拥有的资源与生产要素,在数量和质量上都是一个变数。技术的进展、人口增加和资本积累等因素作用所产生的要素禀赋的变动性,必然会影响一个国家比较优势的变动,从而影响国际贸易的流向、种类和数量。例如,资本和技术要素在一个经济落后的国家或经济发展处在起步阶段的国家可能是短缺的,但当一国经济发展起来尤其是成为发达国家之后,其资本和技术的短缺状况就会大为缓解甚至出现相对过剩。

(3)生产要素配置比例密集性特征的转换。生产要素密集性转换是指在不同的国家同种商品的要素密集特征是不同的。赫克歇尔和俄林在其理论的分析中曾假定,各种商品的生产函数在各国相同,因此,商品的生产要素密集性特征在各国是一样的。然而,事实上同类商品的生产技术在各国必然存在差异,生产中各类要素的实物配置比例不会相同;或者各类生产要素的价格在各国不同,所以以价格表示的生产要素密集性质就会有差异。假定日本由于资本便宜而劳动力昂贵,商品 A 的劳动密集度比商品 B 高;在其他国家,由于资本昂贵而劳动力便宜,商品 A 的资本密集度比商品 B 高。只要在生产 A 商品时,用一种生产要素替代另一种生产要素比在生产 B 商品时困难,这种生产要素密集变化就会发生,于是下述情况就有可能:日本输出的商品 A 在日本是劳动密集型的,而日本输入的 B 商品在国外也是劳动密集型的。生产要素密集性转换表明,商品在一国是资本密集型的,在另一国则可能表现为劳动密集,所以赫克歇尔—俄林定理所揭示的贸易流向在两国都可能是不正确的,这样就会出现里昂惕夫之谜。第二次世界大战后有许多经济学家运用要素密集转换来解释里昂惕夫之谜。第一个完成对要素密集转换的系统研究的是明纳斯,他认为现实世界中要素密集转换广泛地发生着。

(4)技术进步与生产要素密集特征的转移。商品生产的要素配置比例是由生产技术的条件决定的。除了各国生产技术条件差异导致生产要素密集转换外,生产技术的变动必然使产品的要素密集特征发生转移。如果转换说明的是同一时期国与国之间横向比较的要素密集性的特点,那么转移则是表现时间序列上纵向的要素密集性变化。例如,20 世纪初美国生产的轿车是资本密集型的,而现在已变成技术密集型的了。技术是在商品生产和劳务生产中所积累的知识、技巧和熟练劳动的总和,它通过资本、劳动和自然资源的生产效率体现。技术进步和技术创新意味着一定的投入量可以生产更多的产品,或一定的产量只需较少的投入量就可以生产出来。这说明技术进步是通过影响各种要素的投入量和产品的产出量而促成产品要素密集特征发生变化的。

2. 生产要素分析在广度方面的扩展

第二次世界大战后,生产要素分析的新发展还表现为新要素观点的提出。新要素观点认为,在考虑国际贸易商品比较优势时,除了以往的资本、劳动和自然资源要素以外,还有其他要素发挥着重要的作用。该理论赋予生产要素新的内涵,突破了原先的局限,提出了人力资本、研究与开发和规模经济等可以作为新的生产要素的见解。

人力资本是指体现在劳动者身上的,以劳动者的素质表示的资本。人力资本也称为技能劳动,主要由教育和培训投资产生,它可以作为一种特殊形态的资本发挥作用。人力资本对现代贸易格局有重要影响,同时,由于它区分了劳动力要素的差异,对于解开里昂惕夫之谜也有帮助。研究人力资本与贸易格局问题的代表人物有克莱弗斯(Kravis)、基辛(Kessing)和韦赫勒(Waehror)等。研究与开发要素是指开发某项产品时所投入的费用。重视研究与开发要素研究的主要是格鲁勃(Gruber)和梅达(Mehta)等学者。研究与开发要素密集度较高的产品就是知识与技术密集度较高的产品,一般指的都是新产品。规模经济的含义是指随着产出量的增加而发生的单位成本的下降,或者说企业达到一定的规模后所能得到的经济上的利益。规模经济的直接好处就是随着产量的增加单位成本下降,从而可以增强产品在国际竞争中的优势。所以,学者们认为规模经济同其他要素禀赋一样,也应该是国际贸易的基础。

以上内容回顾和总结了生产要素分析的历史发展过程,从中可以看出以下几个特征:第一,对生产要素的分析总是伴随着对贸易的分析而进行的。分析生产要素的最初目的是揭示贸易产生的原因和贸易利益的来源以及贸易的格局。但是,后来分析的范围和目的都扩展了。这说明我们在研究国际经济合作时不可能完全离开对国际贸易的研究。第二,生产要素的种类由少到多,非自然的、非物质的生产要素逐步增加。从最初分析时的一种生产要素扩大到后来的六种,从最初基本上都是自然的和物质的生产要素发展到后来非自然的和非物质的越来越多。第三,生产要素分析趋向动态化,分析越来越反映现代化大生产中所使用的生产要素的实际构成状况。

思考与练习

1. 国际经济合作的概念和含义是什么?包括哪些方式?
2. 生产要素国际移动的主要原因是什么?
3. 生产要素的国际移动与国际经济合作是什么关系?
4. 在历史上人们对生产要素进行过哪些分析?第二次世界大战后对生产要素的分析在深度和广度方面有哪些新的进展?

案例分析

中国对外贸易与国际经济合作的主要方式及其发展状况

2015年,我国进出口总值39 586.4亿美元,同比下降8%。其中,出口22 765.7亿美元,同比下降2.8%;进口16 820.7亿美元,同比下降14.1%;贸易顺差5 945亿美元,同比增长55.2%。

2015年1—12月,全国设立外商投资企业26 575家,同比增长11.8%;非金融领域实际使用外资金额7 813.5亿元人民币(折合1 262.7亿美元),同比增长6.4%。对华投资前十位的国家/地区依次为:中国香港(926.7亿美元)、新加坡(69.7亿美元)、中国台湾(44.1亿美元)、韩国(40.4亿美元)、日本(32.1亿美元)、美国(25.9亿美元)、德国(15.6亿美元)、法国(12.2亿美元)、英国(10.8亿美元)和中国澳门(8.9亿美元)。对华投资前十位的国家/地区实际投入外资总额1 186.3亿美元,占全国实际使用外资金额的94%,同比增长5.4%(上述国家/地区对华投资数据包括这些国家/地区通过英属维尔京、开曼群岛、萨摩亚、毛里求斯和巴巴多斯等自由港的对华投资)。

2015年,在全球外国直接投资流出流量1.47万亿美元,较上年增长11.8%的背景下,中国对外直接投资流量创下1 456.7亿美元的历史新高,同比增长18.3%,超过日本成为全球第二大对外投资国。截至2015年年底,中国2.02万家境内投资者在国(境)外设立3.08万家对外直接投资企业,分布在全球188个国家/地区;中国对外直接投资累计净额(存量)达10 978.6亿美元,位居全球第8位,境外企业资产总额达4.37万亿美元。2015年,中国企业共实施对外投资并购579起,涉及62个国家/地区,实际交易金额544.4亿美元,其中直接投资372.8亿美元,占68.5%;境外融资171.6亿美元,占31.5%。并购领域涉及制造业,信息传输、软件和信息技术服务业,采矿业,文化、体育和娱乐业等18个行业大类。

2015年,我国对外劳务合作派出各类劳务人员53万人,较去年同期减少3.2万人,同比下降5.7%;其中,承包工程项下25.3万人,劳务合作项下27.7万人。12月当月,派出各类劳务人员5.8万人,较去年同期减少0.5万人。年末在外各类劳务人员102.7万人,较去年同期增加2.1万人。

2015年,我国对外承包工程业务完成营业额9 596亿元人民币(折合1 540.7亿美元),同比增长8.2%,新签合同额13 084亿元人民币(折合2 100.7亿美元),同比增长9.5%,带动设备材料出口161.3亿美元。其中,12月当月完成营业额239.5亿美元,同比增长 13.5%,当月新签合同额 470.4 亿美元,同比增长 52.8%。

2010—2012 年,中国对外援助规模持续增长。其中,成套项目建设和物资援助是主要援助方式,技术合作和人力资源开发合作增长显著。2010—2012 年,中国对外援助金额为 893.4 亿元人民币。对外援助资金包括无偿援助、无息贷款和优惠贷款三种方式。无偿援助重点用于帮助受援国建设中小型社会福利项目以及实施人力资源开发合作、技术合作、物资援助和紧急人道主义援助等。三年中,中国对外提供无偿援助 323.2 亿元人民币,占对外援助总额的 36.2%。无息贷款主要用于帮助受援国建设社会公共设施和民生项目。三年中,中国对外提供无息贷款 72.6 亿元人民币,占对外援助总额的 8.1%。优惠贷款主要用于帮助受援国建设有经济社会效益的生产型项目、大中型基础设施项目,提供较大型成套设备、机电产品等。三年中,中国对外提供优惠贷款 497.6 亿元人民币,占对外援助总额的 55.7%。亚洲和非洲是中国对外援助的主要地区。为促进实现千年发展目标,中国对外援助资金更多地投向低收入发展中国家。

2014 年,中国服务贸易出口规模达到 2 222.1 亿美元,同比增长 7.6%,位列世界第 5 位;进口达到 3 821.3 亿美元,同比增长 15.8%,位列世界第 2 位;服务贸易进出口合计达到 6 043.0 亿美元。

(资料来源:商务部统计。)

【思考与讨论】

1. 本案例中提到了哪些国际经济合作方式?
2. 在国际经济合作业务中会涉及哪些生产要素的国际移动?为什么会发生这些生产要素的国际移动?

21世纪经济与管理规划教材
国际经济与贸易系列

第二章

国际直接投资

【教学目的】

通过本章学习,学生将能够:
1. 了解国际投资环境及其评估方法;
2. 认识世界贸易组织与多边投资协定及国际直接投资协调;
3. 熟悉国际直接投资的动机和主要理论;
4. 掌握国际直接投资的概念与基本形式。

【关键术语】

国际直接投资	跨国并购
国际合资企业	合并
国际独资企业	国际直接投资环境
投资动机	软环境
垄断优势理论	硬环境
内部化理论	投资环境等级评分法
产品生命周期理论	与贸易有关的投资措施协议(TRIMs)
比较优势理论	多边投资协定
国际生产折中理论	多边投资框架
OIL理论	国际直接投资协调
投资发展周期理论	双边投资协定

【引导案例】

2014年中国石油通过其间接附属的子公司中油勘探控股公司及中油勘探国际控股公司,与巴西国家石油公司(Petrobras)附属的荷兰公司和西班牙公司达成交易,获得了后者间接全资持有的巴西能源秘鲁公司(Petrobras Energia Peru S. A.)的全部股份,并购金额达到26亿美元。

巴西能源秘鲁公司截至2012年年底的总资产约14.2亿美元,净资产约6.6亿美元;2012年度主营业务收入约6亿美元,净利润约1.02亿美元。巴西能源秘鲁公司拥有三个油气区块的权益,包括位于秘鲁西北部的X区块和中部的58区块100%的权益,以及57区块46.16%的权益(西班牙Repsol石油公司秘鲁分公司拥有余下的53.84%权益)。据巴西石油公司发布的信息,X区块从1912年开发至今已有101年的历史,该区块2012年产量仅为1.6万桶(约合2 177吨);57区块和58区块为天然气和凝析气田,近期获得了重大的勘探发现。

中国石油预计,目前这三个区块的年产量约80万吨油当量,约占2012年中国石油海外油气当量产量(13 690万桶,约合1 860万吨)的4.3%。此次收购的资产属于规模优良的石油资产,预期具有良好的经济效益。

资料来源:http://companies.caixin.com/2013-11-14/100604739.html。

第一节　国际直接投资的概念与形式

一、国际直接投资的概念

国际直接投资(international direct investment)指的是以控制国(境)外企业的经营管理权为核心的对外投资。国际直接投资又称外国直接投资(foreign direct investment,FDI)、对外直接投资或海外直接投资。根据国际货币基金组织(IMF)的解释,这种控制权是指投资者拥有一定数量的股份,因而能行使表决权并在企业的经营决策和管理中享有发言权。

近年来,国际直接投资发展很快,其增长速度超过了国际贸易,已成为国别、区域和全球经济增长的重要引擎。同时,国际直接投资也成为将各国经济联系在一起的一个重要机制,因而大大推动了经济全球化的进程。根据联合国贸易与发展会议(UNCTAD)公布的《世界投资报告2016》,2015年国际直接投资流入量达17 621.55亿美元,流出量达14 742.42亿美元,到当年年底国际直接投资累计输入和输出存量已分别达到249 832.14亿美元和250 449.16亿美元。

二、国际直接投资的基本形式

(一)国际合资企业

国际合资企业是指外国投资者和东道国投资者为了一个共同的投资项目,联合出资,按东道国有关法律在东道国境内建立的企业。

国际合资企业是股权式合营企业,它的特点是各方共同投资、共同经营、共担风险、共享利润。国际合资企业是当前国际直接投资中最常用的形式。建立国际合资企业的优点主要是:可以充分发挥各投资方在资金、技术、原材料、销售等方面的优势,形成组合优势;

不易受到东道国民族意识的抵制,容易取得优惠待遇,减少投资风险;在经营上较少受到各种限制,有助于打入新的市场。但是由于投资各方的出发点不尽相同,短期和长期利益不尽一致,在共同的经营管理中有时也会产生分歧和冲突,影响企业的正常运转。

（二）国际合作企业

国际合作企业是指外国投资者和东道国投资者在签订合同的基础上依照东道国法律共同设立的企业。它的最大特点是合作各方的权利、义务均由各方通过磋商在合作合同中订明,是典型的契约式合营企业。

总的说来,国际合作企业与国际合资企业在利弊上大体相似,只是合作企业由于以合同规定作为各方合作的基础,在企业形式、利润分配、资本回收等方面可以采用比较灵活的方式,适应合作各方不同的需要。

（三）国际独资企业

国际独资企业是指外国投资者依照东道国法律在东道国设立的全部资本为外国投资者所有的企业。作为单独的出资者,外国投资者独立承担风险,单独经营管理独资企业,独享经营利润。

由于享有企业完全的所有权和经营管理权,建立独资企业的方式为跨国公司尤其是大跨国公司所偏爱,它们有时宁愿放弃投资机会也不愿以合资方式进行直接投资。建立国际独资企业虽然可以做到垄断技术,避免泄露企业秘密,但是经营上往往受到东道国比较严格的限制,容易受到当地民族意识的抵制,经营风险较大。

三、国际直接投资的发展

20世纪90年代中期以来,国际直接投资的规模不断扩大。根据联合国贸易与发展会议《世界投资报告2016》公布的数据,国际直接投资在2007年出现了创纪录的高水平,达到19 022.44亿美元。但是,从2008年开始,受全球金融和经济危机的影响,全球国际直接投资规模出现了一定幅度的下降,2015年全球国际直接投资流入量为17 621.55亿美元,流出量为14 742.42亿美元。截至2015年年底,国际直接投资累计输入和输出存量已分别达到249 832.14亿美元和250 449.16亿美元。一般来讲,国际直接投资的规模会伴随世界经济形势的变化而起伏涨落,也就是说投资增长和经济发展存在周期性波动的规律,因而从长远来看国际直接投资仍会呈现出增长的趋势。表2-1反映了1995—2015年国际直接投资年度总金额和发达国家及发展中国家利用外资金额变化的情况。

表2-1　1995—2015年国际直接投资流入量年度金额　　　　　　　　单位:亿美元

年份	全球总额	发达经济体	发展中经济体
1995	3 415.23	2 197.64	1 177.61
1996	3 887.59	2 363.42	1 470.78
1997	4 815.01	2 862.93	1 854.01
1998	6 923.31	5 085.30	1 766.32
1999	10 763.82	8 529.38	2 162.90
2000	13 588.20	11 205.06	2 323.90

（续表）

年份	全球总额	发达经济体	发展中经济体
2001	6 837.65	4 597.14	2 157.94
2002	5 898.09	4 130.24	1 667.39
2003	5 505.89	3 371.72	1 955.84
2004	6 882.33	3 955.18	2 637.18
2005	9 501.25	5 877.05	3 317.52
2006	14 021.26	9 403.18	4 029.83
2007	19 022.44	12 894.94	5 255.25
2008	14 977.88	8 019.09	5 784.82
2009	11 814.12	6 543.67	4 653.07
2010	13 888.21	6 998.89	6 253.30
2011	15 668.39	8 174.15	6 701.49
2012	15 109.18	7 873.59	6 587.74
2013	14 271.81	6 802.75	6 624.06
2014	12 769.99	5 220.43	6 984.94
2015	17 621.55	9 624.96	7 646.70

资料来源：根据 *World Investment Report* 2016 整理。

近年来，国际直接投资的发展呈现出以下几个特征：第一，国际直接投资的规模呈现大起大落。从表 2-1 中的数据可见，受美国"9·11"事件的影响，2001 年国际直接投资规模出现急剧下降，两年后恢复增长，2007 年又一次达到最高点。然而 2008 年美国次贷危机爆发导致国际直接投资进入新一轮调整期。第二，发达国家仍是国际直接投资的双重主角，在对外投资和吸引外资方面所占的比例都比较高；同时，发展中国家吸收的外资金额有所增加。第三，跨国公司继续扮演 FDI 的主要角色，其世界经济增长强劲发动机的地位得到了进一步的增强。第四，各国纷纷采取投资自由化、便利化和规范化的措施，改善投资环境，以吸引更多的外资进入。第五，跨国并购（cross-border M&As）超过绿地投资（greenfield investment）成为国际直接投资的主要方式。第六，多边投资协定（框架）（MAI 或 MFI）谈判步履维艰，已经两次搁浅。

四、近年来全球跨国并购投资的状况

进入 20 世纪 90 年代中期以后，随着经济全球化的深入发展和各国资本市场的日趋完善，跨国并购活动逐渐增多，并购金额屡创新高，大型跨国并购交易也层出不穷。1995 年，全球跨国并购投资金额达到了 1 099.38 亿美元。此后，全球跨国并购流出额的增长速度不断加快，并在 2007 年创下了 10 326.89 亿美元的纪录，2008 年美国金融危机后全球跨国并购额急剧下降，当年并购额不到 2007 年的一半，2009 年和 2010 年略有回升，分别达到 2 876.17 亿美元和 3 470.94 亿美元，2015 年达到 2008 年金融危机以来的最高点，并购规模达到 7 214.55 亿美元（见表 2-2）。跨国并购的迅速发展，使其渐渐替代了绿地投资，成为

对外直接投资的一种主要方式。1996年后,跨国并购在国际直接投资中所占的比重持续上升,在2007年达到了54.29%,2008年后有所下降,2015年回升到40%左右。

表2-2　1990—2015年全球跨国并购投资金额　　　　单位:亿美元

年份	全球	发达经济体	发展中经济体	年份	全球	发达经济体	发展中经济体
1990	980.50	884.79	95.71	2003	1 654.25	1 351.16	201.30
1991	588.85	558.10	32.10	2004	1 985.97	1 746.77	217.51
1992	469.39	410.72	57.59	2005	5 350.35	4 723.42	677.70
1993	434.96	367.23	64.64	2006	6 198.09	5 265.33	831.98
1994	938.77	829.88	108.40	2007	10 326.89	9 058.08	950.49
1995	1 099.38	1 022.41	70.94	2008	6 176.49	4 740.67	1 177.13
1996	1 411.70	1 198.96	190.31	2009	2 876.17	2 367.84	438.99
1997	1 873.07	1 446.97	377.46	2010	3 470.94	2 599.26	830.72
1998	3 497.28	2 885.81	607.78	2011	5 534.42	4 369.26	835.51
1999	5 595.39	4 901.98	690.52	2012	3 282.24	2 667.73	546.26
2000	9 596.81	8 700.99	889.71	2013	2 625.17	2 301.22	872.39
2001	4 317.57	3 662.75	636.75	2014	4 324.80	3 011.71	1 271.84
2002	2 437.35	2 042.89	375.95	2015	7 214.55	6 308.53	811.81

资料来源:根据 *World Investment Report* 2016 整理。

第二节　国际直接投资的动机与理论

一、国际直接投资的主要动机

国际直接投资的动机也称国际直接投资的目的,它主要是从必要性的角度阐明投资者在进行投资决策时所要考虑的主要因素,即说明投资者为什么要进行某一特定类型的投资。投资者在进行对外投资时既受企业本身特有优势(资金、技术、管理、规模经济、市场技能等)的影响,也受企业所处的客观社会经济环境(自然资源禀赋、国内市场规模、经济发展水平、产业结构、技术水平、劳动力成本、政府政策等)的制约,而这两方面在内容上存在相当大的差异,所以不同企业的对外投资动机以及同一企业的不同投资项目的动机不同。国际直接投资的主要动机有以下几种:

(一)市场导向型动机

这种类型的投资主要以巩固、扩大和开辟市场为目的,具体可分为几种不同的情况:

(1)投资企业本来是出口型企业,在本国进行生产,通过出口使商品进入国外市场,由于东道国或区域性经济集团实行了贸易保护政策,影响和阻碍了企业的正常出口,因此企业转为对外投资,在当地设厂,就地生产就地销售,维持原有的市场或开辟新的市场。有时也会转向没有受到出口限制的第三国投资生产,再出口到原有市场所在国。

(2)企业对国外某一特定市场的开拓已达到一定程度,为了给顾客提供更多的服务,巩固和扩大其市场占有份额,在当地直接投资进行生产和销售,或者在当地投资建立维修服务和零部件供应网点。例如,机电产品在国外某一市场销售达到一定规模后,就有必要加强售后服务,建立一些维修服务和零部件供应网点。又如,食品制造商或汽车制造商在国外有足够规模的生产设施,需要就地取得食品容器或汽车零配件,这时,制造容器或零配件的公司就会配合需要,在国外投资建厂,以便就地供应,以免失去顾客。

(3) 企业为了更好地接近目标市场,满足当地消费者的需要而进行对外直接投资。例如,快餐食品、饮料和食品原料等商品不能久储或不耐长途运输,而顾客却分散在世界各地,为了更好地接近或维持国外销售市场,企业就不得不在国外投资设立网点,以便就近提供新鲜食品。至于无形商品服务,因其几乎无法储存与运输,所以主要通过对外投资在国外设立企业,边生产边出售边消费。

(4) 企业的产品在国内市场的占有比例已接近饱和或是受到其他企业产品的有力竞争,因而企业在国内的进一步发展受到了限制,冲破限制的有效办法之一就是对外投资,开发国外市场,寻求新的市场需求。总之,市场方面的考虑在对外投资决策中占据主导地位。

(二)降低成本导向型动机

出于这种动机所进行的投资主要是为了利用国外相对廉价的原材料和各种生产要素等,降低企业的综合生产成本,提高经营效益,保持或提高企业的竞争能力。这一类投资可以分为几种具体情况:

(1) 出于自然资源方面的考虑。如果原料来自国外,最终产品又销往原料来源国,那么在原料产地从事生产经营活动可节省与原料进口和产品出口相关的运输费用。另外,企业为了获得稳定的原材料供应,也会在资源丰富的国家投资建立原材料开采生产企业,满足本企业的需要。

(2) 出于利用国外便宜的劳动力和土地等生产要素方面的考虑。对于劳动密集型工业来讲,工业发达国家之所以进行对外投资,主要是想利用发展中国家廉价而有保证的劳动力,以降低生产成本。如果本国土地要素价格偏高,企业就有可能通过对外投资将生产经营转移到价格较低的国家。

(3) 出于汇率变动方面的考虑。汇率的变动会直接导致出口商品价格的变动。当一国的货币升值时,会使其出口商品以外币表示的价格升高,影响其商品在国际市场的竞争力。在这种情况下,该国企业往往会扩大对外直接投资,以克服本币升值的不利影响。

(4) 出于利用各国关税税率的差异来降低生产成本的考虑。如果一个国家的关税税率高,那么其他国家的企业就可能为了降低产品成本而在该国投资进行生产;反之,如果一个国家的关税税率低,国内市场上进口商品竞争力强,则会促使该国企业到生产成本更低的国家投资建厂。

(5) 出于利用闲置的设备和工业产权与专有技术等技术资源方面的考虑。以对外投资形式向国外输出闲置的设备与技术资源,可减少在国外的企业的生产与经营成本,并可实现规模生产,提高经营效益。

(三)技术与管理导向型动机

这种投资主要是为了获取和利用国外先进的技术、生产工艺、新产品设计和先进的管理知识等。有些先进的技术和管理经验不易通过公开购买的方式得到,则可以通过在国外设立合营企业或兼并与收购当地企业的方式获取。获取和充分利用这些技术和管理经验,可以促进投资企业的发展,提高其竞争力。技术与管理导向型投资具有较强的趋向性,一般集中在发达国家和地区。美国全国理事会发表的一份报告显示,日本通过与美国公司和大学建立合资项目,获取了美国大量的尖端生物工程技术。

（四）分散投资风险导向型动机

这种投资的目的主要是分散和减少企业所面临的各种风险。投资者在社会稳定的国家投资的目的是寻求政治上的安全感,因为社会稳定的国家一般不会采取没收、干预私有经济等不利于企业的措施,企业在这类国家从事生产经营决策的灵活性较大。再有,这些国家一般不会出现给企业的生产经营活动造成极大影响的国内骚动或市场销售状况的突发性变动。很明显,企业的投资过分集中在某个国家、某个地区或某个产业,一旦遇到风险,就会因回旋余地不大而出现较大损失。企业所要分散的风险主要是政治风险,同时也包括经济的、自然的和社会文化方面的风险。一般而言,直接投资的这种动机是出于对国际投资风险的考虑,但在某些情况下,也有出于国内风险原因而进行的对外投资。如一家企业在世界各地进行投资生产与经营活动,不仅可以起到扩大销售的积极作用,而且还可以带来原材料、技术、人员以及资金等多元化的供应来源,从而使企业不受一国国内条件的限制。

（五）优惠政策导向型动机

投资者进行对外投资的主要目的是利用东道国政府的优惠政策以及母国政府的鼓励性政策。东道国政府为了吸引外来投资常会制定一些对外来投资者的优惠政策,如优惠的税收和金融政策、优惠的土地使用政策以及创造尽可能良好的投资软环境和硬环境等,这些优惠政策尤其是税收上的优惠政策会诱导外国投资者做出投资决策。同样,母国政府对于对外投资的鼓励性政策也会刺激和诱发本国企业或个人做出对外投资决策,如鼓励性的税收政策、金融政策、保险政策以及海外企业产品的进口政策等。

除了以上五种主要的国际直接投资动机之外,还有一些不太普遍的动机,如全球战略导向型动机（主要目的是提高企业的知名度,在世界范围内树立良好的企业形象,以实现其全球发展战略）、信息导向型动机（主要目的是获取国际经济贸易方面的最新信息和最新动态）、"随大流"型动机（跟随本企业的竞争对手或本行业的带头企业进行对外投资）、公司决策者个人偏好型动机（因公司决策者对某个国家或地区的某方面事物的偏好而决定进行的投资）、为股东争利导向型动机（目的是给企业的股东特别是普通股股东争取更多的利益）等。

在分析和理解国际直接投资的动机时应注意以下五个问题：

第一,国际直接投资的动机比较多的是从必要性的角度分析,对可能性方面的考虑则较少。把必要性与可能性结合起来进行分析的是国际直接投资理论,因此为了加强对国际直接投资动机的理解,还应学习和研究一下国际直接投资的主要理论。

第二,上述各种投资的动机都是国际直接投资的经济动机,并未考虑政治与军事方面的动机。

第三,国际直接投资的根本动机和目的是利润最大化。各种类型的国际直接投资都是追求利润最大化的不同途径与方式。在获取利润的问题上,有直接与间接、局部与整体、近期与远期之分,这也导致投资动机呈现多样化。另外,不同企业的内外条件与所处环境之间存在相当大的差异,这也使不同企业在追求相同的目标时采取了不同的手段。

第四,国际直接投资的动机是可以相互交叉的。一笔对外投资可以有一个动机,也可以有两三个动机。同时并存的动机越多,在投资得以完成之后对投资者的好处就越大。例如,一家美国企业在中国广东省深圳经济特区投资建立了一家劳动密集型企业,其产品90%以上在国内市场销售,这家美国企业的在华投资可能具有这样几个动机:降低成本导向型动机、市场导向型动机和利用中国政府给予外商投资企业的优惠政策导向型动机等。

第五,不同类型的国家之间直接投资的主要动机是不相同的。发达国家之间出于市场导向型和分散投资风险导向型动机的相互投资相对较多;发展中国家之间的投资出于市场导向型和降低成本导向型动机多于其他动机;发达国家向发展中国家的投资主要是出于市场的动机和降低成本的动机;发展中国家向发达国家的投资多数考虑的是市场、技术与管理和分散风险。

二、主要的国际直接投资理论

第二次世界大战后,尤其是进入20世纪60年代以后,随着各国对外直接投资和跨国公司的迅速发展,西方经济学界对这一领域进行了大量探讨和研究,形成了许多观点各异的理论。这些理论一般统称为国际直接投资理论或对外直接投资理论,因提出的时间较长也被称为传统的国际直接投资理论,有时又因其多涉及跨国公司的对外投资行为而被称为跨国公司对外直接投资理论。下面对其中一些有代表性的理论做一简要的介绍。

(一) 垄断优势理论

垄断优势理论(monopolistic advantage theory)是最早研究对外直接投资的独立理论,产生于20世纪60年代初。1960年,美国学者海默(Stephen H. Hymer)在他的博士论文《国内企业的国际经营:对外直接投资研究》中首先提出了以垄断优势来解释对外直接投资的理论。此后,海默的导师金德尔伯格(Charles P. Kindleberger)在《对外直接投资的垄断理论》等文中又对该理论进行了补充和系统阐述。由于两人从理论上开创了以国际直接投资为研究对象的新的研究领域,学术界将他们二人并列为这一理论的创立者。后来,又有一些学者对垄断优势理论做了发展和补充。由于该理论主要是以产业组织学说为基础展开分析,因此也被称为产业组织理论分析法。

海默研究了美国企业对外直接投资的工业部门构成,发现对外直接投资和垄断的工业部门结构有关,他认为,跨国公司拥有的垄断优势是它们开展对外直接投资的决定因素。美国从事对外直接投资的企业主要集中在具有独特优势的少数部门。美国企业走向国际化的主要动机是充分利用自己独占性的生产要素优势,以谋取高额利润。海默认为,其他国家的对外直接投资也与部门的垄断程度较高有关。

垄断优势理论把跨国公司从事对外直接投资所凭借的垄断优势分为以下几类:

(1) 来自产品市场不完全的垄断优势,如来自跨国公司拥有的产品差异化的能力,商标、销售技术和渠道,或其他市场特殊技能以及包括价格联盟在内的各种操纵价格的条件。

(2) 来自要素市场不完全的垄断优势,如技术要素(优势可来自专利、技术诀窍等知识产权,技术的专有和垄断既可以使跨国公司的产品与众不同,又可以限制竞争者进入市场;充足的研发费用,加快了大公司的技术创新步伐)、资本要素(跨国公司可凭借其拥有的较高的金融信用等级在资本市场上以较低的成本,较多较快地筹集到资金)、管理技能和信息等方面。

(3) 来自规模经济的垄断优势。大企业为谋求规模经济而投入的巨额初始资本,对欲加入市场与之竞争的新企业来说无疑是一道难以逾越的门槛,而且伴随着很大的风险;另外,跨国公司可以利用国际专业化生产来合理配置生产经营的区位,避免母国和东道国对公司经营规模的限制,扩大市场占有份额。

(4) 来自政府干预的垄断优势。东道国和母国政府可以通过市场准入、关税、利率、税率、外汇及进出口管理等方面的政策法规对跨国公司的直接投资进行干预,跨国公司可以从政府提供的税收减免、补贴、优先贷款等方面的干预措施中获得某种垄断优势。

海默还分析了产品和生产要素市场的不完全竞争性对于对外直接投资的影响。在市场完全竞争的情况下,国际贸易是企业参与和进入国际市场或对外扩张的唯一方式,企业将根据比较利益原则从事进出口活动。但在现实生活中,市场是不完全的,这种不完全性是指竞争是不完全的,市场上存在着一些障碍和干扰,如关税和非关税壁垒,少数卖主或买主能够凭借控制产量或购买量影响市场价格,政府对价格和利润的管制等。正是上述障碍和干扰的存在严重阻碍了国际贸易的顺利进行,减少了贸易带来的益处,从而导致企业利用其所拥有的垄断优势通过对外直接投资参与和进入国际市场。

(二) 内部化理论

内部化理论(the theory of internalization)也称市场内部化理论,它是20世纪70年代以后西方跨国公司研究者在建立所谓的跨国公司一般理论时所提出和形成的理论,是解释对外直接投资的一种比较流行的理论,但不足以称为"通论"。这一理论主要是由英国学者巴克莱(Peter Buckley)、卡森(Mark Casson)和加拿大学者拉格曼(Allan M. Rugman)共同提出来的。巴克莱和卡森在1976年合著的《多国企业的未来》及1978年合著的《国际经营论》中,对跨国公司的内部化形成过程的基本条件、成本与收益等问题做了明确的阐述,使人们重新审视内部化概念。1979年,卡森在《多国企业的选择》中对内部化概念做了进一步的理论分析。拉格曼在《在多国企业内部》一书中对内部化理论做了更为深入的探讨,扩大了内部化理论的研究范围。

内部化是指在企业内部建立市场的过程,以企业的内部市场代替外部市场,从而解决由于市场不完整而带来的不能保证供需交换正常进行的问题。企业内部的转移价格起着润滑剂的作用,使内部市场能向外部市场一样有效地发挥作用。跨国化是企业内部化超越国界的表现。

内部化理论认为,由于市场存在不完整性和交易成本上升,企业通过外部市场的买卖关系不能保证企业获利,并导致许多附加成本。因此,企业进行对外直接投资,建立企业内部市场,即通过跨国公司内部形成的公司内市场,克服外部市场上的交易障碍,弥补市场机制不完整缺陷所造成的风险与损失。该理论认为,市场不完全并非由于规模经济、寡占或关税壁垒,而是因为某些市场失效(market failure)、某些产品的特殊性质或垄断势力的存在。

内部化理论的建立基于以下三个假设:一是企业在不完全市场上从事经营是为了追

求利润的最大化;二是当生产要素特别是中间产品的市场不完全时,企业就有可能以内部市场取代外部市场,统一管理经营活动;三是内部化超越国界时就产生了多国公司。

市场内部化的过程取决于以下四个因素:一是产业特定因素(industry-specific factor),指与产品性质、外部市场结构和规模经济等有关的因素;二是区位特定因素(region-specific factor),指由于区位地理上的距离、文化差异和社会特点等引起交易成本的变动;三是国家特定因素(country-specific factor),指东道国的政治、法律和财经制度对跨国公司业务的影响;四是公司特定因素(firm-specific factor),指不同企业组织内部市场的管理能力。在这几个因素中,产业特定因素是最关键的因素。因为如果某一产业的生产活动存在多阶段生产的特点,那么就必然存在中间产品(原材料、零部件、信息、技术、管理技能等),若中间产品的供需在外部市场进行,则供需双方无论如何协调,也难以排除外部市场供需间的摩擦和波动,为了克服中间产品市场的不完全性,就可能出现市场内部化。市场内部化会给企业带来多方面的收益。

(三) 产品生命周期理论

产品生命周期理论(the theory of product life cycle)是美国哈佛大学教授维农(Raymond Vernon)在1966年发表的《产品周期中的国际投资与国际贸易》一文中提出的。在该文中,他十分重视创新的时机、规模经济和不稳定性等因素。维农认为,美国企业对外直接投资的变动与产品的生命周期有密切的联系,他把国际直接投资同国际贸易和产品的生命周期结合起来,利用产品生命周期的变化,解释美国在第二次世界大战后对外直接投资的动机与区位的选择。这一理论既可以用来解释新产品的国际贸易问题,也可以用来解释对外直接投资。

维农把一种产品的生命周期划分为创新、成熟和标准化三个阶段,不同的阶段决定了不同的生产成本和生产区位的选择,决定了公司应该有不同的贸易和投资战略。

在产品创新阶段,由于创新国垄断着新产品的生产技术,尽管价格偏高也有需求,但是产品的需求价格弹性很低,生产成本的差异对公司生产区位的选择影响不大,这时最有利的安排就是在国内生产。企业主要利用产品差别等竞争手段,或力图垄断技术与产品生产来占领市场。这一阶段,新产品的需求主要在国内,如果其他经济结构和消费水平与美国类似的国家(如西欧国家)对这种新产品有需求,则美国企业主要通过出口而不是直接投资来满足这些国家的市场需求。

在产品成熟阶段,产品逐渐标准化,最有效的生产工序已经形成,产品的生产技术基本稳定,市场上出现了仿制品和替代品,在国内市场需求扩大的同时市场竞争也日趋激烈,新产品生产企业的技术垄断地位和寡占市场结构被削弱。此时,产品的需求价格弹性逐步增大,降低成本对提高竞争力的作用增强,如何降低生产成本成为企业考虑的首要因素。为此,企业一方面通过规模经济来降低成本,通过价格竞争来维持和占领国际市场;另一方面,在国内竞争日趋激烈、国内市场日趋饱和以及国外市场对这类产品的需求不断扩大的条件下,创新国企业开始进行对外直接投资,在国外建立子公司进行生产,投资地区一般是那些消费水平与创新国相似,但劳动力成本略低于创新国的地区。到国外投资办厂的另一个好处是可以避开进口国的关税与非关税壁垒。

在产品标准化阶段,产品的生产技术、工艺、规格等都已完全标准化,产品已完全成熟。创新国企业的技术优势已经丧失,企业之间的竞争更加激烈,竞争的焦点和基础是成本和价格,因此,企业将在世界范围内寻找适当的产品生产区位,通过对外直接投资将产品的生产转移到工资最低的国家和地区(一般是发展中国家和地区),以降低生产成本,继续参与市场竞争。最初的创新国将从发展中国家运回最终产品满足国内需求,原来新产品的生产企业也将由于产品生命周期的终结而必须转向另一新产品的研究和开发。

产品生命周期理论的独到之处在于将企业所拥有的优势同该企业所生产产品的生命周期的变化联系起来,从而为当时的对外直接投资理论增添了时间因素和动态分析的色彩。这一理论把美国的经济结构、美国企业的产品创新取向以及美国跨国公司海外生产的动机和选址三者较好地联系起来,一方面解释了美国跨国公司从事对外直接投资的特点,另一方面也说明了这些公司先向西欧国家再向发展中国家投资的原因。

(四) 比较优势理论

比较优势理论(the theory of comparative advantage)也称边际产业扩张论,是日本一桥大学小岛清(Kiyoshi Kojima)教授在20世纪70年代提出来的。从第二次世界大战后到20世纪70年代中期,日本理论界接受和流行的对外直接投资理论主要是海默—金德尔伯格的垄断优势理论以及维农的产品生命周期理论。但后来,日本理论界提出了不同的看法,认为上述两个理论只研究了美国跨国公司的对外直接投资问题,没有考虑其他国家对外直接投资的特点,如不能解释日本的对外直接投资问题。因此,应创立符合日本国情的对外直接投资理论,用以说明和指导日本企业的对外直接投资活动。在此背景下,小岛清在其于1979年出版的《对外直接投资论》和1981年出版的《跨国公司的对外直接投资》及《对外贸易论》等书中提出了新的观点。

小岛清的投资理论有三个基本命题:第一,国际贸易理论中的赫克歇尔—俄林模型(H-O模型)的基本假定是合理的,即资源禀赋或资本—劳动要素比例的假定是对的,但在运用其分析对外直接投资时可使用比资本更广义的经营资源(managerial resources)的概念来代替资本要素。第二,凡是具有比较成本优势的行业,其比较利润率也较高,建立在比较成本或比较利润率基础上的国际分工原理不仅可以解释国际贸易的发生,也可以说明国际投资的原因。小岛清甚至认为可以将国际贸易和对外直接投资的综合理论建立在比较优势(成本)的基础上。第三,日本式的对外直接投资与美国式的对外直接投资是不同的。

小岛清认为,由于各国的经济状况不同,根据美国对外直接投资状况而推断出来的理论无法解释日本的对外直接投资。日本的对外直接投资与美国相比有四点明显的不同:一是美国的海外企业大多分布在制造业部门,从事海外投资的企业多处于国内具有比较优势的行业或部门;而日本对外直接投资主要分布在自然资源开发和劳动力密集型的行业,这些行业是日本已失去或即将失去比较优势的行业,对外投资是按照这些行业比较成本的顺序依次进行的。二是美国从事对外直接投资的多是拥有先进技术的大型企业;而日本的对外直接投资以中小企业为主体,所转让的技术也多为适用技术,比较符合当地的生产要素结构及水平,对当地发展具有比较优势的劳动密集型产业增加就业和扩大出口等都有积极促进作用。三是美国的对外直接投资是贸易替代型的(反贸易导向),由于一些行业对外直接投资的增加而减少了这些行业产品的出口;与此相反,日本的对外直接投资行业是在本国已经处于比较劣势而在东道国正在形成比较优势或具有潜在的比较优势的行业,所以对外直接投资的增加会带来国际贸易量的扩大,这种投资是贸易创造型的

（顺贸易导向）。四是美国公司设立的海外企业一般采用独资形式，与当地的联系较少，类似"飞地"；而日本的对外直接投资多采用合资形式，注意吸收东道国企业参加，有时还采用非股权安排方式(non-equity arrangement)。

比较优势理论的基本内容是：对外直接投资应该从本国已经处于或即将处于比较劣势的产业（边际产业）依次进行。这些产业是指已处于比较劣势的劳动密集部门或者某些行业中装配或生产特定部件的劳动密集的生产环节或工序。即使这些产业在投资国已处于不利地位，但在东道国却拥有比较优势。凡是在本国已趋于比较劣势的生产活动都应通过直接投资依次向国外转移。

小岛清认为，国际贸易是按既定的比较成本进行的，根据上述原则所进行的对外投资也可以扩大两国的比较成本差距，创造出新的比较成本格局。据此，小岛清认为，日本的传统工业部门很容易在海外找到立足点，传统工业部门到国外生产要素和技术水平相适应的地区进行投资，其优势远比在国内投资新行业要大。

（五）国际生产折衷理论

国际生产折衷理论(the eclectic theory of international production)又称国际生产综合理论，是20世纪70年代由英国里丁大学国际投资和国际企业教授邓宁(John H. Dunning)提出的。邓宁是当代著名的研究跨国公司与国际直接投资的专家，他的代表作是于1981年出版的《国际生产和跨国公司》，该书汇集了一系列阐述其折衷理论的论文。

国际生产是指跨国公司对外直接投资所形成的生产活动。邓宁认为，导致其提出这一理论的原因主要是两个：其一是第二次世界大战后，尤其是20世纪60年代以后国际生产格局的变化。在60年代以前，国际生产格局是比较单一的，那时以美国为基地的跨国公司在国际生产中占有重要地位，国际生产主要集中在技术密集的制造业部门和资本密集的初级工业部门，投资主要流向西欧、加拿大及拉美国家，海外子公司大多采用独资形式。进入60年代以后，国际生产格局出现复杂化趋势，西欧和日本的跨国公司兴起，发达国家间出现交叉投资现象，一些跨国公司开始向新兴工业化国家（地区）和其他发展中国家投资，一些发展中国家的企业也开始加入对外直接投资的行列，合资形式成为海外企业的主要形式。其二是缺乏统一的国际生产理论。传统的理论只注重资本流动方面的研究，而缺乏将直接投资、国际贸易和区位选择综合起来加以考虑的研究方法。在邓宁看来，他的理论将企业的特定垄断优势、国家的区位与资源优势结合起来，为国际经济活动提供了一种综合分析的方法，从而弥补了过去的不足，所以他的理论也可称为综合理论。

邓宁认为，自20世纪60年代开始，国际生产理论主要沿着三个方向发展：一是以海默等人的垄断优势理论为代表的产业组织理论；二是以阿利伯的安全通货论和拉格曼的证券投资分散风险论为代表的金融理论；三是以巴克莱和卡森等人的内部化理论为代表的厂商理论。但这三种理论对国际生产和投资的解释是片面的，没有把国际生产与贸易或其他资源转让形式结合起来分析，特别是忽视了对区位因素的考虑。国际生产折衷理论吸收了上述三个理论的主要观点，并结合区位理论解释跨国公司从事国际生产的能力和意愿，解释它们为什么在对外直接投资、出口或许可证安排这三个参与国际市场的方式中选择对外直接投资。

国际生产折衷理论认为，一个企业要从事对外直接投资必须同时具有三个优势，即所有权优势、内部化优势和区位优势。

1. 所有权优势

所有权优势(ownership-specific advantages)主要是指企业所拥有的大于外国企业的优势。它主要包括技术优势、企业规模优势、组织管理能力优势、金融和货币优势以及市场销售优势等。邓宁认为,对外直接投资和海外生产必然会引起成本的提高与风险的增加,在这种情况下,跨国公司之所以还愿意并且能够发展海外直接投资,并能够获得利益,是因为跨国公司拥有一种当地竞争者所没有的比较优势,这种比较优势能够克服国外生产所引起的附加成本和政治风险。他把这种比较优势称为所有权优势,这些优势必须是这个公司所特有的、独占的,才能在跨国生产中发挥作用,在公司内部能够自由移动,并且能够跨越一定的距离。

2. 内部化优势

内部化优势(internalization-specific advantages)是指企业在通过对外直接投资将其资产或所有权内部化的过程中所拥有的优势。也就是说,企业将拥有的资产通过内部化转移给国外子公司,可以比通过交易转移给其他企业获得更多的利益。一家企业拥有了所有权优势,还不能说明它必然进行对外投资活动,因为它可以通过其他途径发挥和利用这些优势。一般而言,企业可以通过两个途径发挥利用这些优势:其一,将所有权资产或资产的使用权出售给别国企业,即把资产的使用外部化;其二,企业自己利用这些所有权资产,即把资产的使用内部化。企业到底是选择资产内部化还是资产外部化取决于利益的比较。由于外部市场是不完善的,企业所拥有的各种优势进行外部化使用有丧失的危险,为了保持垄断优势,企业就存在对其优势进行内部化使用的强大动力。国际直接投资就是企业利用它的所有权优势直接到国外办厂开店,建立企业内部的国际生产和运营体系的过程。

3. 区位优势

区位优势(location-specific advantages)是指可供投资的地区在某些方面较国内优越。在邓宁看来,一家企业具备了所有权优势,并有能力将这些优势内部化,还不能完全解释清楚直接投资活动,必须加上区位优势。区位优势包括:劳动力成本、市场需求、地理距离、自然资源、基础设施、运输与通信成本、关税和非关税壁垒、政府对外国投资的政策,因历史、文化、风俗、商业惯例差异而形成的心理距离等。企业进行国际生产时必然受到区位因素的影响,只有国外区位优势大时,企业才可能从事国际生产。

如果一家企业同时具有上述三个优势,那么它就可以进行对外直接投资。这三种优势的不同组合,还决定了企业进入国际市场和从事国际经济活动的不同方式。

国际生产折衷理论的特点和贡献在于:第一,它吸收借鉴了在此之前20年中出现的新的国际直接投资理论,采用了折衷和归纳的方法,对各家之长兼容并蓄,并在区位理论方面做出了独到贡献。第二,它与国际直接投资的所有形式都有联系,涵盖和应用的范围宽。第三,它能够较好地解释企业选择国际化经济活动三种主要模式的原因,即如果企业仅具有所有权优势,则应选择许可模式(也称契约或技术转让)进入国际市场;如果企业既具有所有权优势,也具有内部化优势,则应选择出口模式进入国际市场;如果企业同时具有所有权、内部化和国外区位三个优势,则应选择对外直接投资模式开展国际化经营(国际生产折衷理论与企业国际化经营模式选择的关系见表2—3)。第四,邓宁将这一理论同各国经济发展的阶段与结构联系起来进行动态化分析,还提出了投资发展周期学说。国际生产折衷理论也被称为 OIL(ownership-internalization-location)理论,因其概括性、综合性和应用性强而获得了对外直接投资"通论"之称。这一理论目前已成为世界上对外直接投资和跨国公司研究中最有影响的理论,并被广泛用来分析跨国公司的对外直接投资活动。

表 2-3　国际生产折衷理论与企业国际化经营模式选择的关系

模式 \ 优势	所有权优势	内部化优势	国外区位优势
许可模式	√		
出口模式	√	√	
投资模式	√	√	√

以上我们分析和介绍了西方学者在研究国际直接投资时提出的五种主要理论。除此之外,还有其他一些国际直接投资理论,如投资诱发要素组合理论、寡占反映理论、产业内双向直接投资理论、纵向一体化直接投资理论、横向一体化直接投资理论、核心资产论、投资与贸易替代论、公司战略理论、动态化比较优势论等。这些理论有的是从微观角度展开研究,有的则是从宏观角度研究和分析国际直接投资现象,力图找到东道国为什么要利用外资、资本为什么要发生国际移动等问题的答案。国际直接投资理论是在 20 世纪 60 年代从国际间接投资(国际证券投资)理论中独立出来的。理论的发展源于实践的发展和丰富,可以相信,随着各国对外直接投资活动的不断开展和跨国公司影响的进一步扩大,有关这方面的理论研究也必将会不断有所创新和发展。

(六)国际直接投资理论的共同出发点

不同的国际直接投资理论采用不同的方法从不同的角度研究企业的国际投资活动,对同一现象或不同现象做出自己的解释。尽管各种理论的体系和方法不尽相同,但它们有着一些共同的出发点:第一,直接投资不同于证券投资,无法沿用传统的国际资本移动理论来解释,因为直接投资中除资本要素的国际移动外,还包含投资企业的技术、设备、品牌、信息和管理才能等生产要素的转移。第二,国际直接投资是企业在国内市场发展到一定规模和具有某些绝对或相对优势时的海外扩张行为,跨国公司是企业海外扩张的产物,所以学者们在进行理论阐述时一般都以不完全竞争的假设取代完全竞争的假设。第三,除阿利伯和邓宁等学者在从事微观研究的同时也力图进行一些宏观的分析以外,大多数学者都侧重研究微观的企业行为,如研究跨国公司从事对外直接投资的决定因素、动机、竞争优势、条件及其方式等。第四,从总的方面来看,现有的对外直接投资理论的研究主要涉及以下几个基本问题:采用什么样的理论模式和研究方法研究与解释跨国公司的对外直接投资行为;如何用成本与收益分析方法去分析和评价跨国公司对外直接投资的效益;对外直接投资的决定因素或制约条件是什么;企业开展对外投资的主要动机是什么;企业的竞争优势到底在哪里;企业怎样选择国外的投资区位等。

三、服务业国际直接投资理论

（一）传统的国际直接投资理论在服务业的适用性

服务业的国际化过程有其特殊性，其发展的内在动力与外部环境都与工业企业有所不同。

第二次世界大战后，对外直接投资的发展和跨国公司的扩张主要发生在制造业部门，因此有关理论研究也一直集中于此，相比而言，对服务业对外直接投资的分析比较少。随着服务业在发达国家国民收入、就业和国际收支平衡等方面发挥的作用不断增强，服务部门的国内和国际地位迅速提高，对服务业跨国生产和经营的研究也逐渐发展起来，其出发点是对传统对外直接投资理论在服务部门适用性的讨论。通过对不同的传统理论观点在服务部门进行适用性检验，越来越多的经济学家相信，制造业对外直接投资理论经过修正是完全可以用于分析服务业对外直接投资行为的。其中，代表性的研究主要有以下几个：

（1）鲍德温（Boddewyn,1989）试图使用主流理论来解释服务业跨国公司的行为。他发现服务产品的特殊性会引发一些问题，如对理论假设前提的违背、对服务产业特定优势区分的难度等。他认为应该对这些问题进行深入的探讨，但不需要做特别的定义和理论解释，只要通过简单的条件限制和详细说明就能容易地运用现有的理论。

（2）邓宁（Dunning,1989）将其在制造业发展起来的国际生产折衷理论扩展到了服务部门。他在《跨国企业和服务增长：一些概念和理论问题》这篇代表性文章中，解释了服务业跨国公司行为的有关概念和理论问题，指出国际生产折衷理论的基本框架是适用于服务业跨国公司的，并对原有的所有权优势、内部化优势和区位优势在服务企业中的具体表现进行了阐述，还列举出一些特定服务行业进行对外直接投资所需要具备的优势。在其分析基础之上，恩德韦克（Enderwick,1989）又分析了该理论模型应用于服务部门时，要特别注意的一些问题，譬如服务业很多部门是技术复杂性较低的行业，确定企业特定优势较难；又如跨国经营的非股权方式，如许可证、管理合同、特许经营等在服务业中的广泛使用，而这些以市场交换为基础的经营方式对于跨国公司理论中的内部化的作用有着重要的含义。

（3）卢格曼（Rugman,1981）以银行业为基点分析了内部化理论的适用性。他认为，按照内部化理论，跨国公司通过创造内部市场来克服世界商品市场和要素市场的不完全性，同样地，跨国银行也可以实现交易内部化，从而克服国际金融市场的不完全性。与其分析基点相似，亚诺普勒斯（Yannopoulos,1983）、格瑞（Gray,1981）、考（Cho,1983）、格鲁伯（Grube,1977）、佩克乔利（Pecchioli,1983）和威尔斯（Wells,1983）等也是以银行业为分析对象，阐明了邓宁的国际生产折衷理论在解释跨国银行业发展方面的合理性。不过，这些分析假定银行的外国子公司在国际金融市场实现运作。格瑞指出，当一个银行选择在超国家的市场，例如欧洲货币市场经营时，不必拥有相同的优势条件，因为在超国家金融市场中没有当地银行，不需要以所有权优势作为补偿优势。这实际上相当于重新定义了区位优势，将其范畴从某一特定国家扩展到了超国家市场，从而区位优势具有更重要的意义。此外，上述分析指出，在银行业之外的一些服务部门，如国际饭店业、商业服务业、商业服务公司的外国机构等，所有权优势、内部化优势和区位优势也同样适用，只不过是需要根据行业特点做一些限制和详细说明。

(4) 弗农对于传统直接投资理论的适用性问题没有做过多说明。他直接指出,既然知识的转移可以代替物品转移,那么有关制造业跨国公司的理论就可以应用于对服务业跨国公司的解释。

(二) 服务业国际直接投资理论

目前涉及服务业对外直接投资的理论已有了一定的发展,比较典型的如巴克莱和卡森的内部化理论,他们在原有的内部化理论的基础上,说明服务企业也有内部化中间市场的优势。卡森强调,服务消费中买者的不确定性是市场不完善的来源之一,将会导致较高的交易成本,从而使企业的对外直接投资成为一种必要。作为对外直接投资理论的集大成者,邓宁在服务业对外直接投资方面也有比较系统的论述。他指出,服务业对外直接投资也应同时具备所有权优势、内部化优势和区位优势三个条件。相对而言,该理论体系比较完善,也最具代表性,因此本文将以此为基础,对服务业对外直接投资的基础和动因做出解释。

1. 所有权优势

服务业所有权优势可以理解为企业得以满足当前或潜在顾客需求的能力。一般有三个重要的评判标准:第一,服务的特征和范围,如服务的构思、舒适度、实用性、可靠性、专业化程度等;第二,服务的价格和成本;第三,有关售前、售中及售后服务。具体来讲,服务业跨国公司的所有权优势主要体现在以下几个方面:

(1) 质量。由于服务一般具有不可存储性、异质性等特点,保证服务质量对企业来讲就尤为重要,特别是随着收入水平的提高和企业之间竞争的加剧,质量日益成为影响消费者服务和生产者服务需求的重要变量,在许多情况下,它是决定服务业跨国公司竞争力的最重要的变量。在一些服务行业中,企业创造和保持一个成功品牌形象的能力,或者在多个地区提供服务时实行质量监控的能力和降低购买者交易成本的能力,是其保持质量形象和占有竞争优势的关键。

(2) 范围经济。它指服务提供者可以满足消费者对产品种类和价格的多种不同需求。在运输、商业等服务行业中,都不同程度地存在范围经济。其中,典型的是零售业,零售商储存商品的范围越宽、数量越大,他们在同供应商交易中的议价能力就越强,就越能通过讨价还价以较低价格从供应商处获得商品;同时,供货品种和数量的加大使其有能力降低消费者的交易成本,因为消费者只需在一处就可以买到多种商品;此外,议价能力的提高使零售商能够加强对其买卖的产品和服务质量的控制,也有助于增大其所有权优势。

(3) 规模经济。从本质上讲,规模经济和专业化在制造业与一些服务业企业间并无太大区别,比如 500 个床位的宾馆与 30 个床位的宾馆提供的住宿服务相比,大医院与小医院提供的医疗服务相比,前者能够通过较大的规模有效降低单位成本。类似地,大型咨询机构和投资银行等可以在机构内部调动人员、资金和信息,实现人事和管理的专业化,从而可以针对不同的经营环境来调整价格以实现利润最大化。此外,大型服务业公司往往容易得到优惠的融资条件和折扣等。至于规模经济和范围经济产生的分散风险优势,在保险、再保险和投资银行表现得更为突出,在这三个行业中规模是成功进行对外直接投资的前提条件。

(4) 技术和信息。在制造业中,衡量生产技术和产品知识成分的指数,通常是研发费用占销售额的比重,专业人员、科技人员和工程人员在总就业中的比重以及取得的专利数量等。服务业中,与上述衡量标准类似的指标是对信息的把握和处理能力。在许多服务业中,以尽可能低的成本对信息进行收集、加工、储存、监控、解释和分析的能力,是关键的无形资产或核心竞争优势。对于证券、咨询这类以数据处理为主要内容的服务行业,情况更是如此。随着知识经济的蔓延,知识密集型服务行业的跨国公司数量增多,信息和技术在竞争中的地位日益重要,他们还能为规模经济、范围经济以及垂直一体化提供机会,特别有利于大型的、经营多样化的跨国公司,但由于数据技术往往需要昂贵的辅助资产、固定成本或基础设施,拥有这两项优势的服务业企业也就占据了竞争中的有利地位。

(5) 企业的信誉和品牌。服务是典型的"经验产品",其性能只有在消费之后才能得到评价,而且由于服务的主体是人,其性能还往往呈现出多边性,因此信誉和商标品牌这样的非价格因素往往是服务业企业向消费者传递信息的有力手段,也成为企业主要的竞争优势之一。许多成功的服务业跨国公司,如所罗门兄弟、安纳信、贝恩等,其卓越服务和优良品牌的扩散往往成为对外直接投资的先导。

(6) 人力资源。服务的施动者和受动者都是人,人力资源素质的提高无疑将使服务的质量和数量大大提升,有利于增大企业的优势。另外,在人力资源的使用过程中还普遍存在着"干中学"和"溢出效应"这样的动态效应,为服务企业优势的创造、保持和发展奠定基础。所以,人力资源对于服务企业来讲尤为重要。

(7) 创新。在许多情况下,创新形成了跨国服务公司的竞争优势。例如,美国的沃尔玛、法国的家乐福等跨国零售企业在国外采取了超级市场的新概念,国际医疗服务连锁经营把现代管理方式运用到传统上一直缺乏商品敏感度的领域而取得了竞争利益。把商品和服务结合在一起进行创新,也可以得到竞争利益,如计算机辅助设计、数据传递、娱乐服务等。不断在生产、经营和管理等方面进行创新,是现代企业保持恒久竞争力的根源。

此外,所有权优势还可以表现在服务业企业利用诸如劳动力、自然资源、金融、数据处理和传送设备等投入的机会,进入产品市场的机会,进入信息、金融、劳动力国际市场的机会和对国际市场的了解程度等方面。

2. 区位优势

区位优势与所有权优势和内部化优势不同,它是东道国所有的特定优势,企业无法自行支配,只能适应和利用这种优势。区位优势主要表现在以下几个方面:

(1) 东道国不可移动的要素禀赋所产生的优势,如自然资源丰富、地理位置方便、人口众多等。不同的服务行业对外直接投资对区位优势的要求也不同,比如,旅游业服务点的选址显然与金融业大不相同,前者需要考虑气候、自然风光、名胜古迹等,后者则集中在工商业中心。除了区位约束性服务外,跨国公司东道国的区位选择主要受服务消费者需求的支配,因此东道国人口数量、人口素质、习惯性的消费偏好等因素也决定了跨国公司的对外直接投资行为。除此之外,东道国较大的市场规模、优越的资源质量、较为完善的基础设施,以及地理相邻、语言相通、文化相近的地缘优势等因素,也构成了重要的区位优势。

(2) 东道国的政治体制和政策法规灵活、优惠而形成的有利条件。东道国政府在服务领域的政策干预可能会给投资者创造更好的竞争机会。例如,美国废除了对金融业混业经营的限制,这不仅有利于其境内的金融机构向大规模发展,也有利于外资金融机构扩大其在美国的经营范围,从而有利于吸引外国投资。又如,中国台湾由于逐渐放宽了对服务业的外资限制,成为东南亚地区服务业直接投资流向的一个热点。

(3) 聚集经济也是一种区位优势。竞争者集中的地方会产生新的服务机会,这种服务是针对市场发展需求而产生的。例如,国际银行在竞争者集中的大金融中心创立了银行间市场,严重依赖专业信息来源和专门技巧的服务商大多选择同类企业相对集中的领域,而保险和银行业常常会选择主要城市和中心商业区。

区位优势的获得与保持往往是服务业对外直接投资的关键。当企业投资的产业选择与东道国的区位特色相融合时,会强化产业比较优势和区位比较优势,促进对外直接投资的发展;反之,则会使两者的优势相互抵消、衰减乃至丧失。但应注意的是,区位优势直接影响跨国公司对外直接投资的选址及其国际化生产体系的布局,只构成对外直接投资的充分条件。

3. 内部化优势

内部化优势指服务业企业为了克服外部市场的不完全性和不确定性,防止外国竞争对手模仿,将其无形资产使用内部化而形成的特定优势。一般而言,与服务业跨国公司特别有关的内部化优势包括以下几个方面:

(1) 避免寻找交易对象并与其进行谈判而节约的成本。服务业国际贸易的起始点是跨越国境寻求合适的客户资源,这其中必然会产生包括寻租成本、协商成本等在内的一系列交易成本。跨国公司通过将外部交易内部化,可以有效地降低交易成本,尤其是当跨国投资的启动成本低于外部交易成本时,对外直接投资就是有利可图的,企业也能因此取得竞争优势。

(2) 弱化或消除要素投入在性质和价值等方面的不确定性。由于服务产品的差异性较大,又具有量身制作的特征,信息的不对称性使买方对产品的了解程度远低于卖方,容易出现服务业的买方出价过低或卖方要价过高的现象。内部化可以克服以上弊端,消除投入方面的不确定因素,对于中间性服务产品尤为重要。

(3) 中间产品或最终产品质量的保证。产品质量控制是服务业企业对外直接投资的主要动力之一,通过将服务交易内部化,服务企业可以用统一的衡量标准,实现在全球范围内对产品质量的监控,使其所有权优势得以保持和发挥。

(4) 避免政府干预。目前,对服务产品跨国交易的严格管制普遍存在,配额、关税、价格管制、税收差异等干预手段层出不穷。相对来讲,外商投资由于其在一国经济发展中所产生的积极影响而易于被东道国所接受。因此,跨越国境投资设厂不仅可以降低服务业国际交易中的政策性因素干扰,而且能得到东道国的一些优惠性投资待遇,有利于企业在当地市场展开竞争。

邓宁认为,下列几种类型的服务公司具有内部化开发利用优势和从事对外直接投资的强烈倾向:

第一,信息密集型的服务行业,如银行业和商业服务。这类企业以拥有的信息和知识为主要优势,这些知识带有默示性质,生产费用高、复杂且特征性强,但易于复制,只有在企业内部才能得到更好的保护和更有效的运用。

第二,以产品品牌或公司形象而著称的公司,如建筑、汽车租赁、广告和一些商业服务行业。当企业寻求质量保持和商誉维护时,就需要为服务产品建立严格、直接的质量标准,此时就会出现水平一体化,因为内部化比外部市场交易对于质量标准的控制更加有效。

第三,以知识为基础的创新型服务企业。实现生产和消费的垂直一体化有利于新型服务产品的推广,这是因为在创造服务需求和普及服务产品时,需要指导购买者消费服务,而创新者对其产品所具备的知识使其成为最佳引导者。

第四,拥有商标和版权等无形资产的企业。这类企业会在国外建立保护其资产权利的分支机构。

第五,工业跨国公司拥有股权的服务业附属公司。这些公司旨在保证制造业公司以最优条件获得投入物,帮助母公司维持和发展生产、出口及海外市场。

邓宁的内部化优势理论源于巴克莱和卡森等人的分析,但他认为,拥有无形资产所有权优势的企业,通过扩大组织和经营活动,将这些优势的使用内部化,可以带来比非股权转让更多的潜在或现实利益;然而,拥有所有权内部化优势的企业也可以扩大国内的规模,并通过出口来获得充分的补偿,并非一定要进行对外直接投资。所以,这两项优势只是企业对外直接投资的必要条件,而非充分条件。

邓宁关于服务业对外直接投资理论的核心是"三优势模型",他认为所有权优势、区位优势和内部化优势,加之服务和服务业的特性使对外直接投资、跨国经营成为服务业企业的必然选择。但是该理论强调,企业只有同时具有上述三大优势,才能进行有利的对外直接投资。如果只有所有权优势和内部化优势,而无区位优势,企业就缺乏优越的投资场所,只能将有关优势在国内加以利用,即在国内进行生产,然后出口。如果没有内部化优势和区位优势,仅有所有权优势,企业就难以在内部使用其自身拥有的无形资产优势,只能通过特许转让等方式来获取收益。

1993年,索旺(Sauvant)主持的"服务业跨国化"研究对服务业跨国公司进行了综合实证分析。他用包括不同国家11个部门中最大的210个企业在10年间(1976—1986)的数据进行了回归法检验,以测定影响服务业跨国公司对外直接投资的决定因素。回归分析确定了九个决定服务业对外直接投资的主要因素,即市场规模、东道国的商业存在、文化差距、政府法规、服务业的竞争优势、全球寡头反应、产业集中度、服务业的可贸易性以及企业规模与增长。这一检验结果充分证实了邓宁理论在现实中的解释力。

四、发展中国家国际直接投资理论

20世纪80年代以来,随着发展中国家跨国公司的形成和发展,陆续出现了一些专门用来解释发展中国家企业对外直接投资行为的理论。

(一) 小规模技术理论

小规模技术理论是由美国学者威尔斯(L. Wells)针对发展中国家的对外直接投资提出的。该理论注意到发展中投资母国对其跨国公司的"特定优势"的影响,认为发展中国家跨国公司的技术优势具有十分特殊的性质,是投资母国市场环境的反映。具体来说,发展中国家跨国公司具有如下三点优势:

(1) 小规模技术优势。由于发展中投资母国大多市场规模不大、需求多样化,迫使发展中国家的企业不得不将引进的技术加以改造,使其生产技术更具有灵活性,提供品种繁多的产品,以适应本国小规模、多样化的市场需求,从而具有小规模技术的特征。这些经过改造的小规模技术成为发展中国家跨国公司到类似市场开展对外直接投资的特殊优势之一。

(2) 当地采购和特殊产品优势。威尔斯发现,当发达国家的技术转移到发展中国家后,往往需要对其加以改造,以便适应发展中国家当地的原料供应和零部件配套生产的能力,而这一优势同样成为发展中国家企业对外直接投资的特殊优势之一。另外,发展中国家的对外直接投资往往还带有鲜明的民族特色,能够提供具有民族文化特点的特殊产品,在某些时候甚至可以成为压倒性的经营优势。

(3) 物美价廉优势。发展中国家跨国公司之所以有可能做到这一点,主要原因有二:一是与发达国家相比,发展中国家的劳动力成本普遍较低;二是发展中国家跨国公司的广告支出较少。

威尔斯的小规模技术论的贡献在于:将发展中国家跨国公司的竞争优势与其投资母国自身的市场特征结合起来,能够解释发展中国家对外直接投资的部分行为。但该理论也存在明显的缺陷,如威尔斯始终将发展中国家在技术上的创新活动局限于对现有技术的继承和使用上,从而限制了该理论的适用范围。

(二) 技术地方化理论

拉奥(S. Lall)在对印度跨国公司的竞争优势和投资动机进行了深入研究之后,提出了关于发展中国家跨国公司的技术地方化理论。和小规模技术理论一样,技术地方化理论也是从技术角度来分析发展中国家跨国公司竞争优势的。

所谓技术地方化,是指发展中国家跨国公司可以对外国技术进行消化、改进和创新,从而使得产品更适合自身的经济条件和需求。拉奥强调,发展中国家跨国公司的这种创新过程是企业技术引进的再生过程,而非单纯的被动模仿和复制。所产生的技术在小规模生产条件下具有更高的经济效益,且效果会由于民族或语言等因素而得到加强。另外,拉奥还认为在发展中国家的国内市场较大,存在特殊的市场需求的情况下(如消费者的不同口味和购买力),发展中国家的跨国公司有可能填补这些市场,从而使其产品具有一定的竞争力。

(三) 技术创新产业升级理论

英国学者坎特威尔(J. Cantwell)和托兰惕诺(P. E. Tolentino)对发展中国家对外直接投资问题进行了系统的考察,提出了发展中国家技术创新产业升级理论。

技术创新产业升级理论强调技术创新是国家、产业、企业发展的根本动力。与发达国家跨国公司的技术创新活动有所不同,发展中国家跨国公司的技术创新活动具有明显的"学习"特征,换句话说,这种技术创新活动主要利用特有的"学习经验"和组织能力,掌握和开发现有的生产技术。坎特威尔和托兰惕诺认为,不断的技术积累可以促进一国经济的发展和产业结构的升级,而技术能力的不断提高和积累与企业的对外直接投资直接相关,它影响着发展中国家跨国公司对外直接投资的形式和增长速度。

(四) 投资发展周期理论

英国学者邓宁实证分析了1967—1978年间67个国家的有关资料,将一国的吸引外资能力和对外投资能力与其经济发展水平结合起来,提出了投资发展周期理论。在这一理论中,邓宁使用了"净对外直接投资额"的概念,即一国企业对外直接投资总额与引进外国直接投资总额的差额。该理论是其国际生产折衷理论在发展中国家的运用和延伸。邓宁认为,在一定的经济发展条件下,一国的利用外资和对外投资是两个紧密相连的发展过程,具体可以依据人均GDP的多少划分为四个阶段,并且指出,一国的海外投资地位与其人均国民生产总值呈正相关关系,随着人均国民生产总值的逐步提高,一国的对外直接投资先落后于外商对该国的直接投资,而后赶上并超过外商对该国的直接投资(见表2-4)。

表2-4 邓宁的投资发展周期理论

人均GDP	利用外资和海外投资情况
400美元以下	只有少量的外国直接投资,几乎没有对外直接投资
400—2 500美元	利用外资量有所增加,本国对外直接投资量仍较少,净对外直接投资额仍为负值
2 500—4 000美元	在利用外资进一步增长的同时,对外直接投资大幅度增长,其发展速度可能超过引进外国直接投资的速度,但净对外直接投资额仍为负值
4 000美元以上	对外直接投资增长速度高于引进外国直接投资的速度,净对外直接投资额为正值

投资发展周期理论是少有的从宏观经济角度分析发展中国家对外直接投资的理论。这一理论将一国吸收外资和对外投资的能力与经济发展水平结合起来,动态地描述了跨国投资与经济发展的辩证关系,扩大了理论的解释范围。虽然该理论存在很大的局限性,但它指出了发展中国家对外直接投资发展的一般轨迹,阐明了发展中国家跨国公司发展的可能性,因此获得了理论界较为广泛的重视。

第三节 跨国并购

一、并购的概念、类型与动因

(一)并购的概念

并购(mergers and acquisitions,M&A)是收购与兼并的简称,有时也称为购并,是指一个企业将另一个正在运营中的企业纳入自己的企业之中或实现对其控制的行为。在并购活动中,出资并购的企业被称为并购企业(公司),被并购的企业被称为目标企业(公司)。跨国并购是指外国投资者通过一定的法律程序取得东道国某企业的全部或部分所有权的投资行为。跨国并购在国际直接投资中发挥着重要的作用,现在已发展成为设立海外企业的一种主要的方式。跨国并购行为有投资者单独出资进行的,也有联合出资进行的。

通过分析可以发现,收购与兼并既有相同之处也有区别。两者的相同之处主要表现在:第一,基本动因相似,或者为扩大企业市场占有率,或者为扩大经营规模、实现规模效益,或者为拓宽企业经营范围、实现分散经营或综合化经营。总之,都是增强企业实力的外部扩张策略或途径。第二,都以企业产权为交易对象。两者的区别主要在于:第一,在兼并中,被兼并企业作为法人实体将不复存在;而在收购中,被收购企业仍可以法人实体的形式存在,其产权可以是部分转让。第二,在兼并后,兼并企业成为被兼并企业新的所有者和债权债务的承担者,是资产、债权、债务的一同转换;而在收购后,收购企业是被收购企业的新股东,以收购出资的股本为限承担被收购企业的风险并享有相应的权益。第三,兼并活动一般发生在被兼并企业财务状况不佳、生产经营陷于停滞或半停滞之时,兼并后一般需调整其生产经营,重新组合其资产;而收购活动大多出现在企业的生产经营处于正常状态之时,产权转让后对企业运营的影响是逐步释放的。

并购与合并(分新设合并与吸收合并)也是两个既有区别又有联系的概念。第一,并购一般是以并购企业为主,目标企业处于被动地位;而合并(主要指新设合并)时两个企业的地位则相对平等。第二,并购后,并购企业的名称仍然保持,目标企业的名称有的不复存在,有的则被保留;合并后(主要指新设合并)合并双方原有的名称一般都不复存在了,而是出现了一个全新的名称,通常是合并双方名称的合二为一。当然,并购过程中有时也伴随着合并,对于吸收合并而言,其结果与并购的结果有相似之处。

(二) 并购的类型

企业并购的形式多种多样,按照不同的分类标准可划分为不同的类型。

1. 按并购双方产品或产业的联系划分

依照并购双方产品与产业的联系,可以将并购划分为横向并购(同一行业领域内生产或销售相同或相似产品企业间的并购,如一家汽车制造厂并购另一家汽车制造厂)、纵向并购(处于生产同一产品不同生产阶段的企业间的并购,分为向后并购和向前并购,如一家钢铁厂并购一家矿山厂或一家钢材贸易公司)和混合并购(既非竞争对手又非现实中或潜在的客户或供应商的企业间的并购,分为产品扩张型并购、市场扩张型并购和纯粹型并购,如一家家电企业并购一家石化企业或一家银行)。

2. 按并购的出资方式划分

按并购的出资方式划分,并购可分为出资购买资产式并购(并购方筹集足额的现金购买被并购方全部资产)、出资购买股票式并购(并购方以现金通过市场、柜台或协商购买目标公司的股票)、出资承担债务式并购(并购方以承担被并购方全部或部分债务为条件取得被并购方的资产所有权或经营权)、以股票换取资产式并购(并购公司向目标公司发行自己公司的股票以换取目标公司的资产)和以股票换取股票式并购(并购公司向目标公司的股东发行自己公司的股票以换取目标公司的大部分或全部股票)。

3. 按涉及被并购企业的范围划分

按并购涉及被并购企业的范围划分,并购可以分为整体并购(资产和产权的整体转让)和部分并购(将企业的资产和产权分割为若干部分进行交易,有三种形式:对企业部分实物资产进行收购;将产权划分为若干份等额价值进行产权交易;将经营权分为几个部分进行产权转让)。

4. 按并购是否取得目标公司的同意划分

根据并购是否取得目标公司的同意划分,并购分为友好式并购(并购公司事先与目标公司协商,征得其同意并通过谈判达成收购条件的一致意见而完成收购活动)和敌意式并购(指在收购目标公司股权时虽然遭到目标公司的抗拒,仍然强行收购,或者并购公司事先并不与目标公司进行协商,而突然直接向目标公司股东开出价格或收购要约)。

5. 按并购交易是否通过交易所划分

按并购交易是否通过交易所划分,并购分为要约收购(并购公司通过证券交易所的证券交易持有一个上市公司已发行股份的30%时,依法向该公司所有股东发出公开收购要约,按符合法律的价格以货币付款方式购买股票获得目标公司股权)和协议收购(并购公司不通过证券交易所,直接与目标公司取得联系,通过协商、谈判达成共同协议,从而实现对目标公司股权的收购)。

6. 按并购公司收购目标公司股份是否受到法律规范强制划分

依是否受到法律规范强制划分,可以将并购分为强制并购(证券法规定当并购公司持有目标公司股份达到一定比例时,并购公司即负有对目标公司所有股东发出收购要约,以特定出价购买股东手中持有的目标公司股份的强制性义务)和自由并购(在证券法规定有强制并购的国家和地区,并购公司在法定的持股比例之下收购目标公司的股份)。

7. 按并购公司与目标公司是否同属于一国企业划分

按是否同属于一国企业划分,并购分为国内并购(并购企业与目标企业为同一个国家或地区的企业)和跨国并购(并购企业与目标企业分别属于不同国家或地区)。

(三) 并购的动因

在市场经济环境下,企业作为独立的经济主体,其一切经济行为都受到利益动机的驱使,并购行为的根本动机就是为了实现企业的财务目标即股东权益的最大化。当然,并购的具体动因多种多样,主要有:扩大生产经营规模,实现规模经济,追求更高的利润回报;消灭竞争对手,减轻竞争压力,增加产品或服务的市场占有份额;迅速进入新的行业领域,实现企业的多元化和综合化经营;将被并购企业出售或包装上市,谋取更多的利益;着眼于企业的长远发展和成长,谋划和落实企业的未来发展战略等。

(四) 当前跨国并购的特点

西方国家的企业并购以美国最为典型,到 20 世纪 90 年代初,美国历史上大体出现过四次重点发生在国内的并购高潮:第一次以横向(水平)并购为主,主要发生在 1899—1903 年;第二次以纵向(垂直)并购为主,主要发生在 1922—1929 年;第三次以混合并购为主,主要发生在 20 世纪 60 年代;第四次以杠杆并购为主,主要发生在 20 世纪 70 年代中期至 90 年代初期。20 世纪 90 年代中后期至 21 世纪初主要出现在发达国家的并购高潮是世界历史上的第五次企业并购高潮,这一次以跨国并购为主,其突出的特征有:

(1) 从地域来看,这次跨国并购高潮主要出现在美欧之间,特别是美国与几个欧洲大国之间。原因是这些国家大型跨国公司多,产业之间的关联性强,跨国直接投资数量大。

(2) 从行业结构来看,这一次并购高潮以跨国横向并购为主,集中在服务业和科技密集型产业。主要原因:一是企业经营战略重心发生转移,强调核心业务与核心竞争力;二是企业经营环境发生变化,各国鼓励自由化及私有化,鼓励外资进入。

(3) 从并购方式来看,换股成为主要方式。并购企业增发新股换取被并购企业的旧股,原因包括节约交易成本、不必发生大量现金的国际流动、可以合理避税以及实现股价上扬(在并购方实力雄厚的前提下)。

(4) 从并购规模来看,这一次超过以往几次。一般认为,超过 10 亿美元的并购为大型并购,这一次并购高潮中所涉及的金额达几十或上百亿美元的很普遍,有的达到了上千亿美元。前几年大规模跨国并购风行的原因主要是:研发费用上涨加速了并购活动的发展;国家对经济活动干预的减少为企业并购创造了有利的外部条件;股市的繁荣为跨国并购提供了充裕的资金。

二、国际直接投资企业两种建立方式的比较

国际直接投资企业的建立可以采取两种基本方式:在东道国创(新)建一个新的企业

和并购东道国已经存在的企业。投资者需要根据不同的情况对这两种企业设立方式进行比较分析,然后决定采用哪种方式建立海外企业。

国际直接投资企业的建立方式与前面所讲的国际直接投资的基本形式是不同的,前者考虑的主要是如何在国外建立一个企业,而后者则主要考虑在国外所建立企业的所有权与控制战略。因此,不应当把两者混为一谈,特别是不能把并购东道国企业作为国际直接投资的一种基本形式。当然,这两者之间也有一定的联系,因为建立海外企业时要考虑到底采用哪种企业形式建立。

下面对国际直接投资企业的两种建立方式进行比较分析。

（一）并购东道国企业

目前,并购已经成为设立海外企业的一种主要方式,这种方式是指对东道国已有的企业进行并购。

并购海外企业方式的优点是：

（1）可以利用目标企业现有的生产设备、技术人员和熟练工人,可以获得对并购企业发展非常有用的技术、专利和商标等无形资产,同时还可以大大缩短项目的建设周期。

（2）可以利用目标企业原有的销售渠道,较快地进入当地以及他国市场,不必经过艰难的市场开拓阶段。

（3）可以通过跨行业的并购活动,迅速扩大经营范围和经营地点,增加经营方式,促进产品的多样化和生产规模的扩大。

（4）可以减少市场上的竞争对手。

（5）可以通过并购后再次出售目标公司的股票或资产,使并购公司获得更多利润。

并购海外企业方式的缺点是：

（1）由于被并购企业所在国的会计准则与财务制度往往与投资者所在国存在差异,有时难以准确评估被并购企业的真实情况,导致并购目标企业的实际投资金额提高。

（2）东道国反托拉斯法的存在,以及对外来资本股权和被并购企业行业的限制,是并购行为在法律和政策上的限制因素。

（3）当对一国企业的并购数量和并购金额较大时,常会受到当地舆论的抵制。

（4）被并购企业原有契约或传统关系的存在,会成为对其进行改造的障碍,如被并购企业剩余人员的安置问题。

（二）在东道国建立新企业

创建海外企业可以是由外国投资者投入全部资本,在东道国设立一个拥有全部控制权的企业,也可以是由外国投资者与东道国的投资者共同出资,在东道国设立一个合资企业。

创建海外企业方式的优点是：

（1）创建新的海外企业不易受到东道国法律和政策上的限制,也不易受到当地舆论的抵制。

（2）在多数国家,创建海外企业比收购海外企业的手续要简单。

（3）在东道国创建新的企业,尤其是合资企业,常会享受到东道国的优惠政策。

（4）对新创立海外企业所需要的资金一般能做出准确的估价,不会像收购海外当地企业那样遇到烦琐的后续工作。

创建海外企业方式的缺点是：

（1）创建海外企业常常需要一段时间的项目营建期，所以投产开业比较慢。

（2）创建海外企业不像收购海外企业那样可以利用原有企业的销售渠道，不利于迅速进入东道国以及其他国家市场。

（3）不利于迅速进行跨行业经营和迅速实现产品与服务的多样化。

案例讨论　　美国通用电气公司并购美国霍尼韦尔公司

通用电气公司是美国最大的公司之一，通过一系列的兼并之后，业务已经涵盖航天、家电、媒体、金融、医疗等领域。该公司市值高达5 000多亿美元，是世界上年度盈利最多的企业，在全球100多个国家开展业务，全球员工近30万人。2002年，通用电气公司的销售收入达到1 317亿美元。霍尼韦尔公司（Honeywell Inc.）也是一家历史悠久的老牌公司，在多元化技术和制造业方面居领导地位，其业务涉及航空产品及服务、住宅及楼宇控制和工业控制技术、自动化产品、特种化学、纤维、塑料以及电子和先进材料等领域。霍尼韦尔公司在全球95个国家拥有10.8万员工。

2000年10月，通用电气公司提出按每一股霍尼韦尔公司股票换1.055股通用电气公司股票的办法收购霍尼韦尔公司，以当时的股票价格计算，合同金额高达450亿美元。霍尼韦尔公司董事会很快就同意了通用电气公司的条件并正式批准合并案。美国政府审查此案后，认为该项并购案无论是从长远还是从整体来看对美国都是利大于弊，因此仅仅要求通用电气公司剥离2亿美元的资产就开了绿灯放行。

因为这两家公司都在欧盟国家设有企业，所以通用电气公司于2001年2月5日向欧盟委员会提出并购申报。3月1日，欧盟委员会决定进行深入调查。2001年6月14日，通用电气公司提出补救措施，但欧盟委员会认为不足以消除并购对市场的不良影响。6月28日，通用电气公司再次提出补救措施，但终究未能说服欧盟委员会。经过详细审查，2001年7月3日欧盟委员会20名委员一致做出决定，认为该项并购将导致通用电气公司垄断欧洲飞机发动机市场，而且通用电气公司两次提出的补救措施均未能使欧盟委员会打消这些顾虑，因此最终否决了美国通用电气公司收购霍尼韦尔公司的提案。该案也成为自1990年欧盟委员会开始处理并购案以来第15个被禁止的并购案。

虽然美国政府同意了此项并购，但欧盟对此提出了不同的意见。根据欧盟的有关并购法规，凡是合并各方总的年销售额在50亿欧元（42.4亿美元）以上，且在欧洲的销售额超过2.5亿欧元（1.7亿美元）的企业并购案，都必须得到该委员会的批准。而在审查通用电气公司收购霍尼韦尔公司的提案时，该委员会认为，这起合并案显然会进一步加强通用电气公司在大型喷气式飞机发动机方面的优势地位，从而有可能构成不公平竞争；特别是通用电气公司有可能将两家公司的产品捆绑销售，从而给竞争对手造成沉重打击。欧盟还担心，合并后的通用电气公司将成为航空业务领域难以控制的巨无霸，会通过其强大的飞机融资和租赁部门——资本航空服务公司（GECAS）来操纵飞机市场行情。资本航空服务公司是全球第二大飞机买主，它将购买的飞机转租给航空公司使用。

【思考与讨论】

这是历史上第一次出现两家美国公司的合并得到美国反垄断当局批准却因遭到欧盟委员会反对而中止的案例。此案突出反映了欧盟并购法规的域外效力。在此案中,并购双方均是美国公司。但是欧盟并购法规并未就并购企业的国籍进行限定,其标准是效果原则。如1995年韩国三星公司并购美国AST公司时,由于三星公司未能及时将并购向欧盟委员会申报,遭到罚款处罚。不过,这也不是欧盟并购法规的专利,实际上,美国的并购法规和欧盟有类似的规定。此案也说明了目前世界各国的反垄断行动的步调很不一致,亟须制定一套国际通用的反垄断(并购)规则。对于一个准备开展海外并购(甚至是一国内部并购)的企业来说,它需要考虑是否要向诸如欧盟、美国等地的反垄断当局进行申报,并争取获得其批准。只要有一方未获通过,并购就有可能流产。因此,随着越来越多的国家制定类似的具有域外效力的法律规定,企业的跨国并购活动将会受到更多的制约和监管。请问你如何看待域外效力的实施问题?因域外效力引起的各国国内法律效力孰高孰低的争议如何解决?

第四节　国际直接投资环境与环境评估方法

一、国际直接投资环境的主要内容

(一) 国际直接投资环境的概念

投资环境,是指投资者进行生产投资时所面临的各种外部条件和因素,其英文是investment climates,直译应为投资气候。投资是一种冒险,如同自然界的气候一样,投资气候也会因各种因素的影响而变幻莫测,从而影响投资者的投资行为。国际直接投资环境是指一国的投资者进行国际直接投资活动时所面对的各种外部条件和因素,它既包括经济方面的,也包括自然、政治、法律、社会、文化和科技方面的。投资环境是各种条件和因素的综合体。

(二) 国际直接投资环境的分类

从不同的角度可以把国际直接投资环境分为不同的类型:

(1) 从各种环境因素所具有的物质和非物质性来看,可以把投资环境分为硬环境和软环境两个方面。硬环境和软环境有时又称为物质环境和人际环境,或称为有形环境与无形环境。所谓硬环境,是指能够影响国际直接投资的外部物质条件,如能源供应、交通和通信、自然资源以及社会生活服务设施等。所谓软环境,是指能够影响国际直接投资的各种非物质因素,如经济发展水平和市场规模、贸易与关税政策、财政与金融政策、外资政策、经济法规、经济管理水平、职工技术熟练程度以及社会文化传统等。

(2) 从各因素的稳定性来看,可将国际直接投资的环境因素归为三类,即自然因素、人为自然因素和人为因素(见表2-5)。

(3) 从国际直接投资环境所包含的内容和因素的多寡来看,可以分为狭义的投资环境和广义的投资环境。狭义的投资环境是指投资的经济环境,即一国经济发展水平、经济体制、产业结构、外汇管制和货币稳定状况等。广义的投资环境除经济环境外,还包括自然、政治、社会文化和法律等对投资可能发生影响的所有外部因素。

表 2-5　国际投资环境因素稳定性分类

自然因素	人为自然因素	人为因素
自然资源 人力资源 地理条件 ……	实际增长率 经济结构 劳动生产率 ……	开放进程 投资刺激 政策连续性 ……
相对稳定	中期可变	短期可变

（三）国际直接投资环境的主要内容

1. 投资环境主要内容的变化

国际直接投资环境的内容随着时间的推移而变化，并且在不断丰富。最初，人们关注的重点是投资硬环境，俗称"七通一平"，即通水、通电、通气、通邮、通路、通商、通航及平整场地等有形环境；后来，人们发现软环境（包括办事效率、教育文化、风俗习惯、政策法规、投资优惠等）也非常重要，尽管它无形，但对投资决策的做出和投资项目的运营有很大影响；现在，人们不仅关注硬的和软的环境，还开始重视产业配套环境（如产业配套能力、零部件与原材料供应的便利程度、产业链投资、企业集群布局等），并将其视为构成直接投资环境的一项新的内容。

2. 投资环境的具体内容

（1）政治环境，主要包括政治制度、政权稳定性、政策的连续性、政策措施、行政体制和行政效率、行政对经济干预的程度、政府对外来投资的态度、政府与他国的关系等。

（2）法制环境，主要指法律秩序、法律规范、法律制度和司法实践，特别是涉外法制的完备性、稳定性和连续性，以及民众的法治观念和法律意识等。

（3）经济环境，主要包括经济的稳定性、经济发展阶段、经济发展战略、经济增长率、劳动生产率，财政、货币、金融、信贷体制及其政策，对外经济贸易体制与政策、地区开发政策、外汇管理制度、国际收支情况、商品和生产要素市场的状况与开放程度、人口状况和人均收入水平等。

（4）社会环境，主要指社会安定性、社会风气、社会秩序、社会对企业的态度，教育、科研机关与企业的关系、社会服务等。

（5）文化环境，主要包括民族意识、开放意识、价值观念、语言、教育、宗教等。

（6）自然环境。自然地理环境优良与否，也关系到能否吸引投资。地理环境包括面积、地形、气候、雨量、地质、自然风光、与海洋的接近程度、自然资源状况等。

（7）基础设施状况。基础设施是吸引外资的重要物质条件，包括城市和工业基础设施两个方面，具体如交通运输、港口码头、厂房设备、供水供电设备、能源和原辅材料供应、通信信息设备、城市生活设施、文教设施及其他社会服务设施等。

（8）产业配套环境。这是近年来跨国投资者比较关注的一个问题，其内容包括工业和服务业的配套能力、采购原材料与零部件半成品的方便程度、产业链投资与产业集聚、企业集群布局等。也有的学者将产业配套环境称为企业生态环境。

上面的第一到第五点属于投资软环境,第六和第七点属于投资硬环境,第八点属于产业配套环境。

二、国际直接投资环境的评估方法

投资环境的好坏直接影响国际直接投资决策以及国际直接投资的风险和收益,因此,在做出投资决策之前要对国外投资环境进行综合评估。对国际直接投资环境进行评估,大都是将众多的投资环境因素分解为若干具体指标,然后综合评价。目前国际上常用的比较典型的评估方法主要有以下几种:投资障碍分析法、国别冷热比较法、投资环境等级评分法、动态分析法、加权等级评分法、抽样评估法和体制评估法等。下面分别做简要介绍。

(一) 投资障碍分析法

投资障碍分析法是依据潜在的阻碍国际投资运行因素的多寡与程度来评价投资环境优劣的一种方法。这是一种简单易行的,以定性分析为主的国际投资环境评估方法。其要点是,列出外国投资环境中阻碍投资的主要因素,并在所有潜在的东道国中进行对照比较,以投资环境中障碍因素的多与少来断定其坏与好。阻碍国际投资顺利进行的障碍因素主要包括以下十类:

(1) 政治障碍:东道国政治制度与母国不同;政治动荡(包括政治选举变动、国内骚乱、内战、民族纠纷等)。

(2) 经济障碍:经济停滞或增长缓慢;国际收支赤字增大、外汇短缺;劳动力成本高;通货膨胀和货币贬值;基础设施不良;原材料等基础产业薄弱。

(3) 资金融通障碍:资本数量有限;没有完善的资本市场;融通的限制较多。

(4) 技术人员和熟练工人短缺。

(5) 实施国有化政策与没收政策。

(6) 对外国投资者实施歧视性政策:禁止外资进入某些产业;对当地的股权比例要求过高;要求有当地人参与企业管理;要求雇用当地人员,限制外国雇员的数量。

(7) 东道国政府对企业干预过多:实行物价管制;规定使用本地原材料的比例;国有企业参与竞争。

(8) 普遍实行进口限制:限制工业品和生产资料的进口。

(9) 实行外汇管理和限制投资本金、利润等的汇回。

(10) 法律、行政体制不完善:包括外国投资法规在内的国内法规不健全;缺乏完善的仲裁制度;行政效率低;贪污受贿行为严重。

投资障碍分析法的优点在于能够迅速、便捷地对投资环境做出判断,并减少评估过程中的工作量和费用,但它仅根据个别关键因素就做出判断,有时会使公司对投资环境的评估失之准确,从而丢失一些好的投资机会。

(二) 国别冷热比较法

国别冷热比较法又称冷热国对比分析法或冷热法,它是以"冷"、"热"因素表示投资环境优劣的一种评估方法。热因素多的国家为热国,即投资环境优良的国家;反之,冷因素多的国家为冷国,即投资环境差的国家。这一方法是美国学者伊西·利特瓦克和彼得·拜延于20世纪60年代末提出的,他们根据美国250家企业对海外投资的调查资料,将各种环境因素综合起来分析,归纳出影响海外投资环境"冷""热"的7大基本因素,59个子因素,并评估了100个国家的投资环境。所谓"热国"或"热环境",是指该国政治稳定、市场机会大、经济增长较快且稳定、文化相近、法律限制少、自然条件有利、地理文化差距不大;反之,即为"冷国"或"冷环境";不"冷"不"热"者,则居"中"。现以其中10国为例分析比较其投资环境的"冷""热"程度(见表2-6)。在表2-6所列的七大因素中,前四种的程度大就称为"热"环境,后三种的程度大则称为"冷"环境,中为不大也不小,即不"冷"不"热"的环境。由此看来,一国投资环境的七个因素中,前四种越小,后三种越大,其投资环境就越坏,即越"冷"的投资目标国。表2-6所列的10个国家从前到后的顺序就反映了这10个国家当时的投资环境由"热"到"冷"的顺序。

表2-6 美国观点中的十国投资环境的冷热比较

国别	政治稳定性	市场机会	经济发展与成就	文化一元化	法令障碍	实质障碍	地理文化差距
加拿大	大	大	大	中	小	中	小
英国	大	中	中	大	小	小	小
德国	大	大	大	大	中	小	中
日本	大	大	大	大	大	中	大
希腊	小	中	中	中	小	大	大
西班牙	小	中	中	中	中	大	大
巴西	小	中	小	中	大	大	大
南非	小	中	中	小	中	大	大
印度	中	中	小	中	大	大	大
埃及	小	小	小	中	大	大	大

在这项研究中,学者们还计算了美国250家企业在上述东道国的投资进入模式的分布频率。结果表明,随着目标市场由热类国家转向冷类国家,企业将越来越多地采用出口进入模式,越来越少地采用投资进入模式。在一般热类国家,出口进入模式占所有进入模式的47.2%,在当地设厂生产的投资进入模式占28.5%,技术许可合同和混合模式占24.3%。与此形成鲜明对照的是,在一般冷类国家,出口进入模式占所有进入模式的82.6%,投资进入模式仅占2.9%,技术许可合同和混合模式占14.5%。一般中间类国家的进入模式介于上述两类国家之间。

(三)投资环境等级评分法

投资环境等级评分法又称多因素等级评分法,它是美国经济学家罗伯特·斯托包夫于1969年提出的。等级评分法的特点是,首先将直接影响投资环境的重要因素分为八项,然后再根据八个关键项目所起的作用和影响程度的不同确定其不同的等级分数,按每一个因素中的有利或不利的程度给予不同的评分,最后把各因素的等级得分进行加总作为对其投资环境的总体评价,总分越高表示其投资环境越好,越低则表示其投资环境越差(见表2-7)。

表 2-7 投资环境等级评分标准

投资环境因素	等级评分标准	投资环境因素	等级评分标准
一、资本抽回	0—12 分	五、政治稳定性	0—12 分
无限制	12	长期稳定	12
只有时间上的限制	8	稳定,但取决于关键人物	10
对资本有限制	6	政府稳定,但内部有分歧	8
对资本和红利都有限制	4	各种压力常左右政府的政策	4
限制十分严格	2	有政变的可能	2
禁止资本抽回	0	不稳定,政变极可能	0
二、外商股权	0—12 分	六、关税保护程度	2—8 分
准许并欢迎全部外资股权	12	给予充分保护	8
准许全部外资股权但不欢迎	10	给予相当保护但以新工业为主	6
准许外资占大部分股权	8	给予少数保护但以新工业为主	4
外资最多不得超过半数股权	6	很少或不予保护	2
只准外资占小部分股权	4		
外资不得超过 3 成股权	2		
不准外资控制任何股权	0		
三、对外商的歧视和管制程度	0—12 分	七、当地资金的可供性	0—10 分
外商与本国企业一视同仁	12	完善的资本市场,有公开的证券交易所	10
对外商略有限制但无管制	10	有少量当地资本,有投机性证券交易所	8
对外商有少许管制	8	当地资本少,外来资本不多	6
对外商有限制并有管制	6	短期资本极其有限	4
对外商有限制并严加管制	4	资本管制很严	2
对外商严格限制并严加管制	2	高度的资本外流	0
禁止外商投资	0		
四、货币稳定性	4—20 分	八、近五年的通货膨胀率	2—14 分
完全自由兑换	20	低于 1%	14
黑市与官价差距小于 1 成	18	1%—3%	12
黑市与官价差距在 1—4 成	14	3%—7%	10
黑市与官价差距在 4 成—1 倍	8	7%—10%	8
		10%—15%	6
黑市与官价差距在 1 倍以上	4	15%—30%	4
		高于 30%	2
		总分	8—100 分

从斯托色夫提出的投资环境等级评分法的表格中可以看出,其所选取的因素都是对投资环境有直接影响的、为投资决策者所最关心的因素,同时又都具有较为具体的内容,评价时所需的资料易于取得又易于比较。在对具体环境的评价上,采用了简单累加计分的方法,使定性分析具有一定数量化的内容,同时又不需要高深的数理知识,比较直观,简便易行,一般的投资者都可以采用。在各项因素的分值确定方面,采取了区别对待的原

则,在一定程度上体现出了不同因素对投资环境作用的差异,反映了投资者对投资环境的一般看法。这种投资环境评估方法有利于使投资环境的评估规范化。但是,这种评估方法也存在三个缺陷:一是对投资环境的等级评分带有一定的主观性;二是标准化的等级评分法不能如实反映环境因素对不同的投资项目所产生的不同影响;三是所考虑的因素不够全面,特别是忽视了某些投资硬环境方面的因素,如东道国交通和通信设施的状况等。

(四) 动态分析法

投资环境不仅因国别而异,在同一国家内也会因不同时期而发生变化。因此,在评估投资环境时,不仅要考虑投资环境的过去和现在,还要预测环境因素今后可能出现的变化及其结果。这对企业进行对外直接投资来说是十分重要的,因为这种投资短则5年或10年,长则15年或20年以上,有的甚至是无期限。这就需要从动态的、发展变化的角度去分析和评估投资目标国的投资环境。美国道氏化学公司从这一角度出发制定并采用了动态分析法评估投资环境(见表2-8)。

表 2-8 投资环境动态分析法

企业现有业务条件	引起变化的主要原因	有利因素和假设的汇总	预测方案
估价以下因素: (1)经济实际增长率 (2)能否获得当地资产 (3)价格控制 (4)基础设施 (5)利润汇出规定 (6)再投资的自由 (7)劳动力技术水平 (8)劳动力稳定性 (9)投资优惠 (10)对外国人的态度 ⋮	估价以下因素: (1)国际收支结构及趋势 (2)被外界冲击时易受损害的程度 (3)经济增长与预期目标的差距 (4)舆论界和领袖观点的变化 (5)领导层的确定性 (6)与邻国的关系 (7)恐怖主义的骚扰 (8)经济和社会进步的平衡 (9)人口构成和人口变动趋势 (10)对外国人和外国投资的态度 ⋮	对前两项进行评价后,从中挑选出8—10个在某国某项目能获得成功的关键因素(这些关键因素将成为不断查核的指数或继续作为投资环境评价的基础)	提出四套国家或项目预测方案 (1)未来7年中关键因素造成的"最可能"方案 (2)若情况比预期的好,会好多少 (3)若情况比预期的糟,会如何糟 (4)会使公司"遭难"的方案

道氏公司认为其在国外投资所面临的风险可分为两类:第一类是"正常企业风险",或称"竞争风险"。例如,自己的竞争对手也许会生产出一种性能更好或价格更低的产品。这类风险存在于任何基本稳定的企业环境中,它们是商品经济运行的必然结果。第二类是"环境风险",即某些可以使企业环境本身发生变化的政治、经济及社会因素。这类因素往往会改变企业经营所必然遵循的规则和采取的方式,对投资者来说这些变化的影响往往是不确定的,它可能是有利的,也可能是不利的。这样,道氏化学公司把影响投资环境的诸因素按其形成的时间及作用范围的不同分为两部分:一是企业现有的业务条件;二是有可能引起这些条件变化的主要原因。在对这两部分因素做出评价后,提出投资项目的预测方案的比较,可以选择出具有良好投资环境的投资场所,在此投资经营将会获得较高的投资利润。表2-8中第一栏是企业现有业务条件,主要对投资环境因素的实际情况进行评价;第二栏是引起变化的主要原因,主要考察社会、政治、经济事件今后可能引起的投

资环境变化;第三栏是有利因素和假设的汇总,即在对前两项评价的基础上,找出 8—10 个使投资项目获得成功的关键因素,以便对其连续地进行观察和评价;第四栏是预测方案,即根据对未来 7 年中的环境变化的评估结果提出四套预测方案供企业经营决策时参考。道氏化学公司的动态分析以未来 7 年为时间长度,这是因为该公司预计投资项目投产后的第 7 年是盈利高峰年。

动态分析法有优点也有缺点,它的优点是充分考虑了未来环境因素的变化及其结果,从而有助于公司减少或避免投资风险,保证投资项目获得预期的收益;它的缺点是过于复杂,工作量大,而且常常带有较大的主观性。

(五)加权等级评分法

加权等级评分法是前面所介绍的投资环境等级评分法的演进,该方法由美国学者威廉·戴姆赞于 1972 年提出。企业在运用这种评估方法时大体上分三个步骤:第一步,对各个环境因素的重要性进行排列,并给出相应的重要性权数;第二步,根据各环境因素对投资产生不利影响或有利影响的程度进行等级评分,每个因素的评分范围都是从 0(完全不利的影响)到 100(完全有利的影响);第三步,将各个环境因素的等级评分得分乘上相应的重要性权数,然后进行加总。表 2-9 就是采用加权等级评分法对甲、乙两国投资环境进行评估和比较的情况。按照总分的高低,可供选择的投资目标国被分为以下五类:①投资环境最佳的国家;②投资环境较好的国家;③投资环境一般的国家;④投资环境较差的国家;⑤投资环境恶劣的国家。

表 2-9 投资环境加权等级评分法

按其重要性排列的环境因素	甲国			乙国		
	重要性权数 (1)	等级评分 0—100 (2)	加权等级评分 (3)= (1)×(2)	重要性权数 (4)	等级评分 0—100 (5)	加权等级评分 (6)= (4)×(5)
1.国家风险(财产被没收的可能性)	10	90	900	10	55	550
2.动乱或战争造成损失的可能性	9	80	720	9	50	450
3.本金返回	8	70	560	8	50	400
4.政府的歧视性限制	8	70	560	8	60	480
5.在当地以合理成本获得资本的可能性	7	50	350	7	90	630
6.政治经济稳定性	7	80	560	7	50	350
7.资本收益的返回率	7	80	560	7	60	420
8.货币稳定性	6	70	420	6	30	180
9.价格稳定性	5	40	200	5	30	150
10.税收水平	4	80	320	4	90	360
11.劳资关系	3	70	210	3	80	240
12.政府对外来投资的优惠待遇	2	0	0	2	90	180
加权等级总分			5 360(最高 7 600 分)			4 390(最差 0 分)

表中甲国的加权等级总分为5 360分,大于乙国的4 390分,这意味着甲国的投资环境优于乙国的投资环境。如果公司面临在甲、乙两国之间选择投资场所的机会,甲国是比较理想的选择。

(六) 抽样评估法

抽样评估法是指对东道国的外商投资企业进行抽样调查,了解它们对东道国投资环境的一般看法。其基本步骤是:①选定或随机抽取不同类型的外商投资企业,列出投资环境评估要素;②由外商投资企业的高级管理人员进行口头或书面评估,评估通常采取回答调查问卷的形式。

国际投资者可以通过这种方法了解和把握东道国的投资环境,同时,东道国政府也可采取这种方式来了解本国投资环境对外国投资的吸引力如何,以便调整吸收外资的政策、法律和法规,改善本国的投资环境。组织抽样评估的单位通常是欲从事国际投资活动的企业或国际咨询公司,也可以是东道国政府的有关部门或其委托的单位。

这种抽样评估法的最大优点是能使调查人得到第一手信息资料,它的结论对潜在的投资者来说具有直接的参考价值;缺点是评估项目的因素往往不可能列举得很多,因而可能不够全面。

(七) 体制评估法

体制评估法是香港中文大学闵建蜀教授于1987年提出的。这种方法不局限于各种投资优惠措施的比较,而是着重分析政治体制、经济体制和法律体制对外国投资的政治风险、商业风险和财务风险所可能产生的直接影响,并指出企业的投资利润率不仅仅取决于市场、成本和原材料供应等因素,而且取决于政治、经济和法律体制的运行效率。

在体制评估法中,闵建蜀确立了五项评价标准,即稳定性、灵活性、经济性、公平性和安全性。这些标准反映了一个国家政治与行政体制、经济体制和司法体制的运行效率,它对外国投资的政治风险、商业风险和财务风险将产生直接的影响,从而关系到外资企业能否实现其投资的利润目标。

阅读专栏 《2016营商环境报告》概要和重点内容

概要

《2016营商环境报告:衡量监管质量和有效性》:世界银行的旗舰性出版物,作为每年出版一次的第13期的报告,旨在衡量监管法规是有助于推动或是会限制商业活动。《营商环境报告》应用量化的指数分析189个经济体,从阿富汗到津巴布韦的商业监管法规和财产保护。

《营商环境报告》衡量影响一项商业经营的11个领域的法规。今年的营商难易程度排名涵盖了10个领域:开办企业、办理许可、得到电力、财产注册、获得贷款、保护少数投资者、纳税、跨境贸易、合同履行和办理破产。《营商环境报告》也衡量劳动市场法规,但今年的排名不以其为依据。

《2016营商环境报告》的数据搜集止于2015年6月1日。指数被应用于分析经济后果并且指出什么样的商业法规改革发生了作用,在什么地方以及为什么发生了作用。今年的《营商环境报告》继续其2年计划的对10项《营商环境报告》指数中的8项指数的提升,以配合完善其强调法规的有效性并重点关注法规的质量。

重点内容

《2016营商环境报告:衡量监管质量和有效性》发现:在去年,有122个经济体的创业者发现了其各自当地监管系统的提升。自2014年6月至2015年6月,该报告衡量了全球范围的189个经济体,记录了231项商业改革。在为了减少监管过程的复杂性和花费的2014—2015年的改革中,最普遍的发生于开办企业领域,与前一年相同。次之的是在纳税、获得电力和财产登记领域。

在2014—2015年,在《营商环境报告》关注的领域中提升最多的经济体是:哥斯达黎加、乌干达、肯尼亚、塞浦路斯、毛里塔尼亚、乌兹别克斯坦、哈萨克斯坦、牙买加、塞内加尔和贝宁。这10个提高最多的经济体共推行了39项使营商更容易的改革。

撒哈拉以南非洲在2014—2015年所推动的使营商更为容易的法规改革占到了所有法规改革的30%。欧洲和中非紧随其后。促进非洲商业法律统一化组织的成员国突出的活跃:去年一年17个经济体中的14个施行了商业法规改革,总共有29项改革。其中24项改革降低了监管程序的复杂性和花费,另外5项加强了法律机构。

本年度的报告在4个指标中新增了质量指标:财产登记、建筑许可证、获得电力供应和执行合同。另外,跨国界贸易指标得到了修正以提高其相关性。相关的案例研究侧重分析各个经济体的首要出口产品,以普遍的制造产品(汽车配件)作为进口产品,并且以各经济体的最大贸易伙伴作为进出口对应方。

该报告包含了总共7例案例研究:5例侧重在今年新引进的或扩展的法律和监管方面的指数,包含范围有建筑许可证、获得电力供应、财产登记、跨境贸易和执行合同。另两例分析其他相关方面的历史数据。

资料来源:http://chinese.doingbusiness.org/reports/global-reports/doing-business-2016。

第五节 世界贸易组织与多边投资协定

一、《与贸易有关的投资措施协议》

《与贸易有关的投资措施协议》(Agreement on Trade-Related Investment Measures,简称《TRIMs协议》)是乌拉圭回合多边贸易谈判的三个新议题之一。《TRIMs协议》列举了影响国际贸易自由进行的投资方面的措施,要求成员国在一定时期内将其取消。随着世贸组织的成立和运作,这一协议已在其成员国间生效,成为一项国际经济贸易方面的通行规则和惯例。中国的有关政策与法规也应与之相适应,做出相应的修改与调整。除《TRIMs协议》之外,世贸组织所管辖的其他一些协议对国际投资和中国利用外资也有影响。

(一)乌拉圭回合谈判关注与贸易有关的投资措施

1. 关贸总协定在协调国际直接投资方面所做出的努力

国际协调的目的是减少矛盾和纠纷,是为了制定和执行一些各国都能遵守的国际规范和规则,以推动国际直接投资和跨国公司的发展。由于以往的协调不是很成功和有效,再加上在关贸总协定的执行过程中也出现了日益增多的与贸易有关的投资措施方面的争议,在乌拉圭回合谈判中,各国将"与贸易有关的投资措施"列入了议题之内。

在乌拉圭回合谈判开始之前,在《关贸总协定》的框架之内,贸易与投资的关系没有受到多少关注。在1948年制定的国际贸易组织宪章的经济发展一章中,包含了一些有关外资待遇的条款。但是,这部宪章没有被批准生效,只有宪章中的一些有关商业政策的条款被《关贸总协定》吸收和继承。1955年,《关贸总协定》缔约方通过了一项国际投资与经济发展的决议,该决议要求各国通过缔结双边协议为外国投资提供安全和保护。

在乌拉圭回合谈判之前,有关投资方面的最主要进展可能就是专门小组在解决美国与加拿大的争端过程中的裁决。在《加拿大外资审查管理法》中,关贸总协定争端解决小组看到了由美国提出的抱怨,即加拿大当局要求外国投资者做出某种承诺,以此作为投资项目获得批准的条件。这些承诺涉及对一些国内产品的采购(当地成分要求)和对一定数量与比例产品的出口(出口业绩要求)。专门小组认为当地成分要求违背《关贸总协定》第3条第4款关于国民待遇义务的规定,但是出口业绩要求并不违背《关贸总协定》的规定。专门小组在《加拿大外资审查管理法》案例中的决定具有十分重要的意义,因为它确认了就与贸易扭曲措施有关的要求而言,《关贸总协定》的义务是适合于由某国政府在外资项目中所实施的出口业绩要求的。同时,专门小组所做出的出口业绩要求并不违背《关贸总协定》的结论,还进一步强调了现有的《关贸总协定》与贸易有关的业绩要求的规定的范围是有限的。

乌拉圭回合谈判开始后,通过各方协商起草的一份妥协方案,与贸易有关的投资措施成为新一轮谈判的议题。在谈判中,各缔约方提出了许多应被《关贸总协定》禁止的各国在引进外资中正在采用的与贸易有关的投资措施,最后由美国提交了一份清单,列出了主要的与贸易有关的投资措施,并被乌拉圭回合贸易谈判委员会采纳。清单中列出的与贸易有关的投资措施主要有:当地含量(成分)要求、贸易平衡要求、进口限制、出口实绩要求、外汇平衡要求、外汇管制、国内销售要求、生产(制造)要求、生产(制造)限制、产品授权要求、技术转让要求、许可要求、汇款限制、当地股权要求。

与贸易有关的投资措施谈判最突出的特点就是参加各方之间严重的意见分歧,分歧集中在未来新规定的范围和性质上。除了在《加拿大外资审查法》案件中涉及的违反《关贸总协定》第3条的当地成分要求以外,一些发达国家还提出了对广泛的措施进行禁止的条款,许多发展中国家对此表示反对。经过谈判最终形成了一个妥协方案,这一方案实际上是对《关贸总协定》第3条关于给予进口货物国民待遇和第11条关于对进出口货物进行数量限制这两个条款同与贸易有关的投资措施的适用性的解释和说明进行限定。结果,在乌拉圭回合谈判中曾被提出和讨论过的许多措施并没有包括在《TRIMs 协议》中,包括在其中的仅是对贸易产生限制和扭曲影响的那些投资措施。对贸易影响的重视清楚地表明谈判各方当时并不打算涉及国际投资规则问题。

2. 与贸易有关的投资措施的产生及其规定性

与贸易有关的投资措施的产生涉及三个相互关联的因素:一是国际直接投资的迅速发展;二是东道国政府对国际直接投资采取的相应措施;三是此类措施对贸易产生的限制和扭曲效应。与贸易有关的投资措施同时涉及国际投资和国际贸易两类经济活动,制定此类措施的主要目的在于使外国投资者尤其是跨国公司,在经济活动中遵循东道国国家发展目标和产业与经济政策。国际直接投资是与贸易有关的投资措施产生和发展的经济基础,东道国政府为了贯彻其发展目标和产业与经济政策而对外国公司行为加以规范,这是与贸易有关的投资措施产生的直接原因。

与贸易有关的投资措施的规定性表现在:国际直接投资的东道国政府是此类措施的行为主体,而非投资母国政府或跨国公司;此类措施是针对国际直接投资的,而非针对货物进口;此类措施可分为限制性措施(如前面讲到的14种投资措施)和鼓励性措施(主要表现就是税收的优惠,包括国内税的减让和关税的减让,以及直接或间接给予外国投资者的补贴和以无偿或低于原投资额的办法将本国的投资部分或全部转让给外国投资者)两种类型,这两类措施都可以使外商投资企业的经营管理成本和产品价格发生变化;与贸易有关的投资措施包括许多种,各种措施对贸易的影响程度不同,有的直接有的间接,有的影响大一些有的影响小一些;此类措施既包括强制性实施的,也包括诱导性实施的(采用后可带来各种形式的利益和好处)。

(二)《TRIMs协议》的主要内容

1. 与贸易有关的投资措施的含义

在分析与贸易有关的投资措施的含义之前,有必要先分析一下什么是投资措施。简单来讲,针对投资行为所实施的措施就是投资措施。这类措施通常是资本输入国针对外国直接投资所实施的。另外,在有些时候,投资措施还包括资本输出国为保护本国海外投资者的利益而采取的一些海外投资保险措施。但《TRIMs协议》所探讨的范围目前仅限于前者。还有一点需要注意,《TRIMs协议》仅仅考虑资本输入国政府所实施的投资措施,而不包括投资企业本身实施的措施。

那么,什么是与贸易有关的投资措施?与贸易有关的投资措施是指由东道国政府通过政策法令直接或间接实施的与货物贸易有关的对贸易产生限制和扭曲作用的投资措施。在理解与贸易有关的投资措施时需要注意以下几点:

(1)与贸易有关的投资措施仅与货物贸易有关,不包括服务贸易。

(2)不要把与贸易有关的投资措施理解为东道国政府对外商投资所采取的一切投资措施,它仅是其中的一小部分。

(3)与贸易有关的投资措施指的是那些对贸易产生限制和扭曲作用的投资措施,不包括对贸易产生积极推动作用的投资措施。

(4)与贸易有关的投资措施是要求世贸组织成员限期取消的投资措施。

2.《TRIMs协议》正文部分的主要内容

《TRIMs协议》包括两部分:一部分是正文,共有9个条款;另一部分是附件,列出了不符合《关贸总协定1994》第3条第4款和第11条第1款义务的与贸易有关的投资措施,共列明了五点。

《TRIMs协议》正文部分的主要内容有:

(1)适用范围和鉴别与贸易有关的投资措施的原则。规定《TRIMs协议》仅适用于与货物贸易有关的投资措施。关于鉴别原则,规定在不影响《关贸总协定1994》之下任何其他权利和义务的情况下,所有世贸组织成员都不能使用与《关贸总协定1994》第3条国民待遇原则和第11条取消数量限制原则不一致的与贸易有关的投资措施。

(2)例外条款和发展中国家成员。首先,《关贸总协定1994》中的所有例外都可以视具体情况适用于该协议;其次,发展中国家成员可以享受特殊优惠。考虑到发展中国家在贸易和投资方面的实际情况和特殊要求,它们可以暂时自由地背离国民待遇和取消数量限制原则,但这种自由地背离应符合《关贸总协定1994》第18条的规定,即主要是为了平衡外汇收支和扶植国内幼稚产业的发展等。

(3) 通知和过渡安排。世贸组织成员应在《世贸组织协定》生效后90天内向该组织的货物贸易理事会通告它们正在实施的与该协议不相符的所有与贸易有关的投资措施,不仅包括其基本特征,还包括其一般的和具体的实施情况。上述措施要限期取消,这个期限(即过渡期)是:发达国家2年,发展中国家5年,最不发达国家7年。货物贸易理事会应发展中国家成员的要求,可以延长其过渡期,但要求方必须证明在执行协议时的特殊困难。在《世贸组织协定》生效前180天内开始实施且与《TRIMs协议》不符的投资措施不享受过渡期,应立即取消。在过渡期内,为了不给已经建立的外商投资企业造成不利影响,成员可以在两种情况下将那些已用于这些已建企业的具体的投资措施用于新建的外商投资企业。这两种情况是指:第一,新建企业生产的产品与已建企业生产的产品相同;第二,有必要避免在新建企业与已建企业间造成扭曲的竞争条件。在以上两种情况下采用的投资措施,应当向货物贸易理事会通报,并且要同对已建企业实施的投资措施一并取消。

(4) 透明度要求。除必须遵守《关贸总协定1994》第10条"贸易条例的公布和实施"以及分别于1979年和1994年通过的《关于通知、磋商、争端解决与监督》和《关于通知程序的部长决定》,每个成员都应向世贸组织秘书处通告可以找到的与贸易有关投资措施的出版物,包括中央和地方各级政府所使用的相关出版物。但成员可以不公开有碍法律实施或对公共利益及特定企业的合法商业利益造成损害的信息。

(5) 建立与贸易有关的投资措施委员会。该委员会向所有成员开放。委员会应选举主席和副主席,每年至少召开一次会议。应任何缔约方的请求,可随时开会。该委员会的职责是:执行货物贸易理事会分配的任务,并向成员提供与《TRIMs协议》的运行和执行有关的任何问题的咨询服务;同时,还负责监督《TRIMs协议》的运行和执行情况,并每年向货物贸易理事会报告相关情况。

(6) 磋商与争端解决。《关贸总协定1994》第22条和第23条争议解决的程序与规则适用于《TRIMs协议》项下的协商与争议解决。

(7) 货物贸易理事会检查。在《世贸组织协定》生效5年内,货物贸易理事会将对《TRIMs协议》的实施情况进行检查,并视具体情况提出修改建议;同时,考虑该协议是否需要补充有关投资政策和竞争政策方面的规定。

3. 《TRIMs协议》附件部分的主要内容

《TRIMs协议》附件部分包括以下主要内容:

(1) 不符合《关贸总协定1994》第3条国民待遇原则的投资措施,包括那些国内法律或行政条例规定的强制性实施的投资措施,或者为了获得一项利益必须与之相符合的投资措施。具体指以下两项:①当地成分(含量)要求。要求外商投资企业生产的最终产品中必须有一定比例的零部件是从东道国当地购买或者是当地生产的,而不论这种要求以何种方式表达出来。②贸易(外汇)平衡要求。规定外商投资企业为进口而支出的外汇,不得超过该企业出口额的一定比例。

(2) 不符合《关贸总协定1994》第11条取消进口数量限制原则的投资措施,包括国内法律或行政条例规定的强制性执行的投资措施,或者为了获得一项利益必须与之相符合的投资措施。具体包括：①贸易（外汇）平衡要求。对外商投资企业的进口做出一般的限定，或规定不得超过该企业出口量或出口值的一定比例。②进口外汇限制。规定外商投资企业用于生产所需的进口额应限制在该企业所占有的外汇的一定比例内。③国内销售要求。规定外商投资企业要有一定数量的产品在东道国销售，而不论采取何种形式表达这种要求。

以上是《TRIMs协议》附件所列出的应限期取消的投资措施。仔细分析可以发现，在附件中，有一项要求基本相同，即贸易（外汇）平衡要求。因此，可以说《TRIMs协议》附件中所列举的属于禁用之列的投资措施主要是四项，即当地成分要求、贸易平衡要求、进口用汇限制和国内销售要求。

（三）《TRIMs协议》对国际直接投资的影响

《TRIMs协议》是迄今为止在国际范围内第一个正式实施的有关国际投资方面的多边协议，它扩大了多边贸易体系的管辖范围，将与贸易有关的投资措施纳入了多边贸易体系之中。《TRIMs协议》尽管还不尽完善，但它仍是一个积极的协议，必将对国际投资和国际贸易的自由化发展起到推动作用。

总体而言，《TRIMs协议》构成了对与贸易有关的投资措施的有力的约束和限制，东道国对国际投资的管制将放松，政策法规的透明度将增强，投资环境将得到改善，为国际直接投资的发展提供了更大的空间。要求成员在明确规定的过渡期内取消通报的相关措施有助于增强协议效率的确定性。由于已经认识到贸易、投资和竞争政策的相关性在不断加强，在未来多边贸易体系将涉及更多的投资与竞争政策问题。

从产业结构的角度来看，由于电信、化工、汽车、制药等行业的国际直接投资受与贸易有关的投资措施的影响最大，是《TRIMs协议》最大的受益行业，这些行业利用外资将获得比其他行业更快的发展。从地区结构的角度来看，由于发展中国家使用的与贸易有关的投资措施更多一些，发展中国家的投资环境将会得到更大的改善，区位优势会较以前进一步加强，国际直接投资的增长速度也会比以前加快。

当然，事物都有两面性，《TRIMs协议》的实施对发达国家和发展中国家也会产生一些消极影响，且对发展中国家的消极影响会更大一点。首先，许多发展中国家常常利用与贸易有关的投资措施引导外资流向，保护相关产业，随着《TRIMs协议》的实施和这些措施的逐步取消，与此有关的一些产业政策将不复存在。其次，由于当地成分要求、贸易平衡要求和进口用汇限制的取消，发展中国家的市场开放度扩大，某些市场有可能被国外大企业垄断，同时出口数额会减少，进口规模会扩大。再次，当地成分要求的禁用，会缩小发展中国家根据普惠制中的原产地规则所获得的受惠产品的数量与范围。最后，如果《TRIMs协议》在实施中不能做到对等和利益平衡，那么它就有可能成为主要限制发展中国家的单方面协议。

（四）从《TRIMs协议》到《多边投资协定》

1.《TRIMs协议》存在的缺陷和不足

尽管《TRIMs协议》的制定和实施有力地推动了国际投资领域国际协调的发展和国际规范的制定进程，但其本身存在着缺陷和不足，主要表现在以下四个方面：第一，仅适用于货物贸易，对服务贸易不适用，因此服务贸易领域大量存在的与贸易有关的投资措施得不到约束和限制;第二,所列举的仅是与货物贸易有关的投资措施中的一小部分,涵盖的范围有限;第三,所涉及的投资措施都是对贸易产生了副作用的措施,即限制性的投资措施,而对鼓励性的投资措施未涉及,但鼓励性投资措施的实行也会影响到贸易的有效流动;第四,不包括广大发展中国家所广泛关注的限制性商业惯例问题,而限制性商业惯例恰恰是多数与贸易有关的投资措施所针对的对象,不彻底解决限制性商业惯例问题,与贸易有关的投资措施就难以根除。

2. 现有的各种国际投资安排存在的缺陷

现有的各种国际投资安排除《TRIMs 协议》等属于世贸组织管辖的多边协定之外,还有属于一国国内立法、双边及区域多边层次上的投资政策与协定。从国别来看,各国国际直接投资政策的自由化与限制差别很大;从双边层次来看,截至 2015 年年底,双边投资保护协定(bilateral investment treaties, BITs)和避免双重征税协定(double taxation treaties, DTTs)的数量已分别达到 2 946 个和 3 000 多个,但大量双边投资协定的内容和标准存在相当大的差异。再从区域多边的角度看,各个区域经济一体化组织的投资自由化进程并不一致,它们在待遇标准、争端解决和投资保护措施等方面的规定也不相同。综上所述,由于现存的国际投资的各种安排不尽完善,现存的国际投资协定仍然以双边和区域层次的投资协定为主,但双边、区域的投资协定存在很大的局限性,无法满足国际投资在全球发展的需要,导致相当多的国际投资者仍面临投资壁垒、歧视性待遇、政策法规的不确定性以及由此而引发的各种矛盾和纠纷,有鉴于此,建立多边投资框架应及早被提上议事日程。

3. 从《TRIMs 协议》走向《多边投资协定》的必要性

第二次世界大战以后,国际投资取得了迅猛的发展,尤其是 20 世纪 80 年代以来,国际投资的发展速度更是超过了国际贸易,成为全球经济发展的主要推动力之一。随着国际投资和跨国公司的大发展,国际投资的自由化、便利化和规范化的要求越来越强烈。但是,相对于国际贸易领域而言,国际投资领域的国际协调要落后得多,至今还没有制定出类似于货物贸易领域的《关贸总协定》和服务贸易领域的《服务贸易总协定》那样的一整套国际规范。然而,制定这样一整套国际规范以开创一个稳定、可预见和透明的国际直接投资环境的迫切性和必要性正在日益增加,《多边投资协定》的积极作用是不言而喻的。所以,要加强国际投资方面的国际协调努力,推动具有全球性国际投资规范性质的《多边投资协定》的制定进程。

4. 《多边投资协定》的规定性

未来的《多边投资协定》应注意以下五点规定性:第一,投资措施所涵盖的领域应既包括货物贸易也包括服务贸易;第二,应将所有的投资措施都纳入协定管辖的范围,不仅包括限制性的投资措施,也包括鼓励性的投资措施;第三,在协定中应充分考虑发展中国家的愿望和要求,对滥用限制性商业惯例的行为做出禁止性的规定;第四,应对目前大量存在的单边、双边、区域多边及全球多边方面的投资措施、协定或协议进行分析和整理,制定出内容、标准和进度统一的具有广泛代表性的权威的投资协定;第五,一国国内的竞争政策对其投资政策影响很大,因此在协定中还要考虑制定出相应的条款以规范各国国内的竞争政策。

5. 经合组织在制定《多边投资协定》方面曾经做出的努力

经济合作与发展组织(以下简称经合组织)国家在国际直接投资中占有重要的地位，近年来，在协调国际投资关系和制定国际投资规范方面做出了大量的工作与积极的努力。考虑到乌拉圭回合多边协定所涉及的投资领域和规则是有限的，未能完全解决发达国家所关心的问题，在该回合谈判结束之前的1991年，经合组织就已着手为制定一项全面、系统和完整的多边投资规则做准备。

1991年以来，经合组织下属的国际投资与多国公司委员会和资本流动与无形交易委员会一直在进行多边投资协定问题的研究。1994年，在经合组织部长级会议上，讨论了建立全面的投资协定框架的积极作用和可行性。1995年5月，经合组织部长级会议决定启动《多边投资协定》的谈判，并为协定准备了框架草案。该谈判原定于1997年5月前达成协定，但经过两年的谈判，各方的观点仍难以统一，于是决定将达成协定的时间推迟到1998年4月。在1998年4月的会议上，由于各种原因协定仍未最终达成。此后，经合组织仍在继续推进这项工作，但未规定谈判结束的截止日期，只是提出要在保证协定高标准和高水平的前提下尽快达成一致，完成谈判。

虽然经合组织启动的多边投资谈判久拖未决，令人遗憾。但是，启动谈判本身和谈判已经取得的初步成果具有非常重要的意义，它为今后世贸组织开展这方面的谈判提供了有益的启示并打下了良好的基础。

经合组织成员在《多边投资协定》谈判中的主要宗旨是：为国际投资提供一个包括投资自由化和高标准的投资保护以及有效的争端解决程序在内的全面、系统和开放的多边框架。通过《多边投资协定》谈判最终要为投资者提供一个良好的投资环境，从而促进资本要素更自由地跨国移动。将来，《多边投资协定》作为一项独立的国际协定是开放的，不仅经合组织国家可以参加，其他国家如果愿意也可以参加。各方在谈判中存在的分歧主要集中在劳工和环境标准、例外和保留、法律的域外适用、法律冲突和再投资障碍以及知识产权和争端解决等问题上。正是由于分歧一时难以消除，影响了谈判的结束时间。

经合组织组织制定的《多边投资协定》与世界上现存的各类投资协定(议)相比具有以下六个特点：一是标准高，要求东道国向投资者提供安全、永久的保护和公平合理的待遇，禁止法律上和事实上的歧视做法，除非被列为一般例外、临时背离和国家保留；二是范围广，国际直接投资与国际间接投资、有形资产和无形资产、法人与自然人，以及与贸易有关的投资措施和与贸易无关的投资措施等都包括在其中；三是约束力强，将世贸组织的争端解决机制引入；四是侧重考虑投资者利益，以此为核心来制定该协定，相反对于如何制止投资者的不正当行为，如何保护东道国及东道国合作者的利益却较少考虑；五是未考虑发展中国家的利益和要求，经合组织由发达国家组成，所以主要考虑发达国家的利益，对发展中国家的要求未予反映；六是具有开放性，非经合组织国家也可申请加入。

6. 世贸组织在制定《多边投资协定》中的作用

从现实的角度来看，未来《多边投资协定》起草和谈判的组织者应当是世贸组织。因为，世贸组织具有五个有利条件：第一，投资与贸易已日益紧密地联系在一起，这就要求更为综合地制定国际规范，而世贸组织可以做到这一点；第二，世贸组织监督实施的协定中除《TRIMs协议》涉及国际投资问题外，《服务贸易总协定》《与贸易有关的知识产权协定》《补贴与反补贴措施协定》等也涉及一些投资方面的问题；第三，世贸组织成立后召开的三届部长级会议均包含了直接投资方面的议题;第四,世贸组织秘书处已作为观察员参加了经合组织组织的多边投资协定谈判的全过程,另外,经合组织也在有针对性地为世贸组织设计未来的多边投资体制,并有意将其推介给世贸组织作为范本;第五,世贸组织具有全球代表性和监督协定实施的权威性。

在未来的《多边投资协定》达成后,世贸组织管辖的内容将出现一次实质性的扩大,其性质与特征将发生巨大的变化,从而对多边贸易体系的走向产生深刻影响,不仅多边贸易体系的原有范围被突破,而且其制度设计方式和谈判进程也将进行调整。

二、多边投资框架(协定)谈判的背景、必要性和前景

(一)第二次世界大战结束以来与投资有关的国际协议、协定或公约概述

第二次世界大战结束以来,包括联合国、世界银行、关贸总协定/世贸组织以及经合组织等在内的各种多边国际组织为建立多边投资协议做出了不懈的努力。虽然这些努力大都不是为了制定全面的多边投资框架(multilateral framework on investment,MFI),但客观上为未来的多边投资框架谈判做了充分的准备,提供了难得的经验和教训(见表2-10)。

表2-10 第二次世界大战以来与多边投资协定有关的主要协议、协定和公约一览表

年份	名称	制定者	是否有约束力	是否通过	备注
1949	关于外国投资的公正待遇的国际守则	国际商会	无约束力	通过	
1965	关于解决各国与其他国家国民之间投资争端的公约(华盛顿公约)	世界银行	有约束力	通过	中国已参加
1972	国际投资准则	国际商会	无约束力	通过	
1976	国际投资和多国企业宣言	经合组织	无约束力	通过	
1976	联合国国际贸易法委员会仲裁规则	联合国	示范	通过	
1977	关于多国企业和社会政策原则的三方宣言	国际劳工组织	无约束力	通过	
1977	对于勒索和贿赂行为守则	国际商会	无约束力	未通过	
1979	联合国关于发达国家和发展中国家避免双重征税的协定	联合国	无约束力	通过	
1979	国际不正当支付协议(草案)	联合国	示范	通过	
1980	关于管制限制性商业惯例的公平原则与规则的多边协议	联合国	无约束力	未通过	
1983	跨国公司行为守则(草案)	联合国	无约束力	未通过	
1985	国际技术转让行为守则(草案)	联合国	无约束力	未通过	
1985	多边投资担保机构公约(MIGA)(汉城公约)	世界银行	有约束力	通过	中国已参加
1992	关于外国直接投资的待遇标准	世界银行/国际货币基金组织	无约束力	通过	

(续表)

年份	名称	制定者	是否有约束力	是否通过	备注
1994	与贸易有关的投资措施协议(《TRIMs协议》)	关贸总协定/世贸组织	有约束力	通过	中国已参加
1994	服务贸易总协定(GATS)	关贸总协定/世贸组织	有约束力	通过	中国已参加
1994	与贸易有关的知识产权协议(TRIPs)	关贸总协定/世贸组织	有约束力	通过	中国已参加
1996	多边投资协定(MAI)	经合组织	有约束力	未通过	
2001	多边投资框架(MFI)	世贸组织	无约束力	未通过	

分析表2-10可知，无论正式生效与否，这些协议、协定或公约都具有如下共同特征：首先，除了经合组织的《多边投资协定》以外，其他大多数只涉及投资的某些方面，均称不上全面的国际投资协定。其次，各种协议、协定或公约制定的初衷并不一致，甚至相差巨大。例如，世贸组织所制定的与投资有关的三个主要协定(《TRIMs协议》《与贸易有关的知识产权协议》和《服务贸易总协定》)均是以便利国际贸易为出发点的，严格来讲，并非是真正意义上的投资协议。再如，联合国起草的《联合国跨国公司行为守则(草案)》则是出于维护发展中国家的国家主权和保障民族经济的目的而制定的，其目标也不是全面地规范国际投资行为。最后，就其实际效果而言，除了世贸组织的相关协定以外，其他多数协议、协定或公约要么没有约束力，要么没有通过。

根据其实际效果，我们可以将表2-10中所列的协议、协定或公约划分为三类：第一类，通过且具有约束力，而且中国也已参加了的多边投资规则。这一类协议目前主要有《华盛顿公约》《汉城公约》和世贸组织的相关协定，这一类协议、协定或公约是目前仅有的多边投资规则方面成功的尝试，可以在未来的多边投资框架谈判中加以利用或借鉴。第二类，协定本身有约束力但未获通过的多边投资规则，主要指的是经合组织的《多边投资协定》。《多边投资协定》虽然没有通过，但是它在某些方面体现了国际投资协定未来的发展方向，对未来的多边投资框架谈判的影响是深远的。第三类，其他通过但没有约束力，或者没有约束力也没有通过的多边投资规则。这一类以联合国的努力居多。虽然没有约束力，但是这些协议也体现了广大发展中国家对国际投资和跨国公司的密切关注，也清楚地表明，在投资自由化要求以外，还存在一个发展问题。

（二）世贸组织关于多边投资框架谈判的来龙去脉

关贸总协定/世贸组织首次涉足投资问题是在乌拉圭回合谈判。1986年乌拉圭回合谈判启动之时，以美国为首的发达国家就提出将全面的投资协定列入谈判议题之中，但在发展中国家的反对之下，最终决定将范围限制在与贸易有关的投资措施展开谈判。目前，《世贸组织协定》中与投资相关的主要包括：《TRIMs协议》《服务贸易总协定》《与贸易有关的知识产权协议》《补贴和反补贴措施协定》等（见表2-11）。

表 2-11　世贸组织与投资相关的主要协定

协定名称	规范的对象	主要内容
TRIMs 协议	与货物贸易有关的投资措施	将最惠国待遇、国民待遇、透明度、一般取消数量限制等原则引入投资领域,明确禁止当地成分要求、贸易平衡要求、进口用汇要求和国内销售要求等
服务贸易总协定	服务贸易领域的国际投资行为(即作为服务提供四种方式之一的商业存在方式)	将最惠国待遇和透明度原则作为一般义务,市场准入和国民待遇作为具体义务,由各成员方以"肯定式列表"的模式就各自的开放义务做出承诺
与贸易有关的知识产权协议	与货物贸易有关的知识产权保护(涉及外商直接投资企业知识产权的保护)	要求在知识产权保护方面实施最惠国待遇和国民待遇,且提供了最低保护标准和争端解决程序
补贴与反补贴措施协定	补贴等投资激励措施	就给予某个特定企业或产业、一组企业或产业的补贴及反补贴措施进行了规范

1995 年世贸组织正式建立以后,为了推动投资议题的谈判,世贸组织新加坡第二届部长级会议决定建立"贸易与投资工作组"(working-group of trade and investment, WGTI)对贸易与投资的关系进行研讨,为未来谈判做准备。2001 年召开的世贸组织多哈第四届部长级会议正式发起了多哈发展议程,贸易与投资关系议题也被列为议程议题之一。

1. 《TRIMs 协议》《服务贸易总协定》《与贸易有关的知识产权协议》《补贴与反补贴措施协定》等协定对国际投资的规定

《TRIMs 协议》主要解决的是与货物贸易有关的投资措施问题;《服务贸易总协定》主要解决的是服务贸易领域的投资问题,即市场准入(商业存在)和国民待遇问题;《与贸易有关的知识产权协议》解决的是与投资有关的知识产权保护问题。

上述《世贸组织协定》虽然都不是专门为投资而制定的协定,但毕竟将投资议题引入了世贸组织,而且将最惠国待遇、国民待遇、市场准入、透明度原则等概念引入投资领域;除此之外,《服务贸易总协定》在制定过程中,积累了不少经验,为日后制定多边投资规则提供了不可多得的范例。

但上述与投资有关的《世贸组织协定》也存在明显的不足:它们都不是严格意义上的多边投资协定,不是直接针对投资问题而制定的,而且也不全面;农业和制造业领域投资行为并未过多涉及;《TRIMs 协议》虽取得了成果,但作用有限。

2. 多哈会议之前有关多边投资框架的讨论

(1) 新加坡第二届部长级会议的相关决定:正式设立了贸易与投资关系工作组,对贸易与投资的关系进行研讨。

(2) 贸易与投资关系工作组主要讨论的问题有:贸易与投资间的互动关系对国家发展与经济增长的意义;贸易与投资间的经济关系;研讨和评估贸易与投资的现有国际规则;在上述工作的基础上,确认目前关于贸易及投资的各项国际规则间的异同,包括重叠和可能的冲突;了解制定双边及多边投资协定的利弊;辨明投资国与东道国之间及投资者与东道国之间的权利及义务;分析目前及未来可能进行国际合作的投资政策与竞争政策间的关联性。

3. 多哈会议关于多边投资框架谈判的决定

由于时机不成熟,《多边投资协定》的谈判是以多边投资框架谈判的形式出现的。多哈会议关于贸易与投资关系谈判的决定主要体现在该次部长级会议所通过的《部长宣言》中,其中有关贸易与投资关系部分为第 20—22 段。概括起来,主要有以下四点:

(1) 谈判的目标。建立一个使长期跨境投资,特别是外国直接投资获得透明、稳定和可预见的条件的多边框架。目标是多边投资框架,其特征是主要针对外国直接投资、透明、稳定和可以预见。

(2) 谈判的议程安排。多哈会议决定,在第五届部长级会议就谈判模式达成明确一致的基础上,开始进行谈判。在正式谈判之前,需要对一系列问题做出澄清。需要澄清的问题有:范围和定义、透明度、非歧视、基于《服务贸易总协定》类型的、肯定列表式的预先制定的承诺的模式、发展条款、例外、国际收支保护及成员间争端的磋商和解决。

(3) 谈判的原则。应平衡反映投资母国和东道国的利益,适当考虑东道国政府的发展政策和目标,及其对公共利益的管理权;应适当考虑发展中国家和最不发达国家特殊的发展、贸易和财政需要,并应使各成员能够承担与其各自需要和情况相符的义务和承诺;应注意其他相关世贸组织规定;应酌情考虑有关投资的现有双边和区域安排。

(4) 其他相关问题。给发展中国家和最不发达国家的技术援助和能力建设。多哈会议决定:加强该领域技术援助和能力建设,包括政策分析和制定,从而使发展中国家和最不发达国家可以更好地评估更紧密的多边合作对其发展政策和目标及人员和机构发展的影响。

4. 与政府间组织的合作

与相关政府间组织通过适当的区域和双边渠道,向发展中国家和最不发达国家提供增强的和资源充足的援助。相关政府间组织包括:联合国贸易与发展会议(UNCTAD)、经合组织(OECD)、国际货币基金组织(IMF)、世界银行(World Bank)和联合国工业发展组织(UNIDO)等。

(三) 建立多边投资框架的必要性分析

1. 现有的双边、区域国际投资规则的不足

(1) 双边、区域国际投资规则的现状。20 世纪 90 年代以来,全球双边投资协定得到迅猛发展,至 2015 年年底累计签署的双边投资协定达 2 946 个,而 1995 年年底时其数量累计只有 924 个,发展速度可见一斑。区域投资协定的发展也很迅速,它们主要包含在自由贸易区协议或区域一体化安排之中,截至 2015 年年底,区域投资协定已达 358 个(主要的见表 2—12)。其中典型的例子是北美自由贸易区协定。

表 2—12 包含有投资内容的若干区域协定

年份	名称	制定者	是否有约束力	是否生效
1957	阿拉伯经济联盟协议	阿拉伯经济联盟	有约束力	通过
1961	资本流动自由化法则	经合组织	有约束力	通过
1961	经常项目无形资产交易自由化守则	经合组织	有约束力	通过

(续表)

年份	名称	制定者	是否有约束力	是否生效
1969	安第斯地区一体化协议	安第斯共同市场	有约束力	通过
1971	成立阿拉伯国际投资保证公司协议	阿拉伯国际投资保证公司	有约束力	通过
1972	中非关税经济共同体跨国公司法则	中非关税经济共同体	有约束力	通过
1973	加勒比共同体条约	加勒比共同体	有约束力	通过
1987	东盟关于投资促进和保护协定	东盟	有约束力	通过
1989	第四次洛美协议	欧盟—非加太会议	有约束力	通过
1991	建立非洲经济共同体条约	非洲经济共同体	有约束力	通过
1992	北美自由贸易协定	美国、加拿大、墨西哥	有约束力	通过
1994	亚太经济合作组织非约束性投资原则	亚太经济合作组织	无约束力	通过
1994	能源宪章条约	欧洲能源宪章组织	有约束力	通过
1995	东盟服务协议框架	东盟	有约束力	通过
1995	执行茂物宣言的大阪行动议程	亚太经济合作组织	无约束力	通过
1996	单边和集体行动计划(马尼拉行动计划)	亚太经济合作组织	无约束力	通过
1998	东盟投资领域框架协议	东盟	有约束力	通过
2003	内地与香港、澳门关于建立更紧密经贸关系的安排	中国中央政府与香港、澳门特别行政区	有约束力	通过
2008	投资便利化行动计划	亚太经济合作组织	无约束力	通过
2009	中国—东盟投资协议	中国与东盟	有约束力	通过

(2) 现有双边、区域国际投资规则的不足。虽然双边、区域投资协定已成为保护和规范国际投资活动的主要国际规则，但现有的双边、区域投资协定存在诸多不足，无法代替多边投资框架。不足之处主要在于以下四个方面：第一，适用范围窄，只适用于双边或某一区域。经合组织国家试图制定的《多边投资协定》虽然是区域性的投资协定，但向全球开放，并试图以此作为多边投资规则的蓝本，但最终未能达成协议。第二，相互重叠和冲突，内容不统一。这主要体现在：①不同国家之间所签署的双边投资协定的内容不一致，相互重叠冲突；②即使是同一国家，它与其他国家所签署的双边投资协定也不完全一致；③签署时间不同，内容也有较大差别。第三，约束力普遍不高。双边投资协定中所规定的投资争端解决方式往往约束力不强，而且争端解决的效果极易受签署该协定的国家之间的双边关系的影响。第四，签署双边投资协定的成本较高。

(3) 多边投资框架与现有的双边、区域国际投资规则的关系。《多哈宣言》对这个问题的表述是"应酌情考虑有关投资的现有双边和区域安排"。目前，在这个问题上仍存在一些争议。在对待这个问题时需要注意以下四点：第一，双边和区域投资协定所形成的所谓"国际习惯法"(international customary law)虽然并不等同于多边投资框架，但它为未来多边投资框架的建立进行了有益的探索，其价值是不容忽视的。第二，有关多边投资框架的谈判对双边和区域国际投资规则的影响将取决于谈判的模式、谈判的内容和对此问题的具体处理原则。第三,以《北美自由贸易协定》为代表的某些区域协定在很多方面为未来多边投资框架的发展提供了参考。第四,对于现有的双边和区域投资规则应灵活处理,较优待遇原则可供参考。所谓较优待遇原则,是指未来的多边投资框架所给予的待遇标准与现有的双边和区域投资协定中的待遇标准相比,取较高者。

2. 现有的各种多边国际投资规则的局限性

第一,目前还没有一个全面的多边投资协定。在世界范围内生效的有约束力的有关投资的多边投资规则主要包括《TRIMs协议》《华盛顿公约》《多边投资担保协定》。但是,上述协议和公约的适用范围较窄,仅是就投资的某些方面达成共识,远不是全面的投资协定。如《华盛顿公约》仅是就投资争端解决问题达成了一个程序性规定,依此公约建立的国际投资争端解决中心在解决争端时也须得到当事国的同意,而且并不实际进行仲裁。第二,其他的一些国际投资规则没有付诸实施。虽经讨论但未付诸实施的多边国际投资规则主要有《跨国公司行为守则(草案)》《关于管制限制性商业惯例的公平原则与规则的多边协议》《多边投资协定》等。其中,《多边投资协定》是第一个全面的投资协定,但最终未能生效。第三,除《TRIMs协议》以外,其他的多边投资规则的约束力普遍不强。

3. 从与国际投资有关各方的需要的角度看制定多边投资框架的必要性

这种必要性主要表现在:第一,从投资者的角度来看,投资者的目标是实现全球投资的利润最大化。由此出发,投资者要求通过多边投资框架实现资本自由移动、给予公正平等待遇、降低非商业风险,即实现投资自由化和便利化。第二,从东道国的角度来看,东道国引进外资的目标是实现自身的发展目标。基于此目标,东道国要求通过多边投资框架实现发挥外资的积极作用、减少外资的消极作用、发展东道国的经济,即最大限度地利用外资发展本国经济,同时对外资进行规范管理。第三,从投资母国的角度来看,对外直接投资并非是"零和博弈",其会给投资母国带来利益,如带动出口、获取国外资源(技术资源、自然资源、人才资源、市场资源等)等。因此,母国要求通过多边投资框架实现为本国企业开展海外投资创造良好的国际环境,即促进海外投资的开展,确保海外投资的安全。总之,投资者、投资东道国和投资母国三方都有建立多边投资框架的要求。

综上所述,迅猛发展的国际直接投资要求建立多边投资框架以实现投资的自由化、便利化和规范化;而目前现有的无论是双边的还是区域的投资协定均无法满足这一要求;多边层次的国际投资规则要么缺乏约束力,要么没有付诸实施。因此,建立多边投资框架是十分必要的。

4. 多边投资框架大体涉及的内容

从初步讨论的情况来看,多边投资框架大体涉及以下内容:范围和定义、透明度、非歧视、承诺模式、发展条款、例外与国际收支、争端磋商与解决、与世贸组织其他协议和现有国际投资协议间的关系、国际直接投资和技术转移等。

(四) 多边投资框架谈判的前景

严格来讲,多边投资框架谈判并未正式开始,目前世贸组织还处于对投资议题进行讨论的阶段。因此,对于多边投资框架来说,能否在世贸组织新一轮谈判中达成协议还是一个未知数。当然,我们希望多边投资框架谈判能够早日启动,并有一个良好的前景。

第六节　国际直接投资协调

一、国际直接投资协调的含义与作用

国际直接投资协调指的是国际间通过制定和签署国际投资协定与条约等形式对国际直接投资活动当事各方的财产、权利、利益等给予保护并协调彼此间的关系。就现状而言,国际直接投资协调有双边、区域和多边等几个层次。随着国际直接投资业务的扩大和跨国公司的发展,进行有效的国际投资协调的必要性越来越明显。

开展国际投资协调具有以下四个方面的作用:第一,国际投资协调可以保障投资者与投资企业、东道国与投资母国的权利和利益,促进国际投资业务的健康发展。第二,可以缓解东道国与跨国公司的利益冲突。虽然当今世界上多数国家都欢迎跨国公司进入,但跨国公司进入后还是经常与东道国产生矛盾和利益冲突,因此需要协调解决矛盾。第三,有利于克服东道国彼此之间的优惠政策竞争。为了吸引宝贵的外商投资、加快经济发展,东道国政府尤其是发展中国家政府都不同程度地对外商投资给予了一些优惠待遇,近年来这方面的竞争空前激烈。优惠政策的恶性竞争长期发展下去对东道国不利,需要借助国际协调加以规范和约束。第四,缩小不同国家间的国内政策差异,形成统一的国际投资规则。受经济发展水平、经济发展模式和法律制度的影响,不同国家的外商投资具体政策存在差异。只有通过不断的国际协调和谈判,才能缩小差异,最终形成一部被国际上广泛认可的国际投资规则。这部规则的性质与作用应类似于货物贸易领域的《关贸总协定》和服务贸易领域的《服务贸易总协定》。

二、双边投资协定

双边投资协定是资本输出国与资本输入国之间签订的,旨在鼓励、保护和促进两国间私人直接投资活动的双边协定与条约的总称。在国际投资法律体系中,双边投资协定占据着重要的地位。在保护与促进私人直接投资活动方面,它是迄今为止最有效的国际法制。根据《世界投资报告 2016》公布的数据,截至 2015 年年底,世界各国总共签署了 2 946 个双边投资协定和 3 000 多个双边税收协定。

目前双边投资协定主要有四种类型:第一种为投资保证协定。该协定由美国创立,后被某些建有海外投资保险制度的国家所仿效,所以也称为美国式的双边投资协定。它的特点是重在对国际投资活动中的政策风险提供保证,其主要内容包括承包范围、代位求偿权和争端解决等。第二种为促进与保护投资协定。该协定由联邦德国首创,也称联邦德国式投资协定。其特点是内容详尽具体,以促进和保护两国间私人国际直接投资为中心内容,既包含有促进和保护投资的实体性规定,也有关于代位求偿权、争端解决等的程序性规定。第三种为友好通商航海条约。友好通商航海条约是在相互友好的政治前提下,针对通商航海等事宜全面规定两国间经济、贸易关系的一种贸易条约。这种条约本来不属于双边投资协定,但是 20 世纪 60 年代以后,在美国等国家的推动下,这类条约增加了保护国际投资的原则性规定。第四种为双边税收协定。双边税收协定与国际直接投资有直接关系,主要作用是协调不同国家在处理跨国纳税人征税事务和其他有关方面的税收关系。

双边投资协定是国际投资法的重要组成部分,在保护外国投资方面发挥着重要作用。双边投资协定因缔约国只有两方,较之谋求多国间利益平衡的多边投资条约,易于在平等互利的基础上顾及双方国家的利益而达成一致,所以被许多国家广泛采用;双边投资协定为东道国创设了良好的投资环境,还可以起到加强或保证国内法的效力;双边投资协定(如促进与保护投资协定)既含有关于缔约方权利和义务的实体性规定,又有关于代位权、解决投资争议的程序性规定,为缔约国双方的私人海外投资者预先规定了建立投资关系所应遵守的法律规范和框架,从而可以保证投资关系稳定,避免与减少法律障碍;双边投资协定不仅规定了缔约国之间因条约的解释、履行而产生争议的解决途径与程序,而且规定了外国投资者与东道国政府间因投资而产生争议的解决途径与程序,为投资争议的妥善解决提供了有力的保证。

双边投资协定(如促进与保护投资协定)的主要内容有:受保护的投资、收益和投资者;关于外国投资的待遇,包括公正与合理待遇、最惠国待遇和国民待遇;关于政治风险的保证,包括征用和国有化(国有化的条件、征用和国有化的方式、征用与国有化的补偿)、汇兑与转移;代位求偿权;争端与仲裁等。

三、区域投资协定

区域投资协定是指特定区域内国家间或区域性的经济组织签署的旨在促进和保护相互投资的协定与条约的总称。区域投资协定的签订既可以强化对相互间投资的保护与促进,也可以有力地推动区域内国际投资的自由化。

区域投资协定主要分为两种类型:一种是专门针对国际直接投资的协议或协定,如经合组织于1976年制定的《国际投资与跨国企业宣言》、安第斯条约组织于1970年制定的《安第斯共同市场外国投资规则》以及东南亚国家联盟于1990年制定的《东南亚国家联盟促进和保护投资协定》;另一种是内容涉及国际直接投资的协议或协定,如区域性自由贸易协定或区域性的经济协定,如《北美自由贸易协定》、《加强东盟经济合作的框架协议》、亚太经济合作组织的《茂物宣言》《执行茂物宣言的大阪行动议程》《投资便利化行动计划》、欧盟的《建立欧洲共同体条约》《欧洲联盟条约》等。《北美自由贸易协定》虽然属于自由贸易方面的协定,但其内容涉及不少投资问题,如投资与服务条款、投资保护条款、争端解决机制条款、知识产权保护条款、原产地规则条款等。

区域投资协定的主要内容包括:投资准入问题、投资政策自由化、投资鼓励措施、外商投资企业的待遇标准、投资保护、投资争端解决以及技术转让、竞争和环境保护与跨国投资相关的问题。区域投资协定相对于双边投资协定而言具有不同的特点。区域投资协定的特点主要是:追求的目标比双边投资协定高;涉及更为广泛的与投资相关的内容,如自由化和保护方面的内容不断增多,越来越多的区域协定中规定了"进入与开业条款";近年来,区域投资协定开始重视投资者与东道国的争端解决问题。

区域投资协定本身是区域经济一体化不断深化的产物,是区域经济一体化的必要组成部分,也是区域经济组织成员国间进行投资合作的推进器。据联合国贸易与发展会议投资、技术与企业司的统计,目前具有法律约束力的区域性投资协定多达35个。

阅读专栏　　　　　　　　《中日韩投资协定》签署

2012年5月13日,《中华人民共和国政府、日本国政府及大韩民国政府关于促进、便利和保护投资的协定》(以下简称《中日韩投资协定》)在北京正式签署,三国领导人还同意年内正式启动中、日、韩自贸区谈判。

《中日韩投资协定》谈判2007年启动,历时5年,中、日、韩三方先后进行了13轮正式谈判和数次非正式磋商,于2012年3月下旬圆满结束。该协定共包括27条和1个附加议定书,囊括了国际投资协定通常包含的所有重要内容,包括投资定义、适用范围、最惠国待遇、国民待遇、征收、转移、代位、税收、一般例外、争议解决等条款。

《中日韩投资协定》的签署在中、日、韩三国经贸合作中具有里程碑式的重要意义。这是中、日、韩第一个促进和保护三国间投资行为的法律文件和制度安排,为中、日、韩自贸区的建设提供了重要基础;同时,协定将为三国投资者提供更为稳定和透明的投资环境,进一步激发三国投资者的投资热情,促进三国间经贸活动更趋活跃,推动三国经济的共同发展和繁荣。

(资料来源:《人民日报》2012年5月14日第3版。)

四、多边投资协定

多边投资协定指的是国际经济组织为了协调和规范不断扩大的国际投资业务而制定和起草的有关国际投资方面的条约与协定。应该说,第二次世界大战结束以来的几十年间,不少国际经济组织都曾花费精力用于制定涉及投资方面的多边投资协定,总数近二十个,但令人遗憾的是,真正付诸实施并具有约束力的并不多。目前付诸实施的主要是《多边投资担保机构公约》《关于解决各国与其他国家国民之间投资争端的公约》《与贸易有关的投资措施协议》三个。另外,经合组织和世贸组织组织起草、谈判的《多边投资协定(框架)》影响也很大,但到目前为止都未能成功。由于本章第五节已经对《与贸易有关的投资措施协议》和《多边投资协定(框架)》进行了分析,下面侧重介绍《多边投资担保机构公约》和《关于解决各国与其他国家国民之间投资争端的公约》制定的背景、主要内容及所发挥的协调作用。

(一)《多边投资担保机构公约》

为了降低在发展中国家投资的政治风险(非商业性风险),促进国际资本流向发展中国家,加快发展中国家的经济发展,世界银行草拟的《多边投资担保机构公约》(也称《汉城公约》),于1985年10月在世界银行年会上得到通过,1988年4月12日起正式生效。同时,还成立了多边投资担保机构作为世界银行下属的分支机构,它是具有完全法人资格的独立的国际组织。中国于1988年4月加入该公约,成为该公约的创始国。

依照《多边投资担保机构公约》第2条的规定,多边投资担保机构的目标和宗旨是鼓励会员国(特别是发展中国家)之间的生产性投资,以补充国际复兴开发银行、国际金融公司以及其他国际开发金融机构的活动。为了达到这些目标,多边投资担保机构应履行下列职能:对会员国内来自另一会员国的投资的非商业性风险提供担保,包括共同保险和再保险;开展恰当的补充性活动,以促进投资向发展中国家会员国流动及在发展中国家会员国之间流动;为推进其目标行使其他必要的或适宜的附带权利。

多边投资担保机构承保的险别主要是:①货币汇兑险,即东道国政府采取的任何限制外国投资者将货币兑换成可自由使用的货币或可接受的另一种货币,并汇出东道国境外的措施,包括东道国政府未能在合理的时间内对投资者提出的此类汇兑申请做出行动而可能造成的风险;②征收及类似措施险,是指东道国政府的立法行为或行政上的作为或不作为剥夺了投资者对其投资或投资收益的所有权或控制权,但政府为管理其境内的经济活动而通常采取的普遍适用的非歧视性措施不在此列;③违约险,是指东道国政府拒绝履行合同或违反与投资者签订的合同,导致投资者可能造成损失的风险;④战争和内乱险,即由于东道国领土内任何军事行动或民事动乱而给投资者造成损失的风险。

多边投资担保机构的作用表现在:首先,它鼓励会员国之间的生产性投资,尤其注重资本在发展中国家的流动,并充分考虑到发展中国家的利益,促进了发展中国家的经济增长;其次,它不仅承保货币汇兑险、征收及类似措施险、战争和内乱险,还另设了违约险,对其他投资担保机构的业务起到了补充作用;再次,它通过向发展中国家提供用于吸引外商直接投资的工具、方法和技能,帮助各国推销其投资机会;最后,它有利于东道国和投资者之间投资争端的非政治性解决。

(二)《关于解决各国与其他国家国民之间投资争端的公约》

20世纪50年代以后,一些发展中国家开展了规模较大的国有化运动,使得国际投资争端大量产生。同时,发达国家与发展中国家之间不能就投资争端的解决方式及原则达成一致,对国际间资本的流动产生了很大的影响。为了解决此类问题,世界银行于1965年3月主持签订了《关于解决各国与其他国家国民之间投资争端的公约》(也称《华盛顿公约》),该公约于1966年10月生效。根据公约设立了解决投资争端国际中心,用以专门处理各国与其他国家国民之间的投资争议。中心的法律地位与多边投资担保机构相同,也具有完全法人资格,并同样有资格订立合同、取得及处置动产和不动产、进行法律诉讼。中心设有一个行政理事会和一个秘书处,秘书处由秘书长负责领导。中国于1990年2月签署了该公约,于1993年2月正式加入该公约。

公约第25条第1款规定:解决投资争端国际中心的管辖适用于缔约国与另一缔约国国民之间直接因投资而产生并经双方书面同意提交给中心的任何法律争端。当双方表示同意后,任何一方不得单方面撤销其同意。由此可见,中心的管辖条件是:①争端必须发生在缔约国国民或机构与另一缔约国国民或机构之间;②争端性质必须是直接因投资引起的法律争端;③争议双方书面同意将争端提交中心。中心管辖还具有排他性,主要表现在两个方面:①排除其他救济方法。公约规定,双方同意根据公约交付仲裁,应视为同意排除任何其他救济方法。②排除外交保护,即缔约国对于其国民和另一缔约国根据公约已同意交付或已交付仲裁的争端,不得给予外交保护或提出国际诉讼,除非另一缔约国未能遵守和履行对此项争端所做出的裁决。在这里,外交保护不包括纯粹为了促进争端的解决而进行的非正式的外交上的交往。

解决一国与其他国家国民之间的投资争端主要有调解和仲裁两种形式。如果想进行调解,则需要向秘书长提出书面申请(内容包括有关争端的事项、当事人双方的身份以及他们同意依照交付调解程序规则进行调解等)。调解的程序是:在申请被登记后,成立由双方认可的调解员组成调解委员会;调解委员会澄清双方发生争端的问题,并努力使双方就共同可接受的条件达成协议;如果双方达成协议,委员会则起草一份报告,指出发生争端的问题,并载明双方已达成协议。如果在程序进行的任何阶段,委员会认为双方已不可能达成协议,则结束此项程序,并起草报告,指出调解并未使双方达成协议。如果一方未能出席或参加上述程序,委员会应结束此项程序并起草报告,指出该方未能出席或参加。

另外一种解决争端的形式是仲裁。与调解相同,希望采取仲裁程序的缔约国或缔约国的国民,应向秘书长提出书面请求(内容包括有关争端事项、双方的身份以及他们同意依照交付仲裁的程序规则提交仲裁等)。仲裁的程序有:组成仲裁庭,成员来自解决投资争端国际中心的仲裁人小组;做出裁决,仲裁庭应以其全体成员的多数票对问题做出决定,裁决应处理提交仲裁庭的每一个问题,并说明所根据的理由,未经双方当事人的同意不得公布裁决;裁决的解释、修改和撤销;裁决的承认和执行,裁决对双方具有约束力。双方不得进行任何上诉或采取除公约规定外的任何其他补救办法,除依照公约有关规定予以停止执行的情况外,每一方应遵守和履行裁决的规定。

思考与练习

1. 国际直接投资的基本形式有哪些?
2. 国际直接投资的主要动机是什么?主要理论有哪些?
3. 简述跨国并购的概念、类型与动因。
4. 国际直接投资环境的主要内容是什么?投资环境的主要评估方法有哪些?
5. 简述《与贸易有关的投资措施协议》的含义和主要内容。
6. 简述多边投资框架(协定)谈判的背景和必要性。
7. 简述国际直接投资协调的含义、作用与途径。

案例分析

宝洁公司在中国的投资

宝洁公司始创于1837年,是世界上最大的日用消费品公司之一,总部设在美国辛辛那提市,全球雇员超过11万人,在全球70多个国家设有工厂及分公司,所经营的300多个品牌的产品畅销140多个国家和地区,其中包括洗发、护发、护肤用品、化妆品、婴儿护理产品、妇女卫生用品、医药、食品、饮料、织物、家居护理及个人清洁用品。在2011年美国《财富》杂志公布的年度"全球最受尊敬的公司"榜单中,宝洁位居第五名,并在日化行业中位居榜首,同时在2011年世界500强排名第80名。

宝洁公司在中国的投资进程可以分为四个阶段:

第一阶段,进入中国市场阶段(1987—1989年)。1987年,宝洁公司到广州肥皂厂调研,然后选择李嘉诚为合作伙伴。宝洁公司与香港和记黄埔有限公司分别以69.25%和30.75%的股权比例在香港注册P&G-Hutchison Ltd.(宝洁和记黄埔有限公司,简称"宝洁和黄")。1988年8月,宝洁和黄与广州肥皂厂及广州经济技术开发区建设进出口贸易公司在中国广州组建成立了第一家合资企业——广州宝洁有限公司。这是宝洁公司在中国成立的第一家合资企业，自此真正进入了中国市场。

第二阶段，增资集权阶段（1990—1998年）。1990年，宝洁和黄宣布对广州宝洁增资900万美元，而广州肥皂厂没有经济实力增资，导致其所持有的股份缩减至20%。1994年，宝洁和黄又进行了两次合资，其目的既是为了扩大规模，也是为了减少竞争对手。先是与广州浪奇股份有限公司合资组建广州浪奇宝洁有限公司；后与北京日化二厂合资成立北京熊猫宝洁洗涤用品有限公司。宝洁以65%的股份控股合资公司，同时宝洁公司支付给"熊猫"品牌50年的使用费1.4亿元人民币。在两次合资以后，"熊猫"和"浪奇"两个品牌的市场份额逐步萎缩，品牌价值逐步降低，而"宝洁"品牌的地位逐步上升。

第三阶段，独资化阶段（1999—2004年）。1999年，广州浪奇宝洁有限公司与广州浪奇股份有限公司签订协议，以人民币4749万元购回浪奇宝洁全部股权，利用该厂房继续生产洗衣粉；2001年年初，宝洁和黄将广州浪奇宝洁有限公司60%的股权转让给香港高力公司，宣告宝洁和黄与广州浪奇彻底分手。2000年，北京日化二厂提前终止"熊猫"的使用合同，收回使用长达6年的"熊猫"品牌，拿到了4000万元的品牌使用费，重新生产洗衣粉。2004年，宝洁公司以18亿美元收购和记黄埔中国所持中国内地合资公司宝洁和黄余下20%的股份。至此，宝洁与其在中方的最后一个合资伙伴分道扬镳，成为一家彻底的独资公司。而宝洁也在宣布独资后立即增资6亿元扩大生产规模。

第四阶段，稳步发展阶段（2005年至今）。目前，宝洁在中国的总部设立于广州，先后在北京、上海、天津、成都、东莞和南平等地设立了十几家分公司和工厂，员工总数超过7000人，在华投资总额超过17亿美元。

目前在中国销售的品牌有：玉兰油、海飞丝、沙宣、伊卡璐、飘柔、潘婷、舒肤佳、激爽、佳洁士、护舒宝、帮宝适、碧浪、汰渍。中国宝洁是宝洁全球业务增长速度最快的区域市场之一。目前，宝洁大中华区的销售量位居宝洁全球区域市场中的第二位，销售额位居第四位。宝洁公司同时注重人才本土化，中国宝洁员工中，中国籍的员工占到了98%以上。

【思考与讨论】

1. 请简要分析宝洁公司在中国投资的主要动机。

2. 请分析宝洁公司从合资到独资的原因。

3. 你认为哪种国际直接投资理论能够较好地解释宝洁公司对中国的投资？请用你选定的理论做出解释。

21世纪经济与管理规划教材
国际经济与贸易系列

第三章

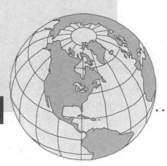

跨国公司

【教学目的】

通过本章学习,学生将能够:

1. 了解跨国公司的产生与发展、跨国公司发展的新特点与新动向及其作用;
2. 熟悉跨国公司的法律与管理组织形式,以及跨国公司在国际技术转让中的作用;
3. 理解服务业跨国公司的组织形式与特点;
4. 把握跨国公司的概念与类型。

【关键术语】

跨国公司	子公司
归核化	分公司
战略联盟	联络办事处
法律组织形式	全球性地区结构
母公司	非股权投资

【引导案例】

2016年8月中国企业联合会公布了2016中国跨国公司100大排名。中国石油天然气集团公司、中国石油化工集团公司、中国海洋石油总公司、中国中信集团有限公司、中国移动通信集团公司、中国远洋海运集团有限公司、中国中化集团公司、中国铝业公司、中国化工集团公司、中国五矿集团公司位列2016中国跨国公司100大排名的前10位,前三位仍由石油和石化企业包揽。

2016中国跨国公司100大海外资产总额达到70 862亿元,比上年增长25.79%,比2012年增长了1.18倍;2016中国跨国公司100大海外营业收入达到47 316亿元,比上年下降8.61%,比2012年增长了52.56%;2016中国跨国公司100大海外员工总数达到1 011 817人,比上年增长34.06%,比2011年增长了1.40倍;2016中国跨国公司100大入围门槛为41.48亿元,比上年增长55.53%,比2011年增长了4.52倍。

资料来源:卢进勇等,《中国跨国公司发展报告2016》,对外经济贸易大学出版社2016年版。

第一节　跨国公司概述

一、跨国公司的产生与发展

跨国公司(transnational corporations,TNCs)是国际直接投资的主体,世界上绝大部分的国际直接投资都是由跨国公司进行的。仅世界100家最大的跨国公司在国际直接投资的总存量中就占到了1/3的份额。跨国公司的产生与发展主要经历了三个阶段。

（一）第一次世界大战以前的萌芽阶段

跨国公司的发展已有一百多年的历史。在统一的世界市场被逐渐开拓出来以后,为了争夺市场和获得原材料,一些西方国家的公司开始进行对外直接投资,于是产生了现代跨国公司的雏形。其中,比较著名的是美国胜家(Singer)缝纫机公司于1867年在英国建立分厂进行生产,以后陆续扩展到欧洲一些国家,占领欧洲市场。其后,德国的弗里德里克·拜耳公司、美国的爱迪生电灯公司等也纷纷走向海外市场,将其新产品和新技术在国外投资生产和应用。1876年,日本成立了第一家综合商社——三井物产公司。当时对外直接投资主要集中于铁路和采矿业,且多投资于落后地区。总的说来,第一次世界大战以前在世界范围内从事跨国经营的企业数量较少,对外直接投资额也不大,跨国公司处于萌芽阶段。

阅读专栏　　美国第一家海外工厂——柯尔特英国工厂

美国企业的第一家海外工厂是由柯尔特(Colt)公司于1851年在英国伦敦建立的。柯尔特(Colt)公司的前身由美国枪械发明家柯尔特(Samuel Colt)于1836年建立,经过多年的发展,现已成为世界顶尖的枪械制造商之一。当时,由于柯尔特公司在英国没有取得专利,公司受到英国当地仿冒枪械的不公平竞争,为了保护公司免受英国仿冒枪械的不公平竞争,柯尔特公司成为美国第一家海外建厂的公司。不过,柯尔特英国工厂只存在了4

年,1856 年关闭。

资料来源:卢进勇等著,《中外跨国公司发展史》,对外经济贸易大学出版社 2017 年版。

(二) 两次世界大战之间的逐渐发展阶段

在这个阶段,对外直接投资有了相当的增长,比第一次世界大战前增加了两倍,制造业吸引了更多的国际直接投资,制造业的跨国公司发展迅速,越来越多西方国家的大公司开始在海外建立子公司。据统计,在这个阶段共有 1 441 家西方国家的公司进行了对外直接投资。在这一时期,美国跨国公司的发展较快,美国在国外直接投资的比重逐渐超过英国居世界首位。然而,由于战争、经济危机和国家管制,跨国公司虽然有了一定的发展,但整体发展速度仍然较慢。

(三) 第二次世界大战以后至今的迅猛发展阶段

第二次世界大战以来,科学技术取得了突飞猛进的发展,世界经济一体化程度不断提高,经济全球化趋势加强,这使得对外直接投资在深度和广度上迅速发展,跨国公司的数量和规模大大增加,对外直接投资的作用和影响已经超过对外间接投资。根据联合国原跨国公司中心的资料,发达国家跨国公司母公司在 1968 年有 727 家,子公司有 27 300 家,到 1980 年增加到母公司 10 727 家,子公司 98 000 家。

自 20 世纪 90 年代以来,随着世界经济加速走向市场化、自由化和网络化,跨国公司的全球影响越来越大,作为国际直接投资主要载体的跨国公司是连接发达国家的资金、技术和管理经验与发展中国家的资源、廉价劳动力和广阔市场的一条不可替代的紧密纽带,在世界经济的发展中有着举足轻重的作用。

根据《世界投资报告》的统计,全球跨国公司的数量约为 8.2 万家,拥有约 80 万家的国外分支机构。2010 年,跨国公司全球生产带来的增值金额约为 16 万亿美元,约占全球 GDP 的 1/4。跨国公司外国子公司的产值占全球 GDP 的 10% 以上和世界出口总额的 1/3。当然,跨国公司所实现的规模如此巨大的国际化生产和经营在全球 8.2 万家企业中的分布也是不均衡的,2010 年全球最大 100 家跨国公司(约占总数的 0.12% 以下)的海外销售额、海外资产和海外雇员数分别占所有跨国公司总数的 15%、21% 和 22.7%。2015 年全球跨国公司分支机构实现销售额 36.67 万亿美元,资产总额达到 105.78 亿美元,雇员总数达到 7 950.5 万人。

跨国公司规模巨大,仅美国通用汽车公司的年销售额就相当于一个欧洲中等发达国家的国民生产总值。第二次世界大战后,跨国公司的迅猛发展大大推动了资本国际化和生产国际化的进程,促进了各种生产要素在国际间的移动与重新合理组合配制。跨国公司是推动经济全球化和一体化的主要力量之一。

二、当前跨国公司发展的新特点和新动向

在经济全球化以及技术变革不断加快的大背景下,全球跨国公司的发展呈现出了一些新的特点与趋势。

1. 跨国公司的发展战略重新出现了回归高度专业化的趋势，即归核化

传统的跨国公司理论认为，多元化经营是跨国公司的一种重要的扩张战略，大型的跨国公司都是多种产品、多种技术和多种市场的。20世纪80年代是欧美跨国公司多元化经营的鼎盛时期。而近年来，许多跨国公司纷纷从多元化经营回归专业化经营，集中发展自己的核心产业。所谓归核化(refocusing)，其要点是跨国公司把业务集中在最具竞争优势的行业上；把经营重点放在核心行业价值链上自己优势最大的环节上；强调核心竞争力(core competence)的培育、维护和发展；对非核心业务实施战略性外包(outsourcing)。实施归核化战略的主要措施有：出售和撤销、收购及剥离、分拆和战略性外包。美国的通用电气公司和芬兰的诺基亚公司是实行归核化战略获得成功的典型例子。

2. 投资方式多样化，跨国并购成为跨国公司对外投资的主要手段

经济全球化打破了原有的不同国家、不同市场之间的界限，使得跨国公司的经营进入全球性经营战略时代，由此导致的新趋势是跨国公司必须以全球市场为目标争取行业的领先地位，在本行业的关键因素上追求全球规模，追求实现全球范围内的最低成本生产和最高价格销售，追求提高全球市场占有率和取得全球利润，以同业跨国战略兼并和强强联合作为追求全球规模经济的主要手段。由于跨国并购方式具有迅速打进国外市场、扩大产品种类、充分利用现有营销渠道、获得目标公司的市场份额等优点，跨国公司在对外直接投资中倾向于更多地采用并购的方式。伴随着大规模跨国并购活动的进行，跨国公司也更加重视股市融资，重视提高本企业的市场资本价值。

3. 跨国公司的当地化战略成为重要的趋势

当地化战略的实质是跨国公司将从产品制造、产品品牌、人力资源到营销方式、资本运作、研发、公司风格和经营管理等各个环节全方位融入东道国经济中的过程。这种"入乡随俗"的经营方式有助于跨国公司树立良好的公司形象，减少东道国国内对外来资本的抵触情绪，灵活应对市场变化，更好地满足消费者需求，同时还能够降低综合生产成本从而增强盈利性。进入20世纪90年代以来，随着经济全球化和国际竞争的白热化，为了维持并扩大其在东道国的市场份额，这种强调企业生产经营活动与东道国社会经济环境的融合的战略也为越来越多的跨国公司所推崇。

4. 跨国公司的跨国化程度不断提高

跨国化程度由跨国公司在国外的资产值与其总资产值之比、国外销售额与总销售额之比以及国外雇员数与总雇员数之比这三个比例的算术平均值来衡量。进入90年代以后，跨国公司进一步向全球性公司发展。所谓全球性，是指跨国公司不再拘泥于其母国身份，而是从全球着眼，将生产区位和市场化分为若干区域并设立地区总部，下设多个子公司，在全世界范围内进行资源的优化配置。根据联合国《世界投资报告2016》的数据，2015年全球最大的100家跨国公司，其平均跨国化指数(transnationality index)已经达到61.67%。而100家最大的发展中国家跨国公司，由于其起步时间晚，建立时间短，跨国程度低于世界平均水平，但2014年其平均跨国化指数仍达到38.3%。跨国化程度的不断提高使得跨国公司的领导层日益国际化。

5. 战略联盟成为跨国公司的重要发展模式

所谓战略联盟，是指两个或两个以上的跨国企业在共同投入、互补优势资源的基础上，在某些方面(如研发、生产、开拓市场等方面)形成协力运作的战略合作伙伴关系。目

前跨国公司战略联盟主要有三种形态：一是合作式联盟，这是两个以上跨国公司出于对整个国际市场的预期目标和公司自身总体经营目标的要求，采取一种长期性合作与联盟的跨国投资方式；二是互补式联盟，通常是将各自优势方面结合起来，既充分发挥各自的优势，又与联盟伙伴密切配合，以便共同对付其他竞争对手；三是项目式联盟，这种联盟通常是跨国公司为获取高附加值及高科技领域发展而采取单个项目或多个项目合作的形式，以分摊巨额的项目研究开发费用，并从中分享战略利益。

20世纪80年代中期以后，随着新技术革命步伐的加快和国际市场竞争加剧，世界各国尤其是西方发达国家的跨国公司越来越多地采用缔结战略联盟的方式来保持和扩大自身的生存空间。这种现象在高科技领域尤为突出，在跨国公司战略联盟中研究与开发型占80%。自80年代以来，大约60%的跨国公司建立了战略联盟。如美国波音公司和欧盟空中客车公司共同投资40亿美元联合开发研制新型科技项目等。

目前，跨国公司战略联盟涉及的领域十分广泛，主要集中于国际竞争异常激烈的半导体、信息技术、电子、生物工程、汽车制造、仪器、食品饮料、航运和银行等资本技术密集型行业，并且其战略合作覆盖领域从科研开发到生产、销售、服务的全过程。跨国公司战略联盟所形成的新寡头垄断，正在改变着世界产业格局，并在世界范围内将各国资源进行了重新配置。

6. 跨国公司的直接投资加速向第三产业和高附加值的技术密集型行业倾斜

全球对现代化服务需求增长很快，服务业能在生产、就业、贸易和消费等方面产生良性效应，在整个国民经济中发挥积极作用，同时由于第三产业的投资普及面广，影响范围大，比制造业更有利于获得高的投资收益。许多发展中国家也调整利用外资的政策，扩大市场准入，鼓励跨国公司进入商业、金融、保险、房地产等行业，加之20世纪90年代以来信息技术突飞猛进，互联网络迅速延伸和扩展，服务活动的贸易性不断提高，这都在一定程度上增加了跨国公司在发展中国家服务业的投资比重，促进了对外直接投资向第三产业和技术密集型行业倾斜。近年来，制造业跨国公司服务化已成趋势。

7. 互联网等现代技术的出现，促使跨国公司开始采用新型的管理体制和组织结构

技术、经济和文化等方面的巨大变化以及跨国公司在全球的迅猛发展，使得传统的金字塔形的管理体制无力应付许多新问题，例如多层次等级结构和各自为政的管理体系导致无法有效利用重要而密集的信息资源，层级过多、半径过长所引起的机械僵化和效率低下等问题还可能使企业被市场无情地淘汰。90年代以来，基于互联网和现代信息技术的新型管理体制与组织结构在许多大公司中得到应用，新型管理体制以扁平化、分权化和管理总部小型化为特征，可称之为网络化。网络化具体包括两个方面：

第一，跨国公司管理结构向扁平化和多元化发展。跨国公司的母公司或总部逐渐由传统的决策中心转化为支持性机构，专门负责整个企业系统的目标设定和战略规划及企业产权变动等重大决策，而子公司的具体生产经营决策、对市场变化的应对措施等都放权给子公司负责，子公司的独立性和自主性因此得到较大发展。跨国公司的母公司或总部和子公司之间的关系由"命令—执行"式转化为"协商—交易"式。

第二，跨国公司组织结构的内部市场化。许多跨国公司开始注重建立企业内部市场化机制，以强化下级组织的企业家意识。随着子公司与母公司之间的"命令—执行"关系被讨价还价关系和激励刺激关系取代，子公司之间也出现了竞争关系，这就使得跨国公司

系统内部的关系具有市场关系的色彩。

网络化的管理体制与组织结构允许人力资源、信息等在跨国公司母公司及其设立在全球的子公司网络内跨国界、跨行业自由流动，它强调信息的开发与共享，使同量的信息为更多的子公司所共有，大大减少了子公司独立开发信息的成本。跨国公司对互联网的发展采取了积极的欢迎态度，并且纷纷"触电上网"，制定并实施本企业的网络发展战略。

8. 跨国公司是当代国际技术转让的主体

跨国公司进行的技术转让客观上推动了先进技术在全球范围内的扩散，不仅有利于世界总体科技水平的提高，也在一定范围内推动了各国的经济发展。跨国公司在技术创新活动和技术成果方面的垄断地位决定了它在国际技术转让中占据着十分重要的地位，跨国公司是当代国际技术开发和技术转让的主体与主要组织形式。跨国公司在国际技术转让中的作用，主要表现在其通过对外直接投资而进行的技术转让之中。对于技术水平较低的发展中国家而言，通过引进外资，执行"以市场换技术"的策略，利用跨国公司的"技术外溢"（spillover）效应，能够提高本国的技术水平，缩短与发达国家的技术差距。在当前的国际技术贸易中，发达国家的大型跨国公司垄断了大部分份额，西方发达国家500家最大的跨国公司集中控制了世界90%左右的生产技术和75%左右的技术贸易。美、日、欧之间的技术贸易额占全球的80%，跨国公司在国际技术转让中获得了相当可观的技术收入。

9. 跨国公司的研究与开发更趋国际化

跨国公司一改以往以母国为技术研究和开发中心的传统布局，根据不同东道国在人才、科技实力以及科研基础设施上的比较优势，在全球范围内有组织地安排科研机构，以从事新技术、新产品的研究与开发工作，从而促使跨国公司的研究与开发活动朝着国际化、全球化方向发展。研究与开发的国际化从另一个角度看也就是研究与开发在东道国的当地化。目前的研发对外直接投资主要集中在欧、美、日等发达国家的跨国公司。日本丰田汽车制造公司在日本、英国、美国、德国等地建立了跨国联网的研究与开发体系，在每一次新产品研制时，由美国负责车型设计、德国负责内部设计、英国负责传动系统设计，而丰田公司总部除了进行诸如动力装置的设计外，还负责协调各研究与开发部门的关系。爱立信公司的40个研究中心分布在20个国家，其拥有的1.7万名工程师通过网络联为一体。技术创新网络的建立大大提高了跨国公司创新资源的利用效率。

10. 跨国公司越来越重视履行企业社会责任

近二十多年来，企业社会责任受到了越来越广泛的关注。当前全球尚未出现一个统一的企业社会责任标准，比较有影响的标准包括2000年发布的《联合国全球契约》、最早于1977年发布的《国际劳工组织公约》以及最早于1976年发布的《跨国公司指南》。以《联合国全球契约》为例，企业社会责任包含了人权、劳工标准、环保、反腐败等领域的10大准则。尽管目前还没有一个统一的企业社会责任标准，但越来越多的跨国公司已经注意到该问题。据《世界投资报告》估计，来自发达经济体和发展中经济体的近90%的大型跨国公司都提出过企业社会责任相关的理念和原则，跨国公司发布的履行企业社会责任报告数量也快速增多。不仅如此，不少大型跨国公司还将履行企业社会责任要求通过供应链传递给供应商，从而带来更大的影响。以占据全球1/3运动服装市场的耐克公司为例，据联合国贸易与发展会议估计，其供应商行为准则影响到了分布在45个国家的700多座工厂，涉及约80万供应商员工。可以说，履行企业社会责任已经成为跨国公司运营和发展的必不可少的基础和条件。

三、跨国公司的概念与类型

（一）跨国公司的概念

国际上对跨国公司有许多叫法，如全球公司、国际公司、多国公司、宇宙公司等，各种机构和学者根据不同的标准对跨国公司下了各种各样的定义。现将给跨国公司下定义的三种主要标准简单介绍如下：

1. 结构标准

在结构标准体系下，跨国公司应该满足下面几个条件中的至少一个：①在两个以上的国家经营业务；②公司的所有权为两个以上国籍的人所拥有；③公司的高级经理人员来自两个以上的国家；④公司的组织形式以全球性地区和全球性产品为基础。

2. 业绩标准

业绩标准是指跨国公司在国外的生产值、销售额、利润额、资产额或雇员人数必须达到某个百分比以上。百分比具体应为多少，目前并无统一的标准，实际中采用25%作为衡量标准的情况较多。

3. 行为标准

行为标准是指跨国公司应该具有全球战略目标和动机，以全球范围内的整体利益最大化为原则，用一视同仁的态度对待世界各地的商业机会和分支机构。

综合各种观点，可以认为，跨国公司是指这样一种企业，它在两个或两个以上的国家从事经营活动，有一个统一的中央决策体系和全球战略目标，其遍布全球的各个实体分享资源和信息并分担相应的责任。

（二）跨国公司的类型

从不同的角度，跨国公司可以被划分成不同的类型：

（1）按法律形式划分，跨国公司可以分为母分公司型和母子公司型。母分公司型的组织模式适用于银行与保险等金融企业的跨国经营；母子公司型的组织模式则比较适合工业企业。

（2）按经营项目的重点划分，跨国公司可以分为资源开发型、加工制造型和服务型。资源开发型的跨国公司主要以采矿业、石油开发业和种植业为主；加工制造型跨国公司主要从事最终产品和中间产品的制造，如金属制品、钢材、机械、运输设备和电信设备等；服务型跨国公司是指从事非物质产品生产，在贸易、金融、运输、通信、旅游、房地产、保险、广告、管理咨询、会计法律服务等行业和领域内从事经营活动，提供各种服务的跨国公司。

（3）按决策机构的策略取向划分，跨国公司可以分为民族中心型、民族多元型、全球战略型。民族中心型跨国公司的所有决策主要考虑母公司的权益；民族多元型跨国公司的决策以众多子公司的权益为主；全球战略型跨国公司的决策以公司的全球利益为主，这种类型的决策较为合理，目前为大多数跨国公司所采用。

（4）按公司内部的经营结构划分，跨国公司分为横向型、垂直型和混合型。横向型多数是产品单一的专业型跨国公司，在该类型公司内部没有多少专业分工，母子公司基本上都制造同类型的产品或经营同类型的业务；垂直型是指公司内部母公司和子公司之间以及子公司相互之间分别制造同一产品的不同零部件,或从事不同工序的生产,通过公司内部的产品转移,将整个生产过程相互衔接起来;混合型一般是经营产品多样化的跨国公司,根据各产品的生产特点,母公司与子公司、子公司与子公司之间有的是垂直型分工,有的是横向型分工。

(5)按跨国公司生产经营的空间分布范围划分,可以分为区域型和全球型。区域型跨国公司的活动范围主要局限在特定区域;而全球型跨国公司是以整个世界市场作为其生产经营活动的空间。

四、跨国公司的特征

世界上的跨国公司多种多样,有从事制造业的跨国公司,也有从事服务业的跨国公司;有规模巨大的跨国公司,也有数以万计的中小型跨国公司;有发达国家的跨国公司,也有发展中国家的跨国公司。但无论什么类型的跨国公司,和国内公司相比,由于赖以存在的条件和环境等方面的差异,它们一般都具有以下几个特征:

(一)国际化经营战略

跨国公司不同于国内公司,首先就是其战略的全球性。虽然跨国公司开始时都是在母国立足,将其作为向国外扩张的基础,但跨国公司的最终目标市场绝不限于母国市场。跨国公司的战略是以整个世界为目标市场的。跨国公司为了获取资源、占领市场、保持垄断优势等原因,在世界各地投资设立分支机构,进行国际化的经营。国内外投资与经营环境的差异会给企业的生产经营活动带来不同的影响和风险,企业要运用其所拥有的各种资源,主动地应对各种环境变化,以实现跨国经营的目标。实际上,国际化经营就是企业与国际环境相互作用的过程。国际化经营是跨国公司的最主要特征,如果没有国际化经营,尤其是没有作为国际化经营第二层次的国际直接投资,那么跨国公司也就名不符实了。

(二)在全球战略指导下的集中管理

跨国公司虽然分支机构众多,遍布全球,但诸如价格制定、生产计划、投资计划、研究与开发计划和利润分配等重大决策均由母(总)公司制定,各分支机构执行。而指导总公司做出决策的是跨国公司的全球战略,即将所有的分公司、子公司视为一个整体,以全球的观点而不是地区的观点来考虑问题。因此,跨国公司在全球范围内整体长远利益的最大化是其制定政策的出发点和归宿。一切业务经营主要根据整个公司在全球范围内获得最大利益、市场情况和总的发展做出决策,所考虑的不是一时一地的得失,而是整个公司在全球的最大利益。跨国公司将自己视为一个全球公司,而不再是某个国家的公司。这种高度集中的一体化管理,保证了生产经营网点的合理分布以及资源的合理配置,避免了重复生产和销售中的自相竞争,减少了资源浪费。

(三)明显的内部化优势

跨国公司在多个国家设有分支机构,在宏观管理上又采用集中领导,因此各个分支机构之间、母公司与分支机构之间关系密切,相互协作,互相配合。这突出地体现在制定内部划拨价格、优先转让先进技术和信息资源共享上,这些做法使得跨国公司具有国内公司所不具备的独特的竞争优势。这也部分地解释了一国企业达到一定规模后就要向外扩张,向跨国公司方向发展的原因。交易成本和市场失效的存在,促使跨国公司将交易内部化,即建立内部市场来取代外部市场。实际上,也只有通过这种内部交易,跨国公司才能作为一个国际化生产体系正常运转。跨国公司内部交易在国际贸易中占有相当大的比重。

（四）以直接投资为基础的经营手段

以对外直接投资为基础开展生产经营活动是跨国公司与传统国内公司相区别的最根本特征。一般来说,跨国公司向国外市场渗透可以有三种方式,即商品输出、无形资产转让(如技术贸易、合同制造等)和对外直接投资。随着竞争的加剧,向外输出商品为主的做法已满足不了世界市场的需要,跨国公司已越来越多地利用对外直接投资代替传统的商品输出。与出口相比,海外直接生产更符合跨国公司全球战略的需要和最大限度地扩大盈利的目的。当然,跨国公司以对外直接投资为其经营发展的基础,并不意味着对外直接投资是跨国公司唯一的经营活动方式,进出口贸易、技术转让、间接投资等也都是跨国公司经营活动的内容。

五、跨国公司的作用

跨国公司作为当今世界经济的一个重要力量,对国别经济和全球经济的发展发挥了巨大作用,这些作用以积极的方面为主。当然,在一些国家的一些方面,跨国公司有时也产生了一些消极作用。下面主要分析一下跨国公司的积极作用。

（一）跨国公司是世界经济增长的引擎

以对外直接投资为基本经营手段的跨国公司已发展成为世界经济增长的引擎:跨国公司通过对研究与开发的巨大投入推动了现代科技的迅猛发展;跨国公司的内部化市场促进了全球市场的扩展,跨国公司在传统的外部市场之外,又创造出了跨越国界的地区或全球联网的新市场——内部化市场;跨国公司的发展加速了世界经济的集中化倾向;跨国公司在产值、投资、就业、出口、技术转让等方面均在世界上占有重要的地位。

（二）跨国公司优化了资源配置

跨国公司通过进行一体化国际生产和公司间贸易,可以形成配置和交换各国不同生产要素的最佳途径,并可利用世界市场作为组织社会化大生产、优化资源配置的重要手段。以价值增值链为纽带的跨国生产体系的建立和公司间内部贸易的进行已成为跨国公司提高资源使用效率的有效方法。对于整个世界经济而言,跨国公司的发展推动了各种生产要素在国际间的移动与重新组合配置,扩大了国际直接投资、国际贸易和国际技术转让的规模,促进了世界经济一体化的进程和国与国之间经济合作活动的开展,使各个国家的经济越来越紧密地结合在一起,为国际经济的不断发展和繁荣做出了贡献。

（三）跨国公司对资金的跨国流动起了促进作用

一方面,跨国公司的对外直接投资促进资金的跨国流动。在国外建立的全资或控股的子公司与母公司有大量的经常的资金往来。比如,子公司向母公司上缴利润、母公司向子公司追加投资等。另一方面,跨国公司的对外间接投资也会促进资金的跨国流动。跨国公司拥有大量的股票及债券等金融资产,随着计算机和通信技术的快速发展,这些金融资产的流动速度与以前相比明显加快。除此之外,跨国公司业务的发展还推动了银行的国际化经营,跨国公司需要其母国的银行在其子公司所在的国家中开展业务,并为其子公司提供各种金融服务,这就会使该银行的国外业务量迅速增加。

（四）跨国公司推动了国际贸易规模的扩大和贸易结构的转变

跨国公司对国际贸易的促进作用主要有两个方面：一是外资企业对东道国出口的直接贡献；二是由国际直接投资进入所引起的当地企业的产品出口努力，包括当地企业在外资企业的竞争压力下所采取的产品出口努力，跨国公司的当地采购和零部件分包安排等。跨国公司不仅通过外部市场促进贸易的自由化，更通过内部市场促进贸易的自由化。内部贸易构成了跨国公司超越一般国内企业对当代世界贸易的突出贡献。据联合国的统计，目前约1/3的世界贸易为跨国公司的内部贸易。内部贸易的发展不仅改变了国际贸易的原有范畴，而且使得当今的国际贸易进一步向中间投入品和知识产品推进。也就是说，跨国公司不仅促进了国际贸易量的扩大，而且促进了国际贸易结构的改变。

（五）跨国公司对母国和东道国的发展发挥了积极作用

对于跨国公司母国来说，通过跨国公司的对外直接投资，扩大了资本输出、技术输出、产品输出和劳务输出，增加了国民财富，同时在一定程度上增强了对投资东道国的影响。对于接受跨国公司投资的东道国来说，引进跨国公司的同时也引进了发展经济所必需的资本、先进的技术和管理理念，增加了就业机会，扩大了出口，提升和优化了产业结构，繁荣了经济。

（六）跨国公司的发展加快了经济全球化的进程

跨国公司国际化的投资、生产、销售、研究与开发等跨国经营活动，有利于国际贸易的自由化、资金流动的加速化、资源配置的最优化，促进了经济的全球化。第二次世界大战以来，跨国公司的壮大和世界经济的发展相伴而行，相互促进。随着经济全球化和一体化趋势的不断增强，跨国公司必将在其中扮演一个更加重要的角色。

第二节　跨国公司的组织形式

跨国公司的组织形式有两层含义：一是法律结构，即法律组织形式，主要涉及母公司与国外各分支机构的法律和所有权关系、分支机构在国外的法律地位、财务税收的管理等方面；二是组织结构，即行政或管理组织形式，主要职能是如何提高企业的经营管理效率，优化企业资源的配置，以求取得最佳的经济效益。下面分别简要介绍跨国公司的法律组织形式和管理组织形式。

一、法律组织形式

跨国公司的法律组织形式有母公司、分公司、子公司以及联络办事处。

（一）母公司

母公司(parent company)又称总公司，通常是指掌握其他公司的股份，从而实际上控制其他公司业务活动并使它们成为自己的附属公司的公司。从上面的定义来看，母公司实际上是一种控股公司。但严格来讲，母公司并不等同于只掌握股权而不从事业务经营的纯控股公司，许多实力雄厚的母公司本身也经营业务，是独立的法人，有自己的管理体系，因而应属于混合控股公司(控股兼营业公司)。母公司通过制定大的方针、政策、战略等对其世界各地的分支机构进行管理。

(二) 分公司

分公司(branch)是母公司的一个分支机构或附属机构,在法律和经济上没有独立性,不是法人。分公司没有自己独立的公司名称和公司章程,只能使用母公司的名称和章程;它的全部资产都属于母公司,没有自己独立的财产权,所以母公司对分公司的债务承担无限责任;分公司的业务活动由母公司主宰,它只是以母公司的名义并根据它的委托开展业务。分公司一般包括生产型与销售型两种类型。

设立分公司的有利之处在于:①设立手续比较简单。只需缴纳少量登记费就可以取得所在国的营业执照。②可享受税收优惠。由于分公司不是独立核算的法人,与母公司同属一个法律实体,分公司在国外的纳税一般少于子公司。另外,许多国家税法规定,如果国外分公司发生亏损,其亏损额可在母公司税前利润中扣除,而且外国分公司汇出的利润一般不作为红利而缴纳利润汇出税。③便于管理。母公司通过控制分公司的管理人员全面直接地领导和控制分公司的经营活动。④在某些方面受东道国的管制较少。东道国对分公司在该国以外的财产没有法律上的管辖权,因此,分公司在东道国之外转移财产比较方便。

设立分公司的不利之处有:①对于母公司的不利影响。分公司在登记注册时须披露母公司的全部业务活动和财务收支状况,给母公司的业务保密带来损害。而且,母公司要对分公司的债务承担无限责任。分公司在终止或撤离时只能出售其资产,而不能出售其股份,也不能与其他公司合并,这对母公司来说也是不利的。②对分公司的不利影响。分公司在业务上总是受到母公司的支配,难以发挥创造性。分公司在东道国被当成"外国公司"看待,没有东道国股东,因此在当地开展业务有一定困难。③对母国的不利影响。设立国外分公司常会引起母国税收的减少,所以母国对分公司的法律保护也较少。

(三) 子公司

子公司(subsidiary)是指按当地法律登记注册成立,由母公司控制但在法律上是一个独立的法律实体的企业机构。子公司自身就是一个完整的公司。其独立性及法人资格主要表现在以下几个方面:子公司有自己独立的公司名称、章程和行政管理机构;子公司有能独立支配的财产,有自己的财务报表,独立核算、自负盈亏;子公司可以以自己的名义开展业务,进行各种民事法律活动,包括起诉和应诉。

设立子公司的有利之处在于:①有利于开展业务。因为子公司在东道国是以一个"本国"公司的身份开展业务,所以受到的限制比较少,比分公司更能开拓当地市场。②融资比较便利。子公司可以独立地在东道国向银行借款,可以在当地的证券市场上融资,其偿债责任只限于子公司的资产。③有利于进行创造性的经营管理。由于有较大的自主权,子公司在经营管理上可以发挥其创造性。④有利于收回投资。子公司在东道国终止营业时,可灵活选择采用出售其股份、与其他公司合并或变卖其资产的方式回收投资。⑤有利于进行国际避税。如果在国际避税地设立避税地子公司,则有利于母公司开展避税活动。

设立子公司的不利之处在于:①手续比较复杂。因为子公司在东道国是一个独立法人,所以设立手续比较复杂,费用较高。②行政管理费用较高。在国外设立子公司必须建立东道国公司法所规定的行政管理机构,还必须对东道国大量的法律法规进行研究,这增加了子公司的行政管理费用。③经营管理方面存在一定困难。子公司需要公开自己的财务状况,这必然会增加子公司的竞争压力。对于与当地合资的子公司,其在东道国的经营活动常会受到当地股东的制约,因为发达国家的公司法比较注重保护少数股东的利益,而发展中国家的法律有时会硬性规定当地股权的最低比例以及当地董事的最低人数。

(四)联络办事处

联络办事处(liaison office)是母公司在海外建立企业的初级形式,是为进一步打开海外市场而设立的一个非法律实体性的机构,它不构成企业。联络办事处一般只从事一些收集信息、联络客户、推销产品之类的工作,开展这些活动并不意味着联络办事处在东道国正式"开展业务"。联络办事处不能在东道国从事投资生产、接受贷款、谈判签约及履约之类的业务。同分公司相同的是,联络办事处不是独立的法人,登记注册手续简单;同分公司不同的是,它不能直接在东道国开展业务,不必向所在国政府缴纳所得税。

分公司、子公司和联络办事处作为母公司在国外直接投资的组织形式各有其特点,也各有利弊。投资者应当把它们的长处和短处同自己在东道国所要开展的业务活动的性质、所要达到的目标、本企业的经营管理能力与特色以及东道国的投资环境和税收政策等方面结合起来考虑,选择对推动本企业海外业务发展较为有利的对外直接投资形式。

二、管理组织形式

跨国公司规模大,经营地区广,分支机构众多,产品多种多样,业务内容丰富,这就要求跨国公司建立一套高效率的管理组织形式,以提高行政效率,充分利用公司资源,取得全球范围内的利益最大化。

跨国公司通常采用的管理组织形式有:国际业务部、全球性产品结构、全球性地区结构、全球性职能结构和矩阵式组织结构。下面分别加以简要介绍。

(一)国际业务部

随着产品出口、技术转让、国际投资等国际业务的扩大,跨国公司开始设立专门的国际业务部(international division)。国际业务部拥有全面的专有权,负责公司在母国以外的一切业务。有些跨国公司设立的国际总部或世界贸易公司也是属于国际业务部性质的。国际业务部作为隶属于母公司的独资子公司,其总裁一般由母公司的副总裁兼任。

设立国际业务部的优点是:集中加强对国际业务的管理;树立体现全球战略意图的国际市场的意识,并提高职员的国际业务水平。它的缺点主要是:人为地将国内业务和国际业务割裂开来,造成两个部门在内销外销、技术支持等方面的对立,不利于公司有限资源的优化配置;在国际业务部发展到一定阶段时其他部门难以与之匹配,影响经营效率。

(二)全球性产品结构

全球性产品结构(global product structure)是指跨国公司在全球范围内设立各种产品部,全权负责其产品的全球性计划、管理和控制。

全球性产品结构的优点是:在强调产品制造和市场销售的全球性规划的前提下加强了产品的技术、生产和信息等方面的统一管理,最大限度地减少了国内和国外业务的差别。它的缺点在于:容易向"分权化"倾斜,各产品部自成体系,不利于公司对全局性问题的集中统一管理;削弱了地区性功能,并易造成机构设置重叠,浪费资源。

(三) 全球性地区结构

全球性地区结构(global regional structure)是指跨国公司以地区为单位,设立地区分部从事经营,每个地区都对公司总裁负责。这种结构又可分为两类:地区—职能式和地区—产品式。

全球性地区结构的优点是:由于强化了各地区分部作为地区营利中心和独立实体的地位,有利于制定出地区针对性强的产品营销策略,适应不同市场的要求,发挥各地区分部的积极性、创造性。它的缺点在于:容易形成"区位主义"观念,重视地区业绩而忽视公司的全球战略目标和总体利益;忽视产品多样化,难以开展跨地区的新产品的研究与开发。

(四) 全球性职能结构

全球性职能结构(global functional structure)是指跨国公司的一切业务活动都围绕着公司的生产、销售、研究与开发、财务等主要职能展开,设立职能部门,各个部门都负责该项职能的全球性业务,分管职能部门的副总裁向总裁负责。例如,财务部门对财务收支、税收安排、报表编制负有全球性的责任。

全球性职能结构的优点是:通过专业化的分工明确了职责,提高了效率;易于实行严格的规章制度;有利于统一成本核算和利润考核。它的主要缺点是难以开展多种经营和实现产品多样化,并给地区间协作造成很大困难。

(五) 全球性混合结构

全球性混合结构(global mixed structure)是根据扬长避短的原则,在兼顾不同职能部门、不同地理区域以及不同产品类别之间的相互依存关系的基础上,将以上两种或三种组织结构结合起来设置分部而形成的组织结构。当跨国公司经营规模不断扩大、建立了众多产品线、经营多种业务时,或公司是由两家组织结构不同的公司合并后形成的时,通常采用混合式组织结构。

全球性混合结构的优点是:有利于企业根据特殊需要和业务重点,选择或采用不同的组织结构,且灵活性强。其缺点是:组织机构不规范,容易造成管理上的脱节和冲突,且所设各部门之间业务差异大,不利于合作与协调。

(六) 矩阵式组织结构

近年来随着跨国公司的规模越来越大,一些跨国公司在明确责权关系的前提下,对公司业务实行交叉管理和控制,即将职能主线和产品/地区主线结合起来,纵横交错,构成矩阵形,故称矩阵式组织结构(matrix structure)。这意味着地区管理和产品管理同时并存,一个基层经理可能同时接受产品副总裁和地区副总裁的领导。

矩阵式组织结构的优点是各部门各层次密切合作,将各种因素综合起来,增强了公司的整体实力;增强了各子公司的应变能力,可以应付复杂多变的国际业务环境,同时又保持了母公司职能部门对各子公司的有效控制。它的缺点是冲破了传统的统一管理的原则,管理层之间容易发生冲突;而且组织结构较复杂,各层次的关系利益不易协调。

以上提到的六种管理组织结构各有其特点和利弊。跨国公司在决定自身管理组织结构时应充分考虑到自身的情况,如规模、经营产品、地区等,选择适合自己公司的组织结构。国际业务部往往是一家公司从单纯出口走向国际经营的中间步骤,有利于收集信息、探索经验、培养人才,为进一步全球性经营打下基础。对于产品品种已经实现多样化、系列化,产品类别之间生产技术差异明显、自成体系的企业,采用全球性产品结构比较合适。相反,如果产品品种并不是很多,产品的规格、质量、包装、生产技术比较统一,同时销售市场分布广泛(如饮料、石油、医药等行业),那么跨国公司则应选择全球性地区结构。全球性职能结构则主要适用于产品系列比较简单,市场经营环境比较稳定的跨国公司。当跨国公司的规模已经十分庞大、产品种类繁多、业务内容丰富、经营地区广泛时,矩阵式组织结构就成为一种理想的选择。

案例讨论　　　　　　美国通用汽车公司的管理组织结构

美国通用汽车公司作为一家大型跨国公司,是世界上最大的汽车制造商和全球汽车业的霸主,该公司创建于1908年,其汽车产品销往200多个国家,2003年位居《财富》杂志评选的世界500强的第二位,仅次于沃尔玛,2002年其营业收入高达1 867亿美元,全球雇员人数达到365 000人。目前,通用汽车在全球50多个国家设有自己的汽车装配、制造车间和分销网络,在全球200个左右的国家和地区销售通用汽车。其全球组织结构被分为四个经营区域,包括通用汽车北美区(GMNA)、通用汽车欧洲区(GME)、通用汽车亚太区(GMAP),以及通用汽车拉丁美洲、非洲、中东区(GMLAAM)。通用汽车旗下的轿车和卡车品牌包括:凯迪拉克、雪佛兰、别克、GMC、霍顿、悍马、奥兹莫比、欧宝、庞蒂亚克、Saab、土星和沃豪等。设在中国的合资企业上海通用汽车有限公司和金杯通用汽车有限公司已分别于1999年及2001年正式投产。目前,通用汽车已在中国上海成立地区总部——通用汽车(中国)有限公司。

【思考与讨论】
1. 通用汽车公司属于哪种类型的跨国公司?
2. 通用汽车公司采用的是哪种管理组织形式?这种形式有何优缺点?

第三节　服务业跨国公司

跨国公司是当前服务业对外直接投资的主体和主要载体,一方面制造业和服务业企业为了扩展国际市场、实现生产的一体化,或者分享服务业迅速发展的利益,在服务领域进行了大量的对外直接投资,使得一大批服务业跨国公司应运而生;另一方面,服务业跨国公司逐渐摆脱了为制造业企业全球扩张提供支持的单一目标,积极进行对外直接投资,日益呈现出经营国际化、业务多样化等特征,成为近年来世界经济中的活跃力量。

一、服务业跨国公司的组织形式

一般来说,大多数服务业跨国公司,特别是大型跨国公司,与制造业跨国公司一样,会采取股权和非股权安排的组织形式,具体来讲主要包括以下几种:

(一)非股权投资

非股权投资也称非股权安排。非股权合作形式是指在一般不涉及股权或企业产权的条件下,通过契约转让一项或几项无形资产而进入目标国市场。非股权合作形式具体可分为特许经营、管理合同、许可证协议、战略合伙等方式,其中在服务业运用最为成功的是特许经营。

在特许经营方式下,特许方将自己所拥有的商标、商号、产品、专利和专有技术、经营模式等以特许经营合同的形式授予受许人使用,受许人按合同规定,在特许人统一的业务模式下从事经营活动,并向特许人支付相应费用。

特许经营的一般前提是,潜在的特许人拥有较知名的商品、商标、技术、计划与管理能力,潜在的受许人缺乏上述无形资产优势,但是有资金。其具体运作模式可以麦当劳为例加以说明。麦当劳已经在全球拥有 3.1 万多家分店,年营业额 200 多亿美元,雇员 42 万人,大约每隔 15 小时就要开一家新的分店。对于每一家分店,麦当劳都自行派员选择地址,组织安排店铺的建筑、设备安装和内外装潢。麦当劳特许合同的期限为 20 年,受许人一旦与公司签订合同,必须先付首期特许费 2.25 万美元,其中一半以现金支付,另一半以后上交。此后,每年交一笔特许权使用费和房产租金,前者为年销售额的 3%,后者为年销售额的 8.5%。

特许经营可以使特许人以较少的投入开展国际经营,又可以使受许人在较短的时间内引入对方成熟的品牌、专利、经营管理经验等,且不必冒太大风险。特许经营的优势使其得到了包括麦当劳、肯德基、屈臣氏等国际著名品牌的广泛认可,也使其渗透到了包括餐饮、零售、人力中介、商业、建筑装修、汽车租赁、娱乐业等在内的几乎所有服务行业。

(二) 股权投资

股权投资也称股权安排,股权投资形式大体可分为新设和并购两种方式,是指服务业对外直接投资者通过全部或部分参股在目标国展开经营,其经营实体一般包括海外分支机构、海外附属企业和办事处等。相对于非股权安排,股权合作形式的劣势在于直接投资成本较大,但其优势是通过跨国公司体系内的信息与资源共享,实现了无形资产的交易内部化,这可以将信息不对称所导致的市场失灵降到最低,解决了非股权安排中对于品牌、管理等难以定价的问题,也避免了由于机密泄漏等带来的损失,有利于投资者实现资产所有权受益;另一方面,非股权安排一般都有一定期限,投资者在将其经验和技术进行全球传授的同时,也为自己树立了众多潜在的竞争对手,而股权投资形式所产生的分支机构隶属于跨国公司,在其全球战略下统一行动,不会对投资者造成巨大的威胁。

在制造业中,对新设和并购两种方式的选择往往取决于相应成本的比较,而服务业中,许多行业如法律、会计、咨询等所需要的起始资本只不过是固定的办公场所和一定的现代办公设备,对资本金投入的要求不大,所以对具体投资方式的选择往往取决于政府政策之类影响市场准入的因素。

现实中,服务业企业跨国直接投资采取的具体形式取决于各种因素的权衡比较。首先是各种形式的相对成本和收益的比较,股权投资成本主要包括进行股权投资所需的资本和失去该资本的风险,管理、协调和监控国外股权投资的风险,以及放弃从前向专业生产和高效率供应商购买而得到的收益;非股权安排的风险主要是交易性质的,包括与交易本身相关的成本(如寻找合适的契约伙伴的搜寻成本和谈判成本)、与契约有关的成本(如价格、对所提供服务的详细说明、对所提供服务用途的控制、交货的次数和时间)、监督成本特别是质量管理和检验持续方面的成本、与契约条款能否被遵守和这些条款受到破坏的有关成本,以及由于实行市场交易内部化而放弃的收益。成本与收益的对比会影响组织形式的选择,因为跨国公司在海外扩张过程中会尽可能降低成本,最大化利润空间。其次是政府干预的程度和类型,包括直接行政干预以及财政、税收、关税和非关税等政策措施的施行。服务业企业所采取的组织形式受政府政策导向的影响,在一些对服务业外资严格管制的国家中,跨国公司多采取办事处之类的非股权安排形式,而在服务业管制相对宽松的国家,股权投资是一种有益的投资方式。

从当前情况来看,非股权安排是当前服务业跨国公司使用最为广泛的一种组织形式。为数不多的大型服务业跨国公司控制了全球大部分对外直接投资活动,它们的组织形式灵活多样,既有股权投资形式,也有许可证协议、管理合同等非股权安排形式。众多服务业中、小型跨国公司是当今国际经济领域颇为活跃的另一支力量,它们更多的是寻求与大企业的合作,以保证资金来源、分担金融风险,或者是分享信息与技术共有的利益,非股权安排是其主要的对外直接投资形式。而参与数据服务业活动的制造业跨国公司大多是推行技术服务协议、管理合同和专利等非股权安排的投资形式。

二、服务业跨国公司发展的特点

服务业跨国公司自20世纪80年代以来迅速成长,成为国际贸易、国际投资的中坚力量,它们在供给资金、转移技术、创造就业及推动贸易等方面都发挥了重要的作用。在其全球化经营过程中,服务业跨国公司日益呈现出以下特点:

(一)服务业跨国公司的主导战略由追随型转为主动型

从跨国公司发展的历史来看,服务业一般是跟随在制造业之后推行其跨国活动的。70年代以前,制造业跨国公司主要以利用东道国的资源及廉价劳动力为动机,曾带动了铁路、公用设施和基建等劳动密集型服务业企业的海外延伸,然而,从投资规模和对东道国经济的影响上来看,服务业只是作为制造业的补充而落后于制造业。自70年代起,一方面,制造业跨国公司不断成熟,对外投资结构升级、形式多样,为发达国家经济地位日趋上升的服务业的对外发展奠定了基础;另一方面,产品及技术的国际贸易发展蓬勃,对为工商贸易提供服务的全球发展要求日增。80年代以后,服务业已不再单纯尾随在制造业企业之后走向海外,企业跨国化形成的国际竞争环境极大地促进了服务业企业寻求在全球范围内设立分支网络、渗入世界主要市场来谋取利润的跨国战略意识的加强。特别是90年代以来,各国放松了对历来限制甚严的电信、金融等服务部门的管制,这成为服务业跨国公司迅速向海外扩张的契机,它们逐渐摆脱了纯粹提供中间性生产投入的传统角色,也开始参与制造业活动,如跨国银行接受跨国公司委托,承办并直接参与为跨国公司所需要的银团、企业组建和变动等有关活动。但服务业跨国公司更多的是向同行业其他部类的服务领域扩展,这种多样化扩展主要强调相互衔接的一条龙服务。如跨国银行及其分支不仅为工业跨国公司提供资金,且经办公司体系内的资金调拨、周转和结算,或为制造业跨国公司的外汇、资金、市场行情、企业变动和生产经营提供咨询意见;零售业公司兼营保险和信用卡业务;数据处理公司同时经营软件和电信业服务;会计师事务所除审计外,又将管理咨询、市场调研和公关等部门的服务集于一身。

(二)服务业跨国公司的实力大大提升

美国《财富》杂志每年一度的"全球500强"评比是对跨国公司实力的一个综合考察,

从近年来的数据可以看出,500强中的服务业跨国公司在绝对数量和相对比重上都有了较大的增长,其所占的比重已超过所有其他行业跨国公司的份额加总。从绝对数量上看,最近10年来,500强企业中有50%以上属于服务业企业。

服务业跨国公司实力的提升还体现在其居高不下的营业收益率上。从近年来选出的500强中营业收益率最高的行业排序可以看出,在收益率最高的10个行业中,服务业所占的比例已经超过一半,如计算机服务和软件、多种经营财务公司、证券行业、网络通信、饮食服务和电信行业等都是保持多年高收益率的行业。由此可见,服务业跨国公司在全球迅速发展,其发展速度和增长规模都使其在世界经济中占据越来越重要的地位,产生了越来越大的影响。

(三)服务业跨国公司并购活动频繁

随着各国对外商投资限制的放松,跨国并购可以充分发挥其投资迅捷和有效避税的优势,逐渐成为对外直接投资的主要方式。跨国并购在服务业对外直接投资中也发挥了主要的作用。近年来,服务业一直是跨国并购非常活跃的部门。从具体行业来讲,近年来全球并购市场的热点是金融服务业、电信业和传媒业。

(四)服务业跨国公司通过对外直接投资带动技术扩散

跨国公司因为拥有雄厚的资金实力在世界各地安排生产,已成为现代技术的发源地、散播者和推动器。与制造业相比,服务业跨国公司用于硬技术研究和开发的投资并不多,而以软技术优势见长,而且由于服务业产品的生产和消费难以分隔,从母公司生产中分离出技能相对低的那部分服务的可能性很小,因而服务业跨国公司向海外分支机构转移的技术更安全,更接近母公司的水平。日趋发达的跨国界信息流动降低了服务业海外活动的成本,跨国的计算机网络和通信系统使服务业跨国公司的海外分支机构成为母公司全球战略的重要组成部分,母公司能够更有效地组织其全球范围的活动,通过海外分支机构向发展中国家输出当地并不具备的现代服务,而在发达国家则提供价格更低廉、质量更优异的服务。会计、保险、租赁、跨国银行、数据处理和信息传递等现代服务领域的跨国公司对东道国,乃至世界经济发展都产生了重大影响。

第四节 跨国公司与国际技术转让

一、跨国公司参与国际技术转让的原因分析

(一)国际技术转让是跨国公司实施全球化战略的重要手段

跨国公司全球化战略的主要特征是以世界市场为目标,着眼整体利益和长远利益,通过在全球范围内的资源配置,实现跨国公司全球利益最大化。跨国公司全球化战略的最核心部分,就是跨国公司的技术创新、技术垄断和技术竞争的策略。这不仅是不断推出新的产品,维持或扩大其市场份额的需要,更重要的是跨国公司争夺或保持其在该领域的垄断优势的需要,是生存和发展的需要。在20世纪90年代后半期,新的技术革命在微电子技术、信息工程、生物工程技术、新材料技术、新能源和太空制造技术等方面,均取得了不同程度的突破,并迅速应用于生产,导致世界性投资和生产的快速发展。同历史上几次技术革命相比,这次新技术革命不是仅出现一个个单项新技术,而是涌现出多学科、跨领域

和整系列的新技术群。这些新的技术发展迅速,同生产领域具有密切联系,而且开发周期和应用周期大大缩短,使得新的技术群迅速形成产业群。一些发达国家的经济正是依赖这些新技术群的迅速产业化而获得发展的。

在这样的背景下,跨国公司要想在全球获得成功,被全球的客户接受,必须积极从世界各地吸收各种技术信息和科研成果,不断地进行技术开发和技术创新,以保持自身的技术优势和领先地位。从理论上说,跨国公司所面临的国际市场常常是不完全的市场。跨国公司要想在一个陌生的国度获得发展,只能依靠自身的垄断优势。跨国公司的技术优势常常是战胜各种竞争对手的制胜武器。几乎在所有领域,哪家跨国公司最先采用新技术,或者采用最多的新技术,哪家跨国公司就能成为赢家。

（二）技术的生命周期不断缩短，技术更新加快

由于高科技产品的生命周期日益缩短,新产品的研究开发成本昂贵,风险较大,如不抓紧利用已发展的技术,这些技术很快就会被新的技术取代而丧失其价值。技术转让是跨国公司重要的利润来源之一。为了延长技术的使用寿命,在进行技术转让时,跨国公司往往根据技术生命周期的不同阶段,通过贸易或投资等方式将技术转让到发展中国家,从而提高技术利用的经济效益,实现利润的最大化。

（三）扩大商贸机会，抢先占领东道国市场

发展中国家对引进外国的先进技术、弥补本国的技术空白往往持鼓励态度,并制定了多种政策鼓励跨国公司的技术出口和技术投资行为。相应地,为了增加在吸引跨国公司技术出口和技术投资方面的竞争力,许多发展中国家制定了"以市场换技术"的政策,这有利于跨国公司迅速进入东道国市场,并进一步促进了跨国公司的技术转让。20世纪90年代以来,随着全球高新技术产业的发展,投资于发展中国家高新技术产业的跨国公司投资越来越受到东道国政府和企业的欢迎,拥有先进技术的跨国公司往往能够借助技术之便,迅速在东道国某一行业占据较大的市场份额。

（四）利用所在国资源，增强竞争力，实现对技术的控制

许多发展中国家拥有比较完整的科研机构和研发体系,在某些基础科学领域具有一定的竞争优势。跨国公司通过将次新技术,即处于技术生命周期成熟阶段的技术转让到发展中国家,将当地的科技人员资源、自然资源和次新技术相结合,开发出适合当地需求的产品,从而延长技术赚取利润的时间周期,增强了其竞争力,同时还可以按照其全球战略的安排,控制技术转移的时间,实现对技术的控制。

（五）实现产品本地化

按照国际营销理论,一个企业在国内经营和在国外经营的最大不同是其经营的环境。在影响经营环境的所有因素中,最为重要的是文化环境(包括语言、教育、宗教、社会组织、美学观念、价值观念等),东道国的文化环境与跨国公司母国的文化环境存在巨大的差异。文化环境形成了跨国公司进入投资东道国必须跨越的鸿沟,也是跨国公司国际投资的最大障碍。从表面上看,跨国公司的国际技术转移与国际营销的文化环境关系不是很大。其实,任何一项技术成果或创新产品都会被打上深深的文化烙印。有时跨国公司的产品在技术上是先进的,但是却不一定适合东道国的消费习惯。本地企业的产品就具有文化上的认同感,容易被当地消费者所接受。实际上,这也是当地企业所具有的最大优势。在

这种情况下,跨国公司在东道国建立各种研发机构,并且还与东道国的有关企业建立各种联系,便于缩小跨国经营中文化上的差异,实现产品本地化的目的。

二、跨国公司的技术转让策略和技术保护形式

(一)技术转让策略

跨国公司的技术转让策略主要体现在跨国公司母公司向子公司或分支机构转让技术的策略上,主要有:

(1)转让时机策略。跨国公司对处在寿命周期不同阶段的技术采取不同的转让策略。当技术处于创新阶段时不予转让;在技术发展阶段,处于优势、有利地位的跨国公司也不予以转让;对成熟阶段的技术,大多数跨国公司会予以转让;当技术处于衰退阶段时,跨国公司会千方百计地寻找买主。跨国公司所采取的这种策略旨在延长技术的生命周期。

(2)国家类型策略。跨国公司一般首先向发达国家转让技术,若干年之后再将同一技术向新兴工业化国家转让,最后才向其他发展中国家转让。

(3)转让方式策略。跨国公司在向发达国家转让技术时,常常采取联合研究与开发或技术互换等方式,而对发展中国家则以技术投资居多,且往往转让的是成熟或衰退的技术。

(4)股权差别策略。跨国公司可以向全资子公司转让处于任何生命周期的技术,而向合资企业和非附属企业只转让一般性技术。

(5)以技术换市场策略。跨国公司以技术投资同东道国企业合资经营时,东道国允许跨国公司占有的市场份额越多,它就越愿意转让比较先进的技术。

(二)技术保护形式

长期维持技术优势是跨国公司开展跨国经营的基础。跨国公司对于新技术的保护形式主要有专利、企业内部保护和申请商标等三种方法。

1. 专利

专利是法律授予的并且可以依法行使的一种权力,其实质是专利申请人将其发明向公众进行充分的公开以换取对发明拥有一定期限的垄断权,保护范围限于所申请的国家和地区,专利期限一般为15—20年。自19世纪工业革命以来,专利保护得到了普遍和高度的评价,大多数发明人和企业都是采取这种方式来保护其发明成果。目前这种形式仍是跨国公司维护技术优势的主要方法。

在现阶段跨国公司世界性的技术管理方式下,跨国公司实行具有以下特点的专利政策:组建世界性的专利网,跨国公司从全局高度对其所拥有的专利进行国际性控制;先以基本专利(basic patent)的形式将"核心"技术的扩散控制在跨国公司母公司之手,然后通过拥有增补专利、改进专利和登记专利,将有关使用方法、应用技术和改良的"外围"技术等组成的专利网在国际上布置起来;跨国公司母公司对本公司一切海外单位研制出来的各项相互关联密切的专利加以集中控制;把维持公司的国际技术垄断所导致的利益与维持公司的竞争优势结合在一起,越是技术密集型产业,这种结合越是紧密。

2. 企业内部保护

企业内部保护是指对新技术发明通过在企业内部保密的办法来进行垄断,它是一种民间保护形式,不像专利那样具有法律效力。这种保护形式具有任意性、广泛性和长久性

的特征。

3. 商标

商标是一种特殊标志，用以区别某一组织的商品和服务与其他相同组织的相同或类似的商品和服务。商标通常是法律授予的永久性所有权，可以长期维护商标使用者的产品信誉和影响力。

三、跨国公司的对外投资是技术转让的重要方式

跨国公司的发展直接推动了国际技术交流，表现为跨国公司的对外直接投资构成了当今国际技术转让的主渠道。外商直接投资为东道国带来的效益之一是技术转让，这是许多发展中国家对外商直接投资态度转变的原因之一。通过对外直接投资，跨国公司将资金、设备连同专利和专有技术等一起投向国外子公司，所转让的技术既包括生产技术，也包括组织、管理和市场营销技能等。跨国公司通过对外投资参与国际技术转让主要有以下五种具体形式：

（一）对独资或控股子公司的内部技术转让

技术转让与跨国公司的对外直接投资安排相结合，是跨国公司技术转让中最主要的一种方式。跨国公司技术转让的先进程度往往视股权和投资而定。一般而言，跨国公司在国外投资越多，在股份制企业中所占的股权比例越大，提供的技术先进程度就越高，技术限制性约束就越少；反之，如果跨国公司在国外投资较少，在股份制企业中所占的股权比例较少，提供的技术先进程度就较低，技术限制性约束就较多。特别是关键技术，必须在严格限定的条件下使用，且必须严格防止技术扩散。

跨国公司在东道国设立独资企业，其主要动机是严格垄断和控制技术，增强保密性，防止技术泄密。独资企业一般按跨国公司的技术体系和经营管理方法建立，其技术创新与改造仅与母公司发生联系，较少与东道国同行业发生横向联系。由于跨国公司全资拥有或对子公司控股，这种转让实际上是跨国公司体系内的转让，称为技术转让的内部化，它有别于以贸易方式进行的外部化转让。内部化技术转让可以采取买卖交易的形式，也可以采取技术折价入股的形式。通过向全部或多数持股的子公司或分支机构转让技术，跨国公司能够较好地控制技术的独家使用，并获取技术所能带来的综合效益，避免向不相关企业转让技术时所产生的较高的交易成本和风险。尽管控股子公司属于合资企业，但由于处于控股地位，在开发出最新技术后，跨国公司也愿意将最新技术转让给其子公司，以增强子公司在东道国的竞争力。但由于这种方式对技术实行垄断控制，严格限制技术的传播和外溢，它对发展中国家技术进步的直接作用不如合资企业。

（二）对非控股合资企业的技术入股和技术转让

跨国公司通过将技术和设备资本化，即以工业产权、专有技术等在东道国的合资企业中投资入股来转让技术，这种技术出资方式称为技术资本化（技术折价入股）。当然，在具体合资经营时，跨国公司既可以把工业产权或专有技术等作价投资分取利润，也可以把技术与投资分开，合资各方另行签订技术转让协议，跨国公司获取技术使用费或提成费。跨国公司对合资企业还转让管理经验、组织方法和营销技能等方面的技术。

兴办合资企业，东道国人员能够接触到企业产品具体的生产过程，生产技术的外溢和

传播作用比外商独资企业更为明显。但跨国公司一般只有在技术较成熟或专有程度较低,因而丧失技术控制权代价不甚高,以及能通过严格的协议限制其他企业接近技术的情况下,才会表现出举办合资企业的较大意愿。同时,对于东道国来说,跨国公司以技术资本化方式投资兴办合资企业,其最大的问题就是技术的老化问题。由于当代技术革新日新月异,技术和产品的老化周期在加快,时间越长,技术的价值越低。如果跨国公司对合资企业拥有控股权,则技术老化问题容易解决,但若不具有控股权,跨国公司对已落后技术的革新愿望相对要低一些。

(三) 在东道国进行的研究与开发投资

跨国公司的研究与开发投资,是指跨国公司进行的着眼于从基础性研究一直到科研进入应用领域,实现产品开发和商业化的整个过程中任何一个环节的投资行为。由于一定规模的研究与开发投资是跨国公司生存的基本要求,是跨国公司发展和盈利的根本保证,同时研究与开发投资所产生的技术创新能力也是跨国公司竞争力的源泉,因此,大型跨国公司都十分重视研究与开发投资。

20 世纪 80 年代以前,跨国公司开发技术主要是在其母国进行的,子公司一般是将来自母公司的研究与开发成果加以应用,至多也就是加以改造或革新。但近年来跨国公司的研发活动呈现出日益国际化的趋势,一些跨国公司已经着手建立一体化的全球研发系统,发达国家、新兴工业化国家和一些发展中大国成为跨国公司研究与开发投资的热点。跨国公司对外进行研究与开发投资的主要目的是获取先进技术,借用东道国廉价的技术人员等研发资源,建立全球研发网络,占领当地市场,实现其在全球范围内的系统化投资战略。与一般生产性直接投资不同的是,跨国公司进行的以技术创新为主要目标的研究与开发投资更多考虑的是东道国的科研环境和高新技术产品的市场销售前景问题。

跨国公司的海外研究开发机构主要有以下两种形式:①海外子公司设立研究开发机构。例如,菲利浦公司在各个不同国家的子公司都拥有规模不一的由子公司自己管理和支配的研究开发机构。IBM 公司利用海外子公司与当地的研究机构建立的研究中心达 300 多个。②母公司在其他国家专设研究开发实验中心、技术研究所、技术开发公司等机构。例如,皇家荷兰壳牌公司的 12 个实验中心就分布在 8 个国家。

(四) 对海外企业的人力资源投资

人力资源投资也可以理解为人力资本投资,具体是指跨国公司对海外企业雇员的技术和管理培训。由于广义的技术概念还包括管理技能和组织技巧,跨国公司在海外的人力资源投资也是一种技术转让的方式。工业经济时代,资本要素长期处于相对稀缺的优势地位,经济增长的关键在于资本的积累和扩张,知识经济时代增值的动力核心已转移到知识的创新。人是知识的载体,人力资本是一种隐性知识资本,具有取之不尽、用之不竭的创新潜能。知识经济时代跨国公司的竞争说到底是人才的竞争,因此,跨国公司对人力资源的管理程度日益加深,多数公司都实施了全球性的人力资源开发战略,以期在全球建立知识、人才优势。

人力资本投资既是积累创造性资产的一种主要形式,又是创造其他类型资产的一种手段,人力资源开发是企业提高国际竞争力的重要因素。大多数跨国公司都会为其雇员制订培训计划并提供培训设施。为海外企业雇员提供技术与管理培训是跨国公司对东道国人力资源开发所做出的重要贡献之一,由培训所带来的人员素质的提高和管理技能的增加促进了东道国整体技术水平的提高。跨国公司拥有国际性的设施与专业知识网络,其在培训方面拥有独特的优势。随着大量在外资企业受过培训的东道国技术工人和管理层人员流向本国企业,先进技术被传播和外溢,有经验和经过训练的人才的流动是技术外溢效应的重要源泉。

（五）非股权安排（投资）等其他形式

非股权安排是指在东道国企业中没有股权投资,而是通过与东道国企业签订有关管理、技术或销售等合同取得对东道国企业的控制权。非股权安排也是跨国公司开展对外直接投资的一种重要形式,其中包含向东道国企业的技术转让。当前,中国广泛存在的合作经营企业就具有这种类型投资的特性。向东道国的高科技企业进行风险投资以及在东道国的高科技产业直接设立企业也是跨国公司依靠投资进行技术转让的途径。此外,将东道国企业（当地客户和供应商）纳入跨国公司产品价值链也可实现技术转移。

四、通过对外直接投资转让技术的特点

1. 通过对外直接投资转让技术是成本最低、效率最高的一种技术转让方式

通过对外直接投资进行内部转让,跨国公司能够控制技术的独家使用。由于内部转让双方的根本利益一致,遵守相同的或类似的管理准则和操作规程,并可进行充分有效的信息和人员交流,因而通过投资进行的技术转让成本低且速度快,而且还可以避免外部市场的影响,节约各种市场交易成本。

2. 转让的技术多为核心技术,能够提高东道国子公司的竞争力

对于次新或处于生命周期成熟阶段的技术,跨国公司多通过许可证贸易转让给发展中国家,以获取使用费收入。而对于核心技术,由于研发投入大,风险较高,跨国公司只愿意转让给海外的全资子公司或控股公司。拥有最新技术的跨国公司海外子公司能够借助技术的优势,提高其在东道国的竞争力。

3. 转让的技术实用,适合当地消费者需要

跨国公司通过投资转让技术,会考虑到东道国原有的技术水平和技术消化与吸收能力。只有那些适应东道国消费需求水平和需求层次的技术转让,在进行投资时才对东道国具有吸引力。

4. 将技术在内部无偿（或以优惠价格）转让,以支持子公司发展

跨国公司通过投资形式将技术转让给子公司,是出于在全球战略角度上的通盘考虑,是为了获取全球利润的最大化。通过将基础性研发成果转让给子公司,子公司研发机构能够迅速实现技术的商业化,将技术转化为产品,从而支持其发展。

5. 以技术换市场

与单纯的技术转让只获取技术使用费不同,结合投资行为的技术转让往往采取资本化的形式投资入股,能够绕开东道国的技术进口限制,有时还能获得东道国"以市场换技术"的外资政策的支持,扩大在东道国的市场份额,实现"以技术换市场"。

❓思考与练习

1. 简述跨国公司发展呈现出的一些新趋势。

2. 简述跨国公司的概念、类型与主要特征。
3. 分公司和子公司各有什么法律特征？设立分公司和子公司的利弊分别是什么？
4. 跨国公司的管理组织形式主要有哪几种？试分析它们各自的优缺点。
5. 简述服务业跨国公司的组织形式。
6. 简述跨国公司通过对外投资参与国际技术转让的主要形式。

案例分析

德国汉高公司的并购扩张模式

德国汉高(Henkel)公司是世界著名的应用化学行业的跨国公司,成立于1876年9月26日,是由一位名叫弗里茨·汉高(1840—1930年)的德国黑森州商人在亚琛创立的,现在汉高集团总部位于德国杜塞尔多夫。截至2001年年底,汉高公司在全世界60多个国家拥有各种形式的跨国子(分)公司300多家,员工总数约5.6万名,产品逾万种,2001年在全世界的销售额达117亿美元,在《财富》杂志世界500强评比中排名第436位。经过120多年的发展,汉高集团已成为一家业务遍及亚太地区、北美洲、拉丁美洲和欧洲的跨国公司,其产品系列从家用清洁剂、护肤品到表面处理技术和工业用清洁剂及黏合剂、油脂化学品应有尽有。

汉高公司的发展始终与并购和从事跨国经营活动分不开,从1913年在其境外设立子公司以来,汉高公司不断成长壮大,其中很多子公司都是通过收购当地企业设立的。1917年,汉高收购了一家生产碳酸钠的Matthes & Weber工厂,从而开始生产碳酸钠。此后又分别于1932年和1935年收购了两家刚刚开始生产合成洗涤剂的厂家,从而成为世界上最早生产合成洗涤剂的厂家之一。汉高的跨国并购先从欧洲的邻国开始,然后扩散到美国、日本、墨西哥、巴西、中国等。1980年和1987年,汉高公司收购和兼并了美国化学品公司(Amchem Products)和美国帕卡化学公司(Parker Chemica Co.)。上述两家公司与汉高公司中的一个部门共同组成了汉高公司的金属化学部,汉高集团因此一跃成为世界上最大的从事金属表面处理产品研究、开发、生产和服务的企业。汉高公司的并购扩张虽声势浩大,但其并购行为是谨慎的、有节制的、有选择的。

汉高公司的发展壮大不仅得益于其大规模的收购和海外扩张,还得益于其生产和经营产品的适度多元化,即汉高公司从最早生产清洁剂和洗涤剂开始,到后来发展到化学系列产品、金属化学系列产品、建筑化学系列产品以及化妆品系列产品等的生产和经营。但纵观汉高公司多元化的历程,始终没有离开化学工业这个大的行业,侧重发展的是相关多元化。进入20世纪90年代,汉高公司开始进入中国。迄今为止,汉高公司在中国主要通过新建的方式设立了19家"三资"企业,投资总额约3.5亿美元,员工总数超过5 000人。

【思考与讨论】
1. 汉高公司的发展和扩张有什么特点？
2. 汉高公司是如何实施产品多元化战略的？
3. 汉高公司在中国投资创办企业主要采用新建方式,请分析为什么汉高没有使用其最拿手的并购方式？

第四章

中国利用外商直接投资

【教学目的】

通过本章学习,学生将能够:
1. 了解中国利用外商直接投资的发展历程;
2. 熟悉利用外资的一些政策法律规定及中国利用外商直接投资的其他方式;
3. 掌握中国利用外商直接投资的作用和方式。

【关键术语】

中外合资经营企业	投资性公司
中外合作经营企业	BOT 投资方式
外(独)资企业	外商投资企业的合并与分立
外商投资股份有限公司	并购境内企业

【引导案例】

新华网北京2015年11月3日电 《中共中央关于制定国民经济和社会发展第十三个五年规划的建议》3日公布。建议提出,全面实行准入前国民待遇加负面清单管理制度,促进内外资企业一视同仁、公平竞争;完善境外投资管理,健全对外投资促进政策和服务体系;有序扩大服务业对外开放,扩大银行、保险、证券、养老等市场准入。

建议提出,扩大金融业双向开放。有序实现人民币资本项目可兑换,推动人民币加入特别提款权,成为可兑换、可自由使用的货币。转变外汇管理和使用方式,从正面清单转变为负面清单。放宽境外投资汇兑限制,放宽企业和个人外汇管理要求,放宽跨国公司资金境外运作限制。加强国际收支监测,保持国际收支基本平衡。推进资本市场双向开放,改进并逐步取消境内外投资额度限制。

建议提出,推动同更多国家签署高标准双边投资协定、司法协助协定,争取同更多国家互免或简化签证手续。构建海外利益保护体系。完善反洗钱、反恐怖融资、反逃税监管措施,完善风险防范体制机制。

资料来源:http://news.xinhuanet.com/politics/2015-11/03/c_1117028244.htm。

第一节 中国利用外商直接投资的发展历程和作用

一、中国利用外商直接投资的发展历程

从历史的角度来看,中国利用外商直接投资大体经历了两个发展阶段:一个是建国初期,时间较短;另一个是自1978年实行改革开放政策以后,已持续了近四十年。

(一)建国初期中国利用外商直接投资概况

新中国建立初期,中国利用外商直接投资有了一定的发展,但是由于当时历史条件的制约,规模和数量十分有限。在1950年和1951年,为了吸收外国的资金、技术和管理经验,中国与苏联、波兰共同投资创办了五家合营企业,这是新中国成立后建立的第一批中外合资经营企业。中国与苏联合资创办了四家企业,它们是:中苏(新疆)石油股份公司、中苏(新疆)有色及稀有金属股份公司、中苏民用航空股份公司和中苏(大连)造船公司。合资企业的股份双方各占50%,双方均享利润,共担风险。企业由双方共同管理,设管理委员会。中方以场地、厂房及其他建筑物或建筑材料等投资入股,苏方以各种机械设备、工业器材、探测器材、飞机、航空器材等投资入股。合资协议规定了合营期限,石油、有色金属公司为30年,造船公司为25年,民航公司为10年。但到1954年10月,两国政府商定将上述四个合资企业中的苏方股份转让给中方,并作为对中方的贷款,于是这四家企业在1954年年底提前结束合营。中国与波兰在1951年合资创办了中波轮船公司,经营航运及有关的委托代理业务,投资总额为8 000万旧卢布,双方各占50%。在分配利润后,双方分别向本国政府缴纳企业所得税。公司拥有自己的船队,1951年为10艘,共10万载重吨;1991年已发展到21艘,共40万载重吨。这家公司原定的合营期限为12年,由于经营状况良好,从成立至今一直存在并开展经营活动。

从20世纪50年代中后期到1978年这20多年的时间内,中国利用外商直接投资处于停滞状态。

1978年党的十一届三中全会以后,中国实行改革开放的方针政策,提出了要在自力更生的基础上,积极发展同世界各国平等互利的经济合作,要利用两种资源、打开两个市场和学会两套本领,这就为中国对外经济贸易事业的发展指明了方向。从此,中国利用外商直接投资进入了一个全新的历史发展时期。

(二)改革开放阶段中国利用外商直接投资情况

自1979年到2015年,中国利用外商直接投资已经走过了30多年的历程。截至2015年年底,全国累计批准设立外商投资企业836 404个,实际使用外资金额总计达16 423.2亿美元。2015年当年全国新批设立非金融领域外商投资企业26 575家,同比增长11.76%;实际使用外资金额1 262.67亿美元,同比增长5.61%。根据商务部提供的数据,在累计批准设立的80多万家外商投资企业中,目前已中(终)止或已停止运营的企业有30万家左右,大体占累计批准设立外商投资企业的40%。据测算,现存注册运营的外商投资企业有50多万家,吸收外资存量为7 000亿美元左右,直接就业人数约3 000万人。

改革开放30多年来,中国吸收利用外商直接投资大体经历了以下五个发展阶段:

第一阶段自1979年至1986年,为起步阶段。在这一阶段,中国吸收的外商投资主要来自港澳地区,以劳动密集型的加工项目和宾馆、服务设施等第三产业项目居多。这些企业大部分集中在广东、福建两省以及其他沿海省市,内地吸收外资则刚刚起步。

第二阶段自1987年至1991年,为稳步发展阶段。在这一阶段,中国吸收外商投资的结构有较大改善,生产性项目及产品出口企业大幅度增加,旅游服务项目的比重降低较多,外商投资的区域和行业有所扩大,台湾厂商开始对大陆投资并逐年增加。

第三阶段自1992年至1993年,为高速发展阶段。在这一阶段,利用外商投资在广度和深度上都有了新的大发展,利用外资的特点除了大幅度增长外,还有平均项目规模扩大、房地产业利用外资发展迅速、新的投资领域增加以及中西部地区利用外资步伐加快等。

第四阶段自1994年至2000年,为调整发展阶段。在这一阶段,外商投资的各方面结构都发生了较大变化,利用外商投资的重点由注重数量转向注重质量和结构优化。其表现为:越来越多的西方国家大型跨国公司进入中国;外商投资企业的资金来源结构和技术结构进一步改善;资金与技术密集的大型项目和基础设施项目增加,外商投资的平均项目规模不断扩大;外商投资的领域进一步拓宽,许多第三产业行业开始了利用外商投资的试点,外商投资的产业与行业结构日趋合理;中西部地区利用外商投资的落后状况有了很大的改善,利用外资的增速快于东部沿海地区。在这一阶段,中国开始对外商投资逐步实行国民待遇原则,对原有的利用外资的税收和外汇等方面的政策做了一些调整。

第五阶段自2001年开始至今,为成熟稳定期。2001年是重要的一年,在这一年,人类进入了新的世纪和新的千年,中国也在经过15年的艰苦谈判之后最终加入世贸组织,正式成为世贸组织成员。入世后,世贸组织的基本原则在中国利用外资的政策法规中体现出来,中国实施了世贸组织涉及投资方面的协议,根据入世承诺和《与贸易有关的投资措施协议》的要求,先后修改了《中外合资经营企业法》《中外合作经营企业法》《外资企业法》等法规,既完善了法规体系,又提高了透明度,大大改善了外商投资的法律环境。对法规的修改和完善还加快了投资自由化和对外商投资逐步实行国民待遇的进程。入世也是为了更好地发展市场经济,随着市场经济的深入发展,中国的市场竞争秩序不断规范,竞争条件趋向公平,对外商的吸引力越来越大。法律和市场环境的改进,以及近三十年来的发展,使我国利用外商投资业务在进入 21 世纪后趋于成熟,进入相对稳定的增长期。

近年来,伴随服务业入世承诺的逐步兑现,服务业对外资的开放幅度明显扩大,服务业已经成为利用外资的新的热点和增长点。外资并购法律体系的建立激活了外商在华开展并购活动的积极性,并购无疑将日趋成为同新建一样重要的外商投资方式。第五阶段的一个显著特征是跨国公司进一步扩大在华投资,提高中国在其全球战略中的地位,将中国纳入其全球生产和销售网络,推动中国成为全球制造业中心。跨国公司不仅在中国建立了生产企业、研发中心、控制中心(投资控股公司、地区总部),还将逐步设立更多的采购中心、销售中心和设计中心。从跨国公司在华投资的发展历程看,跨国公司进入中国市场经历了三个发展阶段,即营销本地化阶段、制造本地化阶段和投资管理本地化阶段。目前,跨国公司进入中国市场正进入第四个发展阶段,即研发本地化阶段。今后,跨国公司在华经营还将发展到第五个阶段,即经营管理中心本地化阶段。最终,跨国公司将在中国建立起构成其全球网络的营销、制造、研发和经营管理等节点,实现本地化与全球化的全面结合。

2011 年,中国开始实施"十二五"发展规划,进一步推进全面建设小康社会与和谐社会的进程,同时公布了"利用外资'十二五'规划",利用外资继续受到各方面的重视。近年来,中国利用外资的政策法规在不断改善,如公布实施了新的《关于外国投资者并购境内企业的规定》和新的《公司法》,修改了《外商投资产业指导目录》,实施了合并后的新的《企业所得税法》等。从 2007 年开始,部分在华外商投资企业的生产经营遇到了一些困难,主要原因来自两个方面:一是国际金融和经济危机的发生导致国际经济增长放缓,二是出口退税政策的调整和人民币升值等因素的影响。应当说这些困难是暂时的,也是可以克服的,从长期来讲不断扩大的中国市场对外商投资的吸引力是持久的。

2013 年中国正式设立了中国(上海)自由贸易试验区,推进"准入前国民待遇+负面清单"的外资管理制度改革并将改革经验向全国其他地区复制推广。2014 年 12 月,中国又新批设立了广东、福建、天津自由贸易试验区,标志着外资管理制度改革经验推广进入实施阶段。2016 年 10 月,商务部正式发布实施了《外商投资企业设立及变更备案管理暂行办法》,将不涉及国家规定实施准入特别管理措施的外商投资企业设立及变更事项,由审批改为备案管理。这是对中国外商投资管理体制的一次重大变革,体现了"凡属重大改革都要于法有据"的精神,必将进一步扩大对外开放,完善我国法治化、国际化、便利化的营商环境。

二、中国利用外商直接投资的作用

1. 弥补国内建设资金的不足

长期以来,建设资金短缺一直是制约中国经济发展的一个主要因素。因此,除了充分利用好国内的资金以外,还要积极地利用外资,以弥补现代化建设资金的不足。从 1979 年到 2015 年,中国已实际使用外商直接投资超过 16 423.2 亿美元,外资已成为中国经济建设的重要资金来源之一。

2. 促进中国经济的增长

外商投资企业的工业产值占全国工业总产值的比重从 1980 年的 0.5%,上升到 1990

年的2.28%、2000年的22.51%,而到2011年则达到了26.1%。外商投资企业已经成为中国经济的重要组成部分,是促进中国经济持续高速增长的重要动力之一。

3. 引进先进的技术设备和管理经验,推动产业结构升级

先进的技术和管理经验对经济增长方式的转变起着重要的作用。近年来,世界范围内的技术流动越来越依靠跨国投资作为载体,跨国公司掌握着先进技术跨国转让的主要份额。吸引跨国公司投资,是发展中国家加快经济发展和技术进步的必然选择。通过创办外商投资企业,发展中国家既可以达到利用外资的目的,又可以在创办和经营管理中学习和引进先进的技术设备和管理经验。外商投资企业尤其是大型跨国公司在中国从事研究与开发活动,有利于提高中国的研发能力与培养研发人才。截至2010年年底,跨国公司在华设立的研发机构已超过1 400家。另外,在利用外资中,我们还学到了作为人类共同精神财富的国外先进的企业管理经验,并造就了一批新型的企业管理人才,这对提高中国企业的经营管理水平有着直接的推动作用。第二次世界大战以后,国际投资的重点从战前的资源性产业转向制造业,20世纪70年代以后又将重点转向服务业。改革开放以来,外商特别是跨国公司在中国投资最密集的行业有电子、汽车、家电、通信、化学、办公用品、仪器仪表、制药等。这些行业正是中国产业结构调整与升级中重点发展的行业,外资较密集地进入这些行业,无疑会有力地推动中国产业结构的升级和优化。

4. 扩大社会就业,增加国家的财政收入

外商投资企业的建立和投产开业为中国提供了大量新的就业机会。截至2011年年底,在现存注册运营的40万家外商投资企业中直接就业的人员约3 000万人,大体占全国城镇劳动就业人口的10%,平均每一家外商投资企业吸收近80人就业。外商直接投资的大量引进,还扩大了国家财政收入的来源。2015年以外商投资税收为主(占98%以上)的涉外税收收入达24 817.2亿元(不包括关税和土地费),占当年全国工商税收总额124 892亿元的19.87%。

5. 推动对外贸易的发展

改革开放以来,中国的对外贸易取得了迅速发展,在世界货物贸易中的地位不断上升,2010年中国货物贸易进出口总额居世界第二位。在对外贸易发展的过程中,外商投资企业做出了积极的贡献,尤其是近年来,外商投资企业已成为中国对外贸易的一支生力军,其进出口总额占全国进出口总额的比重日趋扩大。据海关统计,2015年外商投资企业进出口总值达18 346.15亿美元,占当年全国进出口总值的46.50%。外商投资在促进中国对外贸易发展的同时,也提升了中国的贸易结构和国际竞争力,使中国更广泛地融入国际分工,参与跨国公司的全球分工与生产环节之中,享受进入全球分工体系的益处,从而促进开放型经济的全面发展。外商投资企业对中国对外贸易发展的贡献除了量的方面以外,还表现在质的方面,即表现在优化中国的出口商品结构,增加高科技产品、机电产品的出口数量,提高传统出口产品的科技含量。

6. 促进社会主义市场经济体制的建立和完善

利用外资对我国经济体制的转轨过程有明显的促进作用。外商投资企业的发展促进了中国经济结构的多元化过程和传统所有制结构的改变,推动了企业产权的流动和重组,对形成以国有经济为主导、多种所有制经济成分共同发展的格局起到了积极作用。外商投资企业以市场为导向,完全按照市场机制来经营,采用国际上通行的企业组织形式和先

进的内部管理机制,这为中国传统企业制度的改革和现代企业制度的建立提供了借鉴。外商投资带进了市场机制和竞争机制以及与此相应的观念,有利于打破垄断,推动国内各种要素市场的发育和形成,推动中国宏观经济管理体制的改革和政府职能的转变,对于建立和完善市场经济法律体制起到了积极作用。

7. 提高中国存量与新增资产的质量

通过与外商合资合作,中国一部分企业原有的低质量的存量资产变成高质量的存量资产。中国的一些亏损企业通过合资合作,经营管理、技术开发和市场营销能力明显改善,企业经营状况好转。这是因为在外资进入的同时,人员、技术、管理、观念、市场营销网络等都会随之进入企业,实现各种生产要素的一揽子转移。如果没有其他生产要素的引入,国内企业即使投入大量资金,也可能难以改善其盈利状况和长期发展能力。外商投资设立新企业,还可以形成高质量的新的增量资产。

8. 缩小中国与发达国家经济发展的差距

发展中国家要想缩小与发达国家经济发展的差距,首先要缩小与发达国家之间的技术差距和知识差距。缩小这些差距的主要途径有三个:一是引进外国直接投资;二是扩大国际贸易;三是获得技术转让和技术许可证。改革开放三十多年来,中国与发达国家的差距有了明显的缩小,应当说作为经济增长发动机的外商直接投资起了重要的作用。

案例讨论 北京经济技术开发区的"星网工业园模式"

2001年12月20日,占地50公顷的星网工业园一期建成,日本三洋能源、台湾富士康等与诺基亚公司有配套合作关系的国际和国内主要手机零配件厂商和服务提供商到星网工业园投资建厂,超过20家企业共同组建的世界级移动通信生产基地正式诞生。同一天,诺基亚集团董事长兼首席执行官约玛·奥利拉与时任北京市市长刘淇签署合作备忘录,同样规模的"星网"二期建设开始启动。以诺基亚为龙头的星网(国际)工业园一期和二期是最具代表性的园中之园,项目总投资超过100亿元人民币,预计建成后年产值将达到500亿元人民币,并将创造1万个以上的就业机会,是北京目前最大的外商投资项目。

星网工业园是一种全新的利用外资模式,它是一种产业集群投资,是外商投资企业的一种扎堆现象,是不同于产品价值链的一种产业链或企业链的完整组合。在星网工业园内,从手机连接器到天线,从电池模组、按键模组、喷膜到印刷电路板,最后到手机组装,一应俱全,手机从组装到出货仅需一天。以诺基亚移动通信产品为龙头,将全球不同地域的原材料、零部件等供应商集中在一个生产空间,每个配件送到装配线的时间误差只有几分钟,所有企业没有任何库存。早晨进口料件上线生产,晚上产品进入国际零售市场,十几家厂商间的产品深加工结转4小时完成一次。落户全球最有市场潜力的区域,园区企业实现产品的零库存,海关监管与生产同步,时间、空间和资金的消耗降到最低限度。保证原材料与产品零库存和运输零距离,从而有效地降低成本是星网工业园成功的奥秘所在。

【思考与讨论】

1. 星网工业园成功的奥秘是什么？为什么说星网工业园的建立代表着一种全新的利用外资模式？
2. 什么是产业集群投资？它是近年来跨国公司对外直接投资的一种新的趋势吗？

第二节　中国利用外商直接投资的方式

目前，中国利用外资的方式主要有外商直接投资、对外借款、外商其他投资三种。外商直接投资的方式包括中外合资经营企业、中外合作经营企业、外资企业（外商独资经营企业）、中外合作开发、外商投资股份制企业、投资性公司和其他方式，其中前三种方式较主要。对外借款的方式包括：外国政府贷款、国际金融组织贷款、出口信贷、外国银行商业贷款和对外发行债券。外商其他投资的方式包括：对外发行股票、国际租赁、补偿贸易和加工装配。本节将介绍和分析目前存在的外商直接投资的一些具体方式。

一、中外合资经营企业

（一）合资企业的概念与作用

中外合资经营企业亦称股权式合营企业，是指外国公司、企业和其他经济组织或个人依据《中华人民共和国中外合资经营企业法》，同中国的公司、企业或其他经济组织在中国境内共同投资设立的企业。

设立中外合资经营企业有利于引进先进的设备、技术和科学管理知识，有利于培训人才，能够带进一些通过一般的技术引进方式难以获得的先进技术，甚至取得动态技术。与外资企业相比，中外合资经营企业有利于中国大量老企业的技术改造，可以借助对方的销售网络扩大产品出口。中国法律法规对外商投资设立合资企业在投资领域上限制较少，国家鼓励和允许投资的项目还可以不限制经营期限。

（二）合资企业的特点

合资企业的基本特点是合资各方共同投资，共同经营，按各自的出资比例共担风险、共负盈亏。合资各方可以用现金出资，也可以用建筑物、厂房、机器设备、场地使用权、工业产权、专有技术出资。各方出资均折算成一定的比例，外国合营者的投资比例一般不得少于注册资本的25%。中外合资经营企业的组织方式为有限责任公司，具有中国法人地位，董事会为最高权力机构。目前，已有一些中外合资企业采用股份有限公司方式。

（三）合资企业的法律特征

合资企业具有以下法律特征：

（1）合资企业是中国经营者与外国经营者共同设立的企业，是一种由合营双方共同投资、共同经营、共担风险、共负盈亏的企业方式。共同投资是指中外合营各方均应以一定的方式向企业投资，投资方式可以是货币、实物、工业产权和专有技术、场地使用权等。共同经营是指中外合资各方均有参加企业经营管理的权利。共担风险、共负盈亏是指合资企业如盈利由合资各方按出资比例分享；如发生风险、亏损，合资各方应尽力协助企业扭转亏损局面,并承担亏损风险。

(2) 合资企业的组织方式为有限责任公司。有限责任实质上有两层含义:一是企业以其全部资产为限对外承担债务责任;二是企业合营各方以其出资额为限对企业承担责任。

(3) 合资企业必须经中国政府批准,领取批准证书。在工商行政管理部门注册登记,领取营业执照,取得中国法人地位,并作为纳税义务人按照中国税法的规定按期纳税。

(4) 合资企业享有自主经营的权利。《合资法实施条例》第7条规定:在中国法律、法规和合资企业协议、合同、章程规定的范围内,合资企业有权自主进行经营管理。有关部门应给予支持和帮助。外国投资者分得的利润和其他合法权益可以汇出境外,也可以在境内再投资。

(5) 合资各方不论以何种方式出资,均要以同一种货币计算各自的股权,即合资各方的出资,无论是现金、机器设备、技术还是场地使用权,都必须用统一的一种货币方式来表示,如美元或人民币等。

(6) 合资企业的经营期限有的行业要求约定,有的行业不要求约定。合资企业中属于国家鼓励和允许投资的项目,可以约定也可以不约定经营期限;属于国家限制发展的项目,一般要求在合营合同中约定经营期限。约定经营期限的合资企业,合资各方同意延长经营期限的,应在距经营期满6个月前向审批机关提出申请,取得批准。未申请和未经批准延长经营期限的,经营期满时,企业终止。

二、中外合作经营企业

(一) 合作企业的概念与作用

中外合作经营企业亦称契约式合营企业,是指外国公司、企业和其他经济组织或个人依据《中华人民共和国中外合作经营企业法》,同中国的公司、企业或其他经济组织在中国境内根据中外方提供的合作条件共同设立的企业。

中外合作企业经营者的投资或者提供的合作条件可以是现金、实物、土地使用权、工业产权、非专利技术和其他财产权利。中外合作企业一般由外国合作者提供全部或大部分资金、技术、关键设备等,中方提供土地使用权、厂房、可利用的设备设施,有的也提供一定量的资金。如果中外合作者在合同中约定合作期满时企业的全部资产归中方合作者所有,则外方合作者可以在合作期限内先行回收投资。这一做法一方面可以解决国内企业缺乏投资来源的问题,另一方面,对许多急于回收投资的外国投资者具有很大的吸引力。

(二) 合作企业的特点

合作企业的特点是合作方式较为灵活,它与合资企业最大的不同在于,中外各方的投资一般不折算成出资比例,利润也不按出资比例分配。各方的权利和义务,包括投资或提供合作条件、利润或产品的分配、风险和亏损的分担、经营管理的方式和合同终止时财产的归属等项,都在合作各方签订的合同中确定。

(三) 合作企业的法律特征

1. 组织方式和合作条件

合作企业可以组成具有法人资格的实体,即有限责任公司;也可以组成非法人的经济实体,即合作各方共同出资或提供合作条件,按照合作企业合同的约定经营管理企业,合作各方对企业的债务承担无限连带责任,企业不具有法人资格。非法人合作企业合作各方提供的合作条件或投资可由合作各方分别所有,也可以共有,由合作企业统一管理和使用,任何一方不得擅自处理。

具有法人资格的合作企业设立董事会及经营管理机构,董事会是最高权力机构,决定企业的一切重大问题。不具有法人资格的合作企业设立联合管理委员会,由合作各方派代表组成,代表合作各方共同管理企业。另外,合作企业成立后,经董事会或联合管理委员会一致同意,报原审批机关批准,还可以委托合作一方或第三方经营管理企业。

2. 收益分配和风险承担

作为契约式合作企业,合作各方以各种方式投资,不一定要求作价,也不一定要按各自的出资比例分配收益和承担风险。合作各方可以协商确定各方的出资方式、责任、权利和收益分配等,并将其写在合同中。在企业成立后的经营过程中,合作企业有盈余或发生亏损,各方应得的权利和应负的责任均按合同的约定执行。合作企业可采用分配利润、分配产品或合作各方共同商定的其他方式,按合作各方共同商定的分配比例分配收益。

3. 投资回收与合作(营)期限

《中外合作经营企业法》规定:中外合作者在合作企业合同中约定合作期满时,合作企业的全部固定资产归中方合作者所有的,可以在合作企业合同中约定外方合作者在合作期限内先行回收投资的办法。

外国合作者在合作期限内可按下列方式提前回收投资:①中外合作者在合作企业合同中约定分配比例时,扩大外国合作者的初期分配比例;②经财政税务机关审查批准,外国合作者可以在合作企业缴纳所得税前回收投资;③经财政税务机关审查批准的其他回收投资方式。

国家对合作企业合营期限方面的规定基本上同合资企业。合作企业的合作期限由中外合作者协商确定,并在合作合同中定明,报审批机关批准。如果合作各方要求延长合作期限,应在距合作期满180天前向原审批机关提出申请,说明合作合同执行情况、延长期限的原因和目的。

(四) 中外合资经营企业与中外合作经营企业的区别

1. 投资方式不同

合资企业是股权式合营企业,各方的投资物都要折价计算投资比例;而合作企业是契约式合营企业,各方的投资物一般不折价计算投资比例。

2. 法律依据和法人地位不同

合资企业的法律依据是《中外合资经营企业法》及其实施条例,合资企业是中国独立的企业法人;合作企业的法律依据是《中外合作经营企业法》及其实施细则,合作企业可以成为中国独立的企业法人,也可以不成为独立法人。

3. 组织方式和管理方式不同

合资企业的组织方式是建立董事会作为企业的最高权力机构,董事会任命总经理等高级管理人员,中外双方共同管理;合作企业的组织方式不尽相同,法人式的一般成立董事会,非法人式的一般成立联合管理委员会,在管理方面,一般是以一方为主另一方协助,或者是委托第三方管理。

4. 收益分配方式不同

合资企业按注册资本的比例分配利润和承担亏损与风险;合作企业按合同规定的比例分配利润或产品以及分担风险和亏损。

5. 合营期满资产处理方式不同

合资企业期满后按注册资本比例分配资产净值;合作企业期满后资产净值按合同的规定处理,如果外方在合作期限内已先行回收投资,则资产净值一般无偿归中方所有。

三、外(独)资企业

（一）外资企业的概念

外资企业即外商独资经营企业,是指外国的公司、企业、其他经济组织或个人依据《中华人民共和国外资企业法》,在中国境内设立的全部资本由外国投资者投资的企业。外国投资者的出资可以是自由兑换的外币,也可以是机器设备、工业产权或专有技术等。设立外资企业应采用国际先进技术和设备,应有利于中国国民经济的发展。

（二）外资企业的特点

外资企业具有如下三个基本特点：

（1）外资企业是依据中国法律在中国境内设立的。因此,外资企业与外国企业是两个不同的概念,外国企业是指依照外国法律在国外设立并在该国从事经营活动的企业,它是外国的企业,具有外国的国籍。

（2）外资企业的全部资本归外国投资者所有,外资企业相当于外国跨国公司在东道国设立的拥有全部股权的子公司。

（3）外资企业是一个独立的实体,由外国投资者独自投资,独立经营,并成为独立核算、独立承担法律责任的经济组织。外资企业不同于外国企业的分支机构,后者是外国企业(如母公司或总公司)在东道国经许可后设立的一个附属机构,不是一个独立的法律实体,只能以母公司或总公司的名义从事活动,并由母公司或总公司承担法律责任。

（三）外资企业的法律特征

外资企业的全部资本由外国投资者投资,没有中国投资者的资金参与。外资企业的组织形式为有限责任公司,外资企业的财产全部归外国投资者所有,经营管理权为外国投资者所掌握,外国投资者享有企业全部利润并独自承担经营风险和亏损。这是外资企业与中外合资经营企业、中外合作经营企业的主要区别。

外国投资者在中国境内的投资、获得的利润和其他合法权益,受中国法律保护。

外资企业的经营期限根据不同行业和企业的具体情况,由外国投资者在设立外资企业的申请书中拟定,经审批机关批准。外资企业需要延长经营期限的,应在距经营期满180 天前向审批机关提出延长期限的申请,审批机关在接到申请之日起 30 天内决定批准或不批准。经批准的,向工商行政管理机关办理变更登记手续。

另外,《外资企业法》及其实施细则对外国投资者的资格、外资企业的设立、出资方式、财务、外汇、税务、劳动管理、企业终止与清算等都做了明确规定。

四、中外合作开发

中外合作开发是指中国公司与外国公司通过订立风险合同,对海上和陆上石油以及矿产资源进行合作勘探开发。合作开发是目前国际上在自然资源领域广泛采用的一种经济合作方式，其最大的特点是高风险、高投入、高收益。合作开发一般分为三个阶段，即勘探、开发和生产阶段。中国在石油资源开采领域的对外合作中一般采用这种方式。截至2015年年底，中国总共批准中外合作开发项目191个，实际使用外资金额75.07亿美元。目前已有一些合作开发的油田投入商业性开发。

中国于2001年9月23日公布并施行了经过修改的《中华人民共和国对外合作开采陆上石油资源条例》（以下简称《陆上石油资源条例》）和《中华人民共和国对外合作开采海洋石油资源条例》（以下简称《海洋石油资源条例》）。经过修改并颁布实行的《陆上石油资源条例》规定中华人民共和国境内的石油资源属于国家所有，中国政府依法保护参加合作开采陆上石油资源的外国企业的合作开采活动及其投资、利润和其他合法权益。国务院指定的部门负责在国务院批准的合作区域内，划分合作区块，确定合作方式，组织制定有关规划和政策，审批对外合作油（气）田总体开发方案。中国石油天然气集团公司和中国石油化工集团公司负责对外合作开采陆上石油资源的经营业务；负责与外国企业谈判、签订、执行合作开采陆上石油资源的合同；在国务院批准的对外合作开采陆上石油资源的区域内享有与外国企业合作进行石油勘探、开发和生产的专营权。

经过修改并颁布实行的《海洋石油资源条例》规定中华人民共和国的内海、领海、大陆架及其他属于中国海洋资源管辖领域的石油资源，都属于国家所有。中国政府依法保护参与海洋石油资源合作开采的外国企业的合法权益与合作开采活动。中国对外合作开采海洋石油资源的业务，由中国海洋石油总公司全面负责。中国海洋石油总公司是具有法人资格的国家公司，享有在对外合作海区内进行石油勘探、开发、生产和销售的专营权。

五、外商投资股份有限公司

外商投资股份有限公司又称外商投资股份制企业，是指外国公司、企业和其他经济组织或个人同中国的公司、企业或其他经济组织按照平等互利的原则，通过认购一定比例的股份，在中国境内共同设立的公司。外商投资股份有限公司全部资本由等额股份构成，股东以其所认购的股份对公司承担责任，公司以全部财产对公司债务承担责任，中外股东共同持有公司股份，外国股东购买并持有的股份需占公司注册资本25%以上。外国投资者还可依照有关法规对中国的A股上市公司进行中长期战略性并购投资，取得该公司的A股股份。外商投资股份有限公司是外商投资企业的一种形式，适用国家法律法规对于外商投资企业的有关规定。截至2015年年底，在华设立的外商投资股份有限公司为591家，实际使用外资金额186.48亿美元。

外商投资股份有限公司是近年来出现的一种新的利用外商直接投资的方式，它是在中国证券市场不断扩大和企业股份制改造日趋深入的背景下产生的。外商投资股份有限公司与中外合资企业、中外合作企业和外资企业的相同点是它们都是有限责任性质的企业，并且都是我国利用外商直接投资的有效方式；它们之间的不同点表现在许多方面，如设立方式不同、最低注册资本额要求不同、股权转让不同和公开性要求不同等。

国家规范和管理外商投资股份有限公司的政策法规主要有：原对外贸易经济合作部于1995年发布施行的《关于设立外商投资股份有限公司若干问题的暂行规定》；商务部、中国证券监督管理委员会、国家税务总局、国家工商行政管理总局和国家外汇管理局于

2005年年底发布并于2006年年初施行的《外国投资者对上市公司战略投资管理办法》等。

六、投资性公司

投资性公司是指外国投资者在中国境内以独资或与中方投资者合资的形式设立的从事直接投资的公司,其形式一般为有限责任公司。

投资性公司投资设立企业,按外商投资企业的审批权限及审批程序另行报批。投资性公司设立分支机构应报商务部批准,且需符合一定的条件。符合条件的投资性公司可申请被认定为跨国公司地区总部,并依法办理变更手续。投资性公司在中国境内的投资活动不受公司注册地点的限制。经中国政府批准设立的投资性公司被赋予较其他外商投资企业更为广泛的经营范围,以鼓励跨国公司在中国开展系列性的投资活动。

为了更好地规范和促进投资性公司的发展,完善投资性公司的功能,进一步鼓励外国投资者来中国投资,商务部于2004年11月17日公布了经过修订的《关于外商投资举办投资性公司的规定》,并于2006年5月26日公布了《关于外商投资举办投资性公司的补充规定》。

七、BOT投资方式

20世纪80年代以后,BOT这种新的利用外资的方式在中国出现。尽管BOT方式在一些方面有其特殊性,但它也属于利用外商投资的范围,受中国有关外商投资企业政策法律的管辖。外商可以以合资、合作或独资的方式建立BOT项目公司。下面从几个角度对BOT投资方式进行分析介绍。

(一) BOT投资方式的含义

BOT投资方式也称为公共工程特许权。BOT是英文build-operate-transfer的缩写,意即建设—经营—转让。典型的BOT方式是指:东道国政府同国外项目公司(或投资者)签订合同,由该项目公司承担一个基础设施或公共工程项目的筹资、建造、营运、维修及转让。在双方商定的固定期限内(一般为15—20年),项目公司对其筹资建设的项目行使运营权,以便收回对该项目的投资、偿还该项目的债务并赚取利润。协议期满后,项目公司将该项目无偿转让给东道国政府。

在BOT方式中,项目公司由一个或多个投资者组成,通常包括承包公司和设备供应商等。项目公司以股本投资的方式建立,有时也可以通过发行股票以及吸收少量政府资金入股的方式筹资。BOT项目所需的资金大部分通过项目公司从商业金融渠道获得。BOT项目的运作过程从政府的角度来说一般要经过以下几个阶段:确定项目、招标准备及要约、评价、谈判;从私营企业的角度来说一般都要经过下列几个阶段:投资前评估、执行、建设、经营、产权移交。

BOT方式是自20世纪80年代以来日渐活跃的投资方式,不论是在欧美发达国家还是在广大发展中国家,都常常采用这种方式建设大型基础项目。例如,英法两国采用这种方式合作建成横穿英吉利海峡连接两国的欧洲隧道。东盟国家也运用BOT方式引进大量外资参与本国基础设施的建设。BOT投资方式是由土耳其已故总理厄扎尔在80年代土耳其国家私营计划框架工程中首创的,以后被世界各国认同并被广泛采用。

（二）BOT投资方式的特点

BOT是一种新的利用外资的方式，它与传统的利用外资方式不同，具有以下特点：①BOT方式的主体一方为东道国政府部门，另一方为私营机构的项目公司；而传统利用外资的方式，其主体一般是企业与企业之间或者政府与政府之间。②BOT项目的实施是一项复杂的系统工程，需要金融、贸易、保险、技术引进、工程承包、土地、交通能源、通信、广告等各种行业的相互协调与合作，尤其是东道国政府的强有力支持，是关系到一个BOT项目能否成功的关键；而传统利用外资的方式，则没有这么复杂。③BOT方式下对项目建设方式的选择，一般采用国际招标；而传统利用外资的方式则一般不通过招标。④BOT方式的资金来源，主要是国际金融机构提供的无追索权贷款，且允许政府参股；而传统的利用外资方式，其注册资本以外的贷款不是无追索权的贷款，同时不允许政府投资。⑤BOT方式的经营管理，通常是在东道国政府的许可范围内，由项目公司按自身的管理模式进行操作；而传统的利用外资方式，则按东道国有关法律及双方的约定来进行操作。⑥BOT方式合作期满后，项目公司将该项目无偿移交给东道国政府；而传统的利用外资方式，在期满后，外方一般按合同规定将标的转让给东道国企业。

（三）BOT投资方式的适用范围

BOT投资方式的适用范围比较广，但主要适用于一国的基础设施和公共部门的建设项目，如电厂、高速公路、污水处理、铁路、桥梁、隧道、港口、机场、钢铁企业、教育、医疗卫生基础设施等。这些项目一般工程量大，建设时间长，耗资巨大，关系国计民生，属于急需项目；而且，这些项目的市场需求一般都较好，能够获得较稳定的收入。

（四）BOT投资方式的演变

BOT投资方式在其发展过程中出现了一系列演变方式，主要有以下几种：BOO（build-own-operate），意为建设—拥有—经营；BOOT（build-own-operate-transfer），意为建设—拥有—经营—转让；BOOST（build-own-operate-subsidize-transfer），意为建设—拥有—经营—补贴—转让；BTO（build-transfer-operate），意为建设—转让—经营；BLT（build-lease-transfer），意即建设—租赁—转让；BT（build-transfer），意即建设—转让；BMT（build-manage-transfer），意即建设—管理—转让。BOT的各种变形方式各有其特点，但它们又都与BOT方式有某些相似的地方。

（五）BOT投资方式的作用

BOT方式的作用表现在：①有利于减少政府的财政负担。政府通过让私营企业筹资、建设、经营的方式来参与基础设施项目，可将原来必须用于这方面的资金转用于其他项目的投资与建设。②避免了政府的债务风险。BOT项目的建设资金由私人企业负责筹措，政府不承担项目的贷款债务。③有利于提高项目的运作效率。由于有私营企业参加，贷款机构对项目的要求就会比对政府更加严格；另外，私营企业为了减少风险、获得较多收益，客观上也会更加注重管理，控制造价。④可以更好地满足社会需求。采取BOT方式，可以使一些本来急需建设但目前政府财政又无力投资建设的基础设施项目提前建成并发挥作用，从而更好地满足社会需求，促进经济发展。

八、创业投资企业

外商投资创业投资企业(以下简称创投企业)是指外国投资者或外国投资者与根据中国法律注册成立的公司、企业或其他经济组织在中国境内设立的以创业投资为经营活动的外商投资企业。创业投资企业是指主要向未上市的高新技术企业进行股权投资,并为之提供创业管理服务,以期获取资本增值收益的投资方式。创投企业可以采取非法人制组织形式,也可以采取公司制组织形式。采取非法人制组织形式的创投企业,其投资者对创投企业的债务承担连带责任;也可以在创投企业合同中约定,在非法人制创投企业资产不足以清偿该债务时由以创业投资为主营业务的必备投资者承担连带责任,其他投资者以其认缴的出资额为限承担责任。采用公司制组织形式的创投企业,其投资者以其各自认缴的出资额为限对创投企业承担责任。

设立创投企业应具备下列主要条件:①投资者人数在 2 人以上 50 以下,且应至少拥有一个以创业投资为主营业务的且符合其他条件的必备投资者。②非法人制创投企业投资者认缴出资总额的最低限额为 1 000 万美元;公司制创投企业投资者认缴资本总额的最低限额为 500 万美元。除必备投资者外,其他每个投资者的最低认缴出资额不得低于 100 万美元。外国投资者以可自由兑换的货币出资,中国投资者以人民币出资。③有明确的组织形式。④有明确合法的投资方向。⑤除了将本企业经营活动授予一家创业投资管理公司进行管理的情形外,创投企业应有 3 名以上具备创业投资从业经验的专业人员。

创投企业可以经营以下主要业务:以全部自有资金进行股权投资,具体投资方式包括新设企业、向已设立企业投资、接受已设立企业投资者股权转让以及国家法律法规允许的其他方式;提供创业投资咨询;为所投资企业提供管理咨询等。创投企业资金应主要用于向所投资企业进行股权投资。

为鼓励外国投资者来中国从事创业投资,建立和完善中国的创业投资机制,商务部和科技部等五个部门于 2003 年 1 月 30 日公布了《外商投资创业投资企业管理规定》,并于当年 3 月 1 日施行。

九、其他外商直接投资方式

其他外商直接投资方式包括外国公司、金融机构在华设立从事经营活动的分支机构(如分公司、分行)等。外国公司或金融机构经批准可在中国境内设立分支机构,从事生产经营活动。外国公司或金融机构属于外国法人,其在中国境内设立的分支机构不具有中国企业法人资格。外国公司或金融机构对其分支机构在中国境内进行的经营活动承担民事责任。外国公司或金融机构的分支机构应当在其名称中标明该外国公司的国籍及责任方式,并应在本机构中置备该外国公司或金融机构的章程。外国公司或金融机构在中国境内设立分支机构,必须在中国境内指定负责该分支机构的代表人或者代理人,并向该分支机构拨付与其所从事的经营活动相适应的营运资金。分公司或分行的经营范围不得超出母公司或母行的经营范围。

第三节　中国利用外商直接投资的一些政策法律规定

外商投资的政策法律规定是调整外商投资企业在设立、变更、终止和经营管理过程中产生的经济关系的法律规范的总和。改革开放三十多年来，为了创造良好的投资环境，鼓励外商来华投资，中国政府逐步建立了一套较为完整的外商投资法律体系，包括有关外商投资的专门法律法规（如《中外合资经营企业法》等）、一般性的法律法规（如《公司法》等）和国际条约（如《双边投资保护协定》等）；与此同时，还制定了包括工商政策、产业政策、地区政策、税收政策、金融政策、外汇政策、土地政策、就业政策、海关政策和投资促进政策等一系列具体的相关政策。以上这些方面涉及的利用外资政策法规数以百计，下面对其中七个具体方面的政策法规做一些介绍。

一、关于外商投资产业政策方面的规定

外商投资产业政策是国家总体产业政策在外商投资领域的体现。2002年公布施行的《指导外商投资方向规定》、重新修订实施的《中西部地区外商投资优势产业目录》和《外商投资产业指导目录》三个文件具体体现了中国政府对外商投资的产业政策。其中，《外商投资产业指导目录》和《中西部地区外商投资优势产业目录》是指导审批外商投资项目和外商投资企业适用有关政策的依据。外商投资产业政策的基本原则是对外商投资进行分类指导，根据项目和地区的不同实行不同的产业政策。凡符合《外商投资产业指导目录》规定的鼓励类外商投资项目给予鼓励和优惠；对于列入《中西部地区外商投资优势产业目录》的外商投资项目可享受鼓励类外商投资项目优惠；另外，根据《鼓励外商投资高新技术产品目录》的规定，对外商投资十一大类高新技术领域给予优惠。

《指导外商投资方向规定》将外商投资项目分为鼓励、允许、限制和禁止四类。鼓励类、限制类和禁止类的外商投资项目，列入《外商投资产业指导目录》；不属于鼓励类、限制类和禁止类的外商投资项目，为允许类外商投资项目，允许类外商投资项目不列入《外商投资产业指导目录》。

《指导外商投资方向规定》在第5条、第6条、第7条中分别列举了鼓励类、限制类和禁止类外商投资项目。属于下列情形之一的，列为鼓励类外商投资项目：①属于农业新技术、农业综合开发和能源、交通、重要原材料工业的；②属于高新技术、先进适用技术，能够改进产品性能、提高企业技术经济效益或者生产国内生产能力不足的新设备、新材料的；③适应市场需求，能够提高产品档次、开拓新兴市场或者增加产品国际竞争力的；④属于新技术、新设备，能够节约能源和原材料、综合利用资源和再生资源以及防治环境污染的；⑤能够发挥中西部地区的人力和资源优势，并符合国家产业政策的；⑥法律、行政法规规定的其他情形。属于下列情形之一的，列为限制类外商投资项目：①技术水平落后的；②不利于节约资源和改善生态环境的；③从事国家规定实行保护性开采的特定矿种勘探、开采的；④属于国家逐步开放的产业的；⑤法律、行政法规规定的其他情形。属于下列情形之一的，列为禁止类外商投资项目：①危害国家安全或损害社会公共利益的；②对环境造成污染损害，破坏自然资源或者损害人体健康的；③占用大量耕地，不利于保护、开发土地资源的；④危害军事设施安全和使用效能的；⑤运用我国特有工艺或者技术生产产品

的;⑥法律、行政法规规定的其他情形。上述三种项目之外的其他项目为允许类外商投资项目。

《指导外商投资方向规定》第8条、第9条、第10条和第11条还规定了其他内容:《外商投资产业指导目录》可以对外商投资项目规定"限于合资、合作"、"中方控股"或者"中方相对控股"。限于合资、合作,是指仅允许中外合资经营、中外合作经营;中方控股,是指中方投资者在外商投资项目中的投资比例之和为51%及以上;中方相对控股,是指中方投资者在外商投资项目中的投资比例之和大于任何一方外国投资者的投资比例。鼓励类外商投资项目,除依照有关法律、行政法规的规定享受优惠待遇外,从事投资额大、回收期长的能源、交通、城市基础设施(煤炭、石油、天然气、电力、铁路、公路、港口、机场、城市道路、污水处理、垃圾处理等)建设、经营的,经批准,可以扩大与其相关的经营范围。产品全部直接出口的允许类外商投资项目,视为鼓励类外商投资项目;产品出口销售额占其产品销售总额70%以上的限制类外商投资项目,经省、自治区、直辖市及计划单列市人民政府或者国务院主管部门批准,可以视为允许类外商投资项目。对于确能发挥中西部地区优势的允许类和限制类外商投资项目,可以适当放宽条件;其中,列入《中西部地区外商投资优势产业目录》的,可以享受鼓励类外商投资项目优惠政策。

为了加快实施国家制定的西部大开发战略,鼓励中西部地区利用外资,引进先进技术和设备,发展中西部地区具有比较优势的产业和技术先进的企业,促进产业结构的优化升级,带动中西部地区经济整体素质的提高,中国政府有关部门于2000年颁布施行了《中西部地区外商投资优势产业目录》,并分别于2004年、2008年、2013年和2017年修订后重新颁布施行。重新修订后的《中西部地区外商投资优势产业目录》还兼顾了中部地区崛起战略和东北地区老工业基地振兴战略。列入《中西部地区外商投资优势产业目录》的外商投资项目可享受《外商投资产业指导目录》中鼓励类外商投资项目的相关政策及有关优惠政策。

自1995年首次颁布算起,截至2017年《外商投资产业指导目录》已经先后经历了7次修订,最近几年来基本保持了两年修订一次的频率。如此密集地修订《外商投资产业指导目录》一方面反映了中国经济发展和对外开放对不断放宽外资准入的政策需要,另一方面也反映出近年来中国外商投资管理制度的快速调整和变革。

2015年重新修订后公布施行的《外商投资产业指导目录》列出鼓励类项目12类、限制类项目14类和禁止类项目13类。新修订的《目录》与之前2011年颁布实施的《目录》相比有五个主要方面的修改:一是积极放宽外资准入。通过修订目录大幅减少对外商投资的限制。此次修订后,总条目423条,比2011年版目录471条减少了48条。其中,限制类条目减少41条,鼓励类和禁止类条目数量基本稳定,分别减少5条、2条。开放力度是历次修订中最大的一次。二是转变外资管理方式。充分发挥市场在资源配置中的决定性作用,减少目录中"限于合资、合作"规定。"限于合资、合作"条目数从2011年版的43条减少到15条,"中方控股"条目数从2011年版的44条减少到35条。三是调整优化经济结构。鼓励外商投资现代农业、高新技术、先进制造、节能环保、新能源、现代服务业等领域,承接高端产业转移。鼓励外资在研发环节投资,推动引资、引技、引智的有机结合。鼓励类条目原则上不做删除,以保持政策连续性、稳定性和可预期性。四是进一步增强透明度。删除旧版目录中的"国务院专项规定或产业政策另有规定的,从其规定"的兜底条款,将限制、禁止类中原"国家和我国缔结或者参加的国际条约规定限制/禁止的其他产业"规范为"国家法律法规和我国缔结或者参加的国际条约规定限制/禁止的其他产业";所有外资股比规定均在目录中列明,允许类条目不再保留外资股比限制。

2017年修订的《外商投资产业指导目录》则在2015年版本的基础上进一步加大了对外开放力度。限制性措施由2015年版本的93条减少到2017年版本的63条,重点提升了服务业、制造业、采矿业等领域的对外开放水平;明确提出了外商投资准入特别管理措施(外商投资准入负面清单),将部分原鼓励类有股比要求的条目,以及限制类、禁止类整合为外商投资准入负面清单,作为对外商投资实行准入前国民待遇加负面清单管理模式的基本依据。负面清单之外的领域,原则上不得实行对外资准入的限制性措施,外商投资项目和企业设立实行备案管理。2017年版本删除了2015年版本中内外资一致的限制性措施。原限制类和禁止类中的11个条目按内外资一致原则管理。如大型主题公园建设等内外资均须履行项目核准程序,高尔夫球场、别墅等内外资均禁止新建,以及博彩业、色情业等内外资均禁止投资等。

二、关于外商投资地区政策方面的规定

有关外商投资的地区政策指的是国家对于设立在特定地区的外商投资企业给予一定的优惠和鼓励待遇。实行改革开放政策以来,中国采取的是从沿海到内陆循序渐进的开放战略。加入世贸组织以后,对这种开放战略进行了一定程度的调整。伴随着西部大开发战略、东北老工业基地振兴战略和中部崛起战略的先后实施,对进入这些地区的特定外商投资项目也按规定给予了一些鼓励。这些经济特殊区域是我国吸收外直接投资的重要载体。中国目前对外商投资实行特殊政策的区域主要有:①经济特区,包括深圳、珠海、厦门、汕头、海南及上海浦东新区;②沿海开放城市,包括上海、天津、大连、秦皇岛、烟台(含威海)、青岛、连云港、南通、宁波、温州、福州、广州、湛江和北海;③国家级经济技术开发区219个,遍布于各省、市、自治区;④国家级高新技术产业开发区129个,遍布于各省、市、自治区;⑤综合保税区、出口加工区、保税物流园区、保税港区、跨境工业区等海关特殊监管区122个,国家级旅游度假区17个(主要分布在比较著名的旅游风景区),上海浦东新区、天津滨海新区、重庆两江新区等副省级新区和福建海峡西岸经济区等。

根据国家实施的西部大开发战略,鼓励包括外资在内的投资到中西部内陆地区发展。有关的外商投资政策措施包括:①《中西部地区外商投资优势产业目录》内的项目,享受鼓励类外商投资项目政策;②对外商投资西部地区基础设施和优势产业项目,适当放宽外商投资的股比限制;③鼓励外商投资于西部地区的农业、水利、生态、交通、能源、市政、环保、矿产、旅游等基础设施建设和资源开发,以及建立技术研究开发中心;④扩大西部地区服务贸易领域的对外开放,对一些服务业领域的开放,允许在西部地区先行试点,并允许适当扩大试点范围;⑤拓宽外资渠道,允许外商在西部地区进行BOT、TOT方式试点,允许外商投资项目开展包括人民币在内的项目融资,支持符合条件的西部地区外商投资企业在境内外股票市场上市,支持西部地区属于国家鼓励和允许类产业的企业通过转让经营权、出让股权、兼并重组等方式吸引外商投资,积极探索以中外合资产业基金、风险投资基金方式引入外资;⑥鼓励已设立的外商投资企业到西部地区进行再投资,其再投资项目外资比例超过25%的,享受外商投资企业待遇。

东北地区是中国的老工业基地,为了促进东北地区的对外开放和吸引外资,国家采取了一系列政策措施。与东北老工业基地振兴有关的外资政策主要涉及以下几个方面:①鼓励外资参与国有企业改组改造;②推进重点行业和企业的技术进步;③进一步扩大开放领域,提升服务业发展水平;④促进区域经济合作健康发展;⑤营造良好的发展环境,为加快对外开放提供保障。

三、关于外商投资企业核准、设立与终止方面的规定

（一）2016年10月之前实行的外商投资核准和审批登记制度介绍

2016年10月商务部发布了《外商投资企业设立及变更备案管理暂行办法》。在此之前,外商投资企业的设立实行政府逐项核准和审批登记制度。投资总额的大小和《外商投资产业指导目录》的项目分类是划分中央政府和地方政府核准与审批外商投资企业权限的主要依据。

一般而言,投资总额在1亿美元(含1亿美元)以上的鼓励类、允许类外商投资项目及投资总额在5 000万美元(含5 000万美元)以上的限制类外商投资项目,由国家发展和改革委员会负责项目核准,由商务部负责审批。其中,总投资5亿美元及以上的鼓励类、允许类项目和总投资1亿美元及以上的限制类项目由国家发展和改革委员会与商务部审核后报国务院核准。

省、自治区、直辖市及计划单列市人民政府的相应主管部门负责审批下列项目:投资总额在1亿美元以下的鼓励类、允许类外商投资项目;投资总额在5 000万美元以下的限制类外商投资项目。地方政府审批后,须报国务院主管部门和行业主管部门备案。涉及配额、许可证的外商投资项目,须先向商务部门申请配额、许可证。

为履行中国加入世贸组织的承诺,依据外商投资法律(《中外合资经营企业法》《中外合作经营企业法》《外资企业法》)及其实施条例(细则),中国已陆续制定并公布实施金融、商业、交通运输、电影电视制作等40多个服务贸易领域外商投资的法律、规章,在服务贸易领域的外商投资项目的审批按相应法律规定办理。

申请在华设立外商投资企业需要履行一定的设立程序。申请设立中外合资经营企业和中外合作经营企业的基本程序大体相同,包括以下几步:

(1) 项目核准。中方或外方投资者可以通过各种途径选择合资(合作)者,在了解合资(合作)者的业务范围和资信状况,确定合作意向后,由中方投资者编写项目申请报告,报审批部门(国家发展和改革委员会或地方主管部门)审批(备案)。获得核准后,中外投资者向工商行政管理部门申请企业名称登记,以保护名称专用权和防止重名。

(2) 合同与章程的申报审批及申领外商投资企业批准证书。项目获得核准后,由中方投资者将合同、章程和可行性研究报告等法律文件报送审批部门(商务管理部门)审批。审批部门自收到上述法律文件之日起,对中外合资企业应在3个月内决定批准或不批准,对中外合作企业应在45天内决定批准或不批准。获得批准后,由商务管理部门颁发外商投资企业批准证书。

(3) 营业执照的申领。领取批准证书之后,中外投资者须在30日内向工商行政管理部门办理登记注册手续,领取营业执照。营业执照的签署日期即为合资(合作)企业的成立日期。

在华设立外商独资经营企业,外国投资者可以自己办理申请和报批等手续,也可以委托具有相应资格的咨询代理机构办理申请和报批等手续。在取得发展和改革部门的项目核准后,填写《在中国设立外资企业申请表》,编制可行性研究报告,编写公司章程等有关文件,向商务管理部门申请报批。根据《外资企业法》的规定,商务部门应在收到申请之日起 90 天内决定批准或不批准。经批准后,由商务管理部门颁发外商投资企业批准证书。外国投资者凭批准证书办理相关登记注册手续,领取营业执照。外商投资企业在领取营业执照起 30 天内还需向有关部门办理相关登记手续,如到银行开立外汇及人民币账户,办理海关登记,到税务部门办理税务登记,到外汇管理部门办理外汇管理登记,到商检局办理商检登记,到劳动局办理招工、招聘手续和境外人员就业手续等。

关于外商投资企业经营期限方面的规定:外商投资企业的经营期限,根据不同行业和项目的具体情况,由投资者按照国家有关规定协商确定,一般为 10—30 年,最长可为 50 年,经国务院特殊批准可不规定经营年限。对于约定经营期限的外商投资企业,经营期满时企业终止;如其投资各方有意延长经营期限,可在距经营期满 180 天前向审批机关申请,取得批准。在企业经营期间,企业具有其经营自主权。政府对外商投资企业不实行国有化和征收。在特殊情况下,根据社会公共利益需要实行征收的,要依照法律程序进行,并给予相应的补偿。关于外商投资企业终止方面的规定是:外商投资企业出现终止条件时,应由企业提出终止申请,报审批机关核准,核准日期即为企业终止日期。

(二)外商投资企业设立和变更的备案管理制度

根据国家现行法律规定,不涉及国家规定实施准入特别管理措施的外商投资企业的设立和变更适用 2016 年 10 月由商务部发布并实施的《外商投资企业设立及变更备案管理暂行办法》,对外商投资企业设立和变更实行备案管理制度。

国务院商务主管部门负责统筹和指导全国范围内外商投资企业设立及变更的备案管理工作。各省、自治区、直辖市、计划单列市、新疆生产建设兵团、副省级城市的商务主管部门,以及自由贸易试验区、国家级经济技术开发区的相关机构是外商投资企业设立及变更的备案机构,负责本区域内外商投资企业设立及变更的备案管理工作。备案机构通过外商投资综合管理信息系统(以下简称综合管理系统)开展备案工作。

设立外商投资企业,属于该办法规定的备案范围的,在取得企业名称预核准后,应由全体投资者(或外商投资股份有限公司的全体发起人,以下简称全体发起人)指定的代表或共同委托的代理人在营业执照签发前,或由外商投资企业指定的代表或委托的代理人在营业执照签发后 30 日内,通过综合管理系统,在线填报和提交《外商投资企业设立备案申报表》(以下简称《设立申报表》)及相关文件,办理设立备案手续。

外商投资企业或其投资者在线提交《设立申报表》或《变更申报表》及相关文件后,备案机构对填报信息形式上的完整性和准确性进行核对,并对申报事项是否属于备案范围进行甄别。属于该办法规定的备案范围的,备案机构应在 3 个工作日内完成备案。不属于备案范围的,备案机构应在 3 个工作日内在线通知外商投资企业或其投资者按有关规定办理,并通知相关部门依法处理。

备案完成后,外商投资企业或其投资者可凭外商投资企业名称预核准材料(复印件)或外商投资企业营业执照(复印件)向备案机构领取《外商投资企业设立备案回执》或《外商投资企业变更备案回执》。

经审批设立的外商投资企业发生变更,且变更后的外商投资企业不涉及国家规定实施准入特别管理措施的,应办理备案手续;完成备案的,其《外商投资企业批准证书》同时失效。备案管理的外商投资企业发生的变更事项涉及国家规定实施准入特别管理措施的,应按照外商投资相关法律法规办理审批手续。

外商投资企业或其投资者未经审批在国家规定实施准入特别管理措施所列的限制投资领域开展投资经营活动的,商务主管部门应责令限期改正,并处 3 万元以下罚款。违反其他法律法规的,由有关部门追究相应法律责任。外商投资企业或其投资者在国家规定实施准入特别管理措施所列的禁止投资领域开展投资经营活动的,商务主管部门应责令限期改正,并处 3 万元以下罚款。违反其他法律法规的,由有关部门追究相应法律责任。

(三) 投资促进与服务

为了改善投资环境和投资服务,方便中外投资者办理核准、设立和审批登记等手续,提高政府工作效率,打造"服务型政府",目前,我国许多地方政府实行"一站式审批",商务部门和相关政府部门采取联合办公形式,对外商投资事项进行集中受理。这样做大大缩短了外商投资企业设立审批所需要的时间。另外,各省市区和计划单列市均成立了外商投资服务中心或促进中心,为外国投资者提供全过程的服务,即"一条龙服务"。例如,在前期可帮助寻找合作伙伴,协助选择厂址,编制项目建议书并代理上报,代办企业名称登记,编制可行性研究报告,代拟合同和章程,代办申请营业执照;中期可代办规划设计、工程建设和用地、环保和消防以及公用事业等有关建设手续;后期可代聘代招员工,提供相关信息等。同时,咨询顾问公司、律师事务所和会计师事务所等中介服务机构也可为投资者提供高效、优质的服务。

近年来,我国政府借鉴国际上投资促进的经验,成立了相应的投资促进机构。设立了隶属于商务部的投资促进事务局,各省市区也成立了投资促进或招商引资机构。这些机构的设立有利于实施外商投资促进战略,有利于外商投资项目的核准与设立,同时也有利于组织实施境内外投资促进活动和加强与境外投资促进机构的联系。

四、关于外商投资企业合并与分立的规定

为了规范涉及外商投资企业(包括合资、合作、外资企业和外商投资股份有限公司)合并与分立的行为,保护企业投资者和债权人的合法权益,原外经贸部、国家工商行政管理局于 1999 年 9 月 23 日发布了《关于外商投资企业合并与分立的规定》。规定首次用法规的形式规范了外商投资企业之间的合并与分立以及外商投资企业与中国内资企业之间的合并活动,从而为外商投资企业的重组和并购提供了法律保障。

合并是指两个以上的公司依照《公司法》的有关规定通过订立协议而归并成为一个公司。公司合并可以采取吸收合并与新设合并两种形式。吸收合并是指公司接纳其他公司加入本公司,接纳方继续存在,加入方解散;新设合并是指两个以上的公司合并设立一个新的公司,合并各方解散。

分立是指一个公司依照《公司法》的有关规定,通过公司最高权力机构决议分成两个以上的公司。公司分立可以采取存续分立与解散分立两种形式。存续分立是指一个公司分离成两个以上的公司,本公司继续存在并设立一个以上新的公司;解散分立是指一个公司分解为两个以上的公司,本公司解散并设立两个以上新的公司。

公司的合并或分立,应当遵守中国的法律、法规和本规定,遵循自愿、平等和公平竞争的原则,不得损害社会公共利益和债权人的合法权益。公司的合并或分立,应符合《指导外商投资方向暂行规定》和《外商投资产业指导目录》的规定,不得导致外国投资者在不允许外商独资、控股或占主导地位的产业的公司中独资、控股或占主导地位。公司因合并或分立导致其所从事的行业或经营范围发生变更的,应符合有关法律、法规及国家有关产业政策的规定并办理必要的审批手续。公司的合并或分立,须经公司原审批机关批准并到登记机关办理有关公司设立、变更或注销手续。

各方投资者在合并后的公司中的股权比例,根据国家有关规定,由投资者之间协商或根据资产评估机构对其在原公司股权价值的评估结果,在合并后的公司合同、章程中确定,但外国投资者的股权比例不得低于合并后公司注册资本的 25%。各方投资者在分立后的公司中的股权比例由投资者在分立后的公司合同、章程中确定,但外国投资者的股权比例不得低于分立后公司注册资本的 25%。

根据 2006 年 9 月 8 日施行并于 2009 年 6 月 22 日略做修改的《关于外国投资者并购境内企业的规定》,外国投资者可以通过并购在华设立的在注册资本中出资比例低于 25% 的外商投资企业,这些企业可以视为外商投资企业,但不能享受外商投资企业的待遇。有关这方面的详细规定请参见本节中相关部分的介绍。

公司与中国内资企业合并必须符合中国利用外资的法律、法规和产业政策的要求并具备以下条件:①拟合并的中国内资企业是依照《公司法》规范组建的有限责任公司或股份有限公司;②投资者符合法律、法规和部门规章对合并后公司所从事有关产业的投资者的资格要求;③外国投资者的股权比例不得低于合并后公司注册资本的 25%;④合并协议各方保证拟合并公司的原有职工充分就业或给予合理安排。

外商投资企业合并和分立属于外商投资企业变更事项,在不涉及国家规定实施准入特别管理措施情况下同样适用 2016 年 10 月由商务部发布实施并于 2017 年 7 月修改的《外商投资企业设立及变更备案管理暂行办法》,对外商投资企业合并和分立等变更事项实行备案管理制度。

五、关于外国投资者并购境内企业的规定

为了促进和规范外国投资者在中国境内的并购活动,引进国外的先进技术和管理经验,提高利用外资的水平,实现资源的合理配置,保证就业,维护公平竞争和国家经济安全,商务部、国务院国有资产管理委员会、国家税务总局、国家工商行政管理总局、中国证券监督管理委员会和国家外汇管理局六单位于 2006 年 8 月公布了重新修订的《关于外国投资者并购境内企业的规定》,2009 年 6 月为保证该规定与《反垄断法》和《国务院关于经营者集中申报标准的规定》等法规相一致对该规定做了个别修改。规定由修订前的 26 条扩展到 6 章 61 条。2011 年 2 月,国务院又发布了《外国投资者并购境内企业安全审查制度》。

(一)外国投资者并购境内企业的含义

本规定所称外国投资者并购境内企业,系指外国投资者购买境内非外商投资企业(以下称"境内公司")股东的股权或认购境内公司增资,使该境内公司变更设立为外商投资企业(以下称"股权并购");或者,外国投资者设立外商投资企业,并通过该企业协议购买境

内企业资产且运营该资产,或外国投资者协议购买境内企业资产,并以该资产投资设立外商投资企业运营该资产(以下称"资产并购")。

(二)对外国投资者并购境内企业总的要求

外国投资者并购境内企业应遵守中国的法律、行政法规和规章,遵循公平合理、等价有偿、诚实信用的原则,不得造成过度集中、排除或限制竞争,不得扰乱社会经济秩序和损害社会公共利益,不得导致国有资产流失。外国投资者并购境内企业,应符合中国法律、行政法规和规章对投资者资格的要求及产业、土地、环保等政策。依照《外商投资产业指导目录》不允许外国投资者独资经营的产业,并购不得导致外国投资者持有企业的全部股权;需由中方控股或相对控股的产业,该产业的企业被并购后,仍应由中方在企业中占控股或相对控股地位;禁止外国投资者经营的产业,外国投资者不得并购从事该产业的企业。被并购境内企业原有所投资企业的经营范围应符合有关外商投资产业政策的要求;不符合要求的,应进行调整。

(三)外商投资低于25%的法律地位及境外中资公司回国并购的待遇问题

外国投资者在并购后所设外商投资企业注册资本中的出资比例高于25%的,该企业享受外商投资企业待遇。外国投资者在并购后所设外商投资企业注册资本中的出资比例低于25%的,除法律和行政法规另有规定外,该企业不享受外商投资企业待遇,其举借外债按照境内非外商投资企业举借外债的有关规定办理。审批机关向其颁发加注"外资比例低于25%"字样的外商投资企业批准证书(以下称"批准证书")。登记管理机关、外汇管理机关分别向其颁发加注"外资比例低于25%"字样的外商投资企业营业执照和外汇登记证。境内公司、企业或自然人以其在境外合法设立或控制的公司名义并购与其有关联关系的境内公司,所设立的外商投资企业不享受外商投资企业待遇,但该境外公司认购境内公司增资,或者该境外公司向并购后所设企业增资,增资额占所设企业注册资本比例达到25%以上的除外。根据该款所述方式设立的外商投资企业,其实际控制人以外的外国投资者在企业注册资本中的出资比例高于25%的,享受外商投资企业待遇。外国投资者并购境内上市公司后所设外商投资企业的待遇,按照国家有关规定办理。

(四)外资并购不得影响国家经济安全

外国投资者并购境内企业并取得实际控制权,涉及重点行业、存在影响或可能影响国家经济安全因素或者导致拥有驰名商标或中华老字号的境内企业实际控制权转移的,当事人应就此向商务部进行申报。当事人未予申报,但其并购行为对国家经济安全造成或可能造成重大影响的,商务部可以会同相关部门要求当事人终止交易或采取转让相关股权、资产或其他有效措施,以消除并购行为对国家经济安全的影响。

另外,根据2011年发布的《外国投资者并购境内企业安全审查制度》的规定,安全审查的范围包括外国投资者并购境内军工及军工配套企业,重点、敏感军事设施周边企业,以及关系国防安全的其他单位;外国投资者并购境内关系国家安全的重要农产品、重要能源和资源、重要基础设施、重要运输服务、关键技术、重大装备制造等企业,且实际控制权可能被外国投资者取得。并购安全审查的内容包括:并购交易对国防安全,包括对国防需要的国内产品的生产能力、国内服务提供能力和有关设备设施的影响。并购交易对国家经济稳定运行的影响。并购交易对社会基本生活秩序的影响。并购交易对涉及国家安全关键技术研发能力的影响。《外国投资者并购境内企业安全审查制度》要求建立外国投资者并购境内企业安全审查部际联席会议制度,具体承担并购安全审查工作。联席会议在国务院领导下,由国家发展和改革委员会、商务部牵头,根据外资并购所涉及的行业和领域,会同相关部门开展并购安全审查。联席会议的主要职责是:分析外国投资者并购境内企业对国家安全的影响;研究、协调外国投资者并购境内企业安全审查工作中的重大问题;对需要进行安全审查的外国投资者并购境内企业交易进行安全审查并做出决定。

（五）被并购企业债权和债务的处理

外国投资者进行股权并购的,并购后所设外商投资企业承继被并购境内公司的债权和债务。外国投资者进行资产并购的,出售资产的境内企业承担其原有的债权和债务。外国投资者、被并购境内企业、债权人及其他当事人可以对被并购境内企业债权债务的处置另行达成协议,但是该协议不得损害第三人利益和社会公共利益。债权债务的处置协议应报送审批机关。出售资产的境内企业应当在投资者向审批机关报送申请文件之前至少15日,向债权人发出通知书,并在全国发行的省级以上报纸上发布公告。

（六）外国投资者以股权作为支付手段并购境内公司

外国投资者以股权作为支付手段并购境内公司,系指境外公司的股东以其持有的境外公司股权,或者境外公司以其增发的股份,作为支付手段,购买境内公司股东的股权或者境内公司增发股份的行为。境外公司应合法设立并且其注册地具有完善的公司法律制度,且公司及其管理层最近三年未受到监管机构的处罚;除特殊目的公司外,境外公司应为上市公司,其上市所在地应具有完善的证券交易制度。外国投资者以股权并购境内公司所涉及的境内外公司的股权,应符合以下条件:①股东合法持有并依法可以转让;②无所有权争议且没有设定质押及任何其他权利限制;③境外公司的股权应在境外公开合法证券交易市场(柜台交易市场除外)挂牌交易(特殊目的公司除外);④境外公司的股权最近一年交易价格稳定(特殊目的公司除外)。

（七）对于特殊目的公司的特别规定

特殊目的公司系指中国境内公司或自然人为实现以其实际拥有的境内公司权益在境外上市而直接或间接控制的境外公司。特殊目的公司为实现在境外上市,其股东以其所持公司股权或者特殊目的公司以其增发的股份作为支付手段,购买境内公司股东的股权或者境内公司增发的股份的,适用本节规定。当事人以持有特殊目的公司权益的境外公司作为境外上市主体的,该境外公司应符合本节对于特殊目的公司的相关要求。特殊目的公司境外上市交易,应经国务院证券监督管理机构批准。特殊目的公司境外上市所在国家或者地区应有完善的法律和监管制度,其证券监管机构已与国务院证券监督管理机构签订监管合作谅解备忘录,并保持着有效的监管合作关系。特殊目的公司境外上市的股票发行价总值,不得低于其所对应的经中国有关资产评估机构评估的被并购境内公司股权的价值。

特殊目的公司的境外上市融资收入,应按照报送外汇管理机关备案的调回计划,根据现行外汇管理规定调回境内使用。融资收入可采取以下方式调回境内:向境内公司提供商业贷款;在境内新设外商投资企业;并购境内企业。在上述情形下调回特殊目的公司境外融资收入,应遵守中国有关外商投资及外债管理的法律和行政法规。如果调回特殊目的公司境外融资收入,导致境内公司和自然人增持特殊目的公司权益或特殊目的公司净资产增加,当事人应如实披露并报批,在完成审批手续后办理相应的外资外汇登记和境外投资登记变更。境内公司及自然人从特殊目的公司获得的利润、红利及资本变动所得的外汇收入,应自获得之日起6个月内调回境内。利润或红利可以进入经常项目外汇账户或者结汇。资本变动外汇收入经外汇管理机关核准,可以开立资本项目专用账户保留,也可经外汇管理机关核准后结汇。

(八)商务部和国家工商行政管理总局可进行反垄断审查

外国投资者并购境内企业有下列情形之一的,投资者应就所涉情形向商务部和国家工商行政管理总局报告:①并购一方当事人当年在中国市场营业额超过15亿元人民币;②1年内并购国内关联行业的企业累计超过10个;③并购一方当事人在中国的市场占有率已经达到20%;④并购导致并购一方当事人在中国的市场占有率达到25%。虽未达到前款所述条件,但是应有竞争关系的境内企业、有关职能部门或者行业协会的请求,商务部或国家工商行政管理总局认为外国投资者并购涉及市场份额巨大,或者存在其他严重影响市场竞争等重要因素的,也可以要求外国投资者做出报告。上述并购一方当事人包括与外国投资者有关联关系的企业。外国投资者并购境内企业涉及前述情形之一,商务部和国家工商行政管理总局认为可能造成过度集中,妨害正当竞争、损害消费者利益的,应自收到规定报送的全部文件之日起90日内,共同或经协商单独召集有关部门、机构、企业以及其他利害关系方举行听证会,并依法决定批准或不批准。

境外并购有下列情形之一的,并购方应在对外公布并购方案之前或者报所在国主管机构的同时,向商务部和国家工商行政管理总局报送并购方案。商务部和国家工商行政管理总局应审查是否存在造成境内市场过度集中,妨害境内正当竞争、损害境内消费者利益的情形,并做出是否同意的决定:①境外并购一方当事人在我国境内拥有资产30亿元人民币以上;②境外并购一方当事人当年在中国市场上的营业额在15亿元人民币以上;③境外并购一方当事人及与其有关联关系的企业在中国市场的占有率已经达到20%;④由于境外并购,境外并购一方当事人及与其有关联关系的企业在中国的市场占有率达到25%;⑤由于境外并购,境外并购一方当事人直接或间接参股境内相关行业的外商投资企业将超过15家。有下列情况之一的并购,并购一方当事人可以向商务部和国家工商行政管理总局申请审查豁免:①可以改善市场公平竞争条件的;②重组亏损企业并保障就业的;③引进先进技术和管理人才并能提高企业国际竞争力的;④可以改善环境的。

六、关于外商投资举办投资性公司的规定

为了促进外国投资者来中国投资,引进国外先进技术和管理经验,商务部于2004年11月公布了《关于外商投资举办投资性公司的规定》,并根据形势发展的需要于2006年5月公布了《关于外商投资举办投资性公司的补充规定》。该规定允许外国投资者根据中国有关外国投资的法律、法规及本规定,在中国设立投资性公司。

投资性公司是指外国投资者在中国以独资或与中国投资者合资的形式设立的从事直接投资的公司。公司形式为有限责任公司。投资性公司所投资企业是指符合下列条件的企业:①投资性公司直接投资或与其他外国投资者和/或中国投资者共同投资,投资性公司中折算出的外国投资者的投资单独或与其他外国投资者一起投资的比例占其所投资设

立企业注册资本的 25% 以上的企业;②投资性公司将其投资者或其关联公司、其他外国投资者以及中国境内投资者在中国境内已投资设立的企业的股权部分或全部收购,投资性公司中折算出的外国投资者的投资单独或与其他外国投资者的投资额共同占该已设立企业的注册资本 25% 以上的企业;③投资性公司的投资额不低于其所投资设立企业的注册资本的 10%。

申请设立投资性公司应符合下列条件:

(1) 外国投资者资信良好,拥有举办投资性公司所必需的经济实力,申请前一年该投资者的资产总额不低于 4 亿美元,且该投资者在中国境内已设立了外商投资企业,其实际缴付的注册资本的出资额超过 1 000 万美元,或者该外国投资者资信良好,拥有举办投资性公司所必需的经济实力,该投资者在中国境内已设立了 10 个以上外商投资企业,其实际缴付的注册资本的出资额超过 3 000 万美元。

(2) 以合资方式设立投资性公司的,中国投资者应资信良好,拥有举办投资性公司所必需的经济实力,申请前一年该投资者的资产总额不低于 1 亿元人民币。

(3) 投资性公司的注册资本不低于 3 000 万美元。

外国投资者须以可自由兑换的货币或其在中国境内获得的人民币利润或因转股、清算等活动获得的人民币合法收益作为其在投资性公司注册资本的出资。中国投资者可以人民币出资。外国投资者以其人民币合法收益作为其在投资性公司注册资本出资的,应当提交外汇管理部门出具的境内人民币利润或其他人民币合法收益再投资的资本项目外汇业务核准件等相关证明文件及税务凭证。自营业执照签发之日起 2 年内出资应不低于 3 000 万美元,注册资本中剩余部分出资应在营业执照签发之日起 5 年内缴清。

投资性公司经商务部批准设立后,可以依其在中国从事经营活动的实际需要,经营下列业务:①在国家允许外商投资的领域依法进行投资。②受其所投资企业的书面委托(经董事会一致通过),向其所投资企业提供下列服务:协助或代理其所投资的企业从国内外采购该企业自用的机器设备、办公设备及生产所需的原材料、元器件、零部件,在国内外销售其所投资企业生产的产品并提供售后服务;在外汇管理部门的同意和监督下,在其所投资企业之间平衡外汇;为其所投资企业提供产品生产、销售和市场开发过程中的技术支持、员工培训、企业内部人事管理等服务;协助其所投资企业寻求贷款及提供担保。③在中国境内设立科研开发中心或部门,从事新产品及高新技术的研究与开发,转让其研究与开发成果,并提供相应的技术服务。④为其投资者提供咨询服务,为其关联公司提供与其投资有关的市场信息、投资政策等咨询服务。⑤承接其母公司和关联公司的服务外包业务。

投资性公司从事货物进出口或者技术进出口的,应符合商务部《对外贸易经营者备案登记办法》的规定;投资性公司出口产品可按有关规定办理出口退税;投资性公司可通过佣金代理(拍卖除外)、批发方式在国内销售其进口及在国内采购的商品;特殊商品及以零售和特许经营方式销售的,应符合相关规定。

投资性公司设立后,依法经营,无违法纪录,注册资本按照章程的规定按期缴付,投资者实际缴付的注册资本额不低于 3 000 万美元且已用于本规定第 8 条所规定的用途,投资性公司经所在地的省、自治区、直辖市或计划单列市商务主管部门审核同意,向商务部提出申请并获批准的,还可依其在中国从事经营活动的实际需要,依照国家有关规定经营下列业务:①受所投资企业的书面委托(经董事会一致通过),开展下列业务:在国内外市场以经销的方式销售其所投资企业生产的产品;为其所投资企业提供运输、仓储等综合服务。②以代理、经销或设立出口采购机构(包括内部机构)的方式出口境内商品,并按有关规定办理出口退税。③购买所投资企业生产的产品进行系统集成后在国内外销售,如所投资企业生产的产品不能完全满足系统集成需要,允许其在国内外采购系统集成配套产品,但所购买的系统集成配套产品的价值不应超过系统集成所需全部产品价值的50%。④为其所投资企业的产品的国内经销商、代理商以及与投资性公司、其母公司或其关联公司签有技术转让协议的国内公司、企业提供相关的技术培训。⑤在其所投资企业投产前或其所投资企业新产品投产前,为进行产品市场开发,允许投资性公司从其母公司进口与其所投资企业生产产品相关的母公司的产品在国内试销。⑥为其所投资企业提供机器和办公设备的经营性租赁服务,或依法设立经营性租赁公司。⑦为其进口的产品提供售后服务。⑧参与有对外承包工程经营权的中国企业的境外工程承包。⑨在国内销售(不含零售)投资性公司进口的母公司产品。

被认定为地区总部的投资性公司,可依其在中国从事经营活动的实际需要,经营下列业务:本规定第10条、第11条、第15条所规定的业务;进口并在国内销售(不含零售)跨国公司及其控股的关联公司的产品;进口为所投资企业、跨国公司的产品提供维修服务所需的原辅材料及零配件;承接境内外企业的服务外包业务;根据有关规定,从事物流配送服务;经中国银行业监督管理委员会批准,设立财务公司,向投资性公司及其所投资企业提供相关财务服务;经商务部批准,从事境外工程承包业务和境外投资,设立融资租赁公司并提供相关服务;委托境内其他企业生产、加工其产品或其母公司产品并在国内外销售;委托境内其他企业生产、加工产品并在国内外销售,从事产品全部外销的委托加工贸易业务;经批准的其他业务。

投资性公司可以作为发起人发起设立外商投资股份有限公司或持有外商投资股份有限公司未上市流通的法人股。投资性公司也可以根据国家有关规定持有境内其他股份有限公司未上市流通的法人股。投资性公司应视为股份有限公司境外发起人或股东。允许投资性公司根据国家有关规定对上市公司进行战略投资,投资性公司应视为股份有限公司境外股东。

投资性公司投资设立企业,投资性公司中折算出的外国投资者的投资单独或与其他外国投资者一起投资的比例一般不低于其所投资设立企业的注册资本的25%,其投资设立的企业享受外商投资企业待遇,发给外商投资企业批准证书和外商投资企业营业执照;出资比例低于25%的,除法律、行政法规另有规定外,均应按照现行设立外商投资企业的审批登记程序进行审批和登记。投资性公司投资设立企业,按外商投资企业的审批权限及审批程序另行报批。投资性公司在中国境内的投资活动不受公司注册地点的限制。投资性公司与其所投资设立的企业是彼此独立的法人或实体,其业务往来应按独立企业之间业务往来关系处理。投资性公司不得直接从事生产活动。

七、关于保护外商投资的规定

自从实行改革开放政策以来,为了更多地引进和利用外商直接投资,中国政府非常重视对外商在中国投资的法律保护。目前,中国已经建立了比较完备的外商投资法律体系,同时，还与一些国家签订了双边投资保护协定和双边税收协定，并积极地研究有关保护外国投资的国际公约，采取了切实的步骤对外商投资企业提供了有效的法律保护措施。

国家依法保护外国合营者和外国投资者的财产所有权和处置权。《中外合资经营企业法》第 2 条规定：中国政府依法保护外国合营者按照经中国政府批准的协议、合同、章程在合营企业的投资，应分得利润和其他合法权益。只要外国合营者遵守中国的法律和规定，他们的合法财产是受我国法律保护的，任何人不得侵犯。《中外合资经营企业法实施条例》第 23 条规定：合营一方如向第三者转让其全部或部分出资额，须经合营他方同意，并经审批机构批准。合营一方转让其全部或部分出资额，合营他方有优先购买权。合营一方向第三者转让出资额的条件，不得比向合营他方转让的条件优惠。这说明在中国法律允许的范围内，外国合营者可以转让他们投资的财产。《中外合作经营企业法》第 3 条和《外资企业法》第 4 条也对此方面的内容做出了相应的规定。

国家对外商投资企业不实行国有化和征收。《中外合资经营企业法》第 2 条规定：国家对合营企业不实行国有化和征收；在特殊情况下，根据社会公共利益的需要，对合营企业可以依照法律程序实行征收，并给予相应的补偿。对外商投资企业实行国有化和征收是指主权国家按照法律程序，将外商投资企业的资产和经营权收归国家所有，并由国家加以控制和管理的一种政府措施。国有化和征收的形式包括：收购外国公司控制的股份，征收外国公司的资产并给予一定的补偿，没收外国公司的资产等。在一国的相关法律中公开宣布对外资不实行国有化和征收，是发展中国家依法保护外国投资常见的措施。类似的规定在《外资企业法》第 5 条中也可以看到。

国家保护外国投资者分得的净利润、企业期满或者终止时分得的资金以及外籍职工的工资收入等的汇出权。《中外合资经营企业法》第 10 条规定：外国合营者在履行法律和协议、合同规定的义务后分得的净利润，在合营企业期满或者中止时分得的资金以及其他资金，可按合营企业合同规定的货币，按外汇管理条例汇往国外。第 11 条规定：合营企业外籍职工的工资收入和其他正当收入，按《中华人民共和国税法》缴纳个人所得税后，可按外汇管理条例汇往国外。《中外合作经营企业法》第 23 条和《外资企业法》第 19 条也做出了同样的规定。

同其他国家签订双边投资保护协定和避免双重征税与防止偷漏税的协定以及参加一些较主要的国际公约，也是保护外商在中国投资合法权益的一项重要措施。双边投资保护协定也称鼓励与保护投资协定，是资本输出与输入国或互有输出与输入国家之间就其投资或与投资有关的业务活动如何给予保护达成的双边条约。投资保护协定的内容主要包括：受保护的投资财产的种类；东道国给予投资者的投资及与投资有关的业务活动的待遇；对外国投资者投资财产的征收、国有化措施及其补偿；投资及其收益的汇回；投资争议的解决等。双边投资保护协定的规定与东道国保护外资的立法相辅相成。截至 2016 年年底，中国先后与 104 个国家和地区（亚洲 36 国，欧洲 35 国，大洋洲 3 国，非洲 18 国，美洲 12 国）签署并生效了 120 个双边投资协定，其中包括近年来重新签订或签署附加议定书的双边投资协定 16 个。中国同其他国家一旦签订投资保护协定并生效，也就在协定规定的范围内承担了保护外资的责任和义务。

双边税收协定是国家之间为了协调税收关系和处理税务问题，通过谈判缔结的一种双边条约。不同国家之间在对跨国纳税人的跨国所得进行征税时，有一些问题难以独自解决,因而需要通过与其他国家签订双边税收协定的方式加以处理。一国税务部门难以单独解决的问题有三个:一是为了避免跨国纳税人受两国政府管辖重复纳税,应合理地分配有关国家之间的税收权益;二是有关国家之间相互交换税收情报,防止跨国公司偷漏税行为的发生;三是避免各国对外国投资者采取税收歧视,取得相互对等待遇。双边税收协定一般包括以下内容:协定的适用范围;协定的规范内容和有利于投资的待遇;消除双重征税的方法如抵免法(税收饶让)等;享受协定待遇的程序。在涉外税收方面,中国同许多国家签订了避免对所得双重征税和防止偷漏税的协定。截至2017年10月,中国政府已正式对外签署103个避免双重征税和防止偷漏税的协定,其中99个协定已经生效,与香港和澳门两个特别行政区签署了税收安排。可以说,上述这些协定的签订,对于保护外商在中国的投资、健全和完善中国的涉外法律制度、促进国际间的相互投资、加强中国在国际经济活动中的地位等,都起到了重要的作用。

思考与练习

1. 简述中国利用外商投资的发展历程与主要作用。
2. 简述中国利用外商直接投资的主要方式。
3. 中外合资经营企业和中外合作经营企业有何异同?
4. 简述外商投资产业与地区政策方面的规定。
5. 简述关于外国投资者并购境内企业的规定。

案例分析

通用电气公司在中国的直接投资

通用电气公司(General Electric Company,GE)是由始创于1878年(托马斯·爱迪生创建)的爱迪生电气公司在1892年与汤姆森—休斯顿电气公司合并而成。它是全球最大的跨行业经营的科技、制造和服务型企业之一。GE目前拥有8大业务集团与10大全球研发中心,业务遍及全球180多个国家和地区,2015年全球总收入达到1 174亿美元,拥有333 000多名员工。

在20世纪初,GE就开始了同中国的贸易。1908年,GE在沈阳建立了第一家灯泡厂;1991年,在北京成立了第一家合资企业GE医疗系统有限公司;1994年,GE(中国)有限公司正式成立;2000年,GE在中国科技园成立了全球研发中心(上海)。

在能源方面,GE能源集团早在1921年就为上海杨树浦电厂提供了两台1.8万千瓦的汽轮发电机组,到现在为止,GE已经向中国提供了270多台燃气轮机、70台蒸汽轮机及近千台风机,并颁发了40项气化技术许可。GE还在天然气、煤气层以及其他可再生领域为中国客户服务。2011年,GE能源集团和神华集团达成协议,成立合资企业在中国发展煤气化技术,推动清洁煤解决方案在中国的大规模商业化推广。此外,GE能源集团还与中国华电集团公司达成战略合作,携手开发分布式热电联供项目,该项目将成为目前中国国内对天然气利用效率最高的解决方案。在水处理方面,GE在中国提供行业内最广泛的水处理和工艺处理技术，GE的核心膜技术在中国国内已经有了许多成功的应用案例。GE石油天然气集团在中国的业务发展迅速，参与了大型天然气管线、炼油石化、乙烯、煤化工、工业发电等各个行业的众多大型项目。

在航空方面，GE航空集团是世界领先的飞机喷气发动机及零部件制造商，主要为大中华地区提供飞机发动机。GE航空集团系统公司在中国苏州建立了近三万平方米的工厂，拥有380名员工，制造先进的航空结构件、精密组件和机械系统。系统公司的纳沃斯业务已帮助多家中国航空公司实施了基于性能的导航系统解决方案。2010年，中国商飞、中航工业和GE公司共同签署合作意向书，确定由GE航空集团和中国航空工业集团成立的合资企业为C919大飞机研制、开发新一代航空电子系统。

在医疗方面，GE医疗于1986年在北京成立了第一个办事处。GE医疗在中国建立了包括独资和合资企业在内的多个经营实体，拥有员工4 500多名。GE医疗在中国共拥有七个全球生产基地，其中，在北京的GE(中国)医疗工业园区，占地6万平方米，是GE医疗集团全球最大的生产和研发基地之一。

在交通方面，2002年，GE运输系统集团在北京成立了通用电气运输系统(中国)有限公司，主要提供研发、制造等服务。2008年GE运输系统集团创建了第一个矿用自卸卡车电动马达生产厂，并成立了通用电气运输系统(沈阳)有限公司。2010年9月9日，GE公司与中国南车旗下的戚墅堰机车有限公司成立的合资企业正式开工奠基，在中国开发、制造GE Evolution(R)系列机车柴油发动机并提供服务，以及向其他新兴市场提供出口。迄今为止，在北京、上海、大同、成都、常州和格尔木等城市都设有办公室。

在金融方面，GE金融在大中华区的业务包括融资租赁、私募股权投资、不良资产收购、结构性融资、贸易融资和消费者金融等。凭借GE在中国百余年的经验，辅以全球网络和精深的行业知识，GE金融服务于医疗设备、生产制造、交通、通信、建筑、能源、航空、基础设施等行业，为大中华区的客户提供本地化的创新金融解决方案，与客户共同发展。

目前GE所有业务部门都已经在中国开展业务，拥有22 000多名员工，在全国40多个城市建有7个研发中心、60多个实验室、30多家制造基地和34家合资企业。2015年，GE在中国的订单量达到81亿美元。

【思考与讨论】

1. GE在中国直接投资的产业主要有哪些？是否符合中国现行的《外商投资产业指导目录》的相关规定？

2. GE是如何加强和中国的合作的？每个行业是否采用相同的进入模式？在中国设立的企业的性质是否有区别？分别分析不同进入模式和企业性质的利弊。

21世纪经济与管理规划教材
国际经济与贸易系列

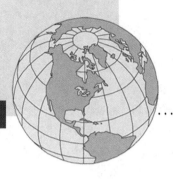

第五章

中国对外直接投资

【教学目的】

通过本章学习,学生将能够:

1. 了解中国企业海外直接投资的发展阶段与特点,以及海外企业经营当地化的含义和意义;

2. 熟悉"走出去"战略的含义和层次;

3. 把握实施"走出去"战略的必要性和作用,中国企业开展海外直接投资的可能性和行业导向,以及海外企业经营当地化的主要内容。

【关键术语】

"走出去"战略　　　　　　　　跨国化指数
海外直接投资宏观管理　　　　　经营当地化
企业国际竞争力

【引导案例】

根据《2015 年度中国对外直接投资统计公报》，2015 年我国对外直接投资占到全球流量份额的 9.9%，同比增长 18.3%，金额仅次于美国，首次位列世界第二，并超过同期中国实际使用外资，实现资本项下净输出。

"2015 年，我国成为资本净输出国，我国的发展水平到了这个阶段。"商务部国际贸易谈判副代表张向晨在国务院新闻办 22 日举行的新闻发布会上说，我国现在是世界第二经济大国，也是第一货物贸易大国和第一制造业大国，外汇储备连续多年位居世界首位，这是中国企业开展对外投资的坚实的物质基础。

资料来源：http://news.xinhuanet.com/fortune/2016-09/22/c_1119608646.htm。

第一节 实施"走出去"战略与企业对外直接投资

一、"走出去"战略的含义和层次

中国的对外开放战略包括两个相互联系的方面："引进来"与"走出去"。在大力引进外资的同时，随着中国经济实力的增强和企业国际竞争力的提高，中国企业开始实行"走出去"战略，开始到世界各国进行海外投资，从事办厂开店等业务。对外直接投资的发展将为中国跨国公司的成长打下坚实的基础。

"走出去"战略有广义与狭义之分，广义的"走出去"战略指的是使中国的产品、服务、资本、技术、劳动力、管理以及中国企业本身走向国际市场，到国外去开展竞争与合作；狭义的"走出去"战略是指中国企业所从事的各种对外直接投资活动，包括对外投资办厂、境外加工装配、境外资源开发、设立境外研发中心、建立国际营销网络、开展国际农业合资合作、开展跨国并购等，实质上是将各种生产要素输出到国外，将生产能力向国外延伸和布局。在现实中，有从广义角度讲的，也有从狭义角度讲的。目前，商务部使用的"走出去"概念是在狭义的基础上再加上对外工程承包与劳务合作。在本章中，我们主要是从狭义角度探讨和使用"走出去"战略。"走出去"战略过去也称国际化经营战略、海外经营战略或跨国经营战略。"走出去"战略是与"请进来"战略（引进国外的资金、技术、管理、商品和服务等）相互对应着讲的，这两个方面共同构成了中国对外开放的完整格局，它们是相辅相成的两个方面。经济全球化加速发展的新形势和国与国之间经济上相互依存的加深，要求我们不仅要请进来，更要走出去。

一个企业"走出去"可以大体分为三个层次：第一个层次是商品输出，指货物、服务、技术、管理等商品和要素的输出，主要涉及货物贸易、服务贸易、技术贸易以及承包劳务等。第二个层次是资本输出，指进行各种形式的对外直接投资。如果一家企业的"走出去"战略发展到了第二层次，特别是海外投资达到了一定的规模（在两个或两个以上的国家拥有企业），那么这家企业也就变成了跨国公司。第三个层次是品牌输出，当一家企业拥有了著名品牌以后，它不仅可以授权国外的企业使用该品牌，还可以利用品牌的影响力与国外企业开展合资合作，并且可以借助品牌的知名度扩大产品的销售，可以说品牌是大型跨国公司参与国际竞争的有力武器。本章中所使用的"走出去"战略主要是指企业"走出去"的第二和第三个层次。

二、实施"走出去"战略的必要性和作用

(一) 实施"走出去"战略是适应经济全球化发展的必然要求

在当今世界经济中,各国企业开展跨国经营已形成趋势和潮流,中国企业也不例外。在21世纪,能否在利用国外资源和市场经济方面取得新的突破,是关系到中国今后发展全局和前景的重大战略问题。经济全球化的发展把整个世界变成了一个"地球村",中国只有顺应这一潮流,突破国界的局限,把视野和目标从国内扩展到全球,建立一个在全球化环境中同样能够取得成功的经济体系,才能确保中国现代化目标的实现和长期持续的发展。经济全球化还使世界经济格局发生了新的变化,几乎所有国家都感受到了由此而带来的巨大压力和深刻影响,各国政府不得不重新考虑其在新的世界经济分工格局中的地位,认真分析如何在一个更加开放、相互依存和市场化的世界中生存与发展。实施"走出去"战略,是使中国的对外开放发展到一个新水平的重要举措。它的施行有利于中国适应经济全球化的新形势,更好地参与经济全球化的进程,在新的国际分工格局中占据有利地位;有利于发挥中国的比较优势,促进国内企业积极参与国际竞争与合作。

(二) 实施"走出去"战略是合理配置资源和更好地利用国外资源的要求

世界上任何一个国家都不可能拥有经济发展所需要的全部资源,都会遇到资源约束的问题。经济发展所需要的资源既包括自然资源,也包括资本、技术、经济管理、经济信息、劳动力等生产要素。为了满足本国经济发展的需要,就需要从国外输入各种自然资源和生产要素,与此同时,也可以向国外输出本国相对充裕的各种资源和生产要素。利用本国和他国的不同资源和要素优势,在国际间实现资源和要素的合理流动与重新组合配置,获得绝对和相对利益,这也是发展实施"走出去"战略的一个重要动因。资源,特别是关系到国计民生的战略资源,仅依靠传统的贸易渠道获得是不稳定的。因此,需要我们审时度势,抓住机遇,通过对外投资,获得国内经济发展长期需要的短缺资源。

(三) 实施"走出去"战略有利于经济结构调整和产业结构优化

要想在更广阔的空间里促进经济结构调整和产业结构优化配置,拓展新的经济发展空间和新的经济增长点,增强中国经济发展的动力和后劲,就需要实施"走出去"战略。20世纪90年代以来,中国经济已经从卖方市场转向买方市场。目前,国内家电、纺织、重化工和轻工等行业的生产能力过剩,产品积压,技术设备闲置,急需寻找新的市场。通过对外投资,带动国产设备、原材料以及半成品出口,可以有效拓展国际市场。例如家电行业,近年来持续不断的以降价为主的价格战说明该行业总体上已是供过于求。在国内市场供过于求的情况下,一方面,企业要考虑转产,要考虑提升技术水平;另一方面,企业应积极走向国外,开展实施"走出去"战略,尤其是到海外投资设厂,向国外输出生产加工能力,把成熟的技术转移到其他有需求的市场上去。中国企业要想在国际市场占据更大的份额,必须在建立销售网络和售后服务网点的基础上,拓展新的生存和发展空间,变商品输出为资本输出,在国外投资设厂并按照当地需求生产和服务,从而向国际市场渗透。

(四) 实施"走出去"战略是突破国外以反倾销等形式出现的贸易保护主义的需要

加入世贸组织后,中国企业的产品进入国际市场将更加容易,但美国和欧盟均保留了在中国入世后15年内仍将中国视为非市场经济国家的条件,所以,可以肯定地说,入世后

中国出口商品仍将面对反倾销调查。面对国外的反倾销调查,不去应诉或应诉但应诉失败都将导致丢掉市场。对付反倾销调查的方法除了有关企业联合起来应诉或者借助世贸组织的争端解决机制求得解决以外,还有一个更为有效的方法就是变国内生产国外销售为国外生产国外销售,也就是进行海外投资,设立海外企业,企业直接"走出去"。中国企业应当学会通过海外投资的方式"走出去",从而彻底避免反倾销调查。实行"走出去"战略除了有利于突破反倾销方面的贸易保护主义之外,还有利于克服以原产地规则和反补贴等形式出现的贸易保护主义。

(五)实施"走出去"战略有利于提高中国的国际地位

提高中国的国际地位是"走出去"战略的多元化目标之一。中国的企业、商品和技术"走出去"越多,越有利于在国际上树立中国的大国形象,从而提高中国的国际竞争力和地位,维护和保障国家的安全与利益,推动建立公正、合理的国际经济新秩序。

(六)"走出去"战略的实行是发展中国跨国公司的需要

要增强中国经济的国际竞争力,就需要建立中国的跨国公司。现在,中国已经有了自己的跨国公司,但是数量太少,进入世界 500 强的只有寥寥数家,而且总体实力也不够强。在 21 世纪,中国要大力发展自己的跨国公司,要形成若干家有国际影响力的大型跨国公司,就必须要加快发展海外投资。"走出去"战略的实行将有力地催生和培育中国的跨国公司,加速中国跨国公司的成长壮大。

(七)入世后国内经营环境的变化和市场竞争的加剧迫使企业必须"走出去"

中国已经正式成为世贸组织成员,中国对外开放的步伐比入世前明显加快,国界对国际竞争的屏障作用越来越小,国内企业面临发展空间受到挤压的危险。首先,入世后,由于贸易壁垒的大量减少和国民待遇的实施,外国商品和服务将更容易进入国内市场,随着国外商品和服务进入数量的增加,国内商品市场和服务市场将出现更加激烈的竞争,国内企业将面临更加困难的经营局面。其次,由于入世后国内服务业市场将扩大对外资的市场准入,外国服务业企业尤其是服务业跨国公司将大举进入中国的金融、保险、电信、旅游、商业、外贸和专业服务等行业,国内市场竞争将空前激烈,企业也将遇到挑战。再次,入世后,中国将根据世贸组织的原则对已经批准设立的目前仍在注册运营的四十多万家外商投资企业逐步实行国民待遇,主要是取消给予外商投资企业的低国民待遇。取消给予外商投资企业的低国民待遇(如行业准入和业务经营限制等)将使内资企业以往所获得的一定程度的产业保护消失,增加生产经营风险和困难。面对入世后日趋激烈的市场竞争,国内企业要积极地迎接挑战。一方面,要发挥本土作战优势,改进管理,勇于创新,切实提高竞争力;另一方面,要实施"走出去"战略,走向广阔的国际市场,寻找新的生存和发展空间。中国企业只有实施了"走出去"战略,才能更好地享受入世后所享有的权利,更好地抓住入世所带来的发展机遇。

第二节 中国企业对外直接投资的发展、特点与可能性

一、中国企业对外直接投资的发展

新中国成立后的近七十年来,企业对外直接投资大体上经历了以下五个发展阶段:

第一阶段为初步发展阶段(1949—1978年)。从新中国成立到实行改革开放政策以前的30年间,中国企业在海外开展了一些直接投资活动。这期间,为了开拓国际市场,发展与世界各国的贸易往来,各专业外贸总公司先后在巴黎、伦敦、汉堡、东京、纽约、香港等国际大都市设立了海外分支机构,建立了一批贸易企业。与此同时,中国的一些与贸易相关的企业也在海外投资开办了一些远洋运输和金融等方面的企业。这是继新中国政府接管在香港地区的一批中资企业后,新中国国内企业自己到海外投资开办的首批企业。这批海外企业的投资规模普遍较小,多分布在世界上一些著名港口和大城市,主要从事贸易活动,基本属于贸易性的海外投资。这批海外企业的设立为新中国对外贸易事业的发展做出了积极的贡献。

第二阶段为进一步发展阶段(1979—1985年)。自1979年中国实行改革开放政策以后,国内企业到海外投资办企业得到了较迅速的发展。1979年11月,北京市友谊商业服务总公司与日本东京丸一商事株式会社在东京合资开办了京和股份有限公司。这是中国实行改革开放政策后在海外开办的第一家合资经营企业。该企业的主要经营范围是为北京市食品工业企业的更新改造引进技术和设备,在日本开办北京风味餐馆和提供厨师服务等。1980年3月,中国船舶工业总公司、中国租船公司与香港环球航运集团等共同投资5 000万美元,合资成立了国际联合船舶投资有限公司,总部设在百慕大,在香港设立国际联合船舶代理公司,从事代理中国船舶及船用设备的进出口和经营国际航运业务,中方占投资的45%。这是当时中方投资额最大的海外合资企业。这一阶段,中国在海外投资开办的企业还有:在香港开办的从事金融业务的企业——中芝兴业财务有限公司,在日本开办的从事经济技术咨询服务的企业——京达股份有限公司,在阿拉伯也门开办的从事承包工程的企业——也中建筑工程有限公司,在荷兰开办的分别从事轮船代理业务和船舶物料供应的企业——跨洋公司与远通海运服务公司,以及在澳大利亚开办的从事航运代理业务的企业——五星航运代理股份有限公司等。

第三阶段为加快发展阶段(1986—1992年)。在这一阶段,中国对外直接投资有了较快的发展,主要表现在:参与海外投资的国内企业类型增加,不仅是外经外贸企业,工业企业、商贸物资企业、科技企业及金融保险企业等也参与到了海外投资之中;海外投资的领域进一步拓宽,在服务业、工农业生产加工、资源开发等几大产业内的若干行业中都有海外企业设立;海外企业的数量增加,截至1992年年底,海外非贸易性企业达1 360家,海外贸易性企业达2 600家左右,海外贸易性企业和非贸易性企业的中方投资总额达40多亿美元;海外企业分布的国家和地区更加广泛,到1992年年底,中国企业已经在世界上120多个国家和地区设立了海外企业。

第四阶段为调整发展阶段(1993—1998年)。由于整个国民经济发展中存在着经济发展过热、投资结构不合理、物价上涨过快等现象,从1993年年中开始,国家决定实行经济结构调整,紧缩银根,让过热的经济软着陆。与此相应,海外投资业务也进入清理和整顿时期,国家主管部门对新的海外投资实行严格控制的审批政策,并对各部门和各地方已开办的海外企业进行重新登记,海外投资的发展速度开始放慢。在这6年间,中国对外直接投资为12.78亿美元,批准设立海外企业1 500家左右。通过对以往海外投资经验教训的总结和对中国企业国际竞争力现实状况的分析,在这一阶段的后期,中国政府提出了发展海外投资的新的战略方针:鼓励发展能够发挥我国比较优势的对外投资,更好地利用两个市场、两种资源;组建跨行业、跨部门、跨地区的跨国经营企业集团;在积极扩大出口的同时,要有领导、有步骤地组织和支持一批有实力、有优势的国有企业"走出去",到国外,主要是到非洲、中亚、中东、东欧、南美等地投资办厂。新的海外投资战略方针的提出预示着海外投资将出现新一轮快速发展时期。

第五阶段为新的较快发展阶段(1999年至今)。从1999年开始,为了推动出口贸易的发展,加快产业结构的调整,向海外转移国内成熟的技术和产业,中国政府提出鼓励有实力的国内企业到海外投资,通过开展境外加工装配,就地生产就地销售或向周边国家销售,带动国产设备、技术、材料和半成品的出口,扩大对外贸易。上述新的政策措施被系统地概括成为"走出去"战略。为了加快实施"走出去"战略,商务部先后向两百多家企业颁发了"境外加工贸易企业批准证书"。由境外加工贸易而引发的海外投资将成为今后中国海外投资一个新的增长点,这种类型海外投资的加快发展还将导致海外投资主体、方式和行业结构出现新的变化。另外,中国加入世贸组织后,在外国企业和产品大举进入中国市场的同时,中国企业也应当大步走向国外。只有走向国外,才能充分抓住入世后的机遇,充分利用其他缔约方给予我们的权利。2013年9月和10月,习近平主席先后提出了"新丝绸之路经济带"和"21世纪海上丝绸之路"的战略构想,随后将其纳入十八届三中全会报告;2014年又进一步提出了"一带一路"倡议,即中国将同各国一道,加快推进"新丝绸之路经济带"和"21世纪海上丝绸之路"建设,更加深入地参与区域合作进程,推动亚洲发展和安全相互促进、相得益彰。"一带一路"倡议的提出和实施为中国企业赴"一带一路"沿线国家直接投资创造了良好的政策环境和市场机遇。2017年中国对"一带一路"沿线国家的海外直接投资规模达到144亿美元,占当年中国对外直接投资流量的12%。目前,海外投资行为更趋合理,盲目投资减少,以市场为导向,以效益为中心,正逐步成为中国企业海外投资遵循的基本原则。随着海外投资规模的扩大和海外投资企业数量的增加,中国的跨国公司也应运而生,按照跨国公司的定义来推算,目前中国已经具有一批自己的跨国公司。

根据商务部统计,2015年我国2.02万家境内投资者共对全球188个国家和地区的3.08万家境外企业进行了对外直接投资,对外直接投资净额(流量)为1 456.67亿美元,同比增长18.3%,连续多年保持增长势头,年均增速为38.9%。其中,非金融类1 214.2亿美元,金融类242.5亿美元。截至2015年年底,中国对外直接投资累计净额(存量)达10 978.6亿美元,位居全球第八位。根据联合国贸易与发展会议《世界投资报告2016》,2015年中国对外直接投资占全球当年流量的9.76%,位居全球第二。

二、中国企业对外直接投资的特点

中国企业对外直接投资具有以下特点:

第一,从发展规模和投资主体看,海外投资发展速度较快,平均投资规模逐步扩大,投资主体不断优化。自从实行改革开放政策以来,中国对外直接投资就在原来较低的基础上获得了迅速的发展,并已形成一定规模,海外投资企业数量和对外直接投资金额的年均增长率都较高。近年来,国内一些规模较大的行业排头兵企业、技术较先进的企业以及具有名牌商品的优秀企业加入海外投资的行列。2015年,中国对外直接投资企业达到2.02万多家,其中有限责任公司占整个境内投资主体的比重为67.4%,国有企业所占比重为

5.8%，私营企业所占比重为 9.3%。在投资主体不断优化的同时，海外投资企业的中方平均投资规模也在不断扩大，据商务部统计，目前平均投资规模超过 1 000 万美元。

第二，从地区分布看，海外投资企业分布的国家和地区广泛，越来越呈现出多元化趋势。截至 2015 年年底，中国的 2.02 万家对外直接投资企业分布在全球 188 个国家或地区，投资覆盖率为 80.7%，其中在亚洲和非洲的投资覆盖率分别达 97.9% 和 85%。从境外企业数量的国家或地区分布来看，亚洲地区集中了境外企业数量的 55.5%，北美地区为 14.4%，欧洲地区为 11.5%。从中国境外投资流向来看，流量在 10 亿美元以上的国家和地区有 15 个：中国香港、荷兰、新加坡、开曼群岛、美国、澳大利亚、俄罗斯、英属维尔京群岛、英国、加拿大、印度尼西亚、韩国、阿拉伯联合酋长国、百慕大群岛、中国澳门等。

第三，从行业分布看，第一、第二和第三产业都有分布。截至 2015 年年底，批发和零售业占境外企业总数的 29.4%，制造业占 21.4%，租赁和商务服务业占 13.2%，建筑业占 6.4%，采矿业占 4.6%，农、林、牧、渔业占 4.6%。从对外直接投资存量（2015 年年底达 10 978.6 亿美元）分布的行业来看，存量在 1 000 亿美元以上的行业有四个：租赁和商务服务业、金融业、采矿业以及批发和零售业等。上述四个行业的存量投资达到 4 335.50 亿美元，占境外投资存量总额的 39.49%。

第四，从出资方式、企业所有权结构和设立方式看，出资方式多种多样，海外企业以合资合作居多，设立方式上新建与并购并举。中国企业对外直接投资的出资方式（或称投资方式）越来越多样化，有的以现汇出资（含企业自有资金和国内贷款），有的以从国外获得的贷款出资，有的以国内机械设备等实物出资，还有的以国内的技术专利或专有技术（含劳务）出资。从中国海外投资企业所有权结构来看，海外独资企业约占 30%，与东道国或第三国共同举办的合资与合作企业约占 70%。这些海外投资企业分别采用了股份有限公司和有限责任公司的组织形式。中国海外投资企业的设立多采用新建方式（含股本投资、利润再投资和其他投资），采用国际上较流行的收购与兼并（含股权置换）方式设立的以前较少，近年来不断扩大，以 2015 年为例，通过收购与兼并方式实现的对外投资（544.4 亿美元）占到当年对外直接投资流量（1 456.67 亿美元）的 37.37%，并购领域涉及采矿业、制造业、电力生产与供应业、专业技术服务业、金融业等。

阅读专栏　　　　　三一重工并购德国普茨迈斯特

2012 年 1 月，三一重工宣布：公司旗下三一德国有限公司联合中信基金收购了德国工程机械巨头普茨迈斯特 100% 的股权，其中三一德国收购 90%，中信基金收购 10%。三一德国的出资额为 3.24 亿欧元（折合人民币 26.54 亿元）。

三一重工集团董事局主席梁稳根在新闻发布会上表示，"三一重工与普茨迈斯特在全球商业活动的地理布局有很强的互补性，此次合并完成后毫无疑问将创造一个新的混凝土泵车全球制造业巨头"。

三一重工的此次收购被市场喻为"蛇吞象"的壮举，但也因收购的巨额资金而被市场质疑资金是否充足。对外界揣测资金链和现金流紧张一说，三一重工总裁向文波回应："三一重工目前仍有 200 亿元的现金，而负债率只有 50%，收购'大象'全部使用的是自有资金。三一重工的资金从来就没有紧张过。"

向文波谈到,当时"三一重工董事会认为,即使 200 亿元,我们也要拿下普茨迈斯特"。"200 亿元是三一重工混凝土两年的利润,但收购普茨迈斯特为三一重工国际化进程缩短了 5—10 年时间,而且减少了一个竞争对手。要知道,几个月前我们还在印度争业务。"

并购完成后,德国普茨迈斯特目前的总部将成为三一重工海外混凝土机械的新总部,完整保留包括管理层在内的原有团队,普茨迈斯特将保持高度独立的日常管理与运营。

资料来源:http://finance.sina.com.cn/stock/t/20120206/023911316673.shtml。

第五,从与国内母公司的关系看,海外投资企业对国内母(总)公司的依赖仍然较重,自我开拓和横向联系能力有待加强(境外企业总数的 95% 为子公司或分支机构,只有 5% 属于联营公司)。就目前状况而言,中国部分海外投资企业各方面业务多由国内直接控制,是国内母公司的补充,没有在海外当地形成属于本企业的营销网络和信息渠道。还有一些海外企业只是与母公司进行双向联系,海外企业之间以及海外企业与当地企业之间的横向联系较少。一些海外企业还没有树立在海外独立作战的意识,没有独立的品牌,没有把整个世界市场作为经营与赚钱的舞台,以实现在全球范围内进行资源优化配置和产品生产与销售的合理布局。

三、中国企业开展对外直接投资的可能性和条件

现阶段,中国企业到海外投资创办企业的可能性和条件主要有:

首先,中国已经拥有一批具有一定实力且在国际上享有信誉的企业。在美国《财富》杂志公布的 2016 年全球最大的 500 家企业中,中国有 110 家企业入围(见表 5-1)。国家电网公司以 3 296.01 亿美元销售额位列第 2 位,仅次于 4 821.3 亿美元销售额的沃尔玛。中国石油天然气集团公司(第 3 位)、中国石油化工集团公司(第 4 位)、中国工商银行(第 15 位)进入榜单前 20 位。中国建设银行、鸿海精密工业股份有限公司、中国建筑股份有限公司、中国农业银行、中国银行、中国平安保险(集团)股份有限公司、中国移动通信集团公司、上汽集团等企业则进入榜单前 50 名。

表 5-1　2016 年入选"全球 500 强"榜单前 100 位的中国企业

排名	企业名称	营业收入(亿美元)	利润(亿美元)
2	国家电网公司(STATE GRID)	3 296.01	102.01
3	中国石油天然气集团公司(CHINA NATIONAL PETROLEUM)	2 992.71	70.91
4	中国石油化工集团公司(SINOPEC GROUP)	2 943.44	35.95
15	中国工商银行(INDUSTRIAL & COMMERCIAL BANK OF CHINA)	1 672.27	440.98
22	中国建设银行(CHINA CONSTRUCTION BANK)	1 479.10	363.03
25	鸿海精密工业股份有限公司(HON HAI PRECISION INDUSTRY)	1 412.13	46.27
27	中国建筑股份有限公司(CHINA STATE CONSTRUCTION ENGINEERING)	1 401.59	22.51
29	中国农业银行(AGRICULTURAL BANK OF CHINA)	1 334.19	287.35
35	中国银行(BANK OF CHINA)	1 223.37	271.86

(续表)

排名	企业名称	营业收入（亿美元）	利润（亿美元）
41	中国平安保险(集团)股份有限公司(PING AN INSURANCE)	1 103.08	86.25
45	中国移动通信集团公司(CHINA MOBILE COMMUNICATIONS)	1 067.61	101.44
46	上海汽车集团股份有限公司(SAIC MOTOR)	1 066.84	47.41
54	中国人寿保险(集团)公司(CHINA LIFE INSURANCE)	1 012.74	41.70
57	中国铁路工程总公司(China Railway Engineering)	994.35	9.83
62	中国铁道建筑总公司(CHINA RAILWAY CONSTRUCTION)	956.52	11.06
81	东风汽车集团(DONGFENG MOTOR GROUP)	828.17	14.80
91	中国华润总公司(CHINA RESOURCES NATIONAL)	765.74	24.89
95	中国南方电网有限责任公司(CHINA SOUTHERN POWER GRID)	746.97	22.23
99	太平洋建设集团(Pacific Construction Group)	730.47	32.05

资料来源：整理自 http://www.fortunechina.com/。

在联合国贸易与发展会议发表的《世界投资报告 2016》中，按海外资产评选公布了"年发展中国家非金融类跨国公司 100 强"，中国有 4 家公司入选，其中来自中国内地的跨国公司有 2 家，来自中国香港地区和中国台湾地区分别有 1 家。在《美国工程新闻记录》(ENR)评选的 2016 年国际承包商 225 强中，中国共有 65 家企业入选，占入选企业总数的 28.9%；而在该杂志评选的 2016 年世界最大的 225 家工程设计公司中，有中国电力建设集团有限公司等 32 家中国公司入选，占入选企业总数的 14.2%。在英国《银行家》杂志评选的 2016 年世界最大的 1 000 家银行中，中国有 119 家入选，其中中国工商银行、中国建设银行、中国银行和中国农业银行等四家银行进入前十名。上述事实说明，中国已有一批在国际上具有一定实力和影响力的企业。这些企业管理科学，经营机制先进，信誉较好，有一定的跨国经营和海外投资办厂经验，比较优势明显。它们可用自有资金进行海外投资，也可以利用在国际金融市场上筹集的资金进行海外投资。另外，中国的大多数大型企业或企业集团都已制定了国际化经营战略，这将有力地促进和推动中国海外投资事业的发展。

其次，中国已经具有一定的资金实力。2015 年，中国外贸出口达 22 679 亿美元，年底国家外汇储备达 3.33 万亿美元。这些数字说明中国是有条件每年拿出一部分资金进行海外投资和创办海外企业的。应当说，中国国际资本流动格局中流入大于流出的状况还会存在若干年，但这种格局正在逐步发生变化，流出与流入之间的差额正在逐步缩小。中国正在由贸易大国向投资大国转变，由对外直接投资的潜在大国向现实大国转变。中国已经发展到应适当加快海外投资的新阶段，资金方面的有来有往是当今国际经济发展的潮流，两者之间是可以相互促进的。

再次，中国在技术和设备方面具有比较优势。进行海外投资在技术和设备方面具有比较优势是完全可以的，不一定具有绝对优势，只要相对于东道国来讲具有比较优势就可以进行投资。中国在一些技术领域是拥有国际先进水平的，而且还具有大量的适用技术、特色技术和传统技术，技术商品的价格相对便宜，这些技术在广大发展中国家是受欢迎的。同样，在单项设备和成套设备方面中国也具有相对优势。特别是近年来中国国内许多产品变成长线产品,许多企业的生产能力闲置,因此也迫切需要借助海外投资向海外转移具有一定竞争力的设备和技术。

最后,中国在管理和人才方面也具有一定的优势。尽管中国企业的总体管理水平同发达国家相比还有差距,但是在一些地区和行业的企业中管理水平还是比较先进的。例如,近年来中国青岛海尔集团公司以其卓有成效的管理而在国际上扬名,其管理经验和案例已经进入国外著名商学院的课堂和教科书中。在改革开放的过程中,中国一些企业已经培养和锻炼了一批熟悉国际惯例和市场环境,有能力在海外从事生产、经营和管理的人才。

总之,无论是从客观条件还是从主观条件来看,中国企业进行海外投资和跨国经营都是具有可能性的。我们应当以更加积极的姿态,推动这项大有希望的事业的发展,促进更多的中国企业走出去,使它们在国际经济舞台上扮演更加重要的角色。

案例讨论 TCL集团通过并购国外企业实现"走出去"

2002年9月,中国TCL集团下属的TCL国际控股有限公司,通过其新成立的全资附属公司施耐德电子有限公司(Schneider Electronics GmbH),与德国施耐德电子股份公司(Schneider Electronics AG)的破产管理人达成收购资产协议,收购施耐德电子有限公司的主要资产,包括生产设备、研发力量、销售渠道、存货及多个品牌,其中包括"SCHNEIDER"(施耐德)及"DUAL"(杜阿尔)等著名品牌的商标权益。同时,协议租用施耐德位于土尔克海姆(Tuerkheim)的2.4万平方米的土地,作为在欧洲的高端电视机生产基地,总共出资约820万欧元。

施耐德是一家具有113年历史的家电生产厂家,成立于1889年,位于巴伐利亚州的土尔克海姆,号称"德国三大民族品牌之一",是德国家喻户晓的企业,最初从事木材加工,1953年进入音响制造领域,1983年生产出第一台电视机,1986年成为一家上市公司,进入20世纪90年代后开始亏损,2002年年初,这家老牌企业正式宣布破产,5月底完全停止生产。但即使这样,在2001年,施耐德欧洲市场也有高达2亿欧元的销售额和多于41万台彩电的市场份额,超过了欧盟于2002年给予中国7家家电企业40万台配额的总和。欧盟彩电的年销售量是2 500万台,40万台仅占1.6%。况且彩电销往欧洲还有其他限制条件:首先是尺寸,欧盟规定40万台中约60%是20英寸以下的彩电,其次还规定了经销商供货价格等。

在这种情况下,TCL集团决心另辟蹊径进入欧洲市场。实际上,施耐德品牌在德国和欧洲有广泛的基础,包括客户基础和市场分销基础,通过收购施耐德,TCL能够快速切入欧洲市场,减少时间成本,规避风险。在收购施耐德电子有限公司后,在2003年8月29日至9月3日于德国柏林举行的欧洲国际电子展(IFA)上,TCL集团收购重组的德国施耐德电子公司以TCL集团成员的崭新形象登场。在6天的展会期间,施耐德电子及TCL集团有关事业部共接待来自欧洲、美洲、非洲、亚洲20多个国家近500个客户,签订本年内供货合同超过3 000万欧元。TCL与施耐德展区门庭若市,表明TCL借助欧洲当地品牌进入市场的海外战略首战告捷。

据报道,继收购德国施耐德之后,TCL集团又于2003年7月花费几百万美元间接收购了美国著名的家电企业戈维迪奥(Govedio)公司,这次收购是一次全资收购。戈维迪奥公司是一个做录像机、DVD等视像产品的渠道公司,一年的销售额2亿多美元。并购美国戈维迪奥公司后,TCL集团仍计划借外国品牌打开海外市场,在美国市场继续使用戈维迪奥品牌销售彩电、影碟机等产品,努力扩大在美国市场的份额。借外国品牌开拓海外市场,已成为TCL集团独特的海外营销策略。正如在欧洲市场TCL集团用施耐德品牌进行销售一样,在美国市场,TCL也会用戈维迪奥的品牌来实现彩电等产品的销售。

【思考与讨论】

1. 这个案例是中国企业在国际市场上并购外国企业的一个典型。并购是建立海外企业的一种主要方式,请问并购这种方式的主要优点是什么?你知道建立海外企业的另一种主要方式新建有什么优点吗?

2. TCL集团的"走出去"有自己的特点,它采用的是收购国外当地知名品牌为己所用的做法,这种品牌运作战略省去了品牌塑造和品牌推广的时间与费用。请问这种做法对其他中国企业有什么借鉴意义?

3. TCL集团通过收购德国施耐德公司和美国戈维迪奥公司,避开反倾销壁垒,进入欧盟与美国市场,实现了通过对外投资应对国外反倾销的目的。请问这种应对反倾销的手段有什么特点?你能说出应对国外反倾销的其他手段吗?另外,中国企业开展海外直接投资还有其他的目的吗?

4. TCL集团的海外并购投资后来遇到了困难和失败,你知道具体的情况吗?TCL集团是如何从困难和失败中走出来的?

5. 对外直接投资与对外贸易之间的关系怎样?是相互替代还是相互促进和补充?

第三节　中国对外直接投资的管理

一、中国对外直接投资的宏观管理

对海外投资的宏观管理主要是指国家政府各级主管部门依据中国法律和现行的相关政策,通过行政、经济和法律等手段,对中国公司、企业和其他经济组织在境外投资设立的合资与合作企业的中方和独资企业进行的管理。上述政府各级主管部门包括:商务部、国家发展和改革委员会、国有资产监督管理委员会、财政部、国家外汇管理局、劳动与社会保障部、海关总署等国务院直属职能部门,以及各省、市、自治区、计划单列市的外经贸管理部门等。宏观管理是多方面多层次的,主要有对海外投资的促进、扶持、核准、保护、奖励、限制、监督、检查、惩罚和撤销等。现阶段,对海外投资的宏观管理分为综合性归口管理、专业性管理、地方政府的管理和中国驻外使领馆的管理四个方面。

商务部与国家发展和改革委员会是国务院授权的海外投资业务的归口管理部门,其主要管理职能有:制定海外投资的有关管理办法;根据有关制度对海外投资进行统计并发布公报;对海外投资企业进行年检;制定海外投资的国别产业导向目录;制定鼓励和扶持海外投资的措施等。商务部的归口管理是宏观管理的一个重要方面。近年来,商务部先后制定了一系列有关对外投资管理的规定和办法,如境外投资开办企业核准事项的规定、对外直接投资统计制度等。到目前为止,有关境外投资的管理体系、法规体系、促进体系、服务体系和保障体系等有的已经建立,有的正在构建之中。

对境外投资的专业性管理包括外汇管理、国有资产管理和劳动工资管理。国家外汇管理局、中国人民银行、国有资产监督管理委员会、劳动与社会保障部等是中国境外投资业务的协助管理部门,主要负责与境外投资有关的外汇汇出汇入、资金投放、劳动工资和境外国有资产管理等方面政策的制定、执行和监督。近年来,《境外投资管理办法》《关于鼓励和规范我国企业对外投资合作的意见》《境外投资外汇管理办法》《境外国有资产产权登记管理暂行办法》《商务部关于跨境人民币直接投资有关问题的通知》《对外投资合作境外安全风险预警和信息通报制度》《关于加强境外中资企业机构与人员安全保护工作的意见》《国别投资经营障碍报告制度》《中国境外企业文化建设若干意见》等专项法规的颁布实行,发挥了积极的规范和促进作用。

各省、市、自治区、计划单列市政府和国务院有关部委依照国家的有关法规,对本地区和本部门的企业开展的海外投资业务的管理也属于政策性的宏观管理和调控。地方政府和有关部委的职能主要是根据本地区、本行业的综合优势与特点,在国家统一规划的范围内,确定本地区、本行业的重点投资方向和领域,制定有关境外投资的各种具体管理办法和措施。

中国驻外使(领)馆经济商务参赞处(室)也负责对设在所在国(地区)的中国海外投资企业进行指导和管理。这方面管理的具体内容包括:维护中国独资企业和合营企业中方的正当权益;监督检查在当地中国投资的独资企业与合营企业中方贯彻执行国家的方针政策、遵守所在国(地区)法律法规的情况;协调中国境外企业与当地政府的关系,使其生产经营活动有利于推动两国间经济联系的健康发展。

总体而言,国家对海外投资宏观管理的目标主要有五个:一是对海外投资的规模与总量进行调控;二是调整和优化海外投资的地区、国别、行业(领域)、主体、方式结构;三是提高海外投资的经济与社会效益;四是确保海外国有资产的保值和增值;五是为海外投资活动和海外投资企业提供各方面的服务。

二、中国对外直接投资的行业导向

考虑到目前中国进行海外投资的可能性和世界直接投资发展的新特点,以及中国国内产业结构调整和优化的目标,现阶段中国海外投资的重点行业是:

(1) 加工装配型的制造业。设立这种类型的企业可以突破东道国实行的贸易保护主义政策,带动和扩大国内的技术、设备、半成品、零部件和原料的出口,实现就地生产就地销售和向第三国销售;与此同时,还可以充分利用中国企业在设备、技术和人力等方面的比较优势,取得比较利益。目前,国家对这一行业的海外投资给予重点支持,为此制定了一系列的鼓励和优惠政策。这一行业主要涉及机电行业和轻工服装业,具体涉及汽车、摩托车、小型农机具的组装和电视机、电冰箱、洗衣机、电风扇、空调器等家用电器的加工装配等。

(2) 资源开发行业。资源开发型项目一般建设周期长,投资额较大。过去的十几年,资源开发型项目成为中国对外直接投资的一个重点,今后仍应是中国海外投资的重点。这是因为中国人均占有资源不多,在海外对中国短缺资源项目进行投资,对打破资源垄断有利,具有重要的战略意义。

（3）科技开发行业。这方面的企业分为三类:一类是通过对中国目前技术上仍属空白或落后的东道国技术密集型企业的投资和参加管理,从中学习和吸取对方的先进技术,将技术带回国内应用;另一类是在国外发达国家组建高科技新产品开发公司,将开发的新产品交给国内企业生产,然后再将产品销往国外;还有一类是鼓励国内的高科技企业走向国际市场,进行海外投资,扩大高科技产品的出口,实现科技产品的国际化。国家鼓励和支持技术含量较高的海外投资项目的发展。

（4）工程承包与劳务合作业务。中国具有丰富的劳动力资源,中国承包劳务企业在国际市场已具有较强的竞争力,因此,国家支持承包劳务企业在海外创办一些相关企业,以扩大中国的海外工程承包和劳务合作业务。

（5）服务贸易行业。这类企业包括金融保险、进出口贸易、商业批发、信息咨询、运输通信、医疗卫生、旅游、广告、维修服务等行业的服务性企业。通过创办独资或合资的服务行业企业,可以直接扩大中国的服务出口,并可间接促进中国有形商品的出口。

第四节　企业国际竞争力与对外直接投资

一、企业国际竞争力的概念

（一）企业国际竞争力及与其他几个相关概念的关系

企业国际竞争力是指在世界经济的大环境下,一国企业以较国外的竞争者更有吸引力的价格、质量和售后服务进行生产并销售货物和服务,或者以资金、技术、管理和品牌等方面的比较优势到国外投资办厂并在与当地企业的竞争中不断发展的能力。在经济全球化的时代,一方面企业为了生存和发展要走向国际市场,开展跨国经营,介入国际竞争,寻求国外的资源、技术和销售空间等;另一方面,随着各国市场越来越开放和相互贸易与投资的增加,企业虽然未出国门,却难免在国内市场遭遇到很多外来竞争者,也就是说,在今天,不论企业在国内还是在国外,为了持续发展,都必须具备参与国际竞争的实力。

国际竞争能力已成为现代企业不可或缺的一种力量。企业从事对外贸易活动也好,从事对外直接投资业务也好,都必须以具备一定的国际竞争力作为前提和基础。当然,开展跨国经营后,企业将面临相对陌生的环境和激烈的市场竞争,这对企业无疑既是考验也是锻炼,有利于锤炼企业的国际竞争力。

一家企业如果具有国际比较优势或竞争优势也就意味着其具有一定的国际竞争力,因为优势是竞争能力的表现。当然,将潜在的比较优势转化成现实的竞争优势还需要企业或政府采取一些具体的政策措施加以推动。拥有国际绝对优势则表示拥有绝对的国际竞争力,但这很难做到,即使做到了,在竞争激烈和技术更新周期不断缩短的情况下也很难长久保持。国际竞争力可以分为国家竞争力和企业竞争力两个方面,企业竞争力是国家竞争力的核心,是一国整体国际竞争力的基础。

我们在研究企业国际竞争力问题时,还经常遇到产品国际竞争力、产业国际竞争力和国家竞争力等概念,这些都是国际竞争力在不同层次和角度上的体现。产品国际竞争力是企业国际竞争力的一项具体指标,是指在国际市场上一项产品或服务由于其使用价值的特殊性或价格优势而形成的占有市场、持续获取利润的能力。产业国际竞争力指的是一国特定产业以其比其他国家相关产业更高的生产管理能力,向国际市场出口并销售产品或服务,或者是进入他国市场投资创办企业并生存发展下去的能力。国家竞争力也称为国家国际竞争力,是一个国家的经济、科技、企业管理、政府管理、基础设施、国民素质等在国际上的地位和影响力,是一国通过国际交流和国际交换保障并扩大其国民利益的能力。国家竞争力不同于综合国力,综合国力讲的是一国的整体实力,偏重静态分析;而国家竞争力分析既包括静态也包括动态,既包括综合国力,也包括实现和提高综合国力的社会经济环境的竞争力,以及保持长期持续发展的内在的成长能力。

上面提到的产品、企业和产业国际竞争力都受一定的贸易条件的影响,我们所定义和分析的竞争力是指在自由贸易(投资)或排除贸易壁垒和投资限制的条件下,产品、企业和产业在国际市场上的状况和地位。这几个概念密切相关,又彼此区别,它们之间的关系可以用图5-1来表示。

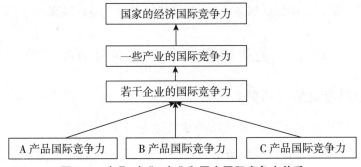

图5-1　产品、企业、产业和国家国际竞争力关系

不可否认,在这几个概念中,位于最基础地位的是产品的国际竞争力,只有有形的商品和无形的服务卖出去了,才可谈及其他的国际竞争力,否则便无从谈起。但是,最核心的还是企业的国际竞争力,因为企业是参与国际竞争的能动的主体,是社会生产的细胞,是社会财富的主要创造者,企业竞争力的内涵比产品竞争力的内涵要丰富得多;产品是由企业生产的,产品又是在不断地更新换代的,其生命周期比企业短;企业竞争力是核心,还可以从产业竞争力与企业竞争力的相互关系中看出,某个产业具有国际竞争力,说到底是因为这个产业中有若干企业已经具有国际竞争力。当一个国家的若干产业在国际上显示出比较强的竞争力时,从经济角度而言,这个国家就具备了较强的国际竞争力。企业是竞争的主角,是推动竞争力提高的"引擎",企业国际竞争力决定了产业国际竞争力,进而也就决定了一国国家竞争力的强弱。

由此看出,从产品竞争力到国家竞争力是从微观到宏观内在逻辑的体现:产品是企业生产的,若干企业的竞争力构成一个产业的竞争力,若干产业的竞争力构成一个国家的竞争力。国家竞争力居于最宏观和最高层次,是其他几个层次竞争力的集大成,无论是提升企业竞争力还是提升产业竞争力,都是为了增强该国的国际竞争力,提高国家竞争力是当今一个国家经济社会发展的首要目标之一。

(二) 对企业国际竞争力现有概念的评价

上面关于企业国际竞争力的概念,既包括企业国际竞争力在对外贸易方面的反映,也包括在对外投资方面的表现。目前存在的一些企业竞争力或企业国际竞争力的概念,基本上都没有考虑投资或者对外投资问题,所下的定义仅仅顾及了贸易或对外贸易方面,应当说,在当今国与国之间经济交往方式日趋多样化、国际直接投资和跨国公司所发挥的作用越来越大的情况下,这样的定义是不全面的。实际上,企业国际竞争力在对外贸易和对外投资中的表现有相同点也有差异。差异主要是:在对外贸易中,国际竞争力主要表现为销售产品和服务并获利的能力;而在对外投资中,则主要表现为创办海外投资企业并使其生存发展下去的能力。

因此,有必要将企业国际竞争力划分为国际贸易竞争力和国际投资竞争力两个方面,正式提出企业国际投资竞争力的概念。国际贸易竞争力类似于已有的关于企业国际竞争力的概念。国际投资竞争力是指企业开展对外投资过程中较其他投资者更强的投资决策、项目运作和企业管理能力。国际贸易竞争力与国际投资竞争力的侧重点不同,前者的侧重点是产品、价格、质量、服务、营销和品牌等方面的竞争力,后者的侧重点则在项目投融资、技术、管理和品牌竞争力等方面。

二、企业国际竞争力与海外投资的关系

(一)企业国际竞争力是对外直接投资的基础和前提

1. 企业拥有某种优势资产是开展对外直接投资的前提条件

企业拥有某种优势资产是其开展对外直接投资的重要前提条件。无论是以货币资本出资,还是以品牌、技术或管理出资,均要求投资企业要么拥有较强的资金实力,要么拥有可资利用的无形资产。拿不出什么优势资产又不能通过各种渠道获得优势资产的企业,不可能从事对外直接投资。

2. 企业较强的国际竞争力是开拓国际市场的重要保障

这分为以下两种情况:一种是投资前期的市场开拓,另一种是投资后期的市场开拓。不过,无论是前期的市场开拓,还是后期的市场开拓,均需要企业具备一定的国际竞争力。以制造业为例,只有企业拥有了过硬的产品、优质的服务和先进的技术等才有可能征服当地市场。中国海尔集团开拓国际市场的经验足以说明这一点,海尔集团较强的产品竞争力为其投资前期和投资后期的市场开拓做出了巨大的贡献,可以说,没有海尔集团艰苦的市场开拓努力,其海外投资企业很难在当地立足。

3. 企业的管理竞争力是海外企业有效运作的重要保证

管理竞争力是企业竞争力的一个重要组成部分。海外企业管理是中国企业对外直接投资的关键环节之一,这一点对于以并购方式建立的海外企业来说尤为重要。可以说,并购后企业整合的顺利与否直接影响着整个投资的成败。一般而言,企业管理竞争力越强,特别是跨文化管理能力越强,海外企业的运作就会越好,其发展也越快,并购后企业整合得也就越迅速。因此,中国企业只有不断提升管理竞争力才能保证海外企业的有效运作。

(二)海外企业在经营管理过程中也要不断提高竞争力

1. 海外投资过程是企业国际竞争力不断移植的过程

海外企业也有一个成长过程,也要经历一个从小到大、由弱到强的过程。因此,即便母公司具有很强的国际竞争力,其海外投资企业也不可能一下子就拥有强大的竞争力。海外企业只有在国外激烈的市场竞争中将母公司的竞争力逐渐移植过来,才能真正具备

竞争力。

2. 激烈的市场竞争迫使海外企业不断提升竞争力

虽然海外企业在面对激烈的市场竞争时可以得到母公司的支持,但这种支持只是暂时的和有限度的,要想应对所在地市场的激烈竞争还必须依靠自身竞争力的不断提升。实际上,企业的发展正如"逆水行舟",不进则退,没有发展就无法生存。对于母公司来说,也只有海外企业的竞争力得到不断提升,才能源源不断地为母公司带来可观的利润。

(三)海外投资是企业提高竞争力的重要手段

国际竞争力是企业开展对外直接投资的基础和前提。但反过来看,跨国经营和海外投资又是企业提高竞争力的重要手段之一。因为,一方面,企业通过海外投资可以获得企业急需的资源,这些资源既包括先进技术和管理经验等无形资源,也包括自然资源等有形资源,它们对企业整体竞争力的提升起着重要的促进作用;另一方面,企业通过海外投资扩大了市场份额,提高了品牌知名度,从而进一步提升了国际竞争力。

三、提升企业国际竞争力与创建中国的跨国公司

(一)中国跨国公司的发展与现状

客观而言,经过这些年的发展,中国已初步有了一批自己的跨国公司。联合国贸易与发展会议公布的《世界投资报告2011》统计了中国内地与港澳台地区跨国公司母公司的数量(见表5-2)。以中国内地为例,2003—2005年,跨国公司母公司的数量从2 000家增长到了3 492家;而2005—2010年,跨国公司母公司数量猛增到12 000家。入选2016年"发展中国家和地区最大的100家非金融类跨国公司"排名的中国企业共有41家(见表5-3),其中入选的中国内地跨国公司共有16家。中国海洋石油公司、中国远洋海运集团有限公司分别排名第3位和第7位;联想控股公司(排名第14位)、中国石油天然气集团公司(排名第22位)、中国建筑股份有限公司(排名第23位)、中国石油化工集团公司(排名第24位)、中国五矿集团公司(排名第27位)、中国中化集团(排名第29位)和联想集团(排名第35位)排在该榜单的前50名内。除联想控股公司和联想集团外,其他7家企业均为国资委监管的中央企业且跨国化指数普遍偏低,其中的中国石油天然气集团公司的跨国化指数仅为2.71%。来自香港地区的和记黄埔和来自台湾地区的鸿海精密两家公司分别蝉联榜单第一名和第二名。除此之外,香港地区的华润电力控股有限公司、新世界发展有限公司、怡和集团、华润啤酒、新鸿基地产、第一太平有限公司、香格里拉(亚洲)有限公司等,以及台湾地区的台塑集团、广达电脑等均位列榜单前50位。

表5-2　中国内地与港澳台地区跨国公司母公司数量　　　　　　　　　　单位:家

年份	中国内地	中国香港	中国澳门	中国台湾
2001	379[a]	948	—	606
2003	2 000	948	35	606
2005	3 429	1167	46[b]	606
2010	12 000	6 592	32	1 233

注:a为2000年数据;b为2004年数据。

资料来源:整理自历年《世界投资报告》。

表 5-3 2016 年按海外资产排列全球非金融类发展中国家和地区跨国公司 100 大中国入围企业

单位:亿美元,万人

所在地	海外资产排名	TNI排名	企业名称	海外资产	资产总额	海外销售额	销售总额	海外员工	员工总数	跨国化指数(%)
内地	3	86	中国海洋石油总公司	710.90	1 822.82	260.84	995.57	1.06	11.50	24.79
	7	54	中国远洋海运集团有限公司	448.05	578.75	180.75	274.83	0.47	7.57	49.79
	14	41	联想控股公司	269.57	470.62	295.56	471.52	3.46	6.04	59.08
	22	100	中国石油天然气集团公司	228.57	6 413.34	117.91	4 443.87	2.85	150.02	2.71
	23	96	中国建筑股份有限公司	224.40	1 496.70	83.92	1 302.30	3.57	23.81	12.14
	24	94	中国石油化工集团公司	219.43	3 628.73	1 270.39	4 704.28	5.10	92.70	12.85
	27	91	中国五矿集团公司	192.25	590.10	124.20	523.83	1.11	17.70	20.86
	29	69	中国中化集团	187.06	578.67	624.97	808.75	0.48	4.79	39.87
	35	51	联想集团	167.91	270.81	315.95	462.96	1.39	6.00	51.14
	57	99	中国移动	105.56	2 111.17	52.21	1 044.16	0.00	24.16	3.33
	61	70	中国电子信息产业集团公司	102.26	381.57	88.93	331.83	3.47	12.93	39.81
	62	95	中粮集团有限公司	102.25	708.88	40.52	405.24	4.53	12.07	12.66
	70	46	大连万达商业地产股份有限公司	91.89	918.91	17.56	175.59	0.61	6.07	55.98
	75	43	腾讯控股	82.60	278.73	10.53	128.49	0.82	2.77	58.52
	76	93	复星国际	82.12	528.97	10.58	100.50	0.79	5.10	18.98
	97	67	中国铁道建筑总公司	49.54	1 004.75	925.16	963.62	2.44	24.96	42.37
香港地区	1	18	和记黄埔	910.55	1 139.09	270.43	350.98	23.18	28.00	79.93
	12	1	华润电力控股有限公司	290.95	290.95	91.15	91.15	4.26	4.26	100.00
	15	61	新世界发展有限公司	249.34	476.39	38.44	72.86	1.57	5.00	45.50
	16	47	怡和集团	244.90	664.57	278.52	399.21	25.99	43.00	55.68
	26	9	华润啤酒	199.92	233.85	205.50	217.77	23.94	25.20	91.62
	37	87	新鸿基地产	161.98	718.72	14.62	96.84	1.18	3.70	23.20
	38	3	第一太平有限公司	158.93	166.42	68.41	68.41	9.50	9.50	98.48
	47	8	香格里拉(亚洲)有限公司	132.45	137.40	17.88	21.12	2.70	2.81	92.36
	51	59	中电控股有限公司	122.76	276.78	73.04	118.98	0.27	0.73	47.53
	53	77	电能实业控股有限公司	116.90	175.71	1.86	2.75	0.00	0.00	36.64
	65	83	万洲国际集团	101.30	147.20	76.02	222.43	4.80	12.10	26.80

(续表)

所在地	海外资产排名	TNI排名	企业名称	海外资产	资产总额	海外销售额	销售总额	海外员工	员工总数	跨国化指数(%)
香港地区	73	55	来宝集团	91.19	200.02	806.63	858.16	1.30	1.35	49.59
	86	6	银河娱乐集团有限公司	65.91	66.84	90.75	92.53	1.63	1.70	94.80
	89	65	利丰集团	64.27	84.77	165.44	192.88	2.15	2.58	43.71
	92	68	粤海投资有限公司	57.29	61.39	10.48	10.87	0.50	0.53	40.45
	95	13	深圳国际控股有限公司	55.27	61.07	8.21	8.21	0.43	0.49	82.28
	98	20	路劲基建有限公司	49.30	54.78	16.42	16.42	0.24	0.24	78.32
台湾地区	2	11	鸿海精密	730.10	778.03	1 380.23	1 390.18	66.73	106.15	85.33
	17	89	台塑集团	242.37	1 073.33	144.30	789.78	2.79	10.63	22.36
	39	21	广达电脑	158.74	192.02	273.20	305.65	5.74	10.54	75.52
	77	75	宝成集团	80.82	86.26	37.61	80.50	38.56	41.16	38.61
	79	34	仁宝电子	79.36	119.66	244.63	279.05	6.50	7.08	63.51
	80	5	纬创集团	77.64	94.64	83.70	195.45	4.98	5.58	97.40
	99	39	宏碁集团	46.08	60.37	101.27	108.78	0.42	0.69	60.64
	100	10	正新橡胶工业公司	45.20	53.67	39.58	42.57	2.11	2.50	87.14

资料来源：UNCTAD, *World Investment Report*, 2016。

（二）发展中国跨国公司的必要性和原则

从国家战略高度来说，创建和发展中国的跨国公司是实施"走出去"战略的集中体现。实际上，从某种程度上说，"走出去"战略成败的关键就在于能否培育出一批中国自己的、在国际上具有竞争力的跨国公司。不仅如此，伴随着经济全球化的发展，拥有确具实力的跨国公司，还是衡量一国综合经济实力和竞争力的重要标志。

从企业"走出去"的角度来说，一大批中国跨国公司的涌现是我国企业国际竞争力提升的重要标志。企业没有国际竞争力就不可能发展成跨国公司，因为跨国公司不是自封的，它是在激烈的国际竞争中锻炼出来的。

在培育中国跨国公司时，我们应注意以下几个原则：市场取向原则，由于跨国公司的形成主体是企业，不是政府，在培养中国跨国公司时要特别注重发挥市场的作用，以市场作用为主，政府的扶持引导为辅；择优扶持原则，政府对发展跨国公司的扶持不应漫无边际和不加选择，而应主要针对管理出色、具有一定规模、经营状况良好、已具有一定国际竞争力的企业采取扶持措施；跨越所有制原则，我们培养跨国公司针对的是所有中国企业中的优势企业，而不应考虑其所有制性质，实际上，私营企业中已经有相当一批企业初具跨国公司雏形，略加扶持将很快发展起来。

四、提升中国企业国际竞争力的措施

（一）加快建立和完善现代企业制度

具有国际竞争力、能够成功地进行跨国经营的企业无一例外都建立了产权清晰、权责明确、管理科学的现代企业制度。而中国企业长期以来竞争力缺乏、海外投资效率低下的重要原因之一就是管理体制落后，对外界环境的反应和适应能力不强。为此，企业应加快建立现代企业制度，尽快成长为符合国际市场运行规则要求的新型主体。首先，企业应明确权责划分和内部关系，对于企业集团，应确立以资本为纽带的母子公司组织结构体制，各成员企业为独立法人，同时母公司作为子公司的出资人，通过持股、控股等产权方式建立起母公司和子公司的关系纽带；其次，企业应完善法人治理结构；最后，企业应加强内部制度建设，建立员工选拔机制、人才激励机制和对经营者的约束与监督机制。

（二）尽快形成全面创新的机制

创新是企业竞争力提升的源泉。对于中国企业而言，现阶段尤为重要的是进行经营理念、科学技术、管理方式和市场营销四个方面的创新。

（三）实施品牌战略

品牌国际竞争力的具体量化形式是品牌在国际市场上的知名度和市场占有率，即品牌的国际影响力。在激烈的国际竞争中，跨国公司倚仗的不仅仅是其雄厚的资金和技术实力，更重要的是它们的品牌优势。正是依靠品牌的影响力，跨国公司才能将自己的势力扩张到其他国家和地区的市场中去。在产业结构剧烈调整的时代，品牌成为产品价值链的最高端，拥有国际品牌就能占有大部分的国际市场份额。毫不夸张地说，企业的真正竞争力是品牌的竞争力，品牌是企业竞争力的集中体现。

中国企业在跨国经营的过程中也要不断提升层次，即逐步从商品输出层次走向商品输出与资本输出并举的层次，再进一步发展到商品输出、资本输出和品牌输出三者结合的层次。为了加快这一进程，企业必须重视品牌战略和品牌经营。从长远来看，以技术、产品、服务优势为基础的品牌，将是中国企业最终占领国际市场的最有力保证。具体来讲，企业要树立名牌意识，要借鉴国外企业成功的品牌成长和品牌运作经验，提高国内品牌的设计开发能力，使产品在竞争中获得高度的"差异化"，使品牌成为企业个性化和企业形象的标志。

（四）组建大型企业或企业集团

规模化经营是企业降低运营成本、加深专业化程度和提高产品质量的有效方法，也是企业提升国际竞争力的必要手段之一。目前，国际竞争力较强的企业基本上都是大型的跨国公司，《财富》世界500强就是比较典型的例子。以规模大而入选的500家公司基本上代表了全球企业国际竞争力的最高水平。因此，中国企业要想在国际竞争中取胜，必须扩大自身的规模实力，组建大型企业或企业集团，将自身"做大做强"。

（五）培育企业核心竞争力

要提高企业的国际竞争力，就必须先从强化企业的核心竞争力入手，核心竞争力提升了，企业的国际竞争力自然也就提升了。鉴于缺乏核心竞争力是中国企业面临的一个突出问题,未来国内企业国际竞争力提升的关键在于核心竞争力的生成。

核心竞争力主要包括核心技术能力、组织协调能力、对外影响能力和应变能力,其本质是让消费者得到竞争对手不可替代的价值、产品、服务和文化。由此可见,创新是核心竞争力的内在基础,品牌是核心竞争力的外在体现,而规模实力、人才资源、无形资产等则是核心竞争力的一般构成要素。因此,中国企业可以通过不断进行技术创新、营造品牌优势、扩大规模实力、保护无形资产、注重引进和培养人才等手段来培育和提高核心竞争力。

在培育企业核心竞争力的过程中,要特别注意处理好一元化经营与多元化经营的关系。当企业还不具备核心竞争力时,最好不要多元化经营,因为此时不健全的核心竞争力还不能确保多元化的成功。即使企业拥有了核心竞争力,在发展不相关多元化经营时也要特别小心,如果不具备一些特殊条件,则绝不能盲目发展不相关多元化。盲目发展不相关多元化导致企业倾家荡产的例子在中外企业界数不胜数。

第五节　中国海外企业经营当地化

一、海外企业经营当地化的含义

经营当地化(localization)又称经营属地化或经营本地化,是指海外投资企业以东道国独立的企业法人身份,按照当地的法律规定和人文因素,以及国际上通行的企业管理惯例进行企业的经营和管理。

海外投资企业在东道国开展生产经营活动,首先要承认自己在形式上是东道国当地的企业,是在东道国已形成的社会经济和法律环境下经营的法人,所以要把经营当地化作为自己的基点和发展方向。实现了经营当地化,海外投资企业才算真正纳入所在国的经济运行体系之中。

要在激烈的竞争中站住脚,就要及时利用当地的人、财、物等多方面资源,要转化角色,在当地安家落户,将自己从中国的海外企业转变成东道国的企业,不仅要建立生产中心,还要逐步设立销售中心、研发中心、采购中心、设计中心和管理中心等。

国际化与当地化是现代企业发展过程中相辅相成的两个方面,是结果与过程的关系,不可分割,必须加以正确处理。企业开展对外直接投资是走向国际化的表现,但是在国际化的过程中要兼顾当地化,从一定的角度来讲,当地化经营是国际化的进一步深入发展。

二、海外投资企业经营当地化的主要内容

(一) 经营管理当地化

经营管理当地化即在企业经营管理方面实行一系列当地通行的做法。发达国家的市场经济的发展较中国更早更成熟,因而当地企业已经形成了一套适应市场经济环境需要的经营方式和经营手段,中国海外投资企业应尽快把这些东西学到手并加以实际应用。例如,我们应采用当地或国际通行的企业制度、企业决策与管理方法、财务管理制度和会计方法、人事管理制度、营销策略、审计制度和方法以及企业资产信托机制管理方法等。只有实现经营管理的本地化才能想当地市场之所想,急当地消费者之所急,真正贴近当地市场,因地制宜地制定与当地其他企业竞争的战略。

（二）人员当地化

人员当地化是所有当地化中最重要的,因为经营当地化主要还是要靠当地人才来实施。人员当地化并不是指海外投资企业要百分之百聘用当地人员,而是指海外投资企业可以大胆地、较多地聘用当地人员,不仅一般工作人员可从当地雇用,而且中高级管理人员(如总经理)也可从当地雇用,并且还要从当地雇用会计师、律师等专业人员。实行人员当地化政策可以充分利用当地的人力资源,为海外投资企业的发展注入活力。截至2015年年底,全球跨国企业海外雇员约有7 950.5万人。大量资料表明,跨国企业外派人员的失败率比较高,美国外派人员中提前回国的比率大致在10%—80%,而且派遣母国人员赴海外企业工作的成本高,又与当地雇员和群体(政府、供应商、顾客等)存在沟通上的障碍。

（三）工资分配当地化

工资分配当地化又称国外工资制,是指对国内外派人员实行与同企业内或同行业内外方人员相同的工资标准和待遇,把个人的工资收入与个人对企业的贡献挂钩。工资分配当地化后,国内外派人员原来享受的工资以外的福利待遇应取消(如免费住房、免费通信、免费用车、伙食补贴、交通补贴、往返国内机票补贴以及代交的个人所得税等),外派员工应当像当地员工一样负担所有的生活费用。

（四）品牌当地化

品牌当地化是企业及其商品能否被消费者认同的关键。这一点国外公司的有些做法值得中国海外企业借鉴。"Sprite"原是可口可乐公司的一个品牌,如果直译成中文就是"魔鬼""小妖精""调皮捣蛋者"的意思,这显然不能给中国消费者留下良好的印象,而经过本地化翻译后的名称"雪碧",含义为纯洁、清凉,在此基础上再加上由中国体育明星所做的广告,市场反应自然十分热烈。因此,中国的海外企业也要重视品牌,逐步扩大自有品牌在东道国的知名度和影响力,提升品牌价值,实现品牌扩张。

（五）研发当地化

实施研发当地化可以实现产、销、研一体化,使研发直接为产品当地化服务,使产品更加贴近市场,而且还有利于利用当地的科技人才,占领技术高端。研发当地化已成为跨国公司的一种普遍做法。

（六）资金当地化

企业在海外生存与发展,必须要解决融资问题。一方面,可以到当地金融机构借贷,另一方面,也可以考虑发行企业债券,或采取一些被允许的灵活的融资方式。当然,如果能够争取在当地上市,则不仅可以募集到较多的当地资金,还可以使本公司更容易得到当地消费者的认同和关注。

三、海外企业经营当地化的意义和作用

海外企业实行当地化经营战略的主要意义和作用在于:它可以解决海外企业现存的问题,改进海外企业的经营管理,使海外企业贴近当地市场,树立当地企业形象,扩大市场份额,提高经济效益,保障海外投资目的的实现;不认真实施当地化战略,海外企业就不能够发展壮大,"走出去"战略也就无法得到切实的落实;当地化是实现企业国际化的必由之

路,只有真正雇用当地劳工,使用当地资源,了解当地法律和文化,建立自主的生产、销售或研发中心,在东道国扎根、生长,实现真正的本地化,才能真正走向国际,成为国际化的跨国企业。

思考与练习

1. "走出去"战略的含义是什么?它分为哪几个层次?中国企业实施"走出去"战略的必要性和意义是什么?
2. 简述中国企业开展海外直接投资的可能性与条件。
3. 企业国际竞争力的确切含义是什么?它与企业海外投资是什么关系?
4. 简述发展中国跨国公司的必要性与原则。
5. 简述海外企业经营当地化的含义和主要内容。

案例分析

海尔集团的国际化战略

1984年12月,海尔集团的前身青岛电冰箱总厂正式成立,经过28年的发展,海尔集团已从当年员工不足800名、销售收入仅380万元、亏损高达147万元的集体小厂,一跃成为一家集科研、生产、贸易和金融于一体的大型国际化企业集团,并且正朝着"世界500强"的目标不断奋进。2011年,海尔集团实现全球营业额1509亿元。目前,海尔在全球建立了29个制造基地,8个综合研发中心,19个海外贸易公司,全球员工总数超过7万人,已经发展成为一家大规模的中国的跨国公司。

海尔集团在首席执行官张瑞敏确立的名牌战略指导下,在品牌建设方面先后实施了名牌战略、多元化战略和国际化战略,从2005年年底开始,海尔的品牌建设进入第四个战略阶段——全球化品牌战略阶段。2011年12月15日,世界著名消费市场研究机构欧洲透视(Euromonitor)发布全球家电市场最新数据,海尔在世界白色家电品牌中排名第一,全球市场占有率7.8%。这是海尔第三次蝉联全球第一。目前海尔集团同时拥有"全球大型家电第一品牌、全球冰箱第一品牌、全球冰箱第一制造商、全球洗衣机第一品牌、全球酒柜第一品牌与第一制造商、全球冷柜第一品牌与第一制造商"八项殊荣。海尔已跻身世界级品牌行列,其影响力正随着全球市场的扩张而快速上升。2011年海尔集团的"以开放式研发平台建设为核心的创新体系"项目获得"国家科技进步奖"。2011年,海尔品牌价值高达907.62亿元。自2002年以来,海尔品牌价值连续10年蝉联中国最有价值品牌榜首。海尔品牌旗下冰箱、空调、洗衣机、电视机、热水器、电脑、手机、家居集成等19个产品被评为中国名牌,其中海尔冰箱、洗衣机还被国家质检总局评为首批中国世界名牌。

截至2009年,海尔累计申请专利9258项,其中发明专利2532项;海尔已参与19项国际标准的制定,这表明海尔的自主创新技术在国际标准领域得到了认可。在创新实践中,海尔探索实施的"OEC"管理模式、"市场链"管理及"人单合一"发展模式引起了国际管理界的高度关注,美国哈佛大学、南加州大学、瑞士IMD国际管理学院、法国欧洲管理学院、日本神户大学等商学院专门对此进行案例研究,海尔"市场链"管理还被纳入欧盟案例库。

海尔集团的国际化经营之路大致可以划分为四个阶段,即 1984—1990 年的国内创牌蓄势阶段、1990—1996 年的以贸易为先导开拓国际市场阶段、1996—1998 年的探索性海外投资阶段和 1999 年至今的全球化发展阶段。与此同时,经过近 10 年的探索,海尔正式形成了成熟的国际市场战略,也就是"三个 1/3"的战略:在全球销售额中,国内生产国内销售占 1/3,国内生产国外销售占 1/3,国外生产国外销售占 1/3。

1996 年,海尔集团经过长期酝酿,决定与印度尼西亚莎保罗有限公司共同建立印度尼西亚海尔·莎保罗有限公司,这标志着海尔首次实现了生产国际化,海尔集团的跨国经营也随之进入海外直接投资的新阶段。随后,海尔集团在菲律宾、马来西亚、南斯拉夫和伊朗等地相继建立了海外工厂,这一阶段的海外直接投资大多属于探索性质,但它们为海尔随后进军欧美市场积累了宝贵经验。1999 年 3 月,海尔集团投资 3 000 万美元在美国南卡罗来纳州的坎姆顿建立了第一个海外海尔工业园——美国海尔工业园,在美国初步实现了设计、生产、销售"三位一体"的本地化经营模式。以此为标志,海尔的海外直接投资彻底摆脱了为出口服务的目的,真正进入国际化阶段。随后,海尔集团又在巴基斯坦建立了第二个海外海尔工业园,并继续扩大海尔在中东和亚太地区的海外直接投资规模。2005 年 1 月,在英国,海尔冰箱被 *Ethical Consumer* 杂志评为最畅销产品;在德国,科隆市政府和亚琛市政府的一次滚筒洗衣机大批量采购招标中,海尔滚筒洗衣机经过多轮竞争,最终击败了众多国际品牌,赢得了两市市政府的大批量订单。2005 年 7 月,海尔以"感恩百万"为主题,参与日本世博会中国馆活动,通过与日本消费者零距离接触,进一步扩大了海尔品牌在日本的知名度和美誉度。2007 年 8 月,海尔集团在德国法兰克福著名的 Westhafen(西港)大厦举行 Haier Day 主题展览活动,来自德国瑞典等北欧国家的主要客商参加了活动,引起了德国媒体的广泛关注,德国著名电视台 WWTV 对此做了全面报道。

海尔集团海外直接投资的本地化战略,概括起来可以归纳为"三位一体"和"三融一创"战略。所谓"三位一体",指的是在国外实现当地设计、当地生产和当地销售;所谓"三融一创",指的是海尔集团在投资东道国当地融资、当地融智、当地融文化和创本地化名牌。

海尔集团的国际化战略中还有一个全球十大经济区投资战略,指的是将全球市场划分为十个有较大国际影响力的经济共同体,在每一个共同体内选点建设工厂,以便在这些工厂的当地化率达到 60%以后,将产品输送到共同体的其他成员国,争取获得关税等方面的优惠待遇,取得更快的发展。这十大经济区是:北美洲 2 个(北美自由贸易区和墨西哥、委内瑞拉、哥伦比亚三国集团);南美洲 2 个(南锥体和安第斯集团);中美洲 1 个(中美洲共同市场);亚洲 2 个(东盟和海湾合作组织);欧洲 2 个(欧盟和东欧);非洲 1 个(南部非洲发展共同体)。目前海尔集团已先后在乌克兰、伊朗、巴基斯坦、孟加拉国、意大利、马来西亚、菲律宾、印度尼西亚、美国、越南和南斯拉夫等国或地区设立生产厂。

海尔在海外投资建厂一直遵循着"先有市场,再建工厂"以及"盈亏平衡点"的海外投资策略,也就是说,海尔进行对外直接投资的程序是:发展出口—建立营销网络—树立品牌—达到盈亏平衡点—投资建厂。在这一程序中,海尔是否在当地投资建厂取决于市场是否已经接纳海尔品牌,是否有市场。

海尔在国际化过程中还提出了"先难后易"的思想,其中比较有代表性的是其"先难后易"的出口战略。一般来说,企业进行国际化经营都是采取"先易后难"的战略,一点一点地积累经验,发展壮大。然而,海尔产品出口的战略却是"先难后易",即首先以发达国家为目标市场,将产品出口到发达国家,争取创出名牌,然而以高屋建瓴之势打开发展中国家市场,从而实现既创品牌又占领市场的目的。这表明海尔集团并不单纯走渐进式道路,而是根据海尔的名牌战略以及自身优势,适当地进行跨越式发展。

海尔集团的国际化战略大致可以归结为以上论及的三大战略,即"三个1/3"战略、本地化战略和全球十大经济区战略。贯彻和实施本地化战略是海尔集团海外直接投资成功的关键因素之一,也是海尔集团从"国际化海尔"发展到"海尔国际"的必由之路。

【思考与讨论】

1. 海尔集团国际化战略所包括的三大战略的具体内容是什么?
2. 海尔集团的本地化策略包含哪些内容?本地化经营有何意义和作用?
3. 海尔集团自身的品牌优势对其开展海外直接投资有何影响?

21世纪经济与管理规划教材
国际经济与贸易系列

第六章

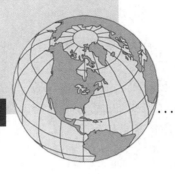

国际间接投资

【教学目的】

通过本章学习,学生将能够:

1. 了解国际证券投资的含义与特征,国际证券市场以及证券投资的重要意义;
2. 熟悉国际债券和股票的种类、发行方法及交易程序;
3. 掌握债券和股票的价格及其计算方法,投资基金及其运作方法,证券投资的基本技能。

【关键术语】

资本证券	买壳上市
发行市场	QFII
流通市场	ADR
外国债券	开放式基金
欧洲债券	封闭式基金
全球债券	

【引导案例】

在香港特区发行的人民币计价的债券通常被称为"点心债券"(dimsumbonds)。据英国《金融时报》报道,2011年共有84家机构发行了"点心债券",发行总额达到140亿美元,而2009年和2010年"点心债券"的发行额分别仅为23亿美元和54亿美元。发行"点心债券"的除了国内金融机构和企业外,还包括不少跨国公司,如麦当劳、卡特彼勒、联合利华等。如果内地放松政策允许离岸市场的资金流入,则"点心债券"无疑将成为颇具吸引力的企业融资渠道。请分析一下"点心债券"形成的原因和未来的发展前景。

第一节 国际证券投资概述

一、证券投资的含义

证券是代表一定财产所有权和债权的凭证,它是一种金融资本,表示对财产的一项或多项权益,其内容包括占有、行使、处分和转让等。实际上,证券就是权益的象征,合法地拥有证券就意味着合法地拥有权益,这种权益将随着证券的转让而转移,因而,权益是证券的价值所在。

证券具有狭义和广义之分。狭义的证券是一种有面值的,并能给持有者带来收益的所有权和债权的证书,其具体内容包括股票、债券和基金证券等资本证券。广义的证券内容十分广泛,它除了包括股票、债券和基金证券在内的资本证券以外,还包括货币证券、商品证券、不动产证券等。货币证券指的是支票、本票、汇票等,商品证券是指水单、仓单、提单等,不动产证券指的是房契和地契等。在我们日常生活中所说的证券指的是狭义的证券,即股票、债券和基金证券。在大陆法系的国家中,证券被认为是有价证券的简称。有价证券是具有一定面额,代表一定的财产权,并借以取得长期利益的一种凭证。有价证券既属于经济的范畴,也属于法律的范畴,其经济范畴主要表现为有价性和收益性,即它可以买卖和转让,并能凭此取得收益;其法律范畴主要体现在证券与权益紧密相连,以及证券发行和流通的规则性。

证券投资是指个人、企业以赚取股息、红利、债息为主要目的购买证券的行为。证券投资是一种不涉及资本存量增加的间接投资。证券本身不是商品,但它可以作为商品在市场上进行买卖。证券作为商品与一般商品不同,一般商品是用于满足人们的某种需要,其价值是由生产该产品所需的必要劳动时间决定的,而投资者购买证券是为了满足其增值欲望,证券的价值是由证券发行企业的经营状况决定的。证券投资的作用不仅仅体现在能给投资者带来收益,而且还能加速资本集中,促进社会资金的合理流向,以满足从事社会化和国际化生产的企业对巨额资金的迫切需求。证券投资是资本流动的形式之一,证券投资的国际化,不仅使闲置资本在世界范围内得到广泛的利用,促进了世界性的经济发展,而且为证券投资企业和个人带来了更广阔的投资机会。目前,证券投资已经发展成为国际投资活动的主要形式之一。

二、证券投资的特征

证券投资是以获取收益为目的并以信誉为基础的,投资者能否获取收益或收益多少取决于企业的经营状况,证券的持有者还可以将证券在证券市场上进行买卖和转让,这些就决定了证券投资具有投资的收益性、投资行为的风险性、价格的波动性、流通中的变现性和投资者的广泛性等特征。

（一）投资的收益性

投资的收益性是指证券的持有者可以凭此获取债息、股息、红利和溢价收益。证券投资的收益分为固定收益和非固定收益两大类:购买债券和优先股的投资者取得的收益是固定的,无论证券发行者的经营效益如何,他们分别获取固定的债息和股息;而购买普通股和基金证券的投资者所获取的收益是非固定的,他们能否获取收益或收益的多少取决于证券发行者的经营效益或基金运作的情况,盈利多则收益多,盈利少则收益少,亏损或无盈利则无收益。据统计,美国债券的投资者年平均收益率为8%左右,而股票投资者的年平均收益率则平均在10%以上。此外,证券的投资者还可以通过贱买贵卖获取溢价收益。

（二）投资行为的风险性

证券投资者在获取收益的同时还必须承担风险。其风险主要来自四个方面:一是经营风险,即证券的发行企业在经营中,因倒闭使投资者连本带利丧失殆尽,或因亏损在短期内没有收益而给投资者造成损失;二是汇率风险,即由于投资者所用货币贬值,导致债券等的投资者到期所得到的本金和利息不足以弥补货币贬值带来的损失;三是购买力风险,即在投资期内,由于通货膨胀率的原因,货币的实际购买力下降,从而使投资者的实际收益下降;四是市场风险,即投资者往往会因证券市价的跌落而亏损。此外,政治风险往往也是证券投资者不可回避的因素。购买任何证券的投资者都要承担一定的风险,只是承担风险的大小不同而已。股票的风险一般要大于投资基金的风险,而投资于投资基金的风险又大于投资债券的风险,投资于政府债券的风险又要比投资于其他债券的风险小得多。实际上,证券投资的收益越多,投资的风险也就越大。

（三）价格的波动性

企业往往根据其发行证券的目的、企业的发展规划和发行方式的不同,来决定证券的发行价格,但企业的经济效益、市场、投资者心理和政治等因素的影响,会导致市场的交易价格与票面值或发行价格相偏离,这种偏离会给投资者带来收益或损失。当然,很多投资者都想利用价格的波动来满足其资本增值的欲望。

（四）流通中的变现性

证券在流通中的变现性指的是证券的让渡性和可兑换性。证券的投资者可以在证券市场上按照法定的程序将证券公开进行买卖和转让,即持有者可以根据自身的需求和市场的具体情况自由地将证券变为现金。变现性的强弱取决于证券期限、收益形式、证券发行者的知名度、证券的信用和市场的发达程度等多种因素。一般说来,证券的信誉越高、期限越长、发行者的知名度越大、市场运行机制越发达,证券在流通中的变现性越强;否则,其流通中的变现性就较差。

（五）投资者的广泛性

投资者的广泛性主要是指参与证券投资的人多而且面广。证券的投资者既可以是政府和企业，也可以是个人，其中的社会大众是主要的证券投资者。证券投资对投资者的投资数量不做具体限制，投资数量由投资者根据其资金数量的多少和风险的大小自行决定，这就为寻求资本增值的社会大众参与证券投资提供了可能。据统计，美国有 1/3 的人口参与了证券投资，中国近几年出现的"股票热"和"投资基金热"也充分说明了这一点。

三、国际证券市场

（一）国际证券市场的概念

国际证券市场是由国际证券发行市场和流通市场所组成的。国际证券市场一般有两层含义，第一层含义是指已经国际化了的各国国别证券市场；第二层含义指的是不受某一具体国家管辖的境外证券市场。目前，绝大多数的国际证券市场属于第一层含义，只有欧洲债券市场属于第二层含义。由于股票是目前国际证券市场上交易量最大的有价证券，人们通常所称的证券市场一般是指股票市场。

国际证券市场历史悠久，最早可以追溯到 17 世纪创立的荷兰阿姆斯特丹证券交易所。19 世纪 70 年代以后，以股票为中心的证券交易所如雨后春笋蓬勃地发展起来，尤其是第二次世界大战以后，股票和债券交易量的大幅度增加，使世界上形成了诸如纽约、伦敦、东京、香港等许多著名的国际证券交易所。

（二）国际证券发行市场

国际证券发行市场是向社会公众招募或发售新证券的场所或渠道。因为发行市场卖出的是新印发并第一次出售的证券，所以称为"初级市场"或"第一市场"。

证券发行市场由发行人、购买者和中间人组成。证券市场上的发行人一般是资本的使用者，即政府、银行、企业等；证券的购买者多为投资公司、保险公司、储蓄机构、各种基金会和个人等；中间人主要包括证券公司和证券商等。证券发行市场一般有固定的场所，证券既可在投资公司、信托投资公司和证券公司发行，也可在市场上公开出售。证券发行的具体方式有两种：一种是在证券公司等金融机构的协助下由筹资企业自行发行；另一种是由投资银行等承购商承购，然后由承购商通过各种渠道再分销给社会各阶层的销售者进行销售。当新证券发行完毕后，该新证券的发行市场也就自行消失。

（三）国际证券流通市场

国际证券流通市场是指转让和买卖那些已由投资者认购了的证券的市场，因此也被称为"次级市场"或"第二市场"。证券的发行市场是制造证券的市场，它是流通市场产生的基础，而流通市场为投资者提供了转让和买卖证券的机会，满足了投资者渴求资本短期收益的欲望，从而起到了引导投资导向和变现的作用。证券流通市场一般有四种形式，即证券交易所、柜台交易、第三市场和第四市场。

1. 证券交易所

证券交易所是属于有组织的规范化的证券流通市场，这里的投资者必须通过经纪人按法定的程序从事证券的交易活动。交易所内买卖的证券也必须是经有关部门核准上市的证券。交易所内的证券交易集便利、迅速、公平、合法于一体。证券交易所属于二级市场，同时也是二级市场的主体和核心。证券交易所的组织形式一般有两种，一种是公司制，另一种是会员制。

公司制证券交易所是由投资者以股份有限公司形式设立的,以营利为目的的法人机构。这种交易所是由股份公司提供场地、设备和服务人员,并在主管机构的管理和监督下,证券商依据证券法规和公司章程进行证券买卖和集中交割。公司制证券交易所相当于一个以营利为目的的自负盈亏的私人公司,其收益主要来自发行证券的上市费和证券交易的手续费。证券公司本身的证券大都不上市交易,公司本身也不自行或代客买卖证券。目前,世界各国的多数交易所属于公司制证券交易所。

会员制证券交易所是由证券商自愿组成的非法人团体。会员制交易所不以营利为目的,在交易所内进行交易的投资者必须为该所的会员,其会员资格是经过交易所对学历、经历、经验、信誉和资产的认证以后取得的。会员制交易所的会员既可以是投资银行、证券公司、信托公司等法人,也可以是自然人。交易所的费用由会员共同承担。这种交易所也同样提供场地、设备和服务人员,证券的投资者也只能通过经纪人代为买卖。发达国家的交易所之前多属于会员制交易所,但目前多数已转为公司制交易所。

2. 柜台交易

柜台交易是指在证券交易所以外进行的交易活动,亦称场外交易。这种交易在17世纪出现,当时人们多在柜台上进行,所以又称店头交易。柜台交易的证券多属于可以公开发行,但未在证券交易所登记上市的证券。柜台交易的数量没有起点和单位限制,不通过竞价买卖,交易者可以不通过经纪人直接买卖证券,而是协议成交。柜台交易也有固定的场所,一般在证券经营商的营业处进行。柜台交易满足了不同类型和不同层次的证券投资者的需求,因而得以迅速发展。

3. 第三市场

第三市场是指非交易所会员从事大量上市股票买卖的市场,也就是说,交易的证券已经上市,但却在交易所以外进行交易。第三市场是20世纪60年代才开创的一种市场。在第三市场进行证券交易的投资者可以节省在交易所内应缴纳的佣金等交易费,因此这种市场的交易额占各种证券市场交易额总和的比重不断提高。目前,有很多投资公司、基金会、保险公司等也频繁地在第三市场从事证券交易活动。

4. 第四市场

第四市场指的是各种机构或个人不通过经纪人,直接进行证券买卖交易的市场。它实际上是通过计算机网络进行大量交易的场外市场。在第四市场上进行交易,不仅使交易者的身份得以保密和节省佣金等交易费用,而且成交迅速。第四市场上的交易活动,交易者往往互不知道对方的身份,通过将信息输入电脑来寻找客户。双方通过电脑进行磋商,最后达成交易。

(四)世界主要的证券交易市场

1. 纽约证券交易所

纽约证券交易所成立于1792年,位于目前世界公认的金融中心美国纽约曼哈顿的华尔街。纽约证券交易所原是会员制交易所,受20世纪70年代初经济危机的影响,于1971年2月18日改为公司制。但纽约证券交易所仍实行"席位"会员制。2005年4月,纽约证券交易所收购电子交易运营商Archipelago控股公司,从非营利性法人团体转化为营利性公司,合并后的新公司名为纽约证券交易所集团公司,集团的股票在纽交所上市。2006年6月,纽约证券交易所宣布与泛欧证券交易所合并组成纽约-泛欧证券交易所。2007年4

月 4 日，纽约-泛欧证券交易所正式成立，总部设在纽约，由来自五个国家的六家货币股权交易所以及六家衍生产品交易所共同组成。

纽约证券交易所拥有 1 366 名固定数目的"席位"会员，代表着 600 多家证券经纪公司。纽约证券交易所的主要部分是交易大厅，其面积相当于足球场的 3/5，气势十分壮观，堪称世界之首。厅内分股票和债券两个交易厅，20 世纪 80 年代初，交易所将原来的 22 个交易站改为 14 个，其中 7 个在主厅，3 个在位于左侧的蓝厅，4 个在位于右侧的东厅。每个交易站又按大小分设 16 或 22 个小站，每一笔交易都必须在小站进行。在大厅的周围及每个交易站的上方都配有电子显示设备，交易所内的任何一位经纪人坐在交易台前，只要一按按钮，即可获得各种证券的最新行情。交易厅的周围有许多电话和传真机等通信设施。纽约证券交易所为了与世界其他各地交易所相衔接，其交易时间由过去的 6 小时改为从上午 9:30 至下午 4:00 的 6 个半小时，这不仅方便了投资者及争取到了大量的欧洲投资者，还使全世界每天 24 小时不间断地连续进行交易。但是，如果股票指数在上午下跌 250 点，交易将停止半小时，下午下跌达到 400 点，交易将停止 1 小时。纽约证券交易所对公众是开放的，参观者虽然不能进入交易大厅，但可通过电梯到达位于交易大厅四周较高的观测台，透过观测台的玻璃俯视交易大厅的概貌和厅内经纪人的日常交易情况。纽约证券交易所采用的交易方式有现款交易、例行交易、发行日交易和连带选择权交易四种。

纽约证券交易所对申请在该所上市的公司有严格的标准，即公司必须拥有 1 600 万美元的有形资产和总值相当于 1 600 万美元的股票，拥有 2 000 个以上的股东，其中公众持股不得少于 110 万股，最近一年的盈利必须达到 250 万美元，过去两年的平均利润不少于 200 万美元。申请上市的公司被批准上市以后，先缴纳 2.5 万美元的入会费，然后每年缴纳 1.5—5 美元的会费。对批准在该所上市的公司出现下列情况之一者，将会被停止上市资格：①持股的股东低于 1 200 个；②公众拥有的股票总值低于 500 万美元；③公众持股少于 60 万股。从近几年的情况看，纽约证券交易所每年都有因不符合上述标准而被停止上市的公司。纽约证券交易所还有一个显著的特点，就是不是以数字来代表上市公司的股票，而是以 1—4 个字母来表示，如 S、H、D，或 FA、HE、KT，或 KHN、TIM、QWE，或 SYU、GAV、OPY 等，其中使用 3 个字母的居多，而使用一个字母的则为数极少。

美国对证券业务有一套较为完善的管理体制，其中直属美国总统领导的证券交易委员会对证券经营机构、证券发行、证券交易等实施全面的管理权，该委员会还按经济区域直接在当地派驻机构和人员对证券市场进行监管。此外，美国还颁布了一整套有关证券交易方面的法律，主要包括《证券法》《证券交易法》《政府证券法》《信托契约法》《投资公司法》《投资顾问法》。

2. 伦敦证券交易所

伦敦证券交易所成立于 1773 年，具有 240 多年的历史，是世界上最古老的证券交易所，也是目前世界上三大交易所之一。伦敦证券交易所的交易地点不仅设在伦敦，而且在英国的格拉斯哥、利物浦、伯明翰等城市也设有交易场所。伦敦证券交易所虽然是一个股份有限公司，但也属于会员制交易所。

截至 2016 年 9 月底，在伦敦证券交易所上市的股票有 2 788 种，债券 16 813 种，上市公司有近 2 292 家，其中英国本土的上市公司 1 547 家，国外公司 745 家，但外国上市公司的资产总额约占该交易所上市公司资产总额的一半，达到 2.18 万亿美元。

伦敦证券交易所有三大特色:一是该所内上市的债券的交易量超过了其他证券的交易量,其中英国本国公债的大部分是在该交易所进行交易的,而且债券的大部分是外国债券;二是在该交易所的大厅内不设综合行情咨询系统,也不报告当市的最新交易牌价,而当市交易的详尽资料刊载在次日的《金融时报》等杂志上;三是从成交到交割所间隔的时间是世界所有交易所中最长的,多数股票交易是在成交后的两个星期内交割,如遇节假日,交割手续顺延。伦敦证券交易所目前主要采用现款交易和两周清算交易,交易所内分成8个交易区,即政府统一长期公债市场、美国股票市场、美国债券市场、外国公债市场、英国铁路证券市场、矿业证券市场、银行证券市场和工商证券市场。伦敦证券交易所的开市时间从上午9:30至下午3:30共6小时。伦敦证券交易所的证券交易主要是在中间商和经纪人之间进行,该交易所经纪人的种类和职能与纽约证券交易所经纪人的职能大体相同,其佣金也是固定的,但对不同的证券有不同的佣金标准。伦敦证券交易所内的中间商与纽约证券交易所内的证券自营商相似,靠低价买进高价卖出来赚取买卖差价。

除主板市场之外,1995年伦敦证券交易所还推出了另项投资市场(AIM),AIM市场上市标准较低,主要面向新成立的、尚未达到主板市场所有标准的,具有较大发展潜力的中小企业,对有发展潜力的中小企业在AIM市场上市实行保荐人制度。伦敦证券交易所还具有高流动性、市场的多层次性、产品的多样化和高知名度。此外,伦敦交易所还是世界上最大的股票基金管理中心。机构投资者是伦敦证券交易所的主要交易者,其交易份额占到交易所交易总额的80%以上,因此,对国际上的大机构投资者具有极大的吸引力。

3. 东京证券交易所

东京证券交易所创建于1879年,它与伦敦证券交易所和纽约证券交易所的历史相比,晚了近一个世纪,但它的发展速度很快,目前已经超过伦敦证券交易所跃居世界第二位,成为世界著名的三大交易所之一。

东京证券交易所内设有股票交易大厅、债券交易大厅、债券期货交易大厅、国债交易大厅和电脑系统买卖室。东京证券交易所股票交易有两种方式:一种是在交易大厅通过交易站进行交易,这里主要是交易250种日本和外国股票;另一种是通过电子计算机进行交易,即经纪公司通过中央处理器向经纪人发出指令,经纪人接到指令后通过计算机进行交易,并将交易的结果通过中央处理器立即返回给经纪公司。该交易所股票交易的结算可采用当日结算、特约日结算和例行结算等方式。当日结算就是在交易成交的当天进行股票或钱款的交割;特约日结算一般是在交易成交后15天内的某一日进行交割;例行结算是在交易成交后的第四个交易日进行结算,该交易所内的股票交易多数采用例行结算。至于债券交易,该交易所只允许面值范围在100—1 000日元的国债、大面值的可转换债券、世界银行债券、亚洲开发银行债券、欧洲日元债券和外国债券集中进行交易。

东京证券交易所对在该所上市的公司也指定了标准,上市公司的股票先在市场第二部上市交易,然后才可进入市场第一部进行交易。如果其指标低于市场第一部上市的标准,就将降到市场第二部。市场第二部的上市标准为公司纯资产价值必须在15亿日元以上,成立时间不少于5年,在东京范围内的公司所持股数不少于600万股,东京范围以外的公司所持股数不少于2 000万股,10个最大股东所持股数上市时不得超过总股数的80%及上市一年后不超过70%,公司最近3年的盈利额应分别达到2亿、3亿和4亿日元。

日本对证券的管理体制是模仿美国的体制建立起来的,有关证券方面的法律和机构也十分完善和健全。东京证券交易所直接在日本大藏省的监督下进行证券交易,大藏省为此还专门设立了证券局,证券局设总裁一名和副总裁若干名,其中一名副总裁兼任东京证券交易所的监理官。日本颁布的有关证券方面的法规有《证券交易法》《证券投资公司法》《证券投资信托法》《担保公司信托法》等。

阅读专栏　　深港通开通　资本市场对外开放再迈出重要一步

2016年12月5日,深港通正式开通,至此,沪深港三地证券市场成功实现联通,中国资本市场对外开放又迈出重要一步。

深港通的开通意义重大,就像中国证监会主席刘士余在开通仪式上所言:在国际金融处于不确定、不稳定的状态中,今天开通的深港通,必将为国际、国内金融市场注入正能量、注入信心、注入信任。

深港通是由深股通和深港通下的港股通两部分组成,是连接深港两地的桥梁,它的正式开通,标志着我国资本市场在国际化方向上又迈出了坚实一步,将进一步提升内地与香港市场国际竞争力和服务实体经济的能力。

对两地的投资者而言,内地投资者可以通过深港通下的港股通投资一定范围内的香港股票,而香港投资者可以通过深股通投资符合条件的深交所交易股票。深港通的开通,将给投资者带来更多的投资机会,有利于市场的正常运作,特别是资金的互相流动,能够解决短期内A股和H股的差价。

深港通的开通,使得深圳与香港资本市场实现互联互通,对于投资观念、上市公司治理、资本市场制度建设等方面具有深远影响。

沪港通运行已两年有余,深港通也正式通车了,这是中国资本市场对外开放的又一个里程碑,是中国资本市场持续对外开放的一个明确信号。相信在不久的将来,资本市场将进一步加快对外开放。

资料来源:http://finance.sina.com.cn/roll/2016-12-06/doc-ifxyicnf1664397.shtml。

四、国际证券投资的发展趋势

作为国际投资活动重要组成部分的证券投资,在20世纪八九十年代的最初几年一直呈迅猛发展态势。纵观目前国际证券投资的现状,其未来将呈以下发展趋势:

(一)证券交易国际化

证券交易国际化主要表现在四个方面:一是证券发行、上市、交易的国际化,这主要体现在一国的筹资者不仅可以申请在其他国家发行和上市交易有价证券,而且在其他国家发行的证券既可以以本国货币为面值,也可以以东道国或第三国货币为面值;二是股价传递的国际化,即任何一国的股市行情都对其他国家有示范效应;三是多数国家都允许外国证券公司设立分支机构;四是各国政府间及其与国际组织间加强了证券投资合作与协调。

(二)证券投资基金化

在证券投资活动中,个人投资者数额小而且资金分散,难以参与收益较高但资本额要求也较高的证券投资活动。于是各种投资基金便应运而生。投资基金一般由专家运营，采用投资组合，而且由不同的机构进行运作、管理和监督，这不仅提高了投资者的收益率，也减少了投资风险。

（三）证券投资的增长速度超过了直接投资

从第二次世界大战结束到20世纪70年代末，国际直接投资一直占主导地位，其中发达国家在1951—1964年的私人投资总额中，大约有90%采用直接投资，其私人直接投资额从1960年的585亿美元增加到1980年的4 702亿美元，增长速度为11%。进入80年代以后，国际证券投资的增长速度超过了国际直接投资。1981—1989年，国际债券市场的发行量从528亿美元增至2 500亿美元，平均每年增长18.9%。世界最大的投资国美国的对外证券投资由1980年的624.5亿美元增加到1993年的5 184.8亿美元，平均每年增长17.7%，而美国同期的对外直接投资仅从2 154亿美元增加到5 486亿美元，平均每年只增长7.5%；从1994年至2001年国际证券投资每年的增长率一直保持15%以上。受美国经济衰退的影响，随着美国股市的暴跌，2001年和2004年证券投资的数额虽有所减少，但国际证券投资的增长势头还会随国际金融市场的发展与完善、发展中国家经济建设速度的加快以及对资金需求的急剧增长，而保持相当长的一段时间。

（四）债券在国际金融市场融资中所占的比重日益提高

国际债券融资一直是国际融资的一种方式，而债券融资的地位不断提高。1975年，在国际金融市场融资总额585亿美元中，债券融资仅为187亿美元，占融资总额的32%。而1994年债券融资达到了2 939.4亿美元，占当年国际金融市场融资总额4 741亿美元的62%。1995—2004年债券融资额一直保持在5 000亿美元以上，占国际市场融资额的比重仍维持在50%以上。债券融资占国际金融市场融资比重的提高与各国证券市场的开放、证券市场的统一化和国际化以及交易的多样化有关。

（五）流向发展中国家的证券资本在不断增加

20世纪80年代以来，国际资本流动的总趋势是流向发展中国家。进入90年代以后，流向发展中国家的证券资本也在迅速增加。例如，1993年，在全球海外股票投资的1 592亿美元中，有525亿美元流向发展中国家，占了股票总投资额的33%。从1989年至1997年，流向发展中国家的证券投资平均每年递增34%左右，其中主要是流向新加坡、马来西亚、泰国、印度尼西亚、中国等亚洲的新兴市场。1997年至2004年流向发展中国家的股票投资额仍占全球股票投资总额的1/3以上。这主要与发达国家的低利率政策以及发展中国家经济发展迅速、市场收益率高、风险较小有关。

第二节　国际债券投资

一、债券的概念及其性质

债券是一种按照法定程序发行的，并在规定的期限内还本付息的一种有价证券，债券所表明的是一种债务和债权的关系。债券是国家、地方政府、金融机构和企事业单位为筹集资金而发行的一种借款凭证。债券实际上是把债务和债权之间的关系转化为一种有价证券，是以法律和信用为基础的借款凭证，是发行人对其借款承担还本付息义务所开具的凭证。债券对发行者来说是一种筹资手段,也表明了它对持有者所欠的债务;债券对购买者来说是一种投资工具,表明了它对发行者所享有的债权。人们购买债券的行为就是债券投资,如果投资者购买的是国际债券,那就是国际债券投资。国际债券投资具有收益性、安全性和流动性等特点。债券的性质跟借款收据是一样的,但是债券通常有固定的格式,较为规范,因此持券人可以在债券到期前随时把债券出售给第三者,而借款收据就不能做到这一点。

二、债券的特征

债券是一种虚拟资本,债券作为有价证券中的一种,既具有有价证券的共同点,也有其自身的特征。

1. 收益性

债券投资者的收益来自两个方面:一是固定的债息,这部分的收入是稳定的;二是低买高卖的买卖差价,债券的利率通常介于存款和贷款利率之间,比存款、储蓄、信托贷款等间接利息率要高。因为债券融资是直接融资,中间费用较少,债券发行者直接得到长期稳定的资金。因此,债券既受投资者的欢迎,又是债务人最愿意采用的融资工具。

2. 收益的有限性

由于债券的利息是固定的,其持有者的收益与企业的业绩无关。即使在二级市场上博取买卖差价,固定的利息也决定了其差价不可能很大,再加上不计复利,这使得投资者的收入是相当有限的。

3. 安全性

与其他证券相比,债券的风险远比股票要小,安全性略低于银行存款。这主要体现在以下三个方面:一是发债者如果是各国的中央政府、地方政府等各级政府,一般不存在不能按时还债的风险;如果发债者是企业,各国对发行者的信用、抵押、担保额、减债制度等有严密的资信审查制度,因此发债者一般都有较高的信誉度和偿债能力。二是债券的面额、利息率和支付利息方式都是事先确定好的,并载于票面上,不受市场利率变动的影响,因此,投资者的本金与利息是受法律保护的。三是债券由于是债权和债务的凭证,即使企业出现亏损甚至倒闭,债券的投资者也可优先于股东获得赔偿。

4. 流动性

债券是高度流动性的有价证券,其变现能力仅次于银行存款。在二级市场较为发达的情况下,债券持有者若临时需要资金,可随时在市场上出售债券。

总之,债券具有收益性、安全性、流动性等特点,所以它是稳健的投资者的最佳选择。

三、债券的种类

债券种类的划分方法很多,下面将介绍七种最常见的分类方法。

1. 按债券发行主体分类

(1) 政府债券:包括国家债券和地方债券,国家债券是中央政府为维持其财政平衡所发行的债券,而地方债券是地方政府为解决其财政开支所发行的债券。

(2) 公司债券:由股份公司为筹集资金而发行的债券。

(3) 金融债券:由金融机构为筹集资金而发行的债券。

2. 按债券是否记名分类

（1）记名债券：在债券上标有投资者姓名，转让时须办理过户手续的债券。

（2）无记名债券：在债券上没有投资者的印鉴，转让时也无须办理过户手续的债券。

3. 按债券是否有抵押或担保分类

（1）抵押债券：债券的发行者以其所有的不动产和动产为抵押而发行的债券。

（2）无抵押债券：债券的发行者不以其任何物品做抵押，而是以其信誉为担保的债券。

（3）收入债券：地方政府以某些项目的收入为担保而发行的债券。

（4）普通债务债券：国家政府以其信誉及税收等为担保而发行的债券。

4. 按债券形态分类

（1）剪息债券：券面上附有息票，定期到指定的地点凭息票取息的债券。

（2）贴现债券：以低于债券面额发行，到期按债券面额偿还，其差额为投资者利息的债券。

5. 按债券的偿还期限分类

（1）短期债券：一般偿还期限在一年以内的债券。

（2）中期债券：一般偿还期限在 2—5 年的债券。

（3）长期债券：一般偿还期限在 5 年以上的债券。

6. 按债券募集方式分类

（1）公募债券：公开向社会募集的债券。

（2）私募债券：向少数特定人募集的债券。

7. 按债券发行的地域分类

（1）国内债券：由本国政府、银行、企业等机构在国内发行的并以本国货币计价的债券。

（2）国际债券：由一国政府、金融机构、企业在国外发行的并以某种货币计价的债券。

四、国际债券的种类与类型

国际债券是由一国政府、金融机构、企业或国际组织，为筹措资金而在外国证券市场上发行的、以某种货币为面值的债券。随着世界各国对外国投资者限制的放松和国际证券市场的迅速发展，国际债券的发行量在 20 世纪 80 年代初超过了银团贷款的数量，从而出现了国际借贷证券化的趋势。

（一）国际债券的种类

国际债券大致可分为如下三大类：

1. 外国债券

外国债券是借款国在外国证券市场上发行的，以市场所在国货币为面值的债券。例如，某国在美国证券市场上发行的美元债券，在英国证券市场发行的英镑债券等。习惯上人们把外国人在美国发行的美元债券称为"扬基债券"，在英国发行的英镑债券称为"哈巴狗债券"，在日本发行的日元债券称为"武士债券"，在中国发行的人民币债券称为"熊猫债券"。外国债券的发行一般均由市场所在国的金融机构承保。中国曾在日本、美国、欧洲等地的证券市场上发行过外国债券。外国债券实际上是一种传统的国际债券。

2. 欧洲债券

欧洲债券是指以某一种或某几种货币为面额，由国际辛迪加承销，同时在面额货币以外的若干个国家发行的债券。例如，美国在法国证券市场发行的英镑债券就叫欧洲债券。按习惯，面值为美元的欧洲债券一般被称为欧洲美元债券，面值为日元的欧洲债券被称为欧洲日元债券，其他面值的欧洲债券可以以此类推。在日本东京发行的外币债券，通常称为将军债券。总之，欧洲债券的发行者、面值货币和发行地点分属于不同的国家。

欧洲债券既有期限为1—2年的短期债券，也有5—10年的中长期债券，还有无偿还期的永久性债券。欧洲债券往往采取无担保的不记名形式发行，投资欧洲债券的收益是免缴收入所得税的。除瑞士法郎市场以外，欧洲债券可以不受各国法规的约束，进行自由流通。欧洲债券往往通过国际辛迪加发行，并可在一个或几个国家的证券交易所同时挂牌。欧洲债券具有发行成本低、发行自由、投资安全、市场容量大等特点。

欧洲债券的发行者主要是公司和国际组织，近年来，一些国家的政府也开始涉足这一市场；而欧洲债券的投资者主要是公司和个人。欧洲债券的币种以美元、日元、瑞士法郎居多。欧洲债券于1961年2月1日首先在卢森堡发行，卢森堡和伦敦是目前欧洲债券市场的中心。

3. 全球债券

全球债券是指在国际金融市场上同时发行，并可在世界各国众多的证券交易所同时上市，24小时均可进行交易的债券。全球债券最初的发行者是世界银行，后来被欧美以及一些发展中国家效仿。全球债券先后采用过美元、加元、澳元、日元等货币发行。全球债券采取记名形式发行，在美国证券交易所登记。全球债券具有发行成本低、发行规模大、流动性强等特点。全球债券是一种新兴的债券，它的发行规则和程序还有待完善。

阅读专栏　　全球首笔外国金融机构熊猫债券成功发行

2016年11月2日，加拿大国民银行在中国银行间债券市场成功发行35亿元熊猫债券。作为全球首笔外国金融机构熊猫债券，该笔债券期限3年，票面利率3.05%，中国银行是其联席主承销商、联席簿记行及境内资金专户清算银行。据了解，该笔债券是中国银行继为加拿大大不列颠哥伦比亚省发行熊猫债券后，又一次协助加拿大机构成功发行熊猫债券。

加拿大国民银行是加拿大六家国内系统重要性银行之一，是业务领先的金融集团。作为首家获得中国人民银行批准在中国境内发行人民币债券的外国金融机构，加拿大国民银行此次成功发行熊猫债券，将在加拿大乃至全球市场产生良好的示范效应，彰显了外国金融机构对中国资本市场以及人民币作为投融资货币的信心，对中国债券市场的对外开放与深化发展具有积极意义。

本次债券发行是中国银行继协助国际开发机构、境外主权机构、工商企业和香港地区金融机构发行熊猫债券后，进一步协助外国金融机构开拓人民币投融资市场。2015年以来，中国银行共协助15家境外发行人在银行间市场发行熊猫债券，在市场保持领先地位，在推进人民币国际化和中国债券市场对外开放方面发挥了积极重要的作用。

资料来源：http://finance.sina.com.cn/roll/2016-11-04/doc-ifxxnffr6744966.shtml。

（二）国际债券的类型

（1）一般欧洲债券。一般欧洲债券是一种期限和利率均固定不变的债券。它属于传统的欧洲债券，目前这种债券的发行量在不断减少。

（2）浮动利率债券。浮动利率债券是一种以银行间拆借利率为基准，再加一定的加息率，每3个月或6个月调整一次利率的债券。这种债券始于20世纪70年代初期。

（3）锁定利率债券。锁定利率债券是一种可由浮动利率转为固定利率的债券，即债券发行时，只确定一个基础利率，待债券发行之后，如果市场利率降到预先确定的水平，则将债券利率锁在一定的利率水平上，成为固定利率，直到债券到期时止。锁定利率债券于20世纪70年代中期开始发行。

（4）授权债券。授权债券是指在债券发行时附有授权证，债券的持有人可按确定的价格，在未来某一时间内购买指定的债券或股票。

（5）复合欧洲债券。复合欧洲债券是指以一揽子货币为面值发行的债券。到目前为止，发行这种债券已采用过的货币单位有欧洲记账单位、欧洲货币单位、特别提款权、欧洲货币合成单位。复合欧洲债券的利率固定而且水平较高。

五、国际债券的发行

（一）国际债券市场对发行者的要求

国际债券市场一般有严格的管理制度，但也有一些国家债券市场相当自由。管理较严的国家一般对发行者有如下要求：

（1）必须经过正式申请和登记，并由专门的评审机构对发行者进行审查。

（2）发行者必须公布其财政收支状况和资产负债情况。

（3）在发行期间，每年应向投资人报告资产负债及盈亏情况。

（4）债券发行获得批准后，必须根据市场容量，统一安排发行的先后次序。

（5）债券的发行与销售一般只允许证券公司或投资银行经营，一般银行只能办理登记及还本、付息、转让等业务。

（6）一般须由发行者国家政府或中央银行进行担保，担保必须是无条件的和不可撤销的。

（二）国际债券的发行程序

国际债券的发行分公募发行和私募发行。公募发行是通过中介机构的承包包销，公开向社会募集资金；而私募发行则是在中介机构的协助下，向有限的特定投资者募集资金。其具体发行程序大致可分为以下几个步骤：

（1）发行企业选任一家金融公司作为此债券发行的组织者，即主干事银行或主干事证券公司。双方就此债券的形式、发行市场、发行数量、币种、利率、价格、期限以及发行的报酬和费用等进行磋商。

（2）向当地外汇管理部门提出发行债券申请，经该部门审查并提出意见后，报经该国政府有关管理部门批准。

（3）向国外有关资信评审机构申请评级。申请评级以前，需先向国内的审查管理机构提出书面申请，并提供评级机构名称和用于评级的资料等。发行者应在得到评级结果的三日内向审批管理部门报告评级结果。

（4）向拟发行证券的市场所在国政府提出申请，征得市场所在国政府的许可。

（5）发行者在得到发行许可后，委托主干事银行组织承销团，由其负责债券的发行与包销。

六、国际债券清算机构与清算程序

（一）国际债券清算机构

目前，国际上有两大债券清算机构，即欧洲清算系统和塞德尔国际清算机构。欧洲清算系统是一个股份制机构，成立于1968年，总部在布鲁塞尔，主要从事债券的清算、保管、出租、借用，并提供清算场所等业务。塞德尔国际清算机构也是一个股份制机构，成立于1970年，总部设在卢森堡，它与欧洲很多国家的银行建立了清算代理关系，其业务范围与欧洲清算系统大致相同。上述两家清算机构均有各种现代化的设施，目前国际债券交易的清算绝大部分是通过这两个机构进行的，它们已发展成为当今世界两家最大的清算机构。

（二）国际债券清算程序

国际债券的清算大致经过以下五个程序：

（1）开立债券清算账户和货币清算账户。申请加入清算系统的银行或证券公司必须开立债券清算账户和货币清算账户。债券清算账户用于债券面额的转账，而货币清算账户用于买卖债券时按市场价格和生息后计算出的总额转账。因为国际债券交易既转移所有权，也要按市场价格计算出的等值货币支付。

（2）发送债券清算指示。债券买卖成交以后，买卖双方分别向其清算机构发送清算指示。清算指示主要包括清算机构名称、买入或卖出债券的种类、买入或卖出对象、成交日期、结算日期、债券的面额和币种、成交价格、生息与否、货币总额、结算路线、清算指示的发送者名称和发送日期等。

（3）核对清算机构发回的有关交易细节的报告，以便及时纠正。

（4）在结算日进行内部账务处理。

（5）核对清算机构的对账单，如有不符，可立即向对方和清算机构查询；如无异议，便应制作对账平衡表。

七、国际债券投资收益

债券投资收益是指投资者在一定时期内所获取的利润。债券投资收益通常是用收益率来表示的，而收益率指的是债券投资的收益占最初投资额的比例。针对债券投资者的不同情况，可选用以下几种收益率作为衡量投资者收益的标准。

（一）名义收益率

名义收益率是指根据债券每年的固定利息与债券面额之比，计算出来的投资者每年的收益率。其计算公式为：

$$名义收益率 = \frac{债券年利息}{债券面额} \times 100\%$$

（二）本期收益率

本期收益率是债券每年的固定利息与债券本期市场价格之比。投资者可以通过对市场上各证券本期收益率的计算和比较，来做出投资哪种证券的决定。本期收益率的计算公式为：

$$本期收益率 = \frac{债券年利息}{本期市场价格} \times 100\%$$

（三）持有期收益率

债券的持有期收益率是指投资者从买入债券到卖出债券期间所得的实际收入。其计算公式为：

$$持有期收益率 = \frac{卖出价 - 买入价}{买入价} \times \frac{360}{持有期限} \times 100\%$$

（四）到期收益率

债券的到期收益率是指投资者从买入债券到债券到期时止的收益率，其计算公式为：

$$到期收益率 = \frac{债券到期后的本金和利息总额 - 买入价}{买入价 \times 待偿还的期限} \times 100\%$$

第三节　国际股票投资

一、股票投资的概念

股票是有价证券的一种，它是股份公司发行的，用以证明股票持有人对公司拥有所有权，并可以分享公司股息或红利，参与公司经营管理等方面权益的凭证。股票属于要式证券，必须依据法定格式制成。股票的票面应载有公司名称、公司成立时间、发行股份总数及每股金额、本次发行的股份总数、股票发行时间、股息或红利的发放时间与地点、股票种类及其他差别的规定、公司认为应当说明的其他事项和股票的编号等。此外，股票还必须有3名以上董事的签名盖章，并经主管机构或其核定发行登记机构的认证。

股票投资是企业、个人等购买股票的一种行为。股票投资者一般享有以下三项基本权利：①公司盈利时的分红要求权，红利也是股票投资者的收益；②剩余财产的分配权，剩余财产的分配权限于公司解散或倒闭时才会出现；③股东大会的参加和表决权，股东的表决权也意味着股东对公司的间接经营管理权。股东的上述权益说明股票投资属于间接投资，它具有收益性、风险性、变现性、决策的参与性、价格的波动性等特征。

二、股票的性质

（一）股票是一种证权证券

股票只是一种表明已发生股权转移的证券，股票只起一个权利证书的作用。股票的发行以股份的存在为前提条件。股票的作用是证明股东的权利，而不是创造股东的权利。所以股票不像一般的票据，它不是设权证券，同时也不是债权证券。

（二）股票是要式证券

股票必须按法律的要求记载一定事项，股票须由三个以上的董事签名盖章并经由主管机关或其核定发行登记机构批准后才能发行。其内容一般包括公司的名称和地址，公司设立登记核心股发行的批准文号，公司的股份总额、每股金额、本次发行的份数、发行时间等，如缺少上述要件，股票即告失败。

（三）股票是有价证券

股票与其代表的股东权利有着不可分离的关系。这就是说，股票代表着对公司资产的权利，这种资产是有一定价值的，否则其权利也就失去了意义。此外，股东权利的转让应与股票占有的转移同时进行，二者缺一不可。

（四）股票不是物权及债权证券

股东虽然是企业部分财产的所有人，享有种种权利，但对于公司的财产不能直接支配处理，对财产的直接支配处理是物权证券的特征，股东可以通过其红利权、出席股东大会和表决权、转让权和公司解散时剩余资产的分配权来达到获利的目的。同时，股东也不是公司的债权人，但对企业的债务承担有限的责任，当投资者购买股票时，他随即变成公司部分财产的所有人，是公司内部的股东，因此股票也不是债权证券。

（五）股票是一种可转让的证券

股票是一种能带来收益的转让证书，其价格的基础是其资产的价值，作为金融资产的股票和其他有价证券一样，既可以在金融市场上买卖，也可以用于赠予、抵押和继承。

（六）股票是一种虚拟资本

股票的运动与真实资本的运行既相互独立又相互联系，说其独立是因为股票在证券市场上进行各种形式的交易都不会引起公司资本的增减，说其联系是因为公司的业绩直接影响着股票在二级市场上的走势。

三、股票的种类

企业往往根据不同的需要发行不同种类的股票，而股票种类的不同也决定了投资者享有的权利和义务的不同。因此，股票的投资者根据股市行情的变化，选择不同种类的股票对获取投资的最佳收益是十分有益的。股票的种类和分类方法很多，按股东承担的风险和享有的权益来分，可分为普通股和优先股；按股票是否记名来分，可分为记名股票和无记名股票；按股票有无面额来分，可分为面额股票和无面额股票。

（一）普通股和优先股

1. 普通股

普通股是股份公司必须发行的一种基本股票，是股份公司资本构成中最重要、最基本的部分。购买了普通股就等于购买了企业的资产，购买得越多，占有公司资产的比重就越大。普通股是股票中最普遍的形式。普通股股东一般享有以下几项权利：

（1）收益分享权。在公司有盈利时，普通股股东有权分享公司的盈利，但盈利的分享必须是在满足了优先股股东的股息之后。普通股股东的红利是不固定的，它取决于公司盈利的多寡，盈利多则多分，盈利少则少分，没有盈利则不分。

（2）剩余资产分配权。在公司破产时，普通股股东有分得公司剩余资产的权利，但剩余资产的分配必须在清偿了公司的债务及优先股股东收回了最初的投资和分得了股利之后进行。

（3）决策权。股东有权参加或委托代理人参加一年一度的股东大会,并行使其表决权,从而使股东间接参与公司的经营管理。

（4）新股认购权。股东有优先认购公司所发新股的权利,以维持股东在公司原有的权益比例。股东在认购新股时,可以以低于市价的股价购买一定比例的新股,因此,新股认购权也是有价值的,如股东不想认购新股,可将其新股认购权按一定的价格转让。新股认购权一般被称为认股特权,其计算公式为:

$$P = \frac{P_0 \times R}{1+R}$$

式中,P 代表认股特权价格,P_0 表股票市价与面值的差额,R 代表新股与旧股的认购比例。

（5）股份转让权。除公司发起人的股份必须在达到规定的期限以后才能转让,其他股东的股份可以随意转让。

2. 优先股

优先股是指股东在公司盈利或在公司破产清算时,享有优先于普通股股东分配股利或资产权利的股份。优先股是相对于普通股而言的,具体地讲,优先股股东的优先权主要表现在两个方面:①公司盈利分配的优先权,即在公司盈利时,在优先股股东的股息得到满足之后,普通股股东才能分得红利;②索债优先权,即在公司破产时,在优先股股东按面值得以清偿之后,如有剩余,普通股股东才能得到清偿。

优先股与普通股相比,还具有以下三个特点:①表决权受到限制。优先股股东一般没有表决权,只有在涉及直接关系到优先股股东利益的问题时,才能行使表决权。实际上,优先股股东没有参与公司经营管理的权利。②股息固定。优先股股息是事先规定的,一般按面值的一定比例计算,不能随公司盈利的多寡而增减。③具有可赎回性。近年来,许多公司发行的优先股均订有偿还条款,发行优先股的公司一般在发行一年后可以以高于面值赎回或购回已发行的优先股。鉴于优先股股息固定,而且股东又没有表决权,人们常常将优先股称为介于债券和股票之间的混合证券。

优先股本身的种类也很多,常见的主要有以下几种:

（1）累积优先股。它是指在公司某一时期内的盈利不足以分派给股东固定的股息情况下,股东有权在公司盈利丰厚时,要求公司补足将以前所欠股息积累起来的数额。

（2）非累积优先股。它是指由于公司盈利较少,当年未能向股东发放或未如数发放固定的股息,在日后公司盈利后,股东不具有要求公司补发以前所欠股息的权利。但非累积优先股的股息一般高于累积优先股。

（3）可调换优先股。它是指股东在一定时期内,可以以一定的比例将优先股换成该公司的普通股,否则属于不可调换的优先股。在公司经营状况好而且普通股股价高时,投资者愿意将优先股调换成普通股。

（4）累积可调换优先股。它是一种兼具累积优先股和可调换优先股性质的优先股。

（5）股息率可调整优先股。它是指股息率不固定,而是随着其他证券或利率变化而调整的优先股。这种优先股股息率的变化与公司的盈利状况无关。

（6）参与分红优先股。它是指股东除收取固定的股息以外,还可与普通股一起分享红利的股票。

（二）记名股票和无记名股票

1. 记名股票

记名股票是指在股票上载有股东的姓名，并将该股股东的姓名和地址记载在公司股东名册上的一种可以挂失的股票。记名股票必须经卖方背书和盖章才可转让。转让时需要办理过户手续。发放股息或红利，须由公司书面通知股东。

2. 无记名股票

无记名股票是指在股票上不载有股东的姓名并且不能挂失的股票。无记名股票可以在证券市场上随意转让，不需办理过户手续。公司在发放股利时，也不必向股东发出书面通知，而是凭票取息。这种股票发行手续简便，转让方便，但公司不易掌握。很多国家将无记名股票发行的数额占股票发行总额的比例限制在一定范围之内。

（三）面额股票和无面额股票

1. 面额股票

面额股票是指在股票上标明一定金额的股票。股票面额能使股东了解每一股所代表股权的比例，以确定对公司所有权的大小。面额股票既可以使公司在出售股票时取得公正的价格，也可以防止公司内部人员以低价获得新股，并为股票的交易价格提供参考依据。股票的面额并不代表公司资产的全部价值，面额股票的发行公司一般不能以低于面额的价格发行。

2. 无面额股票

无面额股票是指股票上不标有一定的金额，只标有总股数的股票。无面额股票可以促使投资者在购买股票时，注意计算股票的实际价值，而不至于被面额迷惑，而且其发行价格也不受限制。

四、股票的价值与收益

（一）股票的价值

股票本身没有价值，但股票是股东对企业所有权的凭证，它代表了一定量的资本，所以股票又有价值。

（1）股票的面值，指股票上标明的金额，股票面值的作用在于说明每股股份对企业拥有权的比例。随着企业的发展和市场各种因素的变化，股票的市场价格往往背离股票面值。

（2）股票的账面价值，也称股票净值，它是根据公司的财务报表计算得出的，表明每股代表的公司实际资产的价值。账面价值是公司的真正资产，也是公司债权债务相抵后所剩的余额。其计算公式为：

$$账面价值 = \frac{公司净资产 - 优先股票总额}{普通股总股数}$$

（3）股票的市值，指股票的市场价格，即股票市场上的买卖价格。股票市场价格是随着股市行情的变化而经常波动的，影响股票市值变化的因素很多，其中利率和股息是最主要的因素，股票市值与股息成正比，与利率成反比。其计算公式为：

$$股票市值 = \frac{股票面额 \times 预期股利收益率}{市场利率}$$

(4) 股票内值,指经济学家对企业的财务状况、未来收益和其他影响企业收入的因素进行分析之后,得出的股票所代表的真正价值。实际上,股票内值的高低,取决于股票未来预期的收入。股票未来预期收入高,股票内值就高;否则,其内值就低。投资者都在寻求购买内值高于市值的股票。计算股票内值一般都把未来的收入折成现值进行计算,其计算公式为:

$$未来收入的现值 = \frac{未来预期收入}{(1+贴现率)^{未来年数}}$$

(二) 股票投资收益

股票投资收益是指投资者购买股票所获取的利润。股票投资收益主要来源于股息、红利和股票的溢价,收益的大小一般用权益率来表示。

1. 股息、红利和溢价

股息是优先股股东定期得到的固定收益。由于优先股股东的股息是固定的,一般按年计算,所以它不与公司经营状况的好坏相联系。

红利是普通股股东获取的投资收益。普通股股东的红利是不固定的,红利的多少取决于公司的盈利情况,盈利多则红利多,盈利少则红利少,无盈利或亏损则无红利。

股票溢价是指股东以高于买进股票的价格卖出股票所赚取的买卖差价。在证券市场上,一般把为赚取买卖差价而买入股票的行为叫投机,而把以获取股息或红利为目的买入股票的行为称为投资。

2. 股票投资收益率

股票投资收益率指的是购买股票所得的收入占购买股票所用金额的比例。一般来说,优先股股东的收益率是相对稳定的,而普通股股东的收益率是不稳定的。股票投资收益率有两种计算方法,即本期股票收益率和持有期股票收益率。

(1) 本期股票收益率就是本期(年)股利占本期股票价格的比例,其计算公式为:

$$本期股票收益率 = \frac{本期股利}{本期股票价格} \times 100\%$$

(2) 持有期股票收益率指的是投资者从购买股票开始到卖出股票时止的收益率。其计算公式为:

$$持有期股票收益率 = \frac{出售价格 - 购入价格 + 现金股利}{购买价格} \times 100\%$$

五、股票的交易方式

(一) 现货交易

股票的现货交易亦称现金交易,它是指股票的买卖双方达成交易以后,在短期内完成交割的一种买卖方式。现货交易的交割时间一般为成交的当天,但也可以是当地股票交易市场的习惯日,如美国纽约股票交易所现货交易的交割时间为成交后的第五个营业日,东京股票交易所是成交后的第四个营业日。股票的现货交易是属于一手交钱一手交货的实物交易,即买方付出价款,卖方交付股票。

(二) 期货交易

股票的期货交易是指股票的买卖双方成交以后,交割和清算可以按契约所规定的价格在未来某一时间进行,即股票期货交易的双方在签订交易合同之后,买方不用立即付款,卖方也无须即时交出股票,而是在双方约定的未来某一时间进行。这样可以使买方在手中资金不足时购买股票,卖方可以在没有股票的情况下出售股票,买卖双方便可以利用这一机会,按照预期的价格变动买卖远期股票,以从中谋取买卖差价。在实际操作中,股票的买卖双方往往都以相反的合同进行冲抵,只清算买卖价差。买入期货合同,以图在交割前股价上涨,这种行为一般被称为多头;卖出期货合同,以图在交割前股价下跌,这种行为一般被称为空头。此外,投资者进行期货交易的另一个目的是套期保值,以避免价格变动的风险。

(三) 保证金交易

保证金交易又称信用交易或垫头交易。它是指客户买卖股票时,向经纪人支付一定数量的现款或股票,即保证金,其差额由经纪人或银行贷款进行交易的一种方式。如果经纪人为交易者垫付的是部分款项,应称为融资;如果经纪人借给交易者的是股票,则称为融券。保证金交易也是从事证券投资活动的一种手段,从事该种交易的交易者是想利用股票价格在短期内的变动牟取暴利,即投资者在预测某种股价将要上涨时,便以保证金的形式购买股票,以待股价上涨后再卖出。保证金交易属于多头或买空交易,它要求交易者必须有足够的信誉和实力,以凭此开设保证金账户。在交易的过程中,投资者用保证金购买的股票全部用于抵押,客户还要向经纪人支付垫款利息。

(四) 期权交易

股票期权交易实际上是一种股票权利的买卖,即某种股票期权的购买者和出售者,可以在规定期限内的任何时候,不管股票市价的升降程度,分别向其股票的出售者和购买者,以期权合同规定好的价格购买和出售一定数量的某种股票。期权一般有两种:一种是看涨期权,即投资者按协议价格购买一定数量的某种股票的权利;另一种是看跌期权,即投资者可以以协议价格卖出一定数量的某种股票的权利。在股价看涨时,投资者愿意购买看涨期权;当股价趋跌时,投资者往往愿意购买看跌期权。在期权的买者认为行使期权对自己不利时,可以放弃期权,但期权的购买费不予退还,期权合同一般随着有效期的结束而失效。期权交易一般对买卖双方均有好处,买方可以利用期权保值或赚取股票的买卖差价,而卖方则可以赚得期权的出售费。

(五) 股票价格指数期货交易

股票价格指数期货交易是投资者以股票价格指数为依据进行的期货交易。在股价指数期货交易中,买进和卖出均为股票期货合同。股指期货价格是由点来表示的,股价的升降以点数计算,点数代表一定数量的标准金额。

在股票交易中,投资者的风险很大,尤其是对股票发行者的经营状况和股市的急剧变化难以把握和预测,而股价指数期货交易为投资者减少了上述的一些风险。投资者在了解国民经济的发展状况、金融市场利率和某些主要行业的发展前景后,就可以预测股价指数的走势,股价指数的变动代表股价总水平的变动。因此,在对股价指数的升降进行准确的预测之后,投资者就可买进或卖出期货合同。

第四节　投资基金

一、投资基金的概念

世界各国对投资基金(investment fund)的称谓有所不同,美国叫共同基金(mutual fund)或互惠基金,英国叫单位信托基金(unit trust fund)。按国务院批准颁布的《证券投资基金管理暂行办法》的解释,投资基金是指"一种利益共享、风险共担的集合证券投资方式,即通过发行基金单位,集中投资者的资金,由基金托管人托管,基金管理人管理和运用资金,从事股票、债券等金融工具投资"。投资基金属于间接投资,而且也是证券投资的一种形式。它实际是证券投资基金的募集人受投资者的委托,以向投资者发行基金凭证的方式,把分散的投资者的资金汇集起来,由具有专业知识和投资经验的专家按组合投资的原理分别投资于各种金融工具,以使投资者在承担较小风险的前提下获取最大的投资收益。

投资基金是一种大众化的信托投资工具,而股票、债券、期货、黄金等金融工具又是投资基金的主要投资对象。投资基金起源于英国,它是在西方国家证券投资盛行、市场操纵和市场欺诈严重、股灾遍布的背景下产生的,投资基金迎合了投资者的安全心理和对海外金融投资的普遍需求。后来,随着美国金融业的迅速崛起,投资基金在美国得到不断的发展和完善。

投资基金是建立在金融市场充分发展和日益完善的基础之上的,金融市场充分发展的一个重要表现是融资方式多样化,而投资基金的出现与发展正是金融市场深入发展的重要体现。金融业的充分发展扩大了投资基金的投资领域,投资基金的发展也无疑是对金融市场进一步发展的推动。现代投资基金代表了一种新的投资方式,它已从最初的债券和股票投资逐步发展成为各种货币市场工具投资。进入20世纪80年代以后,随着投资基金制度的日益完善、投资基金品种的不断增多以及投资基金运作技术的创新,货币市场基金每年都以成倍的速度增长,带动了整个投资基金业的发展。据统计,目前全球投资经理人掌握了大约30万亿美元的基金资产,其中美国共同基金资产达到了4万亿美元,仅次于商业银行4.6万亿美元的资产,尤其是进入90年代以来,美国共同基金的增长更为迅速,1990—1996年共同基金的增长速度为218%,美国大约有37%的家庭拥有共同基金,共同基金占美国所有家庭资产的36%,英国和日本拥有投资基金的家庭也接近10%。投资基金的迅速发展使目前竞争日趋激烈的金融市场体系呈现出银行业、保险业、投资基金业三足鼎立的局面。

二、投资基金的特点

投资基金是一种证券信托投资方式,也是以金融资产为经营对象,并以金融资产的保值或增值为目的的投资工具。作为投资工具,投资基金与其他投资工具相比具有以下几个特点:

1. 专家理财

投资基金是一种投资工具,投资于投资基金就等于聘请了一位具有专业知识和丰富经验的专家来进行投资决策和运作。他们的投资决策一般是在根据随时了解到的有关经济形势、国内外市场的最新发展动态、上市公司的经营状况等信息,并经过认真分析和对证券市场总体走势进行预测后做出的,因此能为投资者带来较高的回报。而个人投资者往往缺乏专业知识、投资经验不足,信息不灵,只能随风炒作,多数投资者难有收益。

2. 风险较小

投资基金的运作人为了减少风险,进行组合投资。投资组合一般是指债券与股票等有价证券的组合,它们主要包括上市或未上市公司的股票、股权凭证、新股认购权证、政府债券、地方债券、公司债券、金融债券等,个别国家也允许利用少部分资金用于房地产业的投资。即使投资股票,也不能将全部基金只用于购买一种股票。理想的投资组合一般是选择15—25种证券,购买各种证券的数量也有适当的比例,这就大大降低了投资风险,增加了投资的安全系数。

3. 管理和运作法制化

目前,世界各国都颁布了有关投资基金的管理和运作的法规,对投资基金的设立、管理和运作做了严格的限定。按多数国家的规定,投资基金的经营机构由基金公司、基金管理公司和基金托管公司组成;必须委托银行作为托管人托管基金资产,委托基金管理公司作为基金管理人管理基金资产和进行投资运作;基金资产独立于基金托管人和基金管理人的资产,基金托管人与基金管理人在行政上和财务上相互独立,其高级管理人员不得在对方兼任任何职务。此外,还规定了每个基金投资于股票和债券的比例,一个基金持有一家上市公司的股票占基金资产净值的最高比例,同一基金管理人管理的全部基金持有一家公司证券占该公司发行证券总数的最高比例,一个基金投资国家债券的最低比例等。管理和运作的法制化有利于保护投资者的利益。

4. 选择性强,适合各类投资者

在发达的西方国家证券市场上,投资基金的种类众多并涉及一切投资领域。因此,投资者对投资基金有很大的选择性,投资基金的品种也适合各类投资者。对于不愿冒大风险的稳健型投资者来说,可选择购买债券基金、货币基金、优先股基金或蓝筹股基金等。对敢冒风险追求高利的投资者来说,可选择购买期货基金、杠杆基金或认股权证基金等。与此同时,不管是力图降低风险还是寻求高利的投资者,为实现他们各自的目标,并根据国内外经济和市场形势,既可选择国家基金,也可通过本国的基金管理公司购买国际基金和海外基金。此外,投资基金是以基金单位为基金的认购单位,认购多少应视投资者的自身实力而定,因此投资基金既适合资金雄厚的大投资者,也适合资金较少的中小投资者。

5. 交易成本低

在当前国际基金市场竞争日趋激烈的情况下,基金公司除了必须加强管理和服务之外,还在不断降低其所收取的管理费和购买手续费,而且很多国家投资基金的买卖还免交印花税。基金的管理费一般是每年交纳基金净资产的1%—1.5%,购买费一般一次性交纳3%—5%,持有基金的第一年交纳6.5%,从第二年开始每年只需交1%—1.5%。而如果购买股票,一年之内只要交易5—6次的费用就会达到或超过基金投资者第一年所交纳的6.5%的费用,如果交易2次就可能超过基金投资者第一年之后每年交纳的费用,这样算起来购买投资基金所需的费用要比购买股票低得多。

从投资基金的上述特点来看,投资基金确实是一种风险较小、收益一般会高于储蓄和购买债券的投资方式。但它也并非是十全十美的,由于它在实际运作中采用组合投资,这虽然降低了风险,但也限制了投资者的收益。而且由于一次性交纳购买费,这就使投资基金只适合长线投资,不适合短线炒作,投资者若频繁买卖基金,成本会很高,收益会低于其他投资方式。此外,投资基金也并非没有风险,它采用的组合投资虽然将风险降低到最小,但其也面对风云变幻的市场风险,以及情报与预测是否准确和管理是否严谨的经营风险,如香港的太阳基金在半年内从每基金单位 14.8 美元跌至面值以下的 4.35 美元,使基金的投资者损失巨大。投资基金也与其他投资方式一样,是一种收益与风险并存的投资方式。

三、投资基金的分类

世界各国发行的投资基金种类繁多,形式多样,这也正是投资基金在当今世界得以迅速发展的因素之一。但是国际上众多的投资基金也给其进行统一分类带来一定的难度,从目前的投资基金分类情况看,已被国际上认可的分类方法有以下几种:

（一）公司型投资基金与契约型投资基金

1. 公司型投资基金

公司型投资基金就是美国所称的共同基金,它是以营利为目的,并依据公司法的规定而不是依据信托契约而设立,受基金投资者的委托通过发行股票来筹集资金并从事各种有价证券投资的股份有限公司。公司型投资基金涉及五个当事人,即投资者、基金公司、管理公司、托管公司和承销商。基金的投资者是基金的股东,是基金资产的实际持有人,其以所持有公司股份的份额分享投资收益和承担风险,并通过股东大会及其所拥有的投票权来选举董事会;基金公司是基金本身,也是基金资产的名义持有人,其主要职责是根据章程做出投资决策;基金的管理公司是一个独立于基金公司并由专家组成的,执行基金公司决策的机构,即负责进行投资组合和进行投资运作,基金管理公司根据与基金公司签署的管理协议行使权利、履行义务并收取管理费;托管公司也是一个独立的机构,它主要负责保管基金资产、进行资产核算、配发股息及办理过户手续、监督基金管理公司的投资运作,托管公司一般由银行和信托机构承担,它也是根据与基金公司签署的保管协议行使权利、履行义务并收取托管费;承销商是管理公司的代理机构,主要负责基金受益凭证的销售、股息的发放及基金的赎回等。公司型投资基金的设立必须在工商管理部门和证券交易委员会注册,并同时在股票发行和交易的所在地登记。公司型投资基金已被世界各国广泛采用。

2. 契约型投资基金

契约型投资基金又称信托投资基金,是指通过发行受益凭证筹资,由基金管理公司、托管公司、投资者以签订信托契约的形式组建的一种投资基金。契约型投资基金不仅涉及基金的管理公司和托管公司,也涉及投资者。基金管理公司作为受托者是基金的发起人,负责设定基金的类型,发行受益凭证,依据信托契约进行投资运作,并指定基金的托管机构;托管公司作为基金的受托人主要负责基金的有价证券和现金的管理,以及其他有关代理业务和会计核算业务,托管公司一般是银行或信托公司;基金的投资者也称受益人,它是以购买受益凭证的方式成为信托契约的当事人的,并以此享有基金收益的分配权。契约型投资基金是一种历史最为悠久并也被广泛采用的投资基金,英国、日本、韩国、新加坡、中国香港和中国台湾设立的投资基金多属于这一类。

(二）开放型投资基金和封闭型投资基金

1. 开放型投资基金

开放型投资基金是指投资基金发行的资本总额和份数不是固定不变的，而是根据基金自身的需要及金融市场供求关系的不断变化，随时增发新的基金份额或发行已被投资者赎回的投资基金。开放型投资基金的资本总额是不封顶的，基金公司可以根据其经营策略和金融市场的变化发行新的基金份额，因此它也被称为追加型投资基金。开放型投资基金的投资者不仅可以随时购买基金份额，还可以根据行市的变化在基金首次发行一段时间以后，将所购买的投资基金的全部或部分在基金管理公司设定的内部交易日，通过内部交易柜台再卖给基金管理公司，即赎回现金。若被赎回的基金数额过大并超过了基金正常的现金储备，基金公司还可以重新发售已赎回的受益凭证。开放型投资基金的买卖价格是由基金的净资产价值加一定的手续费决定的，当然开放型投资基金的买卖价格也反映了投资基金所投资的股票、债券等有价证券的价值及基金的收益情况。

2. 封闭型投资基金

封闭型投资基金指的是基金在设立时规定一个基金发行的固定数额，并在规定的时间内不再追加发行，投资者也不能赎回现金。封闭型投资基金的资本总额是固定的，因此在基金资本数额达到计划要求时便进行封闭，在规定的时间内基金公司既不能增发基金，投资者也不能赎回现金。封闭型投资基金虽然不能赎回，但却可以像普通股一样在二级市场上通过经纪人进行买卖。封闭型投资基金的交易价格虽然也以基金的净资产为基础，但却更能反映经济形势和金融市场的状况。

（三）固定型投资基金与管理型投资基金

固定型投资基金是指基金的经营者只能投资于预先确定的证券，在整个信托期间，原则上既不允许变更投资方向，也不允许转卖证券。管理型投资基金又称自由型或融通型投资基金，是英国的一种传统的投资基金，管理型投资基金允许经营者根据证券市场状况，对已购进的证券进行自由买卖，不断调整投资组合。半固定型投资基金是一种介于固定型和管理型之间的投资基金，在日本非常流行，即在一定条件和范围内可以变更投资方向和内容。

（四）单位型投资基金与追加型投资基金

单位型投资基金是契约型投资基金的一种，是以某一特定的货币总额单位为限筹集设立的一种投资基金，每次新募集的投资基金组成一个单独的基金管理公司，分别作为单独的信托财产运用和管理。单位型投资基金往往规定一定的期限，在规定的信托期限届满之前不得追加新的资金。信托期限有3年、5年、7年、10年、15年、20年等数种，信托契约终止后，退回本金和收益，中途既不能退回本金，也不得追加投资。在一般情况下，单位型投资基金多属于封闭型和半封闭型，或属于固定型与半固定型。此外，也有少数单位型投资基金在信托期间可以解约，即相当于单位开放型；有些基金规定经过一段时间后允许解约，这类基金也称单位半封闭型投资基金。

与单位型相对的是追加型。追加型投资基金是指在投资基金设立后，经营者可以视基金单位的售出情况或市场状况，随时以当时的市场价格追加发行新的基金单位的一种基金。追加型投资基金大都没有期限，中途可以解约，即可以要求发行机构赎回，所以追加型投资基金多数是属于开放型的,也有极少数是封闭型的。

(五)股权式投资基金与有价证券式投资基金

股权式投资基金就是基金的经营者以股权方式投向某一产业或某类企业公开发行或上市的股份或股票,或以参股或合资的方式进行投资。其主要目的是以获得投资收益为主,可以参与企业经营,但不以控制企业为目的。有价证券式投资基金是基金的管理者以投资于公开发行和公开上市的股票和债券为主,即主要参与二级市场中的证券买卖。

(六)综合型投资基金与单项型投资基金

综合型投资基金是指基金投资的业务种类可以是多样的,既可以进行直接投资,也可以进行贷款、租赁、证券买卖、拆借融资等业务。在一般情况下,这类基金在很多国家受到严格的限制或被禁止,因为这类基金从事的业务,不能体现金融分工的要求,在某种程度上等同于综合性金融公司,既有银行业务,又有信托业务,不能体现基金的特色与独特功能。与此相对应的是单项型投资基金。单项型投资基金从事的业务是单一的,要么仅从事股权式投资,要么只从事有价证券式的投资业务。

(七)本币投资基金与外币投资基金

本币投资基金是指投资基金公司向本国的投资者并以本国货币为面值募集的基金。本币投资基金的管理者仅在本国从事股权式或有价证券式的投资活动。外币投资基金有三个含义:一是以向国外投资者募集国际上可自由兑换的任意一种外币为面值设立的投资基金,这种基金主要用于国内投资,并在对象国或国际上某一交易场所交易流通,分红也是以外币进行;二是向国内投资者募集外币资金的一种投资基金,这种基金投资于国内可以进行外币投资的企业股权、股票和债券,分红或转让也用外币进行;三是用任一种形式向国内投资者募集外币资金,并用于在海外进行股权收购或买卖外国有价证券的一种投资基金。

(八)货币型投资基金、债券型投资基金和股票型投资基金

货币型投资基金是指基金的投资组合由货币存款构成。它一般可以分成两类:一类是管理货币基金,投资在以各种货币发行的短期金融商品上的基金;另一类是货币市场基金,投资在以一种货币发行的金融商品上的基金。货币型投资基金的主要业务是在金融市场上进行一系列的长期和短期的存款和贷款。货币型投资基金的基金单位一般是固定的,经营无限期延续,投资成本也较低。

债券型投资基金可分为很多种,一种是政府公债型基金,其只能投资于政府发行的公债,或由政府担保的基金,这种基金主要存在利率风险,期限越长风险越大;第二种是公用债券基金,也叫市政公债基金,主要投资于地方政府发行的基金,即利息是可以免税的;第三种是公司债券基金,它是一种特殊的收入基金,该基金的管理者将其基金的60%以上用于公司债券。投资于公司债券基金虽然风险比前两种基金大,但获利也较前两种基金高。

股票型投资基金是经营者以股票为主要投资对象的一种投资基金。从理论上说,股票型投资基金的投资对象为股票,债券型投资基金的投资对象为债券。但这样划分也不是绝对的,在欧美国家,只要投资对象以债券为主,即使投资一些股票,也属于债券型投资基金。而以股票投资为主要对象的基金,即使投资适当比例的债券,也属于股票型投资基金。

(九) 资本市场投资基金与货币市场投资基金

资本市场投资基金是将所发行的基金投向资本市场或流动性较好的证券市场、衍生产品市场等做中长期投资,以发挥资金作为资本的作用。这类基金主要包括股票基金、国债基金、公司债基金、创业基金、认股权证基金、期货基金等。

货币市场投资基金是由小额存款集合成为大额存款的投资基金,主要投资指向为短期金融市场。它最初产生于美国,即由于大额存款和大量债券购买具有优惠条件而引发的。这种基金主要是购买大额可转让存单、各类商业票据、银行票据,进行证券回购、短期融资等。在基金市场上,货币市场投资基金属于低风险的安全基金。该类基金又可分为两类,一类是投资在以各种货币发行的短期金融商品上的管理货币基金;另一类是投资在以一种货币发行的短期金融商品上的单一货币基金。

(十) 成长型基金、收入型基金、成长收入型基金、积极成长型基金、平衡型基金和新兴成长型基金

成长型基金是以追求长期的资本利得为主要目的而设立的投资基金。该基金的投资对象多为企业信誉好、长期保持盈利、有良好的发展前景、股价长期稳定增值的绩优蓝筹股。这种基金的投资一般属于长期投资。

收入型基金主要投资于可以带来当期收入的有价证券,该种基金一般有两种,一种是主要投资于股票和债券的固定收入的投资基金,另一种是以投资股票为主要收入的股票收入型基金。股票收入型基金一般成长潜力大,但风险也大。

成长收入型基金是一种以利用投资于能带来收入的证券及有成长潜力的股票来达到既有收入又会成长的目的的基金。该种类型的基金要比成长型基金保守。

积极成长型基金亦称高成长型基金、资本增值型基金或最大成长基金。该类型基金主要以赚取在二级市场上的股票买卖差价为收入的主要来源,其目的就是追求最大的利润。该类基金主要投资于具有高成长潜能的股票或其他有价证券。

平衡型基金既追求资金的长期成长,又要赚取当期的收入,它既投资于股票,也投资于证券,该基金在被限定一定的比例投资于债券和绩优股之外,其余的一般投资于普通股。

新兴成长型基金与积极成长型基金一样,追求的是成长而不是收入,投资的重点对象是新行业中有成长潜力或高成长潜力的小公司或新公司,只将极少数资金投资于信誉好的大公司。

(十一) 国内基金、国际基金、海外基金和国家基金

国内基金是指面向国内投资者发行的并用于在国内金融市场上进行投资活动的投资基金。国内基金虽然在大多数国家仍占主导地位,但其筹资范围的局限性、投资机会选择的有限性和收益的有限性已表现得非常明显。

国际基金是指面向国内投资者发行的,用于在国际金融市场上进行投资运作的投资基金。由于国际基金是到境外金融市场上进行投资运作,这不仅为本国的投资者带来了更多的投资机会,增加了投资收益和分散了投资风险,还可使本国的投资者及有关投资和金融机构了解、认识和熟悉国际金融市场,并为其开辟了投资国际金融市场的手段。

海外基金又称离岸基金,是指面向基金公司所在国以外的投资者发行的,并投资于境

外金融市场的投资基金。海外基金的发行范围广,投资的地域宽,投资组合的选择性强。发行海外基金对一国的国内投资机构或金融机构来说是一种熟悉国际金融市场、了解国际金融市场法规、成为跨国经营企业的重要途径。

国家基金是指面向境外投资者发行的,用于在国内金融市场投资运作,并在基金发行完毕后收益凭证在境外证券市场上市交易的投资基金。国家基金是一种不仅基金公司所在国没有还本付息的债务压力,而且操作简便、成本较低、风险较小的投资基金。国家基金是一个国家利用外资、解决本国发展资金不足的重要手段。

四、投资基金的设立与运作

投资基金的设立与运作指的是从发起设立基金、提交基金设立申请、发表基金招募说明书、发行基金证券到基金上市的全部过程。

(一)基金发起人发起设立基金

基金发起人是投资基金的发起者及最终设立者。基金发起人是一个法律的概念,它一般指具有法人地位的机构。在金融体制非常完善的国家,基金发起人必须符合规定的条件,如对发起人资本的要求、财务状况的要求、组织机构的要求、业绩的要求、营业场所的要求、认购基金股份或认购基金单位的要求等。基金发起人一般为经国家有关部门批准设立的证券公司、信托投资公司或基金管理公司等。基金发起人的主要职责是制订有关设立基金的具体工作方案,确定拟设立基金的类型,起草申请基金设立报告和信托凭证,募集设立基金所需的费用,并对由于自身的过失给投资者造成的任何损失承担连带的赔偿责任。如果有两个或两个以上发起人,还应签订发起人协议书,以明确各发起人之间的权利和义务。

(二)向投资基金的主管部门提交设立投资基金的申请

基金的发起人在完成了设立基金所需的各项准备工作之后便可向国家有关投资基金的主管机构提出设立基金的申请。在向主管机构提出设立基金的申请时,除了提交能说明设立基金的必要性和可行性的基金设立申请报告以外,还应同时提交能体现发起人权利和义务的发起人协议及能反映基金性质和管理等情况的招募说明书,并附带有委托管理协议、委托保管协议、基金公司章程、信托契约、每个基金发起人最近三年的财务报告以及会计师、律师、经纪人、投资顾问接受委任的信件等文件。

(三)发表基金招募说明书

基金招募说明书是向所有的基金投资者发布的,用以说明基金性质、基金当事人权利和义务,以及基金从发起、运作到终止全过程的法律性文件。其主要内容包括基金的设立背景、种类、规模、发行价格、发行原则、发行对象、投资者应支付的费用、交易的方式和条件、投资的策略和范围、派息和纳税的时间与方式以及当事人权利与义务等。基金招募说明书的编写应以"公开、公正、公平"为原则,力求简洁和通俗易懂,并保持相对的稳定,以确保广大投资者的利益。基金招募说明书一般发布在规定的报刊上。

(四)发行基金证券

基金证券亦称基金券或受益凭证,它既是基金管理公司或信托投资机构签发给投资者的一种确认其投资份额的证书,也是投资者参与分红及出让份额的凭证。基金证券的发行是在设立基金的申请获得国家有关主管部门批准后进行,基金证券的发行方法与股票、债券的发行方法类似,大致有两种发行方式,即定向发行和公开发行。在一般情况下,如果基金的发行数额较大,一般采用公开发行,如果数额较小,一般采用定向发行。基金证券既可由基金管理公司或信托投资机构自行发行,也可通过承销机构代为发行。基金的发行价格可以采用以面值为准的平价、高于面值的溢价或低于面值的折价。基金的个人和机构投资者按照规定的程序并凭规定的证件,通过购买基金证券来实现其投资。投资者的多寡及其购买基金单位数量的大小则是基金发行能否成功的关键。

(五)基金的上市

基金发行成功之后,基金管理公司依法向有关证券交易所或证券交易中心提出上市申请,经审查并符合交易所或证券交易中心规定的上市条件后,便可获准在交易所挂牌交易。从不同性质基金的特点来看,封闭型投资基金可以上市进行交易,而开放型投资基金只是通过内部的交易柜台购回或赎回,但在目前发达国家的证券市场上,开放型投资基金也可上市流通。上市基金的交易规则与股票和债券的交易规则大致相同。基金的上市不仅满足了基金投资者的变现要求,还加强了基金的透明度和市场监督,同时也扩大了基金的影响。

五、投资基金的管理

(一)投资基金管理的主要依据

投资基金管理的主要依据包括投资基金章程、信托契约、委托管理协议、委托保管协议和招募说明书等。

1. 投资基金章程

投资基金章程是基金的发起人在设立基金时所制定的纲领性文件。其主要内容包括总则(基金的名称、地址、法人代表、类型、宗旨、管理人、托管人及制定该章程的依据)、基金证券的有关规定、基金的发行与转让(发行对象、规模、方式、认购的最低额、期限及存续期)、基金持有人的权利与义务、投资目标、投资政策、投资范围、投资限制、有关当事人的职责、资产评估与经营情况的报告时间和方式、基金运作所需的各项费用及其计算、会计与税收、终止与清算、公司董事会的产生办法和权限以及附则等。投资基金章程是对基金管理的主要法律依据,也是投资者或债权人了解基金的重要文件。

2. 信托契约

信托契约是基金管理人与托管人在设立基金时,为明确双方的权利和义务而制定的一种核心性文件。它的主要内容包括当事人的名称和地址、基金的名称和期限、基金的规模(发行总额、单位面额、受益凭证单位总数)、基金设立的目标、投资政策、投资限制、派息政策、基金资产净值的计算和报告方法、基金的发行与认购方法、基金所有当事人(包括管理人、托管人、投资顾问、投资者、律师等)的权利与义务、信托费用种类与标准、信托契约的修改与终止等。信托契约与基金章程一样,也是投资基金的根本依据,投资基金的所有文件如招募说明书、设立基金的申请报告、基金募集与发行计划、受益证书等都是以信托契约为依据的。

3. 委托管理协议

委托管理协议是公司型投资基金与基金管理公司就委托管理公司、对基金资产进行投资管理问题达成的协议。委托管理协议的作用在于从法律上确立基金公司和基金管理公司的权利和义务。选择合格的基金管理人是使基金增值及投资者权益得以保护的重要保障。基金的管理人不仅应具有法律所规定的资产、固定的经营场所和必备的设施、一定数量的专业技术人员，还应具有优良的业绩和良好的信誉。基金管理公司应该是经国家有关主管部门批准的信托投资公司、证券公司或专门从事基金管理工作的基金管理公司。

4. 委托保管协议

委托保管协议是基金公司或基金管理公司与基金托管人就保管基金资产问题达成的协议。委托保管协议的作用在于明确委托人即基金公司或基金管理公司与受托人即基金托管公司的权利与义务，其中主要是明确受托人的责任和义务。一般说来，委托保管协议一般都要求受托人承担以下几方面义务：一是按委托人的指示保管基金的资产；二是对投资项目进行清算；三是负责基金证券买卖的交割、清算和过户；四是负责向投资者派息及新增基金份额的认购；五是对管理公司进行监督。委托保管协议应在基金设立之前签署，而且也是提出设立基金申请时所必须附带的材料。

5. 招募说明书

招募说明书在前面已经做了介绍，它是经国家有关部门认可的一种法律性文件。招募说明书实际上是一种自我介绍性文件，在该文件中基金公司向投资者介绍了基金本身以及基金的管理人、托管人、法律顾问、投资顾问、审计师、律师等有关当事人。其目的是让投资者了解本基金，并做出是否投资本基金的决策。实际上，招募说明书是基金对投资者的许诺，投资者也依此监督基金公司的运作。当投资者的权益受到侵犯时，他们便可依此行使权利来维护自身利益。招募说明书已成为基金经营与管理的纲领性文件。

（二）投资基金运作与管理的法律规范

从事投资基金活动国家的政府，为了规范其证券市场的正常运行机制，保护每一个基金投资者的利益及其资金安全，对投资基金的运作与管理进行了程度不同的监督和限制。其限制具体体现在以下三个方面：

1. 基金投资对象的限制

投资基金作为一种信托投资工具应具有一定的投资范围，按多数国家的法律规定，投资基金主要用于投资上市或未上市公司的股票、股权凭证、新股认购权证、政府债券、可转换公司债、金融债券等有价证券，以及一些变现性较强的商业票据。有些国家不许投资未上市的公司股票，只有极个别国家允许做一些诸如房地产业务等的直接投资。

2. 基金投资数量的限制

投资基金在投资股票时，各国都规定了每个基金投资股票和债券的最低比例，购买同一公司证券的数量占该公司已发行证券的最高比例，以及购买同一公司的股票占该基金资产净值的最高比例等。各国规定的具体比例是不一致的，据了解，多数国家一般把每个基金投资股票和债券的最低比例限定在80%左右，而购买同一公司证券的数量占该公司已发行证券的最高比例，以及购买同一公司的股票占该基金资产净值的最高比例限定在

5%—10%。有些国家对不同类别的投资基金采取不同的比例限定，也有些国家对所有类别的投资基金采用相同的比例限定。

3. 基金投资方法的限制

为了防止出现欺诈行为或使投资者受到伤害，各国都严格规定禁止利用基金购买本基金或基金的董事、主要股东、主要承销商所持有的证券，或将基金资产出售给或借给上述与基金本身有关的人员；禁止经营多种投资基金的基金管理公司对其所经营投资基金进行相互间的交易；禁止从事信用交易，即利用拆借资金或贷款购买证券以及卖出借来的证券。

（三）投资基金的投资政策与投资组合

1. 投资基金政策

投资基金政策是基金公司为实现投资基金设立的宗旨和目标而制定的原则性的指导方针。在制定投资政策时，应从以下五个方面入手：一是投资组合，不同的投资政策将会影响基金运作时所采用的投资组合，制定的投资政策一定要符合基金的性质，收入型或平衡型基金往往制定保守的投资政策，积极成长型或成长型基金应制定较激进的投资政策，而成长及收入型投资基金则应制定较适中的投资政策；二是购买证券的分散程度，即基金持有股票所属公司的数量和购买各种不同公司证券的比例，较保守的投资基金制定的政策应有利于证券的分散化，追求高利润基金的投资政策往往对投资证券分散化的限制较宽；三是各种证券质量的搭配，保守型基金为了取得稳定的收益，其投资政策对证券发行者的业绩要求较高，否则不许买进，而追求高利润基金的投资政策给予基金的操作者较大的证券选择自由；四是充分利用基金进行投资的程度，谋求高利润基金的投资政策一般允许把基金全部用于投资股票和债券等，而求得稳定收益基金的政策则要求用基金资产在短期票据、债券和股票之间进行转移，并保留一定数量的现金；五是收益的发放方式，追求收入型基金和平衡型基金的投资政策一般把基金的收益定期以现金的形式直接发放给投资者，而追求高利润的积极成长型或成长型基金的投资政策则一般不将收益以现金的形式直接分配给投资者，而是将收益滚入本金进行再投资，以求更高的收益。

投资基金政策是由基金性质决定的，它实际上是投资基金运作的导向，积极成长型、成长型投资基金适合勇于冒险的投资者，平衡型、收入型投资基金则适合较为保守和十分保守的投资者，而成长及收入型投资基金更适合介于两者之间的投资者。投资基金政策应在其招募说明书中体现出来，以使投资者选择适合自己需要的投资基金。

2. 投资基金的投资组合

投资组合就是基金管理公司在利用基金资产进行投资运作时，将基金资产分散投资于国内外各种有价证券和不动产等。投资组合是投资基金运作与管理的一个核心问题，因为投资组合是投资基金的一大特征。投资于投资基金虽然风险较小，但并非没有风险，它也像投资于其他证券一样，存在来自政治、经济、社会等方面的变动所导致损失的风险，以及来自金融市场、利率、购买力、基金本身经营不善或欺诈行为的风险。

投资组合的目标就是降低投资风险，根据金融市场上收益与风险成正比的关系，投资组合分为收入型投资组合、成长型投资组合及两者结合型的投资组合。收入型投资组合一般将投资风险较大的股票与安全性较高的债券的比例定为1∶9或2∶8之间,而成长型的基金则为9∶1到8∶2之间,两者结合型的一般是5∶5左右。以降低投资风险为目标的投资组合的具体内容就是分散风险,而分散风险的方法应从以下几方面考虑:①证券种类的分散,即投资股票与债券的比例;②国别的分散,即购买国外证券和国内证券的比例;③行业或部门的分散,即选购工业、农业、交通、通信、金融等部门及电子、化工、汽车、服装等行业的比例;④证券发行公司的分散,即投资不同规模、不同实力、不同前景公司证券的比例;⑤证券到期时间的分散,即选购期限长短不同证券的比例;⑥投资时间的分散,即可以先把基金的一部分存入银行或购买一些短期商业票据,然后逐步分期和适时地将这部分资金用于选购目标证券。投资组合是依据投资政策而制定的,它是投资基金性质的具体体现。投资组合往往还会随着基金管理人的变化、投资目标的改变、费用的调整、基金资产的增减和配置的变化而变化。

(四)投资基金的费用、利润的分配、税收和报告制度

1. 投资基金的费用

投资基金的费用主要是指基金在整个运作过程中所需的各种投入,它主要由基金的开办费(设计费、注册费及与此有关的投入费)、固定资产的购置费、操作费(会计师费、律师费、广告费、召开受益人大会的投入费)、受益凭证的销售费、基金利润的分配费以及行政开支费(管理人员的办公、工资、福利、保险等费用)构成。

投资基金设立与运作所需的费用主要来自投资者和基金本身的收益。投资者缴纳的费用有以下几项:①首次认购费,它是投资者首次认购基金时一次性支付的费用,该费用一般为买卖基金总额的3%左右,用于刊登广告、购买设备和支付中间人的佣金;②管理年费,即基金管理人因经营和管理基金而从基金收益中提取的费用,提取的标准各国不一,主要由基金的性质而定,一般为基金资产净值的0.25%—2.5%;③保管年费,即基金的托管人因保管和处分基金资产而从基金收益中提取的手续费,提取标准一般为基金资产净值的0.2%;④赎回费和投资财务费,即投资者出售或赎回基金时所缴的费用,该费用一般为单位基金资产净值的0.5%—1%;⑤业绩费,即基金管理人根据其业绩从基金收益中提取的费用,一般为年利润的3%—4%。

2. 收益及其分配

投资基金的收益除了来自债券与股票的利息和股利之外,还有一部分来自利用基金资产投资于有价证券所得到的买卖差价收益即资本利得,以及基金所持有的证券增值所带来的收益即资本增值。基金净收益的分配比例各国不一,一般要求将每年盈利的90%以上分配给投资者,美国规定不少于95%,我国规定不少于90%。收益的发放既可采用现金的方式直接发放给投资者,也可将收益滚入本金进行再投资。

3. 投资基金的税收

世界各国对投资基金的收税方法是不一致的,多数国家对投资基金的经营者是免税的,因为投资基金的经营者既不是基金资产的所有者,也不是基金的受益者。基金的收益是运用信托资产创造的,投资基金的经营者只不过是一个委托代理机构。纳税人应该是基金的投资者,即缴纳所得股息、利息、红利收入的所得税,股票基金和债券基金的交易税

及交易单据的印花税等。纳税可采用由投资者自缴和由基金公司代缴两种方式。有些国家和地区对基金的投资者免征一定的税金，特别是对海外投资基金的投资者免除一切税收。

4. 投资基金的报告

按各国的法律规定，基金公司应定期或不定期向投资者公布基金的有关信息，这些信息主要通过基金运作过程中发布的报告与公告来披露。这些报告与公告包括：①基金的年度报告与中期报告，主要介绍基金一年或半年来的运营状况和基金管理人的经营业绩，其中包括基金的资产负债表和损益表等；②基金资产净值公告，每月至少公告一次，介绍基金的资产净值及每基金单位资产净值；③基金投资组合公告，至少每季度公告一次，主要介绍基金资产投资于股票、债券及其持有现金等的比例。上述报告一般由基金管理人编制并向投资者公布。

第五节　中国证券市场

一、中国证券市场的产生与发展

证券市场是商品经济发展的产物。自改革开放以来，随着中国引入市场经济，证券市场已成为社会主义经济的重要组成部分。随着市场经济在中国的充分发展，中国证券市场从组织结构到法律规范正日趋成熟和完善。

（一）新中国成立至改革开放前的证券市场

新中国成立之初，中国政府虽然实行国有化，把财政收支、资金管理和物资调拨统一在政府手中，并整顿旧中国遗留下来的各种经济组织和机构，但并没有关闭证券市场，而是采取利用证券市场来促进国民经济恢复和发展的政策。这主要体现在中央政府在关闭旧的证券市场的同时，又建立了新的证券市场。1949年6月，新中国建立后的第一个证券交易所即天津证券交易所，在原天津证券交易所的旧址成立，从此翻开了新中国证券交易所的历史。1950年2月1日，北京也成立了证券交易所，随后上海也成立了新的证券交易所。这些证券交易所是按国家新的有关证券方面的法规设立的，其运作完全是在政府的严格控制下进行的，但只从事单一的现货交易，不做期货，并且不以营利为目的。1952年以后，随着企业社会主义改造的完成，中国企业只剩下全民所有制和集体所有制两种形式，股份制在中国已不复存在，中国政府在20世纪60年代虽然也发行过债券，但发行的渠道是国有银行，而不是证券市场，而且不许上市流通。1952年7月，天津证券交易所并入天津投资公司，证券交易所在中国从此消失。此时的中国证券市场应该说已名存实亡。

（二）改革开放之后的中国证券市场

从1978年改革开放至今，中国的证券市场大致经历了两个发展阶段。

第一阶段是1978—1990年中国证券市场的重新萌芽阶段。主要表现在以下三个方面：一是随着农民收入的大幅度增加，中国农村开始广泛合股集资并创办了一系列各种类型的乡镇企业，这些合股集资而成的企业虽然只是在花名册上登记或开具股金收据，不上市发行股票,但它仍可算是中国股份制经济的萌芽。二是在农村股份制经济的带动下,城市的股份制企业也应运而生。1984年,中国第一家股份制企业北京天桥股份有限公司成立;同年11月,上海飞乐音响股份有限公司率先向社会公开募集股票,从此成为中国首家公开向市场发行股票的企业;此后,在北京、上海、西安、沈阳、广州、重庆等地也出现了通过发行股票进行筹资的活动。三是中国政府恢复发行债券。1981年,中国政府发行了新中国诞生以来的首批国库券,1985年以后又相继发行了金融和建设等债券。中国证券交易在20世纪90年代以前,大多属于场外交易,而且多属于地区性的,还没有形成真正意义上的全国性证券交易中心。

第二阶段是1990年至今中国证券市场的起步和发展阶段。1990年12月,上海证券交易所正式挂牌营业,它是新中国成立后第一家按国际标准运作的交易所。上海证券交易所的成立不仅标志着在中国大地消失了38年的证券交易所重新复生,而且还标志着新中国证券交易市场的诞生。此后,深圳证券交易所在1991年7月宣告成立。中国证券市场从此进入迅速发展时期。

伴随着中国证券市场的发展,有关证券方面的法规也日趋完善。中国政府1990年以来相继出台了有关规范证券市场方面的《中华人民共和国证券法》《中华人民共和国公司法》《中华人民共和国国库券条例》《股票发行和交易管理暂行条例》《企业债券管理条例》《国务院关于股份有限公司境外募集股份及上市的特别规定》《关于严禁国有企业和上市公司炒作股票的规定》《可转换公司债券管理办法》《证券投资基金法》《证券期货信息传播管理的若干规定》等。尤其是全国人民代表大会通过并于1999年7月1日开始实施的《中华人民共和国证券法》,使投资者的权益得到保护,此法于2005年10月27日修订并于2006年1月实施。证券法规的健全和完善,也标志着中国证券市场走向成熟。

截至2015年年底,深沪两市的上市公司数量合计达2 827家,其中深圳证交所共1 746家(主板A股467家,主板B股49家,中小板776家,创业板492家),上海证交所共1 081家。中国证券市场在中国资本市场中的地位日益重要。

二、中国证券市场的对外开放

中国证券市场的对外开放主要体现在以下三个方面:

1. 发行B股

B股是中国国内企业向境外投资者发行,在境内证券交易所以外币认购和进行交易的股票。B股股东的权利和义务与A股相同,其红利以人民币计算,但折成外汇汇出国外。B股是外国投资者目前在中国进行证券交易的主要方式。自1992年2月1日,上海真空电子器件股份有限公司首次在上海证券交易所发行了总额为1亿元人民币的B股以后,到2015年年底,共有101家企业在上海和深圳两家交易所发行了B股,其筹资总额约合30亿港币。B股的发行为中国的上市公司开辟了新的融资渠道,促进了中国证券市场的进一步发展。当然,B股市场已有多年没有扩容了,随着合格境外机构投资者制度的实施,即外国投资者被允许直接进入中国的A股市场,其存在的必要性受到了金融界的质疑。但无论如何,在中国经济发展的最初阶段,B股市场对中国的证券市场以及资本市场的发展起到了重要的作用。

2. 外国证券公司进入中国

自 1979 年中国政府批准第一家国外银行在北京开设办事处以来,目前已有约 40 个国家或地区的近 600 家境外金融机构在中国设立了办事机构或代表处。其中,有 100 多家外国银行在中国设立了分行,并有近 60 家海外证券公司进入中国证券市场,有 20 多家境外证券代理客户入主上海证券交易所 B 股专用席。与此同时,日本大和证券公司与中国最大的证券公司华夏证券公司共同建立了合资投资信托公司,中国人民银行、中国经济技术投资担保公司、美国摩根士丹利公司、新加坡政府投资公司、中国香港名力集团五家公司在 1994 年 10 月组成了中国国际金融有限公司,这也是中国第一家中外合资银行。外国证券公司进入中国证券市场不仅推动了中国证券市场的开放,也有助于中国企业和证券公司走向世界。

3. 实施 QFII 制度

QFII 是"合格境外机构投资者"的英文简称,是指允许合格的境外机构投资者,在一定规定和限制下汇入一定额度的外汇资金,并转换为当地货币,通过严格监管的专门账户投资当地证券市场,其本金和投资收益在外汇管制和相关法规管理下可转为外汇汇出的一种市场开放模式。QFII 制度是中国证券市场向外国投资者开放的第一步,也是引进境外机构投资者成熟的投资理念、优化中国证券市场投资者的结构以及促进中国证券市场国际化的重要一步。QFII 制度一般是发展中国家证券市场发展到一定阶段的产物,其目的在于有节制地让发达国家的投资者进入国内证券市场,以规范和促进本国证券市场的发展。随着证券市场的成熟,这一制度也会随即消失。QFII 最早产生于 20 世纪 90 年代初的我国台湾地区,1991 年 1 月 2 日,台湾地区开始实施 QFII;1992 年,QFII 正式进入台湾证券市场。台湾地区目前已取消 QFII,准许外资自由进出。韩国、印度等国也相继采用过 QFII 制度。

随着中国大陆证券市场的发展,中国于 2001 年下半年也开始着手研究 QFII,并成立了 QFII 研究小组。2002 年 11 月 5 日,中国人民银行和中国证监会联合发布了《合格境外机构投资者境内证券投资管理暂行办法》,对进入 QFII 的门槛等问题做了详细的规定。此后,国家外汇管理局要求 QFII 申请的投资额度不得低于等值 5 000 万美元的人民币,不得高于等值 8 亿美元的人民币。这标志着 QFII 制度在中国大陆正式启动。在随后的几个月中,包括瑞银集团、野村证券、高盛等在内的众多境外大型金融机构纷纷向中国证监会递交资格申请并获得了批准。截至 2015 年 10 月,已有 273 家外资金融机构获得 QFII 资格,获准投资额 844.38 亿美元。

三、中国参与国际证券市场活动

(一) 中国发行国际债券融资

中国经济的迅速发展引发了急需建设的交通、能源、通信等基础设施领域对资金的巨大需求,由于国际债券具有期限长和筹资数额大等优点,中国政府和企业从 20 世纪 80 年代初开始采用发行国际债券这一发达国家惯用的筹资方式。1982 年 1 月,中国国际信托投资公司在日本东京市场上首次发行了 100 亿日元的私募债券,期限为 12 年,票面利率为 8.7%,从而开创了中国利用国际证券市场筹集资金的先例。1983 年 8 月,福建投资企业公司又在日本东京市场发行了 50 亿日元利率为 8.5%、期限为 10 年的私募债券。1984 年 11

月,中国银行首次在日本东京市场发行了 200 亿日元的公募债券。中国银行、中国国际信托投资公司和福建投资企业公司于 1985 年先后在东京、法兰克福、香港、伦敦和新加坡发行了 10 宗国际债券。据统计,从 1986 年至 1992 年,中国先后在国际债券市场上总共发行过 49 次债券,筹资 16.6 亿美元。此后,中国利用国际债券市场融资的数额急剧上升,1993 年中国的金融机构在国际证券市场上发行债券达 21 次,筹资共达 28 亿美元。1994 年 1 月 14 日,财政部代表中国政府正式向美国证券交易委员会注册登记发行 10 亿美元的全球债券,并同时在美国、欧洲和亚洲销售,发行该债券的牵头机构是美国的美林证券公司,这也是中国首次进入美国资本市场。2004 年 10 月,中国又在美国发行了 5 亿美元的主权债券。2004 年 9 月,中国国家开发银行发行了价值 10 亿美元的全球债券,此次发行的全球债券包括美元和欧元两种,债券筹集资金继续投向国家重点项目,本期债券发行的主承销商包括美国、英国、法国和瑞士的多家银行,美国、欧洲和亚洲的众多机构投资者购买了此次债券。同年,中国进出口银行和中国工商银行分别发行了 7.5 亿美元和 4 亿美元的国际债券。

(二) 中国企业海外上市融资

1. 中国企业海外直接上市

海外上市是中国企业走向世界的一个重要途径。进入 20 世纪 90 年代以后,随着中国证券市场的对外开放,中国企业也开始了到海外发行股票并直接上市的历程。目前,中国企业主要是通过在香港特区发行 H 股和在美国发行 ADR(美国存托凭证)在海外直接上市的。

(1) 发行 H 股

H 股是在中国内地注册的股份有限公司在香港特区发行的普通股的简称。H 股分为主板和创业板。发行 H 股的中国公司注册地在中国内地,适用中国法律和会计制度,向香港投资者发行股票,在香港主板或创业板上市。中国对 H 股主板上市的条件主要为:筹资用途符合国家产业政策、利用外资政策及国家有关固定资产投资立项的规定;净资产不少于 4 亿元人民币,过去一年税后利润不少 6 000 万元人民币,并有增长潜力,按合理预期市盈率计算,筹资额不少于 5 000 万美元(高于香港主板的规定)。中国对 H 股创业板上市只是强调股份公司的设立应合法,公司及主要发起人应符合国家有关法规和政策,在最近两年内没有重大违法违规行为,其他只要符合香港创业板上市规则即可。1992 年 10 月,中国证券监督管理委员会确定了首批 9 家大型国有企业作为试点单位,在香港发行 H 股并上市。从 1993 年 6 月 29 日青岛啤酒股份有限公司最先在香港上市,至 1994 年 6 月 6 日东方电机股份有限公司正式在香港联合交易所挂牌上市,获准上市的 9 家中国内地企业共发行 55.06 亿 H 股,筹资达 116.81 亿港币。1994 年中国证监会又安排了 22 家内地企业到香港上市。为配合 H 股的发展,香港恒生指数服务有限公司于 1994 年 8 月 8 日正式推出了恒生中国企业指数,以帮助投资者了解中国企业的表现。

中国内地企业在香港特区上市的另一种方式是红筹上市,即公司注册地在中国境外,通常在开曼、百慕大或英属维尔京群岛等地,适用当地的法律和会计制度,但公司的主要业务资产在内地。红筹上市公司对投资者发行股票并在香港联交所上市,在禁售期结束后所有股票都可以流通。

H 股和红筹方式上市有所不同:第一,H 股上市仅是对公众发行的股票上市流通,其他股票不能流通，而红筹上市在禁售期以后便可以流通，是全流通概念；第二，上市审批程序有所不同，H 股需要中国证监会批准方能向香港申请上市，对于红筹上市，则取消了无异议函的"审批"；第三，从上市公司能否在内地发行 A 股看，H 股在香港上市后经过申请还可以在内地增发 A 股；第四，红筹方式上市可以实施股票期权、员工信托股票等激励机制，在内地员工激励机制法规不完善的情况下，这一点无疑是高科技企业选择红筹上市的重要原因；第五，H 股上市后再融资需要中国证监会的批准，受《公司法》的约束，而红筹股无须批准并可根据企业的发展和市场的情况依当地交易所的规则再融资。

据香港联交所数据显示，截至 2016 年 9 月底，在香港主板和创业板上市的内地企业达 387 家，其中 H 股 235 家、红筹股 152 家，合计分别占港股主板和创业板上市公司总市值的 42.15% 和 7.95%，成交金额分别占比达 53.97% 和 5.27%。

（2）发行 ADR

ADR（American Depositary Receipt）是美国存托凭证的缩写。它是指由美国存托银行发行的一种类似股票证书的可转让票据，它代表美国投资者对非美国公司、政府或美国公司的海外子公司发行证券的所有权凭证。具体来讲，在美国发行股票的外国公司将其股票由承销商交由本国银行或外国在本国的分支机构保管，并以此为担保通知美国的存托银行发行股票存托凭证供美国投资者购买，美国投资者购买的存托凭证就是外国公司发行股票的凭证，投资者可将存托凭证上市转让或凭此领取股息。如果股票存托凭证是向全球投资者发行，则称为全球股票存托凭证，即 GDR。

ADR 是因外国投资者在美国发行股票不便及美国投资者上市转让外国公司股票困难而产生的。ADR 的发行实际上是避开了美国法律对外国公司股票在注册手续、财务报表、会计准则、信息披露等方面的严格管辖，为美国投资者购买并转让非美国公司的股票提供了便利。

从 1993 年 7 月第一个在美国上市的青岛啤酒算起，中国公司在美国上市已有十几年的历史。中国公司在美国上市的主要市场是美国证券交易所、纳斯达克交易所以及电子柜台交易市场。纽约证券交易所是世界最大、容纳世界上最优秀的上市公司的交易所，纳斯达克（National Associationof Securities Dealers Automated Quotation，NASDAQ）交易所意为全国证券交易商协会自动报价系统，由于有科技含量极高和成长性极强的中小企业以及大量非美国公司在这里上市，它是真正意义的全球性的并为高科技企业提供上市融资机会的股票交易所。纳斯达克交易所由两个独立的市场组成：一个是为那些在财务、股本和管理等方面均符合标准的高科技企业提供融资的纳斯达克国家市场；另一个是上市条件更为宽松的小资本市场。电子柜台交易市场（Over the Counter Bulletin Board，OTCBB）是由纳斯达克管理的股票交易系统，它是为还未达到在纳斯达克和纽约证券交易所上市条件的公司提供上市融资的市场，微软和思科等国际知名企业都曾在此上市融资。

中国证券监督管理委员会在 1994 年所选定的第二批到海外直接上市的国有企业中，华能国际电力、华能发电开发、东方航空、南方航空和天津钢管五家公司可以通过发行 ADR 到美国证券市场上挂牌上市。1994 年 4 月 28 日，中国证券监督管理委员会和美国证券交易委员会签订了《中美合作监管备忘录》，从而开始了两国股票投资领域的合作。中国山东华能国际电力公司于 1994 年 8 月 4 日以 ADR 方式在美国纽约证券交易所挂牌上市，成为新中国第一家在美国纽约证券交易所以 ADR 方式上市的公司。此后，一些中国公司将已发行的 B 股或 H 股转为 ADR 形式在美国上市,如上海的氯碱化工、上海轮胎橡胶和上海第二纺织等。也有一些公司在全球配售过程中将在美国发行的部分以 ADR 的形式配售上市,如上海石化等,上海石化 H 股于 1998 年 8 月在香港上市的同时,将 50%的 H 股转为 ADR、GDR。中国企业将 B 股和 H 股转为 ADR 在美国发行,成为中国证券市场与国际接轨的又一途径。1999 年 7 月 14 日,中国证监会发布《关于企业申请境外上市有关问题的通知》的同一天,中华网在美国纳斯达克挂牌上市,成为中国内地首家在美国纳斯达克上市的公司。据中国证监会统计,截至 2015 年 7 月,主板境外上市外资股公司达到 190 家;截至 2015 年 3 月,创业板境外上市外资股公司达到 26 家。另据美国纽约证券交易所和纳斯达克股票交易所的统计,截至 2017 年 2 月底,中国在纽约证券交易所上市的公司达到 58 家,其中 ADR 上市的有 49 家,非 ADR 的有 9 家,而在美国纳斯达克 ADR 上市的中国企业达到 33 家。此外,由于场外柜台交易(OTC)市场的入市标准较低,中国企业出现在 OTC 市场的时间早于纳斯达克。据不完全统计,截至 2017 年 2 月,共有 420 多家中国公司在场外柜台交易市场挂牌交易。

2. 中国企业海外间接上市

中国企业海外间接上市主要有两种方式,即买壳上市和造壳上市。

(1) 买壳上市。买壳上市是指一家或几家公司联合以现金或交换股票的形式,收购另一家公司已在海外证券市场上挂牌上市的部分或全部股权来取得上市地位。中国企业通过买壳上市融资始于 1984 年年初,但为数很少。20 世纪 90 年代以后,通过该方式上市的中资公司有所增加。例如,首钢在 1992 年收购了香港东荣钢铁公司 51%的股权后,将公司更名为香港首钢国际公司,并募股集资达 18 亿港币。买壳上市筹资不仅可以通过注入资产来增加公司的实力,而且还可以避开一些东道国对外国公司上市的严格限制,并可以节省大量的时间。目前,虽然到海外买壳上市的中国企业必须经过中国证券监督管理委员会的批准,但买壳上市仍不失为中国企业国际化的一个最佳途径。

(2) 造壳上市。造壳上市筹资有两种具体做法,一是一些企业通过在国际证券市场所在国或地区注册成立一家控股公司,对其内地企业进行控股,然后内地企业间接以控股公司的身份申请上市;二是国内企业与已上市的外国公司合并,通过增发新股或换股上市。这种做法实际上是中外合资企业海外上市的一种基本模式。

案例讨论　　　　　　　　**中国企业美国借壳上市的思考**

2001 年 8 月 28 日,万向集团以战略投资者的身份介入在美国汽车制动器市场上有着"霸主"地位的 UAI 公司,以 280 万美元收购了 UAI 21%的股权,成为其第一大股东。这宗交易的一项重要内容是强制性采购条款,即 UAI 每年必须向万向集团购买 2 500 万美元的产品(制动器),这是静态数据;从动态看,因为 UAI 从万向集团采购产品,其采购成本比以前的生产成本低 30%—40%,所以会促使 UAI 进一步扩大销量,这样万向集团以后每年拿到的订单至少是 2 500 万美元,也新增每年 7 000 万美元的国际市场份额。

2003 年,某内蒙古做畜牧胚胎移植的企业,雇用了某中介公司的负责人作为其在美国上市的顾问。由于企业和中介公司都没有美国资本市场的专业知识,对壳公司的情况根本不清楚,企业迷迷糊糊地在美国 OTCBB 挂了牌。经该公司委托中国招商社方面的有关行业人员调查后发现,这个中介公司的负责人几年前曾因股市诈骗的罪名被美国证监会控告。同年,深圳的一家电话企业,已经在美国挂牌,同样委托了该调查机构对其壳公司的背景做调查,发现壳公司的大股东在近几年曾被美国证监会控告,罪名为操纵股票诈骗,而且美国联邦调查局都参与了刑事调查,这个人的几个合伙人都曾进过监狱。在美国市场上任何一个合法的投资者都不会对有如此背景的壳公司的企业进行投资,这大大影响了企业的上市融资以及上市后的股价走势。企业再好,美国人也不敢向有违法嫌疑的公司投一分钱。

【思考与讨论】

1. 请简要评论一下万向集团收购 UAI 的成功策略。
2. 请结合案例材料思考一下中国企业美国借壳上市的风险。

(三) 中国企业对外证券投资

1986年中国国际信托投资公司通过国际融资租赁的方式购买了澳大利亚波特兰铝厂11%的股份,以此开始了中国进入国际市场从事证券投资的历史。20世纪90年代以后,中国企业海外证券投资有所发展。1990年,中信香港集团收购了香港泰富发展有限公司49%的股份,并将该公司改名为中信泰富。香港泰富发展有限公司是一家在香港上市的公司,中信香港集团收购了该公司后,利用其上市公司的地位进行了一系列的注册和收购活动,使中信泰富从1990年2月市值仅为7亿港币的小公司,发展成为1994年市值400余亿港币的大公司。在中国企业从事海外证券投资的同时,中国的各主要金融机构也大力发展海外金融业务,尤其是注重海外证券业务的开展。截至2015年年底,中国工商银行等五家大型国有控股商业银行共有79家境外分行和57个附属机构,这些境外机构分布在亚洲、欧洲、美洲、非洲、大洋洲,业务范围涵盖商业银行、投资银行、保险等多种金融服务领域。由于中国企业的经济实力所限,中国企业海外证券投资的规模远远小于中国企业的海外上市筹资活动,但中国企业从事海外证券投资活动却为中国企业跨国化开辟了又一重要途径。

四、中国的投资基金业

(一) 中国投资基金业的产生与发展

中国的投资基金业产生于20世纪90年代初,虽然在80年代中期以后,一些专家曾提出发展中国投资基金业的必要性和可能性,并发起设立了一些基金,但由于规模较小不足以形成市场,中国的投资基金业仍处于理论探索阶段。1991年由中国农村发展信托投资公司等在山东淄博发起设立乡镇企业投资基金,并于1992年得到中国人民银行的批准,成为中国第一家经法律认可的投资基金。随后各种类型的投资基金在沈阳、大连、海南、武汉、北京、深圳等地广泛出现。1997年11月14日,国务院证券委员会发布了新中国成立以来有关投资基金设立、运作和管理的第一部法规——《证券投资基金管理暂行办法》,从此中国的投资基金业步入规范化轨道。

从1991年到1997年年底,在中国证券投资基金业走过的七年历程中,全国各地设立的各类投资基金达75只,基金凭证47个,募集资金总规模约76亿元人民币,基金市值近

100亿美元,在证券交易中心上市38个,并形成以沈阳、大连、天津、武汉、上海、四川、浙江为中心的市场板块。1998年3月23日,开元和金泰两只投资基金分别获准在上海和深圳交易所上市发行,基金规模各为20亿元人民币,均采用契约型封闭式,存续期都为15年。开元和金泰两只投资基金是《证券投资基金管理暂行办法》颁布后首次上市发行的基金,这两只基金的上市发行标志着中国证券投资基金的正式启动,同时也迎来了中国百姓投资基金热的高潮,2004年中国又颁布了新的《证券投资基金法》。据中国证券投资基金业协会统计,截至2017年年末,中国共有基金管理公司113家,其中中外合资公司45家,内资公司68家,取得公募基金管理资格的证券公司或证券公司资管子公司12家,保险资管公司2家。以上机构管理的公募基金资产合计11.6万亿元,发行的各类证券投资基金达到4 841只。

(二)中国投资基金业的特点

中国投资基金业的历史很短,再加上中国整个证券业的历史不长和证券市场尚不发达,这就使中国的投资基金业具有以下几个特点:

1. 境外基金先于境内基金

中国境外基金的发展要早于境内基金。1985年12月,中国东方投资公司就在香港和伦敦推出了旨在对中国投资的"中国东方"基金,资产净值为1 700万美元。随后由法国汇理银行五洲投资有限公司牵头设立的以中国为投资对象的基金于1990年年底在伦敦上市。到1992年年底仅在香港设立的中国基金已近20个,资产总值约50亿港元。境外基金的发展带动了境内基金业的发展。

2. 基金平均规模增长迅速

在中国证券基金发展初期,基金规模上亿元的只有20几个,多数在5 000万元以下,而当时美国很多基金都在百亿美元以上。不过,经过二十多年的发展,中国证券投资基金已经有了长足的发展,2017年公募基金平均规模达到23.9亿元。

3. 投资基金市场份额不断扩大

据《中国证券投资基金业年报(2016)》的统计,截至2016年12月底,中国公募基金资产规模达到9.16万亿元人民币,相当于当年GDP总量的12.31%,相当于年末金融机构存款余额的5.99%,相当于年末股市流通市值的22.45%。目前,证券投资基金已经成为中国金融和资本市场的重要组成部分。

4. 投资基金多为开放式和契约型

截至2017年年末,中国已发行的4 841只证券投资基金中,开放式投资基金有4 361只,封闭式投资基金只有480只。而且这些投资基金多是契约型的,契约型和公司型投资基金在世界上均被广泛采用,如美国的投资基金基本上是公司型的,而日本、韩国多为契约型。由于开放式投资基金对投资者更有利,发达国家发行的投资基金多是采用开放式,开放式投资基金是投资基金业的发展趋势。

(三)中国发展投资基金业的必要性

1. 企业所有制改革的需要

中国的大中型国有企业在进行股份制改造过程中,企业的国有股份投资于投资基金,使股票在基金股东之间流动,既可避免大量国有股流入私人手中,又可实现国有资产的流动和增值,还可以解决国有股上市的难题,进而起到支持国有企业改革的作用。

2. 中小投资者的要求

在中国,存款仍然是城乡居民投资的主要渠道,他们把金融资产的80%以上用于银行储蓄,在中国的存款利率多次下调之后,城乡居民对银行存款失去兴趣。而今天的股市经过多次震荡之后再次陷入低迷,再加上缺乏专业知识以及没有足够的资料和时间去研究股市,这就令积蓄不多的中小投资者们望而却步。中小投资者渴望有一种收益较高、风险较低的投资工具,投资基金则能迎合这部分中小投资者的需要。

3. 稳定证券市场的需要

中国证券市场上的投资者一直以中小散户为主,中小散户在风云莫测的股市中只能更加注重短线投资,追涨杀跌,加剧了市场波动,导致中小投资者亏多赚少。投资基金使中小投资者的资金由散变为集中,进行理性投资。由于投资基金的规模大,做出投资决策前先运用其丰富的专业知识、经验及信息,对股市进行深入的研究和分析,并进行长线投资,不盲目投资,不跟风炒作,这不仅加强了投资决策的正确性,还降低了证券市场的投机成分,减缓了市场的异常波动,起到了稳定证券市场的作用。

4. 证券市场发展的需要

发达国家的证券市场不仅法规健全、规模庞大,而且还表现出品种的多样化和结构的合理性。发展投资基金不仅增加了投资市场上的投资工具,还可使证券市场的结构得以调整,从而达到增加筹资数量、发展证券市场的目的。

思考与练习

1. 证券投资的特征是什么?
2. 证券投资的发展趋势是什么?
3. 国际债券有哪几种类型?
4. 优先股和普通股的区别是什么?
5. 股票有哪几种交易方式?
6. 投资基金的特点是什么?
7. 什么是国际证券发行市场?
8. 国际证券流通市场分哪几种形式?
9. 中国企业是如何在海外证券市场上市融资的?

案例分析

俄罗斯某石油公司发行欧洲债券案

2001年12月俄罗斯某石油公司发行了5年期欧洲美元债券,面额为100美元,年利率为12.75%,每年支付两次利息。该公司被标准普尔(Standard & Poor's)评为BBB+级,被穆迪(Moody's)评为Baa1级。该债券将在卢森堡证券交易所公开交易,花旗集团(Citigroup)、德意志银行(Deutsche Bank)、德累斯登佳华银行(Dresdner Kleinwort Wasserstein)、

JP摩根银行(JPMorgan)是此次交易的承销商。在宣布发行债券之前,该石油公司在阿姆斯特丹、杜塞尔多夫、伦敦、巴黎和法兰克福举行了为期三天的投资者最新信息发布会,在此次发布会上该公司表示,所筹集的资金将用于提高萨哈林和西西伯利亚油田的开采量以及全面改造两个大炼油厂,这之后俄罗斯许多大石油公司都想利用这种融资手段进行融资。这些石油公司认为,在当时发行欧洲债券融资是最好的时机,因为利息较低,而且从国际市场上筹集到的是长期贷款,可以用于大的投资项目。

【思考与讨论】

1. 什么是欧洲美元债券?
2. 该欧洲美元债券的名义收益率是多少?
3. 什么是国际债券评级?世界上著名的评级机构有哪些?根据案例中的评级结果,你会购买该欧洲美元债券吗?为什么?

21世纪经济与管理规划教材
国际经济与贸易系列

第七章

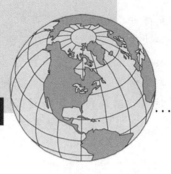

国际技术贸易

【教学目的】

通过本章学习,学生将能够:

1. 了解专利和商标权的特点、种类和授予条件,专有技术的含义及与专利的区别;

2. 熟悉有关专利和商标权的国际公约;

3. 掌握技术转让的方式,知识产权的种类及其保护,中国对外技术贸易的管理等。

【关键术语】

技术	排他许可
专利权	独占许可
商标权	《巴黎公约》
专有技术	《商标国际注册马德里协定》
普通许可	知识产权

【引导案例】

为保持对外贸易稳定增长,优化出口结构,推动技术出口快速增长,提高技术出口在技术贸易中的比例,2015年2月,商务部与科技部联合发布了《关于鼓励技术出口的若干意见》(以下简称《意见》)。

改革开放以来,通过自主创新和对引进技术的消化吸收,我国已形成较为完整的工业体系,拥有大量成熟的产业化技术。20世纪90年代以来,我国已成功实现电力、通信、建材生产、石油勘探、汽车制造、化工和冶金技术出口并带动大量成套设备出口,对提高产业技术水平、推动出口结构优化、促进经济社会发展发挥了重要作用。但是,由于我国技术出口起步较晚,与发达国家还存在较大差距。多年来,我国技术出口金额远低于进口金额,进出口逆差约200亿美元。

《意见》从政策扶持、加强国际合作、完善管理和服务等三方面提出了政策措施,以支持企业积极出口成熟的产业化技术。一是在落实好现行政策的基础上,积极提供金融保险支持,推动科研机构承接境外研发业务,鼓励科技型企业"走出去";二是要在进一步推动国际技术合作的同时,利用各种促进平台,组织举办技术出口推介和洽谈会,宣传我国优势技术;三是要推动技术出口服务体系的建设,加强对知识产权的管理和保护,进一步完善法律法规和管理体系。

资料来源:http://china.huanqiu.com/News/mofcom/2015-02/5765798.html。

第一节 国际技术贸易概述

一、技术的含义及其特点

技术作为一种人类智慧的成果,应该是一种系统的知识,它是人类最宝贵的财富。目前,国际上对"技术"还未形成统一认识。由于对技术在认识角度上的差异,技术有狭义和广义之分。狭义的技术指的是那些应用于改造自然的技术,而广义的技术则是指解决某些问题的具体方法和手段。技术一词在不同的领域也有不同的解释,在社会科学领域,技术是指用于解决社会发展中所面临的问题的具体措施;而在自然科学领域,则被认为是解决生产领域问题的某种发明或技能。世界知识产权组织在1977年版的《供发展中国家使用的许可证贸易手册》中,给技术下的定义是:"技术是指制造一种产品的系列知识,所采用的一种工艺,或提供一项服务,不论这种知识是否反映在一项发明、一项外形设计、一项实用型或者一种植物的新品种,或者反映在技术情况或技能中,或者反映在专家为设计、安装、开办、维修、管理一个工商企业而提供的服务或协助等方面。"这是迄今为止国际上给技术所下的最为全面和完整的定义。实际上知识产权组织把世界上所有能带来经济效益的科学知识都定义为技术。

技术具有一些显著的特点:技术属于知识范畴,但它是用于生产或有助于生产活动的知识;技术是生产力,但技术是间接的生产力;技术是商品,但它是一种特殊的商品,它比现有技术具有更高经济价值和选择性,具有使用条件等。

根据不同的标准,技术可以被划分为若干种。技术按其作用来划分,可分为生产技术和经营技术;按形态划分,可分为软件技术和硬件技术;按公开程度划分,可分为公开技术、半公开技术和秘密技术;按所有权状况划分,可分为公有技术和私有技术;按法律状态划分,可分为工业产权技术和非工业产权技术。

技术作为人类经验的总结和智慧的结晶,会随着科学技术的进步而发展,人们也会借助于不断进步的科学方法来加深对技术的内涵和复杂性的认识。技术也会成为人们认识自然、解决生产等领域所面临问题的最有力的武器。

二、国际技术市场

国际技术市场是一种"虚拟的"市场,而非实体市场。但该市场又是客观存在的,集技术开发、技术交易、技术中介和技术信息交换等功能于一体的、按行业分割的市场结构。国际技术市场的特点是:研究与开发格局由聚集转为分散,技术在其生命周期的早期就向海外转移,国际技术市场转让机制不断拓宽,软件技术占技术贸易额的比重不断增加,"技术国有化主义"趋势有所加强,跨国公司仍是国际技术市场上的主导力量。

三、国际技术转让与国际技术贸易

联合国在《国际技术转让行动守则草案》中,把技术转让定义为:"关于制造产品、应用生产方法或提供服务的系统知识的转让,单纯的货物买卖或只涉及租赁的交易都不包括在技术转让的范围之内。"国际技术转让是带有涉外因素的转让,是跨越国境的转让。

国际技术转让与国际技术移动不同,国际技术移动是指技术从一个国家向另一个国家的移动,即技术的位移,这种位移可以发生在不同国家或地区之间,也可以发生在同一个国家内的不同地区之间。而国际技术转让是指一国技术的所有者将技术的所有权或使用权转让给另一国的其他人,即技术的所有权或使用权的转让。技术的所有权和使用权属于知识产权的范畴。

国际技术转让分为有偿和无偿两种,有偿的技术转让是一种商业性的技术买卖,无偿的技术转让则属于非常性质的技术援助。凡是通过双边政府间的带有援助性的经济合作或科学技术交流等形式所进行的技术转让,属于无偿的或非商业性的技术援助;而通过贸易途径并以企业为交易主体的技术转让属于商业性或有偿的技术转让。有偿的技术转让实际上是一种贸易活动。因此,有偿的国际技术转让也被称为国际技术贸易。

国际技术贸易,是指不同国家的当事人之间按一般商业条件进行的技术跨越国境的转让或许可行为。

国际技术贸易的标的是技术,而技术是一种无形的商品。但在国际技术贸易的实际运作中,只有发达国家之间的技术贸易才会有单纯的软件贸易,而发展中国家在开展技术贸易时,由于技术落后和应用科学技术的能力较差,往往在进行软件贸易的同时,还会伴随着硬件贸易,即引进技术与进口设备相结合。与此同时,许多发展中国家为解决资金的严重短缺问题,又往往将引进技术和设备与利用外资相结合。国际技术贸易在国际贸易中的地位日益重要,其实际操作也日益复杂。

四、国际技术贸易的产生与发展

技术在国际间的转让由来已久,早在公元6世纪,中国的养蚕和丝绸技术就曾通过丝绸之路传到中亚、西亚和欧洲各国。从10—15世纪,中国的造纸、火药、印刷术相继传到西方。16世纪初,德国的机械表制造技术和意大利的眼镜技术也先后传到日本和中国。16世纪以前,英国的技术水平还远远落后于欧洲大陆,英国的工业是在引进欧洲大陆先进的工匠技术的基础上发展起来的。但是,18世纪以前的技术转让还不属于现代意义上的技术贸易,这主要表现在两个方面:一是转让的手段落后,国际间的技术转让主要是工匠技能的传播,而不是许可权的转让;二是传播的时间较长,中国的养蚕和丝织技术用了1 800多年才传到欧洲,造纸、火药和印刷术传到欧洲也用了600多年。而意大利的眼镜和德国的机械表技术则分别用了300年和100多年的时间才传到日本和中国。

现代意义的技术贸易是通过技术的商品化,并伴随着资本主义商品经济的发展而逐步发展起来的。进入18世纪以后,随着工业革命的开始,资本主义的大机器生产逐步代替了封建社会的小农经济,这为科学技术提供了广阔的场所,并出现了以许可合同形式进行交易的技术贸易。19世纪以来,随着西方各国技术发展速度的加快和技术发明数量的不断增多,绝大多数国家都建立了以鼓励发明制造为宗旨的保护发明者权利的专利制度,这就促使以许可合同形式出现的国际技术贸易的迅速发展。第二次世界大战以后,科学技术在经济发展中所起的作用日益重要,国际间经济上的竞争实际上表现为技术的竞争。为此,技术已作为一种特殊的商品成为贸易的主要对象,这就使战后以来的技术贸易额不断增加。20世纪60年代中期技术贸易的年成交额仅为27亿美元,70年代中期增至110亿美元,到80年代中期激增到500亿美元左右,90年代国际技术贸易每年的成交额超过了1 000亿美元,进入21世纪以后国际技术贸易额激增至5 000亿美元,其增长的速度不仅高于货物贸易,而且也高于一般服务贸易,国际技术贸易已经成为国际贸易的重要组成部分。

五、国际技术贸易的特点

科学技术是生产力已被世界各国普遍认识,它们竞相开展国际技术转让活动。随着国际技术市场竞争的日趋激烈,国际技术贸易出现了以下特点:

(一)发达国家在国际技术市场上占有统治地位

长期以来,国际技术转让活动主要集中在发达国家之间,发达国家的技术贸易额占世界技术贸易额的80%以上,而且主要集中在美、英、法、日、德少数几个国家,这五国的技术贸易额就占发达国家技术贸易总额的90%以上,这是因为它们既是技术的出口大国,也是技术的进口大国。近年来,发展中国家的技术进出口无论在数量上还是在种类上都有了长足的发展,但它们在国际技术市场上的份额极为有限,一般不超过10%,而且还局限在少数几个新兴工业化国家。实际上发展中国家在国际技术市场上主要扮演的是接受者的角色,这主要与其经济发展水平低和技术水平落后有关。

(二)软件技术在国际技术贸易中的比重日益提高

20世纪80年代以前,国际技术贸易主要是通过引进和出口先进设备等硬件来进行的,以软件为交易对象的交易较少,进口国往往是以购买设备等硬件为目的兼买软件。进入80年代以后,这种状况发生了根本性变化,以许可贸易形式进行的软件交易占据了主导地位,技术的进口国往往为了购买某项专利或专有技术而附带进口一些设备。尤其是发达国家间的技术贸易,软件技术的转让已占其技术贸易额的80%以上,其中美国的软件技术销售额每年递增达30%以上。近几年来,发展中国家开始注重技术引进的效益,减少硬件技术的引进,软件技术正逐渐成为其技术引进的主要标的。

（三）发达国家的跨国公司控制着国际技术贸易

国际技术贸易不仅集中在少数几个发达国家,而且被这些国家和跨国公司控制。据统计,西方国家的跨国公司控制着发达国家技术贸易的80%,而发展中国家技术贸易的90%也被控制在西方国家的跨国公司手中。这主要是与它们资金雄厚、技术力量强大、重视技术开发,并拥有众多的专利技术有关。正是因为跨国公司在技术贸易中的垄断地位,使其在技术转让谈判中处于有利地位,它们往往以垄断高价向发展中国家出售其技术,并附加一些诸如限制性采购等条件。跨国公司转让技术一般与资本输出和商品输出相结合,通过在东道国建立子公司或合资公司进行。

（四）国际技术市场上的竞争日趋激烈

国际技术市场上的竞争主要表现为发达国家之间的竞争。美国的技术出口遍及全球,日本的技术市场主要是亚洲,法国多向非洲国家出口技术,东欧则是德国的技术市场。它们为了保持原有的技术市场或扩大其技术市场份额,都在不断地进行技术的开发。美国为保持其对尖端技术的垄断,严格控制本国先进技术的外流,并经常运用国家安全机密法和出口管制法来限制某些先进技术的出口。日本为保持其在微电子技术等方面的领先地位,也加强了对技术出口的限制。与此同时,英、法、德三国也不甘落后,为了争取市场份额,它们经常联合开发与研究,例如它们在20世纪70年代合作研制的空中客车飞机已对美国航空技术的垄断地位提出了挑战。国际技术领域中的竞争正成为新一轮贸易战中的主要焦点。

六、国际技术贸易与其他业务的关系

（一）国际技术贸易与国际商品贸易的关系

国际技术贸易与国际商品(货物)贸易存在较为紧密的关系,两者的区别体现在:①贸易对象不同;②贸易当事人的关系不同,国际技术贸易的当事人不只是单纯的买卖关系;③国际技术贸易比货物贸易更加复杂,操作难度更大;④政府干预的程度不同,通常来讲,鉴于技术贸易本身的性质以及各国政府对技术的重视,政府对国际技术贸易施加了更多的干预。

两者的联系体现在:①商品在国际间的流动实际上是各种形式技术的流动;②技术贸易促进进出口商品结构向高级化发展;③技术贸易加速了国际贸易方式多样化的进程;④技术贸易成为疏通商品贸易渠道的手段。

（二）国际技术贸易与国际直接投资的关系

首先,技术转让是投资的一种方式,投资方向通常与技术转让方向具有一致性;其次,国际直接投资往往具有技术扩散效应、技术外溢效应、技术创新效应等。

第二节 国际技术贸易内容

国际技术贸易的标的是无形的技术知识,它一般包括受法律保护的专利技术、商标,以及不受法律保护的专有技术。

一、专利

(一) 专利的含义

专利(patent)最早起源于中世纪的英国,当时英国国王为鼓励发展国内产业,对引进外国技术的个人发放一种专利证,授予其使用该技术的独占权,但专利权仍属于国王,这实际上是现代专利制度的雏形。现代专利是指专利主管机关依照专利法的规定,根据发明人的申请,经审查并在符合法律规定的条件下,授予发明申请人在规定时间内对其发明所享有的一种独占实施权。专利就其内容来说应包括三个方面:一是独占的实施权,即在一定期限内,发明人对其发明所享有的独占实施权;二是受法律保护的发明创造,包括发明专利、实用新型专利和外观设计专利;三是专利文献,包括说明书、权利要求等。

(二) 专利的种类

1. 发明专利

发明(invention)不同于发现,发明是指对产品、方法或其改进所提出的新的技术方案;而发现则是揭示自然界已存在的但尚未被人们所认识的事物。发明一般有三个特征:一是发明必须是一种技术方案,即用来解决某一具体问题的方案,如果不能在生产中被利用,则不能取得法律的保护;二是发明是对自然规律的利用,即它是在对自然规律认识的基础上的革新或创造;三是发明是具有最高水平的创造性的技术方案,即比已有的技术先进。发明还有三种表现形态:一是产品发明,它是指经过人们智力劳动创造出来的新产品,产品发明可以是一个独立的新产品,也可以是一个产品中的某一部件;二是方法发明,即制造某种物品或解决某一问题的前所未有的方法;三是改进发明,即发明人对已有产品发明和方法发明所提出的具有实质性改革及创新的技术方案。

2. 实用新型专利

实用新型(utility model)是指对产品的形状、构造或二者的结合所提出的实用的新的技术方案。实用新型也具有三个特点:第一,它必须是一种产品,如仪器、设备、日用品等;第二,实用新型是一种具有形状的物品,如气体、液体或粉状的物质;第三,实用新型必须实用。实用新型虽然是一种发明,但其技术价值较发明低,即对实用新型的创造性要求较低,其经济效益则不一定低于发明。实用新型亦被称为"小发明"。

3. 外观设计专利

外观设计(design)是指对物的形状、图案、色彩或其结合所做出的富有美感并能应用于工业的新设计。形状是指平面或立体轮廓,即所占的空间形状,无固体形状的气体、液体及粉末状的固体不属于外观设计的范围。图案是指作为装饰而加于产品表面的花色图样、线条等。色彩是指产品表面的颜色。美感是指其形状、图案、色彩等所具有的特点,很多国家对外观设计不要求其具有美感。外观设计往往是外形、图案和色彩三者结合后所产生的富有美感的外表或形态,而不涉及产品的制造和设计技术。

(三) 专利的特点

专利是一种无形的财产权,具有与其他财产权不同的特征,专利具有专有性、地域性、时间性和实施性四个特征。

（1）专有性。专有性也称独占性或排他性。专有性是指同一发明在一定的地域范围内，其专利权只能授予一个发明者，做出同一发明的其他人不能获得同一发明内容的专利权。发明与物质生产不同，在物质产品的生产中，每生产一份新产品就能生产一份新的财产，而技术发明是一项能被普遍应用的解决某一问题的新的技术方案。重复研制不能产生新的使用价值和增加新的财富，重复以前的发明也不能被称为发明。发明人被授予发明专利权后，其在一定的期限内享有独立制造、使用和销售权，其他人如欲使用，必须征得专利权人的同意，否则属于侵权行为。

（2）地域性。专利权是一种有地域范围限制的权利。除有些情况下依据保护知识产权的国际公约，以及个别国家承认另一国批准的专利权有效以外，技术发明在哪个国家申请专利，就由哪个国家授予专利权，而且只在专利授予国的范围内有效，对其他国家不具有法律约束力，即其他国家不承担任何保护义务，其他人可以在其他国家使用该发明。但是，同一发明可以同时在两个或两个以上的国家申请专利，获得批准后其发明便可在该国受到法律保护。

（3）时间性。专利权还是一种具有时间性的权利，专利权的有效保护期限结束以后，发明人所享有的专利权便自动丧失，一般不能续展，发明便成为社会公有的财富，其他人可以自由地使用该发明制造产品。目前，世界各国的专利法对专利的保护期限规定不一，一般为10—20年，中国的专利法对发明专利的保护期限规定为20年，对实用新型专利和外观设计专利的保护期限规定为10年。专利的保护期限是以专利权人履行缴费义务为前提的，如果专利权人没按规定履行其缴费义务，即使在法律规定的专利保护期限届满前，也丧失了其专利权。

（4）实施性。对发明者所得到的专利权，除美国等少数几个国家以外，大多数国家都要求专利权人在给予保护的国家内实施其专利，即利用专利技术制造产品或转让其专利。

（四）授予专利权的条件

1. 授予发明专利和实用新型专利的条件

根据世界各国专利法的规定，授予专利权的发明和实用新型必须具有新颖性、创造性和实用性。

（1）新颖性。新颖性是指在提出专利申请以前，尚未有过的发明或实用新型。判断发明和实用新型是否具有新颖性一般依据以下三个标准：

① 时间标准。多数国家在时间标准上采用申请日原则，即发明和实用新型在申请日以前没有公开过，也就是说没有其他人向专利的授予机构就相同内容的专利或实用新型提出过专利申请。也有少数国家以发明的时间为准，即专利权授予技术的最先发明者，而不是最先提出申请的人。

② 地域标准。目前，世界各国所采用的地域标准有三种：一是世界新颖，即发明或实用新型必须在全世界任何地方未被公开或未被使用过，英国、法国、德国等均采用世界新颖；二是国内新颖，即发明或实用新型在本国范围内未被公开和使用过，澳大利亚、新西兰和希腊等国采用国内新颖；三是混合新颖，即发明或实用新型从未在国内外出版物上发表过，并从未在国内公开使用过，中国、美国、日本等采用混合新颖。

③ 公开的形式标准。世界各国专利法都规定，一项发明或实用新型必须是从未以任何形式为公众所知，否则将失去新颖。

（2）创造性。创造性是指申请专利的发明和实用新型,与已有的技术相比具有实质性的特点和显著的进步。已有的技术在这里是指在专利申请日之前已公开的技术;实质性的特点是指申请专利的发明和实用新型与已有的技术相比有本质性的突破;显著的进步则是指发明或实用新型克服了已有技术的某些缺陷和不足,并取得了较大的进步,如降低了原材料的消耗和成本,或提高了劳动生产率等。在实际操作中,创造性比新颖性更难评判,但判断发明的创造性和新颖性是有本质区别的,前者是对发明的技术质量进行判断,即发明比已有技术的先进程度和创造程度,而后者则是判断发明是否已包括在已有技术之中,只要没包括在已有技术之中,不管其创造程度或先进程度如何,均被认为具备新颖性。

（3）实用性。实用性是指发明或实用新型能够在产业上制造或使用,并且能产生积极的效果。这里的产业不仅包括工业、农业、矿业、林业、渔业和牧业,还包括运输和金融等服务性行业。在产业上能够制造和使用是指能在生产中制造和使用,并能多次和反复地进行制造和使用。能够产生积极的效果是指能提高劳动生产率,节省劳动力,改进产品的质量。否则,发明创造就没有任何价值。实际上,实用性既是发明创造的技术属性,也是发明创造的社会属性。

2. 授予外观设计专利的条件

授予外观设计专利的条件与授予发明和实用新型专利的条件有所不同,外观设计应在申请日以前,没在国内外出版物上公开发表过或没在国内公开使用过,即出版公开应以世界新颖为准,使用公开则以国内新颖为准。此外,外观设计也必须具备创造性和实用性,而且有些国家还要求外观设计富有美感。

3. 不授予专利的发明创造

为促进社会经济的发展,维护良好的社会秩序和公共道德,各国都不对一些阻碍社会进步、有损社会公德的发明制造授予专利。目前,世界上大多数国家都不对以下发明授予专利:①科学发现,如不具有应用于工业的纯科学原理和理论;②智力活动的规则与方法;③疾病的诊断与治疗方法;④化学物质;⑤饮食品和药品;⑥动植物品种;⑦用原子核变换方法获得的物质。

（五）专利权的内容

专利权包括两类权利:人身权和财产权。人身权是指"发明人或者设计人有在专利文件中写明自己是发明人或者设计人的权利"。财产权包括:①独占实施权,一是指专利权人有使用、生产制造、许诺销售、销售、进口其专利产品的权利,或使用其专利方法以及使用、许诺销售、销售和进口依照该专利方法直接获得的产品的权利,二是指专利权人有禁止的权利。②许可权,有权许可他人实施其专利的权利,但必须订立书面实施许可合同。③转让权,专利权人有权根据自己的意愿依法将专利权转让给他人。④标记权,专利权人有权在其专利产品或者该产品的包装上标明专利标记和专利号。⑤放弃权,专利权人感到没必要或不愿意继续维持其专利权的有效,专利权人有权主动放弃专利权。放弃专利权可以采取停止缴纳年费的办法,也可以以书面方式向专利局声明放弃。⑥请求保护权,在专利权受到侵犯时,专利权人有权向专利管理机构提出,要求制止侵权行为,也可以直接向法院提起诉讼,要求排除侵害,赔偿经济损失。

(六)专利侵权的概念、侵权行为与侵权的处理

1. 专利侵权的含义

根据我国《专利法》第 57 条的规定,专利侵权是指"未经专利权人许可,实施其专利,即侵犯其专利权"。专利侵权行为可分为两类:一类是违法侵权行为,一类是法律不视为侵权的行为。

2. 专利侵权行为

(1)未经许可,为生产经营目的实施他人专利的行为:为生产经营目的的制造、使用、许诺销售、销售、进口其专利产品,或者使用其专利方法以及使用、许诺销售、销售、进口依照该专利方法直接获得的产品,或者制造、销售、进口其外观设计专利产品。

(2)假冒他人专利的行为:未经许可,在其制造或者销售的产品、产品包装上标注他人的专利号;未经许可,在广告或者其他宣传材料中使用他人的专利号;未经许可,在合同中使用他人的专利号;伪造或者变造他人的专利证书、专利文件或者专利申请文件。

(3)以非专利产品冒充专利产品,以非专利方法冒充专利方法的行为:制造或者销售标有专利标记的非专利产品;专利权被宣告无效后,继续在制造或者销售的产品上标注专利标记;在广告或者其他宣传材料中将非专利技术称为专利技术;在合同中,将非专利技术称为专利技术;伪造或者变造专利证书、专利文件或者专利申请文件。

但根据我国《专利法》第 63 条规定,有下列情形之一的,不视为侵犯专利权:

(1)专利权人制造、进口或者经专利权人许可而制造、进口的专利产品或者依照专利方法直接获得的产品售出后,使用、许诺销售或者销售该产品的。

(2)在专利申请日前已经制造相同产品、使用相同方法或者已经做好制造、使用的必要准备,并且仅在原有范围内继续制造、使用的。

(3)临时通过中国领陆、领水、领空的外国运输工具,依照其所属国同中国签订的协议或者共同参加的国际条约,或者依照互惠原则,为运输工具自身需要而在其装置和设备中使用有关专利的。

(4)专为科学研究和实验而使用有关专利。

另外,为生产经营目的,使用或者销售不知道是未经专利权人许可而制造并售出的专利产品或者依照专利方法直接获得的产品,能证明其合法来源的,也不承担赔偿责任,不视为侵权的行为。

3. 侵权的处理

专利权受到侵犯,特别是引起纠纷的,专利权人或者利害关系人可以请求管理专利工作的部门处理。这是我国处理专利纠纷的特点之一,是专利法赋予管理专利工作的部门处理侵权纠纷的权利。这种做法解决侵权纠纷速度快、费用节省;另外,专利权人或者利害关系人可以依照《中华人民共和国民事诉讼法》直接向法院起诉。

专利权遭到非法侵害时,管理专利工作的部门或法院要对是否构成侵权做出判断。判断的原则是:侵权行为是否存在;违法侵权行为是否造成了损害后果;侵犯专利权行为与造成的损失有无因果关系;违法侵权人有无过错。

对侵权的处理方式包括:①责令侵权人立即停止侵权行为,情节严重的,可以请求管理专利工作的部门或法院拆除制造侵权产品的设备,处理已经制造出来的侵权产品等,并采取查封、扣押、冻结、责令提供担保等诉讼保全措施。②赔偿损失。侵权行为给专利权

人造成损失的,依照权利人因被侵权所受到的损失或侵权人因侵权所获得的利益确定;被侵权人受到的损失或侵权人因侵权所获得的利益难以确定的,参照专利许可使用费的倍数合理确定。③责令改正并予公告,没收违法所得,并处罚款。假冒他人专利,或者以非专利产品冒充专利产品,以非专利方法冒充专利方法的行为,由管理专利工作的部门责令改正并予以公告,没收违法所得,并处违法所得 3 倍以下的罚款,没有违法所得的,处 5 万元以下罚款。④依法追究刑事责任。假冒他人专利,侵权人除承担民事责任外,构成犯罪的,依法追究刑事责任。假冒他人专利不仅损害了专利权人利益,而且损害了社会公共利益的,应从重从严处理。

二、商标权

（一）商标的概念及其作用

商标(trademark)是指生产者或经营者用以标明自己所生产或经营的商品,与其他人生产或经营的同一商品有所区别的标记。商标可以用文字、图形、字母、线条、数字或颜色单独组成,也可以是由上述几种形式结合在一起组成。

商标是商品经济的产物,在当代经济生活中,它具有以下作用:

（1）区别商品的生产者、经营者、服务者、进货来源及档次。同一类商品往往有若干家生产者、经营者或若干个产地。消费者可以通过商标来辨别商品的产地、经营者或生产者,以便消费者精心选购其心目中的名牌产品及有良好信誉的生产者或经营者的产品。此外,商标往往还能说明产品的档次,如汽车中的奔驰和宝马代表德国产的高档车,而丰田则代表日本产的中档车。

（2）代表商品质量和服务质量。消费者总是把商标和产品质量联系在一起,消费者心目中的著名商标是逐渐树立起来的,并以长期保持高质量和周全的售后服务赢得的。因此,商标一般是产品质量的象征和生产企业的商誉。在目前的国际贸易中,有很大比例的交易是凭商标进行买卖的。

（3）有助于商品和服务的广告宣传。一个好的商标设计,往往图形醒目,文字简练,便于消费者识别和记忆。用商标做广告,其效果远比冗长的文字说明要好,可使消费者对商品的质量、性能、用途、式样、耐用程度等有一个完整而又美好的印象,从而加深消费者对该商品的印象,增加消费者对该商品的购买欲望。

（二）商标的种类

随着科学技术的发展、产品品种的不断丰富,以及商标制造技术的日益进步,商标的种类也在增多。商标从不同的角度可划分为不同的类别。

1. 按商标的构成要素,可分为文字商标、图形商标和组合商标

（1）文字商标。文字商标指的是由文字组成的商标。文字一般包括中文、外文、汉语拼音、字母或数字等。如太阳神口服液、万宝路香烟、可口可乐饮料和三五香烟等均属于文字商标。

（2）图形商标。它是由几何图形、符号、记号、山川、建筑图案、日用品、动物图案等组成的商标。如北京蜂王精营养补剂的商标就有一只蜜蜂。

（3）组合商标。组合商标是由文字和图形两部分组合而成,如羊城牌围棋的商标上

有"羊城"二字和一只山羊,并有一个围棋棋盘。

2. 按商标的使用者,可分为制造商标、商业商标和服务商标

(1) 制造商标。制造商标是商品的制造者使用的商标,这类商标代表企业的商誉和产品的质量。商品上的商标多属于这类商标,如索尼电器和北京的天坛家具等。

(2) 商业商标。商业商标是商品的销售者使用的商标。这类商标往往是享有盛誉的商业企业使用,如中国外贸公司出口茶叶使用的"龙"商标,天津粮油进出口公司出口葡萄酒使用的"长城"商标,日本三越百货公司使用的"三越"商标。

(3) 服务商标。服务商标是旅游、民航、运输、保险、金融、银行、建筑、维修等服务性企业使用的商标,如中国民航使用的 CAAC 和中国人民保险公司使用的 PICC 等。

3. 按商标的用途,可分为营业商标、等级商标和证明商标

(1) 营业商标。营业商标指的是以生产或经营企业名字作为商标,如"同仁堂"药店、"盛锡福"帽店、"六必居"酱菜园、"狗不理"包子铺等,这类商标有助于提高商标或企业的知名度。

(2) 等级商标。等级商标是同一企业根据同一类商品的不同质量、规格等而使用的系列商标。这种商标在国外使用的相当普遍,如瑞士手表,"劳力士"为最高档次的手表,"浪琴"为二级表,"梅花"为三级表,"英纳格"则为四级表。

(3) 证明商标。证明商标又称保证商标,是指用于证明商品原料、制造方式、质量精密度或其特征的商标,如绿色食品标志、真皮标志、纯羊毛标志、电工标志等。

(三) 商标权及其内容

商标权是指一国的商标主管部门根据商标申请人的申请,经核准后,授予商标申请人的一种商标专用权。商标权是一个集合概念,它包含以下四方面内容:

(1) 使用权。只有商标的注册人才是该注册商标的合法使用者。

(2) 禁止权。商标所有人有权向有关部门提请诉讼,请求停止他人的侵权行为,可要求侵权人赔偿其经济损失,并追究侵权人的刑事责任。

(3) 转让权。商标所有人可以将商标的所有权有偿或无偿转让给他人,并放弃一切权利。

(4) 许可使用权。商标所有人可以以有偿或无偿的方式许可他人使用自己注册的商标。

(四) 商标权的特征

商标权也是一种受法律保护的无形资产,并属于知识产权的范畴。它一般具有以下特征:

(1) 独占性。独占性是指商标是其所有人的财产,所有人对其享有排他的使用权,并受到法律保护,其他人不得使用。商标的独占性一般表现在两个方面:一是所有人享有在核定的产品上独家使用权,未经所有人的同意,其他人不得乱用或滥用;二是商标所有人享有禁止权,即其他人不得将与商标所有人的注册商标相同或近似的商标用于同一类或类似的商品上。商标权只能授予一次,其他人在一种或类似商品上再提出相同或近似商标的使用申请,则得不到国家主管机构的授权。

(2) 时间性。商标权的保护有时间限制,一般为 10—15 年,中国为 10 年。但与专利

权不同的是,商标在保护期届满时可以申请续展,而且对续展的次数不加以限制。只有在商标权所有人按期交纳费用并按期办理续展手续的前提下,方可永远保持商标的所有权。

(3)地域性。商标权的所有人只有在授予该商标权的国家境内才能受到保护。如果商标权想要在其他国家得到同样的保护,商标的所有人必须依法在其他国家申请注册,才能得到当地法律的保护。

(五)商标权的法律保护

1. 侵犯商标权的主要表现

(1)未经注册商标所有人的许可,在同一种商品或者类似商品上使用与其注册商标相同或者近似的商标。

(2)销售侵犯注册商标专用权的商品。

(3)伪造、擅自制造他人商标标识或者销售伪造、擅自制造的注册商标标识。

(4)未经商标注册人的同意,更换其注册商标并将该更换商标的商品又投入市场。

(5)给他人的注册商标专用权造成其他损害:在同一种或者类似商品上,将与他人注册商标相同或者近似的标志作为商品名称或者商品装潢使用,误导公众行为;故意为侵犯他人商标专用权行为提供仓储、运输、邮寄、藏匿等提供便利条件的行为。

2. 我国商标法对商标权的保护

(1)商标侵权行为的认定

根据我国商标法,商标侵权行为认定,是以损害事实是否产生为前提,而不是以侵权者主观上是否有错误为条件。一般认定侵权行为主要根据以下原则判别:侵权事实是否存在;行为是否违法;行为和侵权事实有无因果关系;侵权是否是由于当事人的过失或故意造成的。

(2)对侵犯商标权行为的处理

商标侵权纠纷的解决方式有和解、行政处理、司法诉讼。

商标侵权赔偿数额与罚款数额为侵权人在侵权期间侵权所获得的利益,或者被侵权人在被侵权期间因被侵权所受到的损失,包括被侵权人为制止侵权行为所支付的合理开支。

三、专有技术

(一)专有技术的概念

专有技术来自英语中的 know-how,其意为"知道怎么干吗?"该词在 20 世纪五六十年代首先出现于英国和美国,目前在世界上已被广泛承认和使用。至于对专有技术的理解,国际上还没形成统一的认识。世界知识产权组织在其 1972 年制定的《发展中国家保护发明示范法》中,对专有技术所下的定义是:"所谓专有技术,是指有关使用和运用工业技术的制造方法和知识。"国际商会在拟定的《关于保护专有技术的标准条款的草案》中,把专有技术定义为:"为实施某种为达到工业生产目的所必须具有的秘密性质的技术知识、经验或其积累。"专有技术一般包括知识、经验、数据、图纸、配方、技术资料等。它既涉及工艺、技能、制造和加工标准,也涉及制造、使用和维修的程序等。专有技术实际上是没有申请专利的知识产权,专有技术的所有人依靠自身的保密手段来维持其所有权,因此专有技术又被称为秘密技术。

第二次世界大战以后，尤其是20世纪六七十年代以来，随着技术贸易的迅速发展，专有技术的转让数量占国际技术贸易量的比例日益提高，甚至超过了专利技术的交易量。例如，在中国引进的技术中，90%以上都属于专有技术。专有技术虽然是不受法律保护的秘密技术，但却能用于工业生产和服务等行业，它对社会经济的发展有着重要的实用价值。

（二）专有技术的特征

专有技术不像专利技术和商标一样经过法律的认可而得到保护，它是一种非法定的权利。因此，它往往具有以下特征：

1. 保密性

专有技术是不公开的、没经法律授权的秘密技术。凡是以各种方式为公众所知的技术都不能称为专有技术。专有技术没经法律程序授权得到保护，因此，专有技术的所有者只能依靠自身的保护措施来维持其技术的专有权。如美国可口可乐公司研究出可口可乐的配方后，没去申请专利，而是将配方分为两部分，总经理和总工程师各持其中的一部分，以此为手段将可口可乐的配方从1886年保持至今。专有技术往往也会因保密措施不当而变为公开技术，从而丧失其商业价值。专有技术之所以没有取得专利权主要有两方面原因：第一，它不具备取得专利权的条件；第二，专有技术虽然具备取得专利权的条件，但专有技术的所有者愿意自行保密而没去申请专利。因此，专有技术的范围比专利技术更为广泛。

2. 经济性

专有技术是人类智慧的结晶，但它也必须能应用于生产和服务等行业，当然也会产生经济效益，否则就称不上技术，也不会成为技术贸易的标的。专有技术的经济性在形态上，既可以是从产品的开发到最终制成制成品的总体系列技术，也可以是以一项或几项产品的配方、工艺或产品设计方案为主的单项技术。

3. 可传授性

专有技术作为一种技术必须能以言传身教或以图纸、配方、数据等形式传授给他人，而不是依附于个人的天赋条件而存在的技术。

4. 历史性

专有技术不是研究人员灵机一动而产生的，而是经过多年的经验积累总结出来的，这一过程往往需要很长时间。随着经济和科学技术的发展，专有技术的内容也会随之丰富和发展，但有些专有技术也会随着替代技术的问世而被淘汰。

（三）专有技术与专利的区别

专有技术与专利技术一样，都是无形资产和人类智慧的结晶，都能应用于工业生产和服务等行业，并且都具有一定的商业价值，但它们也有区别。

（1）法律地位不同。专利是经过法律程序得以授权，并受法律保护的技术；而专有技术是由于某种原因没申请专利或不能取得专利的技术，因此它不受法律保护而需靠自身的保护来维持其所有权。

（2）技术内容的范围不同。专有技术内容的范围比专利技术宽。世界各国都对授予专利的技术领域做了限定,不是所有的技术都能申请专利。此外,技术的所有者在提出专利申请时,必须用文字对技术做出详细的介绍,这就等于公开了其技术,并往往容易被他人窃用。为此,专利的申请者一般只将技术中容易被别人仿造的部分申请专利,而把技术的核心部分进行保密。总之,专有技术的内容不仅包括各种能授予专利权的生产和服务等行业的技术,而且还包括不能授予专利权的管理、经营等方面的技术。

(3) 存在的时间不同。专利技术受法律保护的时间是有限的,一般最长为20年,而且不能续展。而专有技术不受时间的限制,即在技术不过时的情况下,只要保密工作做得好,可以永远作为技术而存在,如可口可乐的配方作为专有技术已保密100多年了。

(四) 技术秘密的法律保护

技术秘密是人类智力劳动成果,是一种专用性的权利,是一种财产性的权利,对技术秘密进行法律保护是非常必要的。

根据各国法律的规定,属于对技术秘密的侵犯行为包括:

(1) 以盗窃、利诱、胁迫或者其他不正当手段获取权利人的商业秘密。

(2) 披露、使用或者允许他人使用以前项手段获取的权利人的商业秘密。

(3) 违反约定或者违反权利人有关保守商业秘密的要求,披露、使用或者允许他人使用其所掌握的商业秘密。

(4) 第三人明知或者应知前款所列违法行为,获取、使用或者披露他人的商业秘密,视为侵犯商业秘密。

对侵犯技术秘密的法律救济可以援引各种法律,如合同法、民事侵权行为法、制止不正当竞争法、商业秘密法、刑法等。另外,国际社会也有相关的协议对侵犯技术秘密予以保护,包括:国际商会于1961年制定的《有关保护技术秘密草案》、保护工业产权国际协会制定的《保护技术秘密的示范法》、世贸组织的《与贸易有关的知识产权协议》。

第三节 国际技术贸易方式

技术作为商品是无形的。因此,技术贸易的方式与有形商品贸易的方式相比有很大的不同,技术贸易虽然不经过租船、报验、报关、装运、投保及验收等有形商品贸易的履约程序,但往往要涉及有关国家的法规、国际公约及众多的技术人员,并常常伴随着设备及原材料等有形商品贸易。技术贸易从交易的开始到交易的结束一般需要很长时间,因为技术贸易的内容和方式极为广泛和复杂。

国际技术贸易的方式可分为:知识产权转让、许可贸易;直接投资;技术服务与技术咨询;国际经济技术合作方式,包括国际合作生产、国际工程承包、与设备买卖相结合的技术贸易、补偿贸易、国际合作设计与开发。目前,国际技术贸易的主要方式有许可证贸易、技术服务、合作生产与合资经营、工程承包、补偿贸易等。

一、许可证贸易

(一) 许可证贸易的概念

许可证贸易(licensing)亦称许可贸易,是指技术的提供方与接受方之间签订的,允许接受方对提供方所拥有的技术享有使用权及产品的制造权和销售权的贸易方式。许可证贸易的核心内容是转让技术的使用权以及产品的制造权和销售权,而不是技术的所有权。许可证贸易都是有偿的。

许可证贸易是目前国际间进行技术转让的最主要方式。随着科学技术的进步、新技术的不断涌现,以及技术在经济发展中作用的日益明显,各国都把引进技术作为当务之急。而技术的提供方为了获取高额利润,或绕过贸易壁垒,或开拓新的技术市场,不断以有偿许可的方式来出让技术的使用权,这就促使许可证贸易在全球范围内得以迅速发展。

(二)许可证贸易的种类

1. 按交易的标的划分,可分为专利许可、专有技术许可、商标许可和综合许可

(1)专利许可。专利许可是指将在某些国家获准的专利使用权许可他人在一定的期限内使用。专利许可是许可证贸易的最主要方式。

(2)专有技术许可。专有技术许可是指专有技术的所有人在受让人承担技术保密义务的前提下,将专有技术有偿转让给他人使用。保密条款是专有技术许可合同的主要条款,双方应以该条款中就保密的范围与期限做出规定。在转让专有技术时,许可方有义务帮助受让人掌握受让的技术。

(3)商标许可。商标许可是指商标所有者授予受让人在一定的期限内使用其商标的权利。由于商标涉及企业的商誉,因此,许可方对受让人使用该商标的商品质量有严格的要求,并对使用该商标的商品质量有核准和监督权。

(4)综合许可。综合许可是指技术的所有者把专利、专有技术和商标的使用权结合起来转让给他人使用。许可证贸易大多属于综合许可,单纯以专利、专有技术或商标为标的的许可交易很少。

2. 按授权的范围划分,可分为普通许可、排他许可、独占许可、分许可和交叉许可

(1)普通许可。普通许可是指许可方将技术和商标的使用权、专利产品的制造权和销售权,授予被许可人在一定的地域或期限内享用。许可方在该地区仍享有上述权利,及将上述权利转让给该地区第三者的权利。

(2)排他许可。排他许可是指许可方将技术和商标的使用权、专利产品的制造权和销售权,转让给被许可方在一定的地域或期限内享用。许可方虽然在该地域内仍享有上述权利,但不得将上述权利转让给该地区的第三者享用。排他许可也称全权许可。

(3)独占许可。独占许可是指许可方将技术和商标的使用权、专利产品的制造权和销售权,转让给被许可方在一定的地域或期限内享用,许可方不仅不能在该地域内将上述权利转让给第三者,而且自己在该地域内也丧失了上述权利。

(4)分许可。分许可亦称可转售许可,是指许可方将其技术和商标的使用权、专利产品的制造权和销售权转让给被许可人在一定的地域或期限内享用以后,被许可方还可以将所得到的上述权利转让给其他人使用。

(5)交叉许可。交叉许可又称互换许可,是指许可贸易的双方将各自所拥有的技术和商标的使用权、专利产品的制造权和销售权相互交换,互相许可对方享用其上述权利。交叉许可交易既可以是普通许可,也可以是排他许可或独占许可。

二、技术服务

技术服务是伴随着技术转让而进行的。目前,国际上出现了很多以提供信息、咨询、技术示范或指导为主的技术服务性行业。它们主要是通过咨询服务和人员培训来提供技术服务的。

咨询服务的范围很广,如帮助企业进行市场分析和制定行业发展规划,为项目投资进行投资前可行性研究,为项目施工选择施工机械,对企业购置的设备进行技术鉴定,为大型项目提供设计服务等。人员培训是指技术服务的提供者为生产企业所需的各类技术人员进行专业培训,培训的方法既可以让需要培训的人员到技术服务的提供国接受集中而又系统的培训,也可以由技术服务的提供方派专家到技术服务的接受方所在国进行讲学,或进行实际操作示范。技术服务与许可证贸易不同,它不涉及技术使用权与所有权的转让,而是技术的提供方用自己的技术和劳动技能为企业进行有偿服务。

三、合作生产与合资经营

合作生产指的是两个不同国家的企业之间根据协议,在某一项或某几项产品的生产和销售上采取联合行动并进行合作的过程。而合资经营则是两个或两个以上国家的企业所组成的共同出资、共同管理、共担风险的企业。合作生产与合资经营的区别在于,前者强调的是合作伙伴在某一领域合作中的相互关系,而后者主要强调企业的所有权及其利益的分享和亏损的分担问题。不管是合作生产还是合资经营,技术在合作生产或合资经营过程中都实现了转让。在合资经营过程中,一方一般以技术为资本来换取效益和利益,而另一方无论以什么形式的资产为股本,都成为技术的受让者。合作生产的内容比合资经营更为广泛,既可以是项目合作、开发合作、生产合作,也可以是销售合作。在生产合作过程中,其中一方实际上是以获取技术要素为宗旨,以提高其产品质量及增强企业实力为目的。利用合作生产或合资经营来引进国外先进技术,已成为世界各国的普遍做法。

四、国际工程承包

国际工程承包也是国际技术转让活动的一种形式。它是指通过国际间的招标、投标、议标、评标、定标等程序或其他途径,由具有法人地位的承包人与发包人之间,按一定的条件和价格签订承包合同,承包人提供技术、管理、材料,组织工程项目的实施,并按时、按质、按量完成工程项目的建设,经验收合格后交付给发包人的一项系统工程。工程承包方式适用于大型的建设项目,如机场、电站和各类生产线的新建或扩建等。这类项目不仅规模大,而且伴随着技术转让问题。在施工中,承包商将使用最新的工艺和技术,并采购一些国家的先进设备,有些项目还涉及操作人员的技术培训,生产运行中的技术指导,以及专利和专有技术的转让。由于目前的国际工程承包活动盛行建设—经营—转让(BOT)等方式,这就使国际工程承包中技术转让的内容十分广泛。现在许多国家都想通过国际工程承包活动来带动本国企业的技术改造。

五、补偿贸易

补偿贸易是指在信贷的基础上,一国企业先从国外厂商那里进口技术和设备,然后以回销产品或劳务所得的价款,分期偿还给外商提供的技术和设备的价款。补偿的具体方法大致可分为五种:一种是直接补偿,即以引进技术和设备所生产出的产品返销给对方,以返销所得的价款补偿;第二种是用其他产品补偿,即技术和设备的进口方不是以进口的技术和设备产出的产品,而是以双方约定的其他产品补偿;第三种是以进口的技术和设备产出的产品所获取的收入补偿;第四种是以提供劳务的形式补偿,即技术和设备的进口方以向出口方提供一定量的劳务来补偿其进口技术和设备的价款;第五种是混合补偿,即技术和设备的进口方一部分以直接产品,一部分以其他产品或现汇或劳务来抵偿进口技术和设备的价款。补偿贸易也是发展中国家引进技术的一种途径。因为在补偿贸易方式下,技术和设备的出口方向进口方提供信贷,正好解决了急需技术和设备的进口方的资金问题。通过补偿贸易,一些老企业得以进行技术改造,填补了进口国的某些技术空白,增强了进口国的出口创汇能力,进而推动进口国技术的进步和经济的发展。

第四节 国际技术贸易价格与税费

一、技术的价格

(一)技术价格的概念及其决定因素

技术是有价值的,技术的价格也是以技术的价值为依据的,但技术的价格与其价值并不完全相同。技术的价格实际上是技术的接受方向技术的提供方所支付的全部费用,同时也是双方对超额利润和新增利润的分成。

不管是什么技术,其价格总是在不断变化的。技术价格的确定及波动幅度一般取决于以下几个因素:①技术的研究开发成本,研究开发成本高的技术,其价格便较高,否则就较低;②技术的市场需求,市场需求大的技术,其价格则较高,否则较低;③技术的成熟程度,引进后便能使用的成熟技术,其价格便较高,引进后还须进一步开发试验才能使用的技术,其价格则较低;④技术的生命周期,生命周期长的技术其价格较高,很快会被淘汰的技术其价格较低;⑤支付方式,是一次性支付还是分期付款都会影响价格的高低,前者的价格一般较低,后者的价格一般较高;⑥谈判的策略与技巧也直接影响技术的价格。

(二)技术价格的构成

技术的价格一般由以下三个部分构成:

(1)技术的研究开发成本。这部分成本主要包括研究开发技术时所消耗的物化劳动和活劳动,它大约要占技术价格的60%—70%。

(2)增值成本。技术的提供方为转让技术而支付的各种费用,如派出谈判人员、提供资料和样品、培训人员、签订合同、提供技术指导及管理等费用。

(3)利润补偿费。由于技术的转让,技术的提供方在技术的受让国市场或第三国市场失去该技术产品的市场份额而蒙受利润损失所应得到的补偿。

二、技术转让费的支付

技术贸易的支付方式与商品贸易有所不同。目前国际上通行的技术转让费的支付方式大致有以下三种:

1. 总付

总付是指双方在签订技术转让合同时确定一个总价格,然后由受让方一次性或分期支付。这种支付方法虽然价格明确,但由于利润与收益无关,技术的买方难以得到卖方的技术帮助,从而使技术难以发挥最大的效益。同时,卖方也丧失了因利润增加而获取额外利润的机会。

2. 提成支付

提成支付是双方签订技术转让协议时不确定技术的总价格,而是规定根据所转让的技术投产后的实际经济效益,在一定的偿付期限内按一定的比例提取技术转让费的一种方式。提成支付可按销售额、利润或产量提成。

3. 入门费加提成费

入门费加提成费是总付和提成支付两者相结合的支付方式。它是在双方签订了技术转让协议之后,技术的受让方按协议规定,先向技术的提供方支付一笔款项,即入门费,然后在转让的技术投产以后,按销售额、利润或产量提成支付。入门费加提成费支付是目前国际技术转让中使用最多的一种支付方式。

三、国际技术贸易中的税费

(一) 对技术使用费征税的特点和一般原则

技术使用费所得税的征收涉及双重管辖权,涉及国家间税收利益的分配。国际上对技术使用费征收所得税一般遵循以下原则:

(1) 对在收入来源地设有营业机构的纳税人,其技术使用费所得一般并入营业利润,计征企业所得税。美国称公司所得税,日本则称为法人所得税。

(2) 在收入来源地未设营业机构的纳税人,则采取"从源"控制,即在被许可方向许可方支付使用费时,由其代税收部门扣缴,称为预提所得税。代税务部门扣缴的被许可方称为扣缴义务人。

(3) 以预提方式扣缴使用费所得税,税率一般低于公司所得税。因为预提所得税的纳税义务人是在来源地未设营业机构的外国自然人或法人,很难按正常征税程序和税率计算应纳税所得额,只能按使用费金额全额计征。但按使用费全额计征,纳税人的税负过重,因此,税率上有所降低,使纳税人的实际应纳税额与一般企业扣减费用后的应纳税额保持平衡。

(二) 双重征税对国际技术贸易的影响及解决途径

双重征税直接恶化了国际技术贸易的宏观环境,迫使许可方提高转让技术的报价,加重了被许可方的经济负担;导致许可方市场竞争力下降以及被许可方利用引进技术期的利益减少,给许可方和被许可方国家的国际收支带来消极影响。

为了解决双重征税问题,有关国家政府通过国内立法,确定一种减免税原则,规定使用费来源国先行行使征税权,居民所在国依据纳税义务人在所得来源国纳税的实际情况,采取免税、减税或扣除等措施;还可以通过政府间避免双重征税协定,签约国适当限制税收管辖权的实施范围,确认共同采取措施,由所得来源国优先行使管辖权,但承诺减低所得税率,居民所在国政府对纳税人在所得来源国已纳税费予以抵免,从而使税收利益在有关国家间均衡分配。解决双重征税的具体方法如下：

1. 自然抵免（全额抵免）

当技术输出国和技术输入国的所得税率完全相同时，技术输出国允许该进行跨国经营的居民把已经向输入国家政府缴纳的所得税全额抵免，不再向技术输出国缴纳所得税。

2. 申请抵免

当技术输出国所得税率高于技术输入国所得税率时，可申请抵免。居民首先向本国税务部门提交申请税收抵免书，并须附上该居民在外国（技术输入国）纳税证明。经本国税务部门核准后可办理一次性抵免（一年一次）。

3. 最高限额抵免

当技术输出国的所得税率比技术输入国的所得税率低时，向本国政府申请抵免的最大和最高限额只能是其外国所得按本国税率计算的那一部分税款。

4. 费用扣除法

跨国纳税人将其国外已缴纳的所得税作为已开支费用，从其总所得收入中扣除，汇回本国，按本国所得税率进行纳税。

（三）拟定技术引进合同税费条款应注意的问题

拟定技术引进合同税费条款应遵循以下原则：被许可方政府依据《中华人民共和国税法》，对许可方征收的与执行合同有关的一切税收，由许可方支付；被许可方政府依据《中华人民共和国税法》，对被许可方所征收的与执行合同有关的一切税收，由被许可方支付；在中国境外，有关国家政府课征的与执行合同有关的一切税收，由许可方支付。另外，技术引进合同中，不得规定违反我国税法的条款；对外商在我国境内所得给予减、免税优惠待遇，必须依法履行必要手续；对外经营单位必须履行扣缴义务人的职责，并提醒国内用户及时办理税收减免手续。

第五节　知识产权及其保护

一、知识产权的概念

知识产权（intellectual property）亦称智力成果权，是指对科学、文化、艺术等领域从事智力活动创造的智力成果依法所享有的权利。知识产权是一种私权，是特定智力创造成果依法享有的专有权利。

由于不同的国家、地区及国际组织对知识产权的理解和界定范围不尽相同，从而产生了对知识产权的不同解释。

世界知识产权组织（World Intellectual Property Organization, WIPO）在《建立世界知识产权组织公约》中采取了较为广义的知识产权定义法，根据该公约第2条第7款的规定，知识产权应包括下列权利：①关于文学、艺术及科学作品有关的权利；②关于表演艺术家的演出、录音和广播的权利；③关于在一切领域中因人的努力而产生的发明；④关于科学发现的权利；⑤关于工业品式样的权利；⑥关于商品商标、服务商标、厂商名称和标记的权利；⑦关于制止不正当竞争的权利；⑧在工业、科学及文学艺术领域的智力创作活动所产生的权利。

另外,作为世贸组织重要组成部分的《与贸易有关的知识产权协议》在其第一部分第1条中列明了其所管辖的知识产权范围,它们是:①版权及邻接权;②商标权;③地理标志权;④工业品外观设计计权;⑤专利权;⑥集成电路的布图设计权;⑦未披露信息的保护权;⑧许可协议中反竞争行为的控制权。其中,未披露信息的保护主要指对商业秘密的保护,也包括对技术秘密的保护。对商业秘密的保护,各国学术界及司法界争论颇多,焦点集中在商业秘密是否能作为一种财产权加以保护。由于《与贸易有关的知识产权协议》主要从国际贸易的角度进行知识产权法律体系的构建,更关注知识产权的贸易方面,而商业秘密必然对其拥有者的市场竞争力产生重大影响,发达国家的跨国公司自然是希望商业秘密被当成一种财产权得以保护,这正是发达国家跨国公司积极寻求在《关贸总协定》范畴内进行知识产权保护谈判的原因。随着世贸组织成员数量的不断增加,各主要贸易伙伴都接受将商业秘密作为财产权加以保护,因此,这一争论告一段落。

二、知识产权的特点

知识产权作为一种财产权,它与人们所拥有的普通意义上的财产权不同,它有以下基本特征:

(一) 知识产权具有无形性

知识产权与其他有形财产权(如物品)的最大不同之处在于其无形性的特点。正是由于其无形性,知识产权的权利人通常只有在其主张自己的权利的诉讼中,才表现出自己是权利人。为此英美法国家把知识产权称为"诉讼中的准物权"。一些大陆法国家则把知识产权称为"以权利为标的的物权"。

正是这种无形性,使得知识产权贸易中的标的物只能是知识产权这种无形财产权中的使用权;而不同于有形商品贸易中,贸易标的物是有形的商品,在贸易中既存在商品使用权,又存在商品所有权的转移。同样,知识产权具有无形性,不占据一定的空间,难以实际控制,容易脱离知识产权所有人的控制;并且,知识产权所有人即使在其权利全部转让后,仍有可利用其创造的智力成果获取利益的可能性。因此,法律上有关知识产权的保护、知识产权侵权的认定、知识产权贸易等比有形商品更为复杂。

(二) 知识产权的专有性

知识产权作为智力劳动的成果,其无形性决定了它在每一次被利用后会引起全部或部分的消失或损失、损耗,却并不可能全部被消灭。知识产权不同于有形财产,它可以为多数人同时拥有,并能够为多数人同时使用它而获得利益。例如某一商标的所有权人,可以将其商标同时许可若干人使用而获益。因此,作为无形财产的知识产权,其在使用、占有、收益、处分等方面的一系列特点使其有别于有形财产的占有、使用、收益与处分。这种所有权只能通过对智力劳动成果的所有人授予专有权才能有效地加以保护,为此决定了知识产权的专有性特点。

知识产权的专有性表现为其独占性和排他性,这种独占性和排他性表现为知识产权的所有人对自己所创造的智力劳动成果享有的权利,任何人非经权利人许可都不得享有或使用其劳动成果,否则属于侵犯权利人的专有权,并且权利人在法律允许的范围内可以合适的方式使用自己的智力劳动成果并获得一定利益。此外,知识产权的专有性还决定了某项知识产权的权利人只能是一个,不可能两个或两个以上的自然人或法人拥有相同的某项知识产权的专有权。当然,这种专有性还决定了知识产权只能授予一次,而不能两次或两次以上地授予权利人专有权。

（三）知识产权时间与地域的有限性

知识产权所有人拥有的权利不是无限期存在的,而是具有时间性的特点,即知识产权仅在一个法定期限内受到保护,法律对知识产权的有效期做了限制,权利人只能在一定的期限内对其智力劳动成果享有专有权,超过这一期限,权利便终止,其智力劳动成果便进入公有领域,成为人类可共享的公共知识、成果,任何人都可以任何方式使用而不属于侵权。由于各国对知识产权不同对象的保护期限存在差别,同一知识产权对象在不同国家可能获得的保护期限是不同的。例如,有的国家对发明专利的保护期为 15 年,有的国家则为 20 年;实用新型和外观设计专利有的国家保护期限为 7 年,有的为 10 年。

知识产权的时间性是相对的,是指知识产权价值的有效期。如各国对商标虽然规定了有效期,但又允许商标所有人到期后可申请续展,且没有限制续展次数,知识产权的时间性在商标方面可能表现为商标所有人在一个相对较长的时期内都有专有权。即使这样也不能否定知识产权时间性的特征。因为时间性正是说明了知识产权本身具有的价值,当一种知识产权对象不具有使用价值与价值后,权利人想通过法律保护其专有权,已无多大意义了。

与知识产权时间性相伴而生的是知识产权的地域性,即知识产权是依一个国家的法律确认和保护的,一般只在该国领域内具有法律效力,在其他国家原则上不发生效力。这种地域性的特征从根本上说是知识产权的本性所决定的,因为知识产权是由国家法律直接确认,权利的获得不是自然而然所拥有,而必须以法律对这些权利有直接而具体的规定为前提,通过履行特定的申请、审查、批准等手续才能获得。但是,在一些国家中,对某些知识产权的获得并不完全都通过申请、审查、批准等手续。

应该指出的是,知识产权的地域性不能理解为知识产权只有在其授予国才能得到保护。随着经济生活的国际化、全球化日益突出,知识产权国际保护合作的日益扩大,区域性、全球性知识产权协议的签及实施,传统意义上知识产权地域性的特征得以改变。某项知识产权经过一定的国际合作方式,可以在更多国家与地区范围内得到保护。随着经济一体化的不断深入和发展,以及世贸组织的积极推动,可以预见全球性的知识产权协议与地区性的知识产权协议会不断地拓展知识产权保护的地域。

总之,知识产权是有时间性和地域性的,而这种时间与地域也是相对的,而非绝对的。

（四）知识产权具有可复制性

知识产权作为智力劳动的成果,它必然通过一定的有形物,通过一定的载体表现出来。无论是专利、商标、专有技术,还是著作权、商业秘密,它必然要通过产品、作品或其他有形物加以体现。这样才能将知识产权作为财产权的性质表现出来。这种性质决定了知识产权具有可复制的特性,并通过这种复制进一步表现知识产权的财产及价值。例如,一项专利技术,通过生产出来的专利技术产品表现专利技术本身;通过这种专利技术产品的复制、批量生产体现该项专利发明的价值。

三、知识产权的类型

（一）按客体的性质来划分，可将知识产权分为著作权和工业产权

著作权主要是独立创作的作品依法享有的权利，如文字作品、视听作品、音乐作品、多媒体作品、科学作品等。

工业产权是发明创造技术类成果依法享有的权利，如专利、商业秘密、计算机软件、数据库、集成电路布图设计等。

（二）按主体对客体的支配程度划分，可将知识产权分为自主知识产权和非自主知识产权

自主知识产权是指以基本或原创性智力成果为对象，依法获得的，具有完整、独立自主支配该成果能力的专用权。

非自主知识产权是指在原创性智力成果基础上，做出的具有重大技术进步和显著经济效益的智力成果，依法获得的、其实施受原创成果主体制约的专用权。

四、知识产权的保护

（一）网络与知识产权

20世纪80年代，计算机的广泛应用带动了信息社会热。当今又是计算机网络及数字技术的广泛应用带动了知识经济的发展。传统的农业经济及工业经济的特点是有形资产起决定作用，而知识经济则是无形资产起决定作用。在知识经济中，商品生产看起来隐性化。事实上，网络环境还使商品流通的一部分也隐性化。这就是直接的电子商务活动。例如，通过网络出售软件、多媒体、数据库等，均已与传统的市场上出售有形磁盘、光盘等销售活动大相径庭。知识经济必然而且已经带来知识产权上全新的问题，而这些新问题又集中在网络应用上。

知识产权具有专有性和地域性。而网络上应受知识产权保护的信息则多是公开、公知、公用的，很难被权利人控制，此外网络上知识传输的特点是无国界性。上述的冲突引出了知识产权领域最新的实体法问题。在国际上，有观点提出以淡化、弱化知识产权的专有性来缓解专有性与公开、公用的矛盾，而更多的观点乃至国际公约则主张以进一步强化知识产权保护、强化专有性来解决这一矛盾。例如，1996年12月，世界知识产权组织主持缔结的两个版权条约，其中增加了一大批受保护的客体，增列了一大批过去不属于版权的保护权利。而美国、欧盟已在进入21世纪之前修订知识产权法，使之符合新条约的要求。此外，在商标保护方面，强化专有性的趋势则表现为将驰名商标脱离商品以及服务加以保护。这种强化知识产权专有性的趋势，对发展中国家未必有利，但目前尚没有发展中国家表示出坚决抵制。发展中国家应及早研究对策。

上述冲突也引发了知识产权保护中的程序法问题，亦即在涉外知识产权纠纷中，如何选择诉讼地及适用法律的问题。过去，绝大多数知识产权侵权诉讼，均以被告所在地或侵权行为发生地为诉讼地，并适用诉讼地（法院所在地）法律。但网络上的侵权人往往难以确认其在何处；在实践中，侵权复制品只要一上了网，全世界任何地点都可能成为侵权行为发生地。这种状况主要是由网络的无国界决定的。曾有人提议采取技术措施，限制网

络传输的无国界性以解决上述冲突,但实践中困难极大。更多的国家以及地区实际上正通过加速各国知识产权法律一体化的进程,即通过弱化知识产权的地域性来解决这一矛盾。国际知识产权法律一体化,就要有个共同的标准。多少年来,已经确认的专有权,一般不可能被撤销。于是,保护面广、强度高的发达国家法律,在大多数国际谈判场合,实际被当成了一体化的标准。发展中国家虽然并不情愿,却又阻止不了。

(二) 电子商务中的知识产权保护问题

电子商务首先影响了各国的合同法及商法,1995 年,美国最先考虑修改其《统一商法典》。随后提出了《统一电子贸易法》的议案,以适应电子商务的需要。1996 年,联合国国际法委员会发布了《电子商务示范法》,国际商会起草了《电子商务指南》,进一步解释该示范法。此后,不少国家及地区(如欧盟)纷纷开始了相关立法或修法。新加坡已经于 1998 年颁布了《电子贸易法》,我国立法机关在《合同法》起草中也加进了电子合同的原则性规定。但正如世界知识产权组织的两个新条约只是解决问题的开始一样,电子商务中的合同法以及商法问题的全面解决仍要留待以后解决。

电子商务可以分为直接电子商务与间接电子商务两类。间接电子商务即网络上谈判、签订合同、定购商品,但商品本身仍需要通过有形方式邮寄或送达。直接电子商务会涉及更多的知识产权问题。网络传输中既已涉及版权产品的无形销售,就必然产生版权保护的新问题。而更值得重视的是,它还必将产生(而且已经产生)在网上的商标及其他商业标识保护,乃至商业秘密保护等方面诸多与传统保护有所不同或根本不同的问题。我国《商标法》将可受保护的标识界定为"文字、图案或其组合",它只能是静态的。正当国内并不鲜见的议论在断言"域名绝不会被纳入知识产权范围"时,域名已实际上成为商誉乃至商号的一部分受到了保护,甚至已经作为无形资产被实际交易着。但域名与在先商标权、在先商号权的冲突如何真正妥善处理,则可在以后解决。在驰名商标范围内,已经大体得以解决。一些国家的《反垄断法》以及世界知识产权组织准备缔结的国际条约,均有这方面的示范。但对于非驰名商标以及商号,其与域名冲突的问题,仍无令人满意的解决方案,原因主要在于权利产生的程序上。商标权多经官方行政批准注册产生;域名专利则多经非官方组织登记产生;商号权(按《巴黎公约》的要求)却仅仅依实际使用产生。

(三) 生物技术与知识产权保护

传统生物技术以及其产品(如植物新品种)的保护即使到了 20 世纪末,仍不断在早已实现这种保护的发达国家争论着。例如 1996 年,当欧洲生物学家提出应取消农业生产者对植物新品种的"合理使用"亦即增强其专利权时,欧洲"绿色和平组织"则强烈要求根本上取消对植物新品种的专有权。生物基因、新生物合成等发明中的知识问题,对中国这样的发展中国家可能就更重要了。在生物技术比较发达的澳大利亚,1998 年该国两个政府研究机构在以"自己的"植物新品种申请"准专利"(即"植物品种专利权")时,被指控为"生物盗版"。该纠纷所产生出的这一知识产权新术语,是不应被轻视的。中国已经有过极类似的纠纷,但并未引起注意。原因是生物工程总体在中国的发展还较滞后。进入 21 世纪,更多国内企业与机构发现这是一个经济效益可能很好的领域,并加快在其中的投入时,中国企业与机构之间、中外相关企业与机构之间的这类冲突,比起 20 世纪文化市场上因盗版引起的冲突不会更少。生物盗版与独立创作的区分及认定,也会成为使司法界感到棘手的问题。而20世纪内,当国外知识产权界已在研究以血样以及其他人体标本为基础的新发明中,血样以及标本提供者享有什么权利时,中国在生物技术知识产权保护方面还极为薄弱,从事相关研究的人员也屈指可数。

第六节　保护知识产权的国际公约

一、保护专利的国际公约

（一）《巴黎公约》

《巴黎公约》是《保护工业产权的巴黎公约》的简称,它于1883年在法国巴黎签订,1884年生效,先后经过6次修订,最后一次修订是1967年的斯德哥尔摩文本。中国于1985年3月19日成为该公约第95个成员方。截至2018年5月,成员国已达195个。《巴黎公约》是迄今为止世界上参加国最多和影响最大的保护知识产权的国际公约。它为世界各国在工业产权保护方面提供了一个基本准则。其中,保护专利的内容主要体现以下在四大原则中：

（1）国民待遇原则。国民待遇原则指的是各成员国在保护工业产权方面必须给予其他成员国的国民平等地享受该国国民能够获得的保护;即使是非成员国,只要他们在公约某一成员国内有住所,或有真实有效的工商营业所,亦应给予相当于本国国民的待遇。

（2）优先权原则。缔约国的国民向一个缔约国第一次提出专利和商标权申请后,又在一定的期限内就同一发明和商标向另一缔约国提出申请时,其第二次申请日应视同第一次申请日。发明和实用新型的优先权期限为12个月,而商标和外观设计仅为6个月。优先权原则的意义在于保护世界上最先提出申请的人。

（3）专利权独立原则。一个缔约国对一项发明授予了发明专利,而其他缔约国没有义务必须对同一发明授予专利。此外,任何一个缔约国不能因同一发明在其他缔约国被驳回或宣告无效,而将此发明驳回或宣告无效。这实际上要求各国的专利法彼此独立,互不影响。

（4）强制许可原则。自专利申请日起满4年或从专利批准日起满3年,取得专利权的发明创造,如其无正当理由没有实施或没有充分实施,缔约国的专利主管当局有权根据要求,颁发实施该项专利的强制许可;取得强制许可者,在给予专利权人合理的报酬之后,便可以实施该项专利。

（二）《专利合作条约》

《专利合作条约》于1970年在华盛顿签订,1978年生效,1979年和1984年分别进行了两次修改。其成员必须是《巴黎公约》的成员,截至2018年5月,共有152个成员方。中国于1994年1月1日正式加入该条约。该条约的主要内容是,在申请人自愿的基础上,一个发明要想在部分或所有缔约国取得保护,通过一次国际申请便可在部分或所有缔约国获得专利权。这样的国际申请与分别向每一个缔约国提出的保护申请具有同等的效力。

（三）《海牙协定》

《海牙协定》是《工业品外观国际备案海牙协定》的简称。《海牙协定》签订于1925年,分别于1934年、1969年、1999年进行过修订,其成员必须是《巴黎公约》的成员,截至

2018年5月，已有成员54个。该协定的主要内容是，缔约国的任何国民、居民或在其成员国有实际营业所的人，如果想在不同的缔约国取得工业品的外观设计专利，可以直接或按照缔约国的法律通过该国的工业产权局向世界知识产权组织国际局提出外观设计备案。这里讲的备案与注册的含义相同。中国目前还不是该协定的成员国。

（四）《欧洲专利公约》

《欧洲专利公约》签订于1973年，1977年10月7日生效，其成员截至2018年5月共有38个。该公约规定："一切个人、法人、依法成立的相当于法人的一切团体均能申请欧洲专利。"授予欧洲专利权，并不是一种在一切缔约国统一发生效力的专利权，而是在申请人所指定的一个或几个缔约国发生效力的专利权。根据《欧洲专利公约》建立的欧洲专利局总局设在慕尼黑，在海牙、维也纳和柏林分别设有分局。分局负责欧洲专利申请的初审，而总局则负责实质性审查和专利权的授予。该公约实际上是地区性的跨国"专利授予"公约。

二、保护商标权的国际公约

（一）《巴黎公约》

《巴黎公约》不仅涉及专利权的保护，也涉及商标权的保护，它为世界各国包括专利权和商标权在内的整个工业产权制度的建立奠定了基础。《巴黎公约》涉及商标权保护的主要内容有：

1. 国民待遇原则

见保护专利权的国际公约中的《巴黎公约》。

2. 优先权原则

见保护专利权的国际公约中的《巴黎公约》。

3. 共同规则

共同规则是指缔约国必须遵守的规则。涉及商标保护方面的内容主要包括：

（1）缔约国办理商标注册，均按国内法律规定，各自独立。

（2）商标的转让，如按照一个缔约国的法律规定，只有连同该商标所属的厂商或牌号同时转让方可生效。只有将厂商或牌号在该国的部分连同在该国制造和销售带有被转让的商标的商品专用权一起转让给受让人，才能认为其有效。

（3）对于服务商标也必须给予保护。

（4）禁止在商标上使用缔约国的国旗、国徽、纹章、官方检验印记及政府间国际组织的旗帜、证章、缩写和名称。

（5）对于仿造、模仿或翻译在缔约国已经驰名的商标，则拒绝或撤销注册并禁止使用。

（二）《商标国际注册马德里协定》

《商标国际注册马德里协定》简称《马德里协定》。它是以《巴黎公约》为基础，在世界知识产权组织的管理下专司国际注册问题的实质性协定。《马德里协定》签订于1891年7月14日，经过7次修改，最后一次修订是在1979年。只有是《巴黎公约》的成员才有资格参加该协定，中国于1989年10月4日成为《马德里协定》的成员国。截至2018年5月，《马德里协定》缔约国为56个。此外，一些《马德里协定》的成员国与一些非成员国还于

1989年6月27日在西班牙马德里通过了《商标国际注册马德里协定有关议定书》(简称《马德里议定书》),并于1995年12月1日生效,由此组成了马德里联盟。截至2018年5月,马德里联盟的成员国共有101个,其中马德里协定的成员国为56个,议定书成员国为101个。按《马德里协定》的规定,任何一个缔约国的自然人和法人在所属国办理了某一商标的注册后,如果又要求在其他缔约国得到法律保护,则可向设在日内瓦的国际局申请注册。国际局收到申请即予以公告,并通知申请人要求给予保护的缔约国。被要求保护的缔约国收到通知后在一年内做出是否给予保护的决定。如果在一年内未向国际局提出驳回声明,则该商标被视为已在该国核准注册并予以法律保护。实际上各缔约国只需办理一次注册手续,付一次费用,以法文填写统一的表格,就可取得在两个或两个以上国家的商标注册。

(三)《尼斯协定》

《尼斯协定》是《商标注册用商品与服务国际分类尼斯协定》的简称。该协定于1957年6月15日在法国尼斯签订,1961年4月8日生效,后经4次修订,最后一次修订是在1983年。截至2018年5月,已有80个成员方,参加该协定的成员国必须是《巴黎公约》的成员。《尼斯协定》的主要内容是对商标注册用商品和服务的国际分类做了专门的规定,其中把商品分为34类,服务项目分为8类。此外,该协定又把各类中的具体商品和服务项目分为一万项。《尼斯协定》规定各成员国应当使用该商品和服务国际分类方法,但没强调缔约国必须把它作为唯一的商品和服务的分类方法。《尼斯协定》为商标国际注册提供了一个系统的国际分类表,使商标注册和检索更加方便,同时也有利于对商标的管理。中国于1988年11月1日开始采用此国际分类,并于1994年8月9日正式成为《尼斯协定》的成员国。

(四)《维也纳协定》

《维也纳协定》是《商标图形国际分类维也纳协定》的简称。《维也纳协定》虽然签订于1973年6月12日,但由于该协定规定其成员国必须达到5个才能生效,因此该协定于1985年才生效。截至2018年5月,《维也纳协定》的签字国达到32个。《维也纳协定》的主要内容是,在《尼斯协定》的基础上,把含有图形的商标进行了分类,其中分为29个大类、144个小类和1 569个细目。对图形进行国际统一分类,有利于相同或近似的图形商标进行检索,避免商标所有人之间的权利冲突。中国虽然未加入《维也纳协定》,但在1988年采用商品和服务国际分类的同时,已开始采用商标图形的国际分类。

三、《与贸易有关的知识产权协议》

《与贸易有关的知识产权协议》(Agreement on Trade-Related Aspects of Intell-ectual Property Rights,TRIPs)(以下简称知识产权协议)是关贸总协定乌拉圭回合谈判中所签署的一揽子协议的一部分。将知识产权纳入关贸总协定的议题是1990年通过的。1994年4月15日,与贸易有关的知识产权等一揽子协议在摩洛哥马拉喀什签署。中国政府代表也在协议上签了字。《知识产权协议》主要包括以下四部分内容:

(一)基本原则

所有缔约国应遵守《巴黎公约》《专利合作条约》《商标注册马德里协定》,并继续承担对《伯尔尼公约》《罗马公约》《有关保护集成电路知识产权的华盛顿公约》的义务。缔约方对协议的内容一旦发生争执，应按关贸总协定规定的途径解决。

（二）有关工业产权的规定

有关知识产权的规定包括专利、工业设计、商标、地理标志和集成电路的布图设计。

1. 专利

《知识产权协议》中所涉及的专利仅指发明专利。关于专利权人的权利，该协议规定专利权人有权制止他人未经同意制造、使用、销售或为上述目的进口被授予专利的商品；有权制止未经许可而使用该生产方法，以及销售或进口该方法直接获得的产品。该协议对专利权做了一些限制规定，即为了不使专利权妨碍第三方合法权益而进行限制，但限制不能与专利的正常使用相冲突，限制不能不合理地损害专利权人的合法权益。

2. 工业品外观设计

所有成员国必须对工业品的外观予以保护，保护期至少为10年，权利人有权禁止他人未经许可而制造、出售体现该设计的产品，有权禁止他人未经许可，以营利为目的对该设计的实质性部分进行复制。该协议允许成员国对工业品的外观设计给予一定限制，但条件是必须保证第三方合法权益不至于受到外观设计专有权不应有的影响；不能妨碍有关设计的正常利用；限制不能过度，以免损害权利人的利益。

3. 商标

缔约国必须对商品商标、服务商标提供注册保护，对驰名商标要给予特别保护，获准注册是取得商标权的唯一途径。申请注册的商标必须具有"视觉可识别"的标记。商标无正当理由而连续三年不使用，可予以撤销。商标应允许无限期的续展，首次注册和每次续展的期限不得少于7年。

4. 地理标志

地理标志又称产地标志。当某种商品在质量、功能等特征上与该地有密切联系时，这个地理名称才构成应予保护的"原产地标志"。使用非商业真实来源的地理标志或以其他不正当方式使用原产地标志的行为属于违法行为。善意使用某种地理名称作为商标注册，或善意使用地理名称但未在公众中引起混淆的，可以不被撤销其注册或禁止使用。

5. 集成电路布图设计

一切为生产经营目的的进口、销售或者散布含有受保护的布图设计，将该布图设计集成于一片材料之上或者之中的集成电路，以及集成电路构成的物品均为非法。不许对集成电路实行强制许可，对集成电路提供的保护期限自登记之日起或首次付诸商业使用之日起至少为10年，或从有关设计完成之日起15年。

6. 知识产权的实施

《知识产权协议》规定了知识产权的实施程序，并把保护的具体措施分为民事与行政措施、临时措施、边境措施和刑事程序五部分。这些措施是知识产权在世界范围内进行保护的有力保障，也是对知识产权保护尚不完备的发展中国家进行法制建设的一种促进。

（三）有关版权的规定

各缔约国必须遵守《伯尔尼公约》1971年文本的实体条款及附件。缔约方必须把计算机程序作为《伯尔尼公约》中所指"文字作品"给予保护，将数据库作为汇编作品予以保护。

保护期不得少于作品经许可而出版之年年底起50年。关于表演者和唱片、录音制品的制作者,表演者有禁止他人未经许可录制其未曾录制的表演和复制这类录制品的权利,并有禁止他人未经许可而以无线广播的形式传授或向公众传送其现场表演的权利。录音制品的制作者有权许可或制止直接或间接复制其录制品,并有权许可或禁止以商业目的出租其录制品。广播组织者有权许可或禁止他人录制或复制其广播,并有权禁止以无线电或电视传播其广播。

(四) 有关商业秘密保护的规定

《知识产权协议》要求缔约国保护商业秘密。该协议中所指的商业秘密是不为公众所知,能为权利人带来经济利益,具有实用性并经权利人采取保密措施的技术信息和经营信息。这说明商业秘密不仅包括具有秘密性质的经营管理方法及与经营管理方法密切相关的经营信息,还包括那些凭技能和经验产生的,在实践中尤其是工业中适用的技术信息。根据该协议的规定,商业秘密的权利人可制止他人未经许可而披露、获得或使用有关信息。该协议对商业秘密的保护期限未做具体规定。对商业秘密的保护等于说未公开的技术也可以得到法律保护,这就填补了专利与版权之间的空白。

第七节 中国对外技术贸易管理

国际技术贸易涉及政治、经济、生产、金融、技术、法律及国家发展战略和政策等多个方面,因此,为了保证对外技术贸易的健康发展,维护技术进出口的经营秩序,规范技术进出口的经营行为,中国制定了一系列有关技术进出口的法令法规,对中国对外技术贸易进行管理。

一、中国技术进出口管理制度

1950年中国对外技术贸易开始起步,20世纪60年代初,国家通过对外经济技术援助和国际科技合作向一些发展中国家出口技术,并从发达国家引进先进技术。80年代以后,中国通过技术贸易途径出口的技术越来越多,为规范技术进出口行为,中国先后制定了相关的技术进出口管理制度,并随形势的不断发展对其中某些规定做了新的修订。1985年5月24日,国务院发布了《中华人民共和国技术引进合同管理条例》;1988年1月20日,外经贸部发布了《中华人民共和国技术引进合同管理条例实施细则》;1996年3月22日,对外贸易经济合作部发布了《中华人民共和国技术引进和设备进口贸易工作管理暂行办法》。

中国加入世贸组织以后,为履行成员义务,国务院于2001年10月30日通过了《中华人民共和国进出口管理条例》;2001年12月30日,外经贸部与国家经贸委又发布了《中华人民共和国禁止进口限制进口技术管理办法》和《中华人民共和国技术进出口合同登记管理办法》,外经贸部与科学技术部发布了《中华人民共和国禁止出口限制出口技术管理办法》,上述法规均从2002年1月1日起施行。与此同时,过去的技术进出口管理条例及实施细则全部废止。

除上述专门法规外,其他涉及对外技术贸易管理的主要法规还有《中华人民共和国对外贸易法》《中华人民共和国知识产权海关保护条例》等。

二、中国对外技术贸易的管理部门

根据《技术进出口管理条例》规定,商务部依照《对外贸易法》和该条例的规定,负责全国的技术进出口管理工作。省、自治区、直辖市人民政府外经贸主管部门根据商务部授权,负责本行政区域内的技术进出口管理工作。国务院有关部门按照国务院规定,履行技术进出口项目的有关管理职责。

(1) 依照《对外贸易法》,商务部在进出口管理方面履行以下职责:①拟订和执行对外技术贸易的政策、管理规章和鼓励技术出口政策;②拟订高新技术产品出口目录和国家禁止、限制进出口技术目录;③管理技术和高新技术产品的出口,管理技术引进和国际招标;④拟订和执行国家技术出口管制政策,颁发与技术防扩散出口相关的出口许可证;⑤组织多边和双边工业技术合作;⑥负责外经贸科技发展、技术进步等事务。

(2) 省、自治区、直辖市人民政府外经贸主管部门根据商务部的授权,负责本行政区域内的技术进出口管理工作。由于国家实行统一的对外贸易制度,省一级的地方政府对技术进出口的管理仅能根据商务部的授权,并仅能在授权的职责范围内进行管理,而且只能在本行政区域内从事管理工作。省一级的地方政府经商务部授权后,可以独立地负责技术进出口管理工作,以自己的名义行使行政权力并承担行政责任。

(3) 其他技术进出口管理部门。除商务部以外,对技术进出口具有部分管理职责的部门还有国家计委、科技部、外交部等。

三、中国对技术进出口的管理

(一) 中国对技术引进的管理

中国对技术引进的管理主要是通过将其纳入国家经济技术发展的统一规划,并根据国家政策所制定的有关法律法规,对技术引进项目及其合同实行管理。

1. 中国现阶段技术引进的基本原则和政策

(1) 技术引进必须从中国的国情、国力、特点和条件出发,结合国民经济各产业部门的技术结构、发展特点来选择引进技术的基础和方式,这是技术引进的一项基本原则。

(2) 技术引进首先要保证建立在国家经济发展急需的基础上,同时又结合经济体制改革,以利于搞活大中型企业。

(3) 注重对引进技术的消化吸收和推广创新,并使之国产化。

(4) 进一步完善技术引进的市场战略,坚持多方位引进技术。提倡以多种形式引进技术,特别是要注重以技术许可贸易、技术服务、顾问咨询、合作生产、合作设计以及关键设备的引进等方式开展工作,增加引进项目中技术软件的比重,控制成套设备的进口。

(5) 在引进技术的同时引进先进的管理方法。

(6) 利用多渠道筹集外汇资金,引进先进和适用的技术。

(7) 利用税收杠杆,对有些项目的技术引进实行税收优惠政策。

2. 中国技术引进的程序

(1) 技术进口交易的准备。这一阶段的工作包括引进技术项目的立项和可行性研究,其主要内容包括:①技术引进企业制订进口技术的计划,报有关政府主管部门审查批准;②进口技术的计划获得批准后,技术引进企业编制进口技术项目建议书,报有关政府主管部门审查批准；③项目建议书获得批准后，技术引进企业编制可行性研究报告，报有关政府主管部门审查批准；④可行性研究报告获得批准后，技术引进企业便可以进行正式的技术询价和谈判，若企业无进出口经营权，则须委托有经营权的外贸公司代为办理有关进口技术。

（2）对外谈判并签订合同。这一阶段主要包括以下主要工作：①正式对外询价，对技术和价格等有关因素进行综合分析；②技术谈判，进一步了解技术的内容和技术供方的意图；③商务谈判，在技术谈判的基础上进行有关商业内容的谈判；④商签合同，在按照有关法律的规定向审批机关办理审批手续后，进出口双方按照谈判的结果签订合同。

（3）履行合同。技术引进合同批准后，受方应统筹安排，加强与供方协调，按照合同的规定，按时按质履行合同。在这一过程中，需要完成以下工作：①供方交付技术资料，受方支付入门费；②受方派技术人员赴供方培训；③供方交付机器设备、生产线，货到后受方提货及报验；④供方派技术人员，协助受方安装技术设备，帮助受方掌握技术；⑤投料试生产，供方和受方按照合同规定的技术标准验收，并签署验收报告；⑥受方支付合同价款；⑦争议的解决、索赔等。

以上三个阶段中，为维护我方利益，根据我国实践经验并参考一些国家的立法，我国规定，引进合同中不得含有下列不合理的限制性条款：①要求受方接受同技术引进无关的附带条件，包括购买不需要的技术、技术服务、原材料、设备或产品；②限制受方自由选择从不同来源购买原材料、零部件或设备；③限制受方发展和改进所引进的技术；④限制受方从其他来源获得类似技术或与供方竞争的同类技术；⑤双方交换改进技术的条件不对等；⑥限制受方利用引进的技术生产产品的数量、品种或销售价格；⑦不合理地限制受方的销售渠道或出口市场；⑧禁止受方在合同期满后，继续使用引进的技术；⑨要求受方为不使用的或失效的专利支付报酬或承担义务。

同时，对外商投资企业，外方以技术作为投资的，该技术的进口应按照外商投资企业设立审批的程序进行审查或者办理登记。另外，在技术引进合同的履约过程中涉及税收和用汇问题的，分别统一由国家税务局（涉及关税的由海关总署）和国家外汇管理局负责解决和管理。

3. 中国对进口技术的管理分类

中国对技术引进分三类管理：

第一类，鼓励进口的技术，也称自由进出口的技术。

依照《技术进出口管理条例》第7条规定："国家鼓励先进、适用的技术进口。"这一鼓励技术进口的规定，有以下三方面内容：

（1）我国鼓励先进、适用的技术进口，是为了促进工农业科学技术水平的提高。

（2）关于先进、适用的技术并没有明确的定义，根据我国多年的技术贸易管理实践，形成了一定的判断标准：有利于发展高新技术，生产先进产品；有利于提高产品质量和性能，降低生产成本，节约能耗；有利于改善经营管理，提高科学管理水平；有利于产业结构优化升级；有利于充分利用本国资源、保护生态环境和人民健康；有利于扩大产品出口、增加外汇收入。技术贸易主管部门规定的先进、适用的技术必须符合上述一项以上标准。

（3）鼓励措施包括以下内容：①对于技术进口经营者免征关税和进口环节增值税；②对于外国技术转让人减征、免征预提所得税。

第二类,限制进口的技术,采用进出口许可证制度的管理。

《技术进出口管理条例》第 10 条规定:"属于限制进口的技术,实行许可证管理;未经许可,不得进口。"我国对限制进口的技术,实行许可证管理。

《对外贸易法》规定,属于下列情形之一的技术,国家可以限制进口:①为维护国家安全、社会公共利益或者公共道德,需要限制进口的;②为保护人的健康或者安全,保护动物、植物的生命或者健康,保护环境,需要限制进口的;③为建立或者加快建立国内特定产业,需要限制进口的;④对任何形式的农业、牧业、渔业产品有必要限制进口的;⑤为保障国家国际金融地位和国际收支平衡,需要限制进口的;⑥依照法律、行政法规的规定,其他需要限制或者禁止进口的;⑦根据我国缔结或者参加的国际条约、协定的规定,其他需要限制进口的。

第三类,禁止进口或出口的技术,国家严禁进口或出口。

《对外贸易法》规定,下列技术,国家禁止进口:①为保护人的健康或者安全,保护动物、植物的生命或者健康,保护环境,其他需要禁止进口的;②依照法律、行政法规的规定,其他需要禁止进口的;③根据中国缔结或者参加的国际条约、协定的规定,其他需要禁止进口的。

同时,《对外贸易法》还规定,国家对与裂变、聚变物质或者衍生此类物质的物质有关的货物、技术出口,以及与武器、弹药或者其他军用物资有关的出口,可以采取任何必要的措施,维护国家安全。

(二)中国对技术出口的管理

1. 中国技术出口的基本原则和方针

(1)技术出口要严格遵守国家的法律,符合国家安全的需要和外交政策,不得危害国家安全和公共利益。

(2)积极鼓励开拓技术出口。

(3)走"贸工技银"结合的科技兴贸道路。

(4)国家主要运用法律、经济手段对技术出口贸易进行宏观调控,制定禁止、限制、鼓励技术出口项目的不同类别,实行不同的管理措施。

(5)遵守国际规范的惯例,保护知识产权,严禁承担不出口义务的引进技术的再出口。

(6)技术出口要符合我国外贸和科技政策,有利于对外贸易和国际经济合作的发展,推动科学技术的进步。

2. 中国技术出口的程序

国际技术出口程序大致可分为三个阶段:

第一阶段:技术出口项目的立项批准,主要包括技术出口项目的可行性研究并报主管部门批准。

第二阶段:谈判与签约,主要包括技术询价和报价、技术谈判和商务谈判以及接受与签订合同等内容。

第三阶段:合同的履行,主要包括技术资料的准备与交付,对受方人员的技术培训,派技术人员赴受方进行技术指导和技术项目验收,合同有关的机器设备及其他物料的准备和交付,合同价款的收汇等内容。

3. 中国对技术出口的分类管理

我国对技术出口分三类管理:

第一类，鼓励出口的技术，即自由出口的技术。

《技术进出口管理条例》第 30 条规定："国家鼓励成熟的产业化技术出口。"对属于自由出口的技术，实行合同登记管理，合同自依法成立时生效，不以登记为合同生效的条件。

进入 21 世纪，随着经济、贸易全球化的深入发展和我国加入世贸组织，我国对外贸易发展事业步入新阶段，迫切需要进一步增加成熟的产业化技术出口，并以此带动高技术含量、高附加值的机电产品和成套设备出口的比重，以适应国际竞争的新形势，使我国对外技术贸易获得更好的发展。目前，我国已拥有大量成熟的技术，其中不少已经达到世界先进水平。鼓励成熟的产业化技术出口，不仅可以进一步促进技术开发，还可以通过转让技术带动我国生产线、成套设备的出口，扩大技术出口规模。因此，国家鼓励成熟的产业化技术出口，并采取了一定的鼓励措施，如采用税收优惠政策和政策性金融手段。

第二类，限制出口的技术。

《对外贸易法》规定，属于下列情形之一的技术，国家可以限制出口：①为维护国家安全、社会公共利益或者公共道德，需要限制出口的；②为保护人的健康或者安全，保护动物、植物的生命或者健康，保护环境，需要限制出口的；③为实施与黄金或者白银进出口有关的措施，需要限制出口的；④国内供应短缺或者为有效保护可能用竭的自然资源，需要限制出口的；⑤输往国家或者地区的市场容量有限，需要限制出口的；⑥出口经营秩序出现严重混乱，需要限制出口的；⑦依照法律、行政法规的规定，其他需要限制出口的；⑧根据我国缔结或者参加的国际条约、协定的规定，其他需要限制出口的。

国家对与裂变、聚变物质或者衍生此类物质的物质有关的货物、技术出口，以及与武器、弹药或者其他军用物资有关的出口，可以采取任何必要的措施，维护国家安全。

第三类，中国禁止出口的技术。

《对外贸易法》规定，属于下列情形之一的技术，国家禁止出口：①为保护人的健康或者安全，保护动物、植物的生命或者健康，保护环境，其他需要禁止出口的；②依照法律、行政法规的规定，其他需要禁止出口的；③根据中国缔结或者参加的国际条约、协定的规定，其他需要禁止出口的。

国家对与裂变、聚变物质或者衍生此类物质的物质有关的货物、技术出口，以及与武器、弹药或者其他军用物资有关的出口，可以采取任何必要的措施，维护国家安全。

四、中国对技术贸易管制中限制性商业惯例的做法

（一）中国关于限制性商业惯例的法律规定

中国调整限制性商业惯例工作进入成熟阶段的标志是 2002 年实施的《技术引进合同管理条例》，此条例列举了技术合同中不得含有的下列不合理的限制性条款：①要求受让人接受并非技术进口必不可少的附带条件，包括购买非必需的技术、原材料、产品、设备或者服务；②要求受让人为专利权有效期限届满或者专利权被宣布无效的技术支付使用费或者承担相关义务；③限制受让人改进让与人提供的技术或者限制受让人使用所改进的技术；④限制受让人从其他来源获得与让与人提供的技术类似的技术或者与其竞争的技术；⑤不合理限制受让人购买原材料、零部件、产品或者设备的渠道或者来源；⑥不合理限制受让人产品的生产数量、品种或者销售价格；⑦不合理限制受让人利用进口的技术生产产品的出口渠道。上述规定使得国内技术引进部门在抵制国外技术许可方提出的限制性要求中有了法律依据。

（二）中国在国际技术贸易实践中应采取的对策

在中国进行对外技术贸易的过程中，对待国外技术许可方提出的限制性要求，一方面要遵守中国相关规定，对某些不合理条款予以拒绝；另一方面，也要根据实际情况，灵活处理。

（1）签订技术进出口时，必须遵守我国的法律，凡法律规定合同中不得含有的限制性商业条款，未经特别批准，不得订入合同。

（2）对中国法律未做明确规定的限制性条款，可以根据交易的具体情况、我方之所需和利弊关系，灵活掌握。原则是从我方的技术引进目的和总体利益出发，对我方有利或条件对等。有时为了我方引进必要技术的长远利益考虑，也需要做出一定的、合理的让步。

思考与练习

1. 国际技术贸易的特点是什么？
2. 授予专利的条件是什么？
3. 专有技术与专利的区别是什么？
4. 国际技术转让有哪几种方式？
5. 《巴黎公约》的主要内容是什么？
6. 《与贸易有关的知识产权协议》包括哪些内容？
7. 什么是知识产权？
8. 知识产权包括哪些类型？

案例分析

布鲁克公司知识产权的保护案

瑞士布鲁克公司在我国注册登记后，从1996年开始将一种柔性防护技术引入我国，并做了大量的宣传工作，1999年6月，四川万豪公司在其《柔性防护和最佳性价比的选择》宣传画上使用了瑞士公司有关作品14幅和关于SNS石崩柔性边坡保护系统工程技术使用的文字说明。瑞士布鲁克公司得知后，立即向四川省成都市中级人民法院提起诉讼，状告四川万豪公司侵犯其著作权和商业秘密。四川成都中级人民法院认定万豪公司有未经布鲁克公司的许可，擅自使用他人作品的行为，根据我国相关的民法规定和《伯尔尼保护文学艺术作品公约》，判处万豪公司立即停止使用上述14幅作品和技术说明，并赔偿布鲁克公司为本案支付的调查费、律师代理费、认证费等损失5万元。万豪公司虽经上诉，但遭到成都高级法院的驳回。

中国和瑞士都是《伯尔尼保护文学艺术作品公约》的成员国，按规定，其作品无论是否已经出版，都应受到成员国的保护，因此布鲁克公司知识产权遭侵权案，应受到中国法律的保护。这个案例证明了中国在保护知识产权方面的决心。

【思考与讨论】

1. 请简述世贸组织的《知识产权协议》与《伯尔尼保护文学艺术作品公约》的关系。
2. 请思考知识产权保护的积极作用与消极作用，并评论其在国际技术贸易中所起的作用。

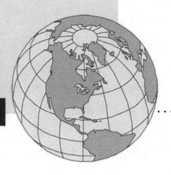

第八章

国际工程承包与劳务合作

【教学目的】

通过本章学习,学生将能够:

1. 了解开展国际工程承包的必要性,国际工程承包与劳务合作合同;

2. 熟悉施工索赔,国际工程承包与劳务市场的现状与特点,国际工程承包所涉及的银行保函和保险等业务;

3. 掌握国际工程承包中招标与投标的基本方法和程序,国际劳务合作方式。

【关键术语】

总包	施工索赔
分包	交钥匙合同
二包	银行保函
招标	劳务
投标	劳务输出
FIDIC 条款	劳务合同

【引导案例】

我国某建筑工程公司通过国际公开招标,总承包了中非某油田生产设施的建设项目。该工程主要包括1个原油处理厂、5个集油站、110公里原油集输管线、90公里高压输电线路、75套井口设施及170公里井口管线。合同总金额3.5亿美元,工期22个月。施工刚刚开始,不料业主修改设计,将110公里原油集输管线延长至200公里,致使工程量发生较大变化,为此我公司向业主提出索赔。在业主接受并完成索赔后,该公司最终按时保质完成工程。请分析一下国际工程承包索赔的一般程序和依据。

第一节 国际工程承包概述

一、国际工程承包的含义及其业务范围

国际工程承包(international contracting for construction)是指一国的承包商,以其资金、技术、劳务、设备、原材料和许可权等,承揽外国政府、国际组织或私人企业即业主的工程项目,并按承包商与业主签订的承包合同所规定的价格、支付方式收取各项成本费及应得利润的一种国际经济合作方式。国际工程承包涉及的当事人主要有工程项目的所有人(业主或称发包人)和承包商,业主主要负责提供工程建造所需的资金和酬金等,而承包商则负责工程项目的建造、工程所需设备和原材料的采购以及提供技术等。

国际工程承包的业务范围极为广泛,几乎遍及国民经济的每个部门,甚至进入军事和高科技领域,其业务内容也随科学技术的进步日益复杂,规模更加庞大,分工更加精细。国际工程承包就其具体内容而言,大致包括以下方面:

(1)工程设计。工程设计包括基本设计和详细设计,基本设计一般在承包合同签订之前进行,其主要内容是对工程项目所要达到的规格、标准、生产能力等的初步设计;而详细设计一般在承包合同的签订之后进行,其中包括机械设计、电器设计、仪表仪器设计、配套工程设计及建筑物设计等,详细设计的内容往往根据工程项目的不同而有所区别。

(2)技术转让。在国际工程承包中往往涉及工程所需的专利技术和专有技术的转让问题。

(3)机械设备的供应与安装。工程项目所需的机械设备既可由业主提供,也可由承包商提供,还可由双方分别提供不同的设备;设备的安装主要涉及技术人员的派遣及安装要求等。

(4)原材料和能源的供应。原材料和能源的供应与机械设备的供应一样,既可由业主供应,也可由承包商提供,还可由双方分别提供不同的部分。

(5)施工。施工主要包括工程建造及施工人员的派遣等。

(6)资金。资金应由业主提供,但业主往往要求承包商提供信贷。

(7)验收。验收主要包括验收方法、验收时间和验收标准等。

(8)人员培训。人员培训是指承包商对业主派出的人员进行有关项目操作技能的培训,以使他们在项目建成并投入运营后,充分掌握该技术。

(9)技术指导。技术指导是指在工程项目建成并投入运营以后,承包商为使业主能

维持对项目的运营而继续对业主进行技术指导。

（10）经营管理。有些承包合同是属于BOT合同,即要求承包商在项目建成投产并经营一段时间以后,再转让给业主,这就使经营管理也成为承包商的一项重要内容。

上述广泛而又复杂的承包内容说明,作为承包商不仅要使其各类人员和施工设备配套成龙,还必须具有较高的组织管理水平和技术水平。

二、国际工程承包方式

（一）总包

总包是指从投标报价、谈判、签订合同到组织合同实施的全部过程,其中包括整个工程的对内和对外转包与分包,均由承包商对业主(发包人)负全部责任。采用这种承包方式签署的承包合同也叫总包合同。这是目前国际工程承包活动中使用最多的一种承包形式。

（二）单独承包

单独承包是指由一家承包商单独承揽某一工程项目。这种承包形式适用于规模较小、技术要求较低的工程项目。采用单独承包的承包商必须具有较雄厚的资金和技术实力。

（三）分包

分包是指业主把一个工程项目分成若干个子项或几个部分,分别发包给几个承包商,各分包商都对业主负责。在整个工程项目建设中,由业主或业主委托某个工程师,或业主委托某个分包商负责各分包工程的组织与协调工作。在分包条件下,业主分别与各承包商签订的承包合同叫分包合同或分项合同。

（四）二包

二包是指总包商或分包商将自己所包的工程的一部分转包给其他承包商。二包商不与业主发生关系,只对总包商或分包商负责,但总包商或分包商选择的二包商必须征得业主的同意。总包商或分包商与二包商签订的合同叫二包合同。一般说来,总包商或分包商愿意把适合自己专长、利润较高、风险较小的子项目留下来,而把利润低、施工难度较大而且自己又不擅长、风险较大的子项目转包出去。

（五）联合承包

联合承包是指由几个承包商共同承揽某一个工程项目,各承包商分别负责工程项目的某一部分,它们共同对业主负责的一种承包形式。联合承包一般适用于规模较大和技术性较强的工程项目。

（六）合作承包

合作承包是指两个或两个以上的承包商,事先达成合作承包的协议,各自参加某项工程项目的投标,不论哪家公司中标,都按协议共同完成工程项目的建设,对外则由中标的那家承包商与业主进行协调。

三、国际工程承包市场及其特点

（一）国际工程承包市场

随着科学技术的不断进步、各国经济的飞速发展，国际工程承包市场已遍及世界各地。就目前来看，国际上已形成了亚太、欧洲、中东、北美、拉美和非洲六大地区经济市场。

随着近年来亚太区域国家和地区经济的快速增长，亚太工程承包市场规模日渐扩大，已成为全球最大的工程承包市场。亚太市场一般是指南亚、东南亚、东亚、西北亚及大洋洲的澳大利亚和新西兰，该市场于20世纪80年代中期之后出现兴旺，由于该地区的国家大都采用适宜外资的政策，以及国际金融机构和发达国家投资者对该地区投资的不断增加，再加上中国于2013年提出的"一带一路"倡议的推动，亚太市场正在成为具有巨大发展潜力的市场。据美国《工程新闻纪录（ENR）》评选的全球最大的250家承包商情况看，2016年入选的国际承包商在亚太市场的国际营业额达到1203.1亿美元，占全球国际营业额的25.7%，稳居全球工程承包市场首位。

欧洲市场则是除了亚太市场外世界最大的承包劳务市场，全球250家最大的承包商2016年在该地区的国际营业额达到959.6亿美元，占其国际市场营业总额的20.5%。随着世界经济一体化大潮的推动、统一大市场的建成和经济的稳步增长，欧洲市场仍将保持原有的繁荣，除德国以外，俄罗斯、波兰、罗马尼亚、英国、意大利、法国、西班牙等国在基础设施方面的投资额都有很大的增长。但西欧市场历来是一个封闭的市场，进入该市场对很多承包商来说都是可望而不可即的。

中东市场是20世纪70年代中期随该地区国家石油美元收入的不断增加而发展起来的一个承包市场，进入80年代后，随着中东各产油国石油美元收入的锐减，以及两伊、阿富汗和两次伊拉克战争的冲击，该承包市场出现明显萎缩。随着战争的结束，战后的重建及其他中东国家基础设施建设的加快进行，中东市场仍具有一定的发展潜力。中东市场也是一个受油价影响较大的市场，随着世界原油价格每桶创出了历史新高，中东工程承包市场会进一步活跃，全球250家最大的承包商2016年在中东地区的国际营业额占比达到17.9%。

北美市场由美国和加拿大两个发达国家所组成，全球250家最大的承包商2016年在北美市场的国际营业额占国际市场营业总额的15.5%。该市场工程项目的技术含量一般较高，因此，该市场历来被来自美、英、法、日等发达国家的大公司垄断，就发展中国家的承包公司目前的经济及技术实力而言，在未来10年内还很难涉足该市场，北美市场目前不仅是世界上最大的工程承包市场，也是目前世界上最规范的市场。

非洲经过了40年的政治动荡，其多数国家的政局开始稳定，其经济也结束持续衰退而进入稳定发展的时期，各国每年的经济平均增长率保持在3%左右，进入到战后历史最好时期，因此也给该地区的工程承包市场带来了转机，该市场主要集中在北部的阿尔及利亚、摩洛哥、埃及和尼日利亚以及南部的南非等国。该地区基础设施落后，对天然气、石油和电力的开采和开发有较大的需求，随着该地区国家政治体制的改革和私有化进程的不断加快，非洲市场是最有潜力的工程承包市场。全球250家最大的承包商2016年在该地区的国际营业额占比达到了13.2%。

拉美市场和非洲市场一样一直处于比较消沉的状态，这里虽然基础设施落后，但由于多数国家常年经济萧条,致使拉美国家在基础设施方面的投资数量极为有限,全球最大的 250 家承包商 2016 年在这一市场上的营业额占比仅有 7.2%,巴西、墨西哥、阿根廷的工程承包额占据了该地区承包总额的一半以上。虽然拉美地区各国都在采用能促进本国经济发展的政策,但该地区经济基础较差、资金不足、支付信誉不好以及政治的动荡令很多承包商望而却步。随着近几年世界经济转暖,拉美各国政府采取了一系列措施来吸引外资以及增加对基础设施的投入,该市场会有一个较大的转机。

除了以上国际工程承包市场因素,中国于 2013 年提出的"一带一路"倡议以及随后成立并运行的亚洲基础设施投资银行(AIIB)、丝路基金等大大推动了"一带一路"沿线国家的基础设施建设步伐,形成了"互联互通"和基础设施建设热潮,国际工程承包市场也必将迎来快速发展的新阶段。

(二) 国际工程承包市场的特点

自 20 世纪 80 年代初至今,由于各国承包商数量的不断增加和各国因出现不同程度的经济困难而导致的发包数量的减少,以及各国对本国承包市场保护的加强,国际工程承包市场出现了以下特点:

1. 竞争激烈,利润下降

国际承包市场上承包商数量的不断增多,以及发包项目的减少,导致承包市场形成了激烈的竞争态势。这就使承包价格越压越低,一些国家的承包商为了夺标,常常以低于成本价格投标,中标后靠带动原材料和设备的出口,或借机索赔来争取盈利。

2. 承包商对国内市场的依赖加强

由于国际工程承包竞争日趋激烈,难以获利,再加上国际金融市场动荡不安,汇率风险较大,许多承包商开始把注意力转向本国的承包市场。2016 年世界排行前 250 名的国际承包商国内营业额达到了 9 729 亿美元,是国际营业额 4 681.2 亿美元的 2.08 倍。

3. 市场保护措施日益加强

在国际工程承包市场竞争日趋激烈的态势下,很多国家为扶植本国的建筑业,减少外汇支出,维护本国的经济利益,纷纷出台了一些保护主义措施,如限制外国承包商的承包范围,规定外国公司必须与当地公司联营或雇用当地代理人才能取得承包资格,限定外国公司承揽本国的工程项目使用当地劳务的比例,给予本国公司各种优惠,以及通过设置各种障碍来限制外国承包商在本国的承包活动。

4. 带资投标、延期付款和实物支付的做法日益普遍

带资投标实际是一种投标与资金挂钩的做法,即投标人向发包人融资。就目前的国际承包市场而言,投标人向发包人融资已成为投标的先决条件,而且融资的优惠程度也成为除标价以外的另一个能否中标的决定因素。此外,延期付款和以实物支付的做法也日渐增多,如许多中东国家以石油或天然气来支付拖欠的工程项目的费用。

5. 承包项目由劳动密集型向技术密集型转化

随着科学技术的迅猛发展,出现了许多技术含量较高的新型产业,这就使项目建设从单纯的土建工程转向以技术工程为主的成套设施的建设,这类项目对承包商提出了更高的要求。

第二节　招标与投标

一、招标

(一) 招标的概念

招标(invitation to tender)是指由发包人(业主)就拟建工程项目的内容、要求和预选投标人的资格等提出条件,通过公开或非公开的方式邀请投标人根据上述条件提出报价、施工方案和施工进度等,然后由发包人经比较择优选定承包商的过程。择优一般是指最佳技术、最佳质量、最低价格和最短工期。发包人要想在众多的投标者中选出在上述四个方面均具有优势的承包商是比较困难的,发包人应根据自己的资金能力、项目的具体要求、投标人的专长和所报的价格与条件来确定中标者。

(二) 招标的方式

1. 竞争性招标

(1) 公开招标

公开招标指的是招标人通过国内外各种有影响的报刊、电视、广播等宣传媒介刊登广告,发布招标信息,不限国籍地使全世界所有合格的承包商都有资格参加投标,招标人择优选择中标人的整个过程。公开招标的特点是招标通知必须公开发出,不限投标人的数量,开标也必须有投标人在场且当众进行,但评标和定标却是秘密进行。一般来说,除非招标文件另有规定,公开招标的中标者应该是报价最低的投标者。公开招标属于竞争性招标,采用这种招标方式有利于招标人降低成本,引进最先进的技术、设备及原材料,而且还可使所有的承包商都能得到公平的对待。世界银行认为,只有采用公开招标才能体现效率(efficiency)、经济(economy)和公平(equity)的"三 E 原则"。

(2) 国际限制性招标

国际限制性招标是指发包人不刊登广告,而是有选择地邀请若干家承包商参加投标的一种竞争性招标方式。限制性招标所限定的承包商主要有以下几种情况:一是为了保护本国的建筑市场,只允许本国的承包商参加投标或保留工程的某一部分给本国的承包商;二是为发包工程提供贷款的国家要求业主只邀请贷款国的承包商投标,必须把第三国甚至东道国的承包商排除在外;三是由于为工程提供贷款的机构是某一金融机构或基金组织,他们有时要求发包人在该金融机构或基金组织的成员国的承包商之间招标;四是有些项目较为特殊,对承包商在技术和经验上有较高的要求,国际上有能力建造该工程的承包商为数不多,所以只能邀请国际上有能力的承包商参加投标。在限制性招标的方式下,由于招标通知不使用广告的形式公之于众,只有被邀请并接受邀请的承包商才是合法的投标人,未接到邀请或通过其他途径得知招标信息的承包商,未经发包人的许可无权参加投标。

(3) 两段招标

两段招标也是国际公开招标中的一种,但要把招标过程分为两个阶段,第一阶段采用公开招标,从合格的承包中选出 3—5 家承包商作为候选人,然后再让他们重新报价,并确定最终的中标者。两段招标不是两次招标,而是一次招标分为两个阶段,并只与承包商签署一个承包合同。

2. 非竞争性招标

非竞争性招标是相对竞争性招标而言的,它不通过公开的方式来确定工程项目的承包商的一种招标方式,如谈判招标。

谈判招标目前一般有两种做法:一种是招标人根据自己的需要和所了解到的承包商的资信和技术状况,将符合要求的承包商排列出顺序,然后先与最符合要求的承包商进行谈判,若与之达不成协议,则按顺序继续与下一个进行谈判,直至达成协议为止,这种做法也叫议标;另一种是在开标以后,招标人分别与各投标人同时进行谈判,这就等于给了每个投标人多次报价的机会,最后与最符合要求的承包商签署承包协议,这种招标方式的优点在于因为给了每个投标人多次报价的机会,从而使招标人得益于投标人的价格竞争。谈判招标一般适用于专业技术较强、施工难度较大、多数承包商难以胜任的工程项目,在这种招标方式下,投标者能否中标的决定因素不是价格,而是承包商技术能力、施工质量和工期等条件。

（三）招标的程序

招标是以业主为主体从事的工作,整个招标过程所需要的时间,往往随招标方式和项目特点的不同而有所差异,少则一年,多则几年。从成立招标机构到签订承包合同需要严格按照招标程序和要求进行,并要做大量繁杂而又细致的工作,其大致要经过以下程序:

1. 成立招标机构

业主在决定建造某一项目以后,便开始进行国际招标工作,国际招标工作的整个过程一般由一个专门设立的机构全权负责。招标机构可以自己设立,也可以委托国际上常设的招标机构或从事招标的咨询公司代为招标,招标机构的能力和工作效率直接影响着招标的成败。

2. 制定招标规则

招标规则主要包括以下内容:一是确定招标方式,即采用公开招标、限制性招标、两段招标,还是谈判招标;二是广告刊登的范围和文字表达方式;三是确定开标的时间和地点;四是评标的标准等。

3. 编制招标文件

招标文件是招标的法律依据,也是投标者投标和准备标书的依据。招标文件的具体内容应视项目的规模和复杂程度而定,其主要包括招标人须知、担保书、合同条件和技术规范等。因为招标人所要建造的工程项目和所要采购物资的具体内容与要求,以及评标的具体标准全部体现在招标文件中,所以招标文件一定要力求完整和准确。招标文件所用的语言应该是国际商业通用的英文、法文和西班牙文。

4. 发布招标公告

招标公告是招标机构利用广播、电视以及国内外知名度较高的报纸、期刊,向国内外所有合格的承包商发布的招标启示,即邀请所有合格的承包商投标。招标公告的主要内容包括发包人的名称、项目的名称与概况、项目的资金来源、招标的方式、投标的开始时间与截止日期、评标的地点与时间、招标文件的发售时间与办法等。

5. 进行资格预审

资格预审是招标机构发布招标公告以后承包商投标之前,对拟投标人是否有能力承揽其所要建设的工程项目而进行的一种资格审查。资格审查的内容包括承包商以往的业绩与信誉、设备与技术状况、人员的技术能力、管理水平和财务状况等。参加资格预审的承包商应向招标机构提供投标意向书、公司章程与条例、公司技术和行政管理机构的人员名单、公司现有的机械设备清单、公司现有的合同清单、公司过去五年来承揽类似合同的清单、公司资产负债表、业主或监理工程师对公司资信的证明和银行对公司资信的证明。资格预审的标准应在招标公告中注明,经资格预审所有符合标准的承包商都应准予投标。

6. 通知承包商参加投标

资格预审之后,招标机构以书信的方式向所有资格预审合格的承包商发出通知,让他们在规定的时间内和指定的地点购买标书,以参加投标。投标通知同时也在报纸上公布,但不公布获得投标资格的公司名称。

7. 收标

投标人按招标机构指定的地点投递标书,招标机构在投标地点设有由专人保管的投标箱,保管人员将收到的投标书放入投标箱,并将盖有日期的收据交给投标人,以证明其投标书是在投标截止日期之前收到的。投标截止日期一到,便立即封闭投标箱,此后收到的投标书均无效。

8. 开标

开标一般有两种形式,即公开开标和秘密开标。公开开标是指招标人在规定的时间和地点按收到投标书的先后顺序,将所有的投标书当众启封,宣读每个投标人的姓名和标价。公开开标一般是通知所有投标人参加并在公证机构的监督下进行,开标时投标书对自动降低价格的说明以及是否附有投标保证书和保函也一并宣布,但投标书的详细内容不必也不可能全部宣读。所有的标价均应记录在案,由招标负责人签字。按世界银行的规定,在公开招标情况下,从发布招标文件到开标间隔时间的长短取决于工程的大小和复杂程度,一般工程不少于45天,较复杂的大型工程应在90天以上,以便投标人有足够的时间去进行现场考察等投标所必备的准备工作。秘密开标和公开开标大体一致,其唯一的区别在于秘密开标是在不通知投标人参加下进行的。

9. 评标

评标是招标机构的有关部门按一定的程序和要求,对每封投标书中的交易条件和技术条件进行综合评价,并选出中标候选人的过程。中标候选人一般为2—3人,并按综合条件排定名次,即最低标(第一中标人)、次低标(第二中标人)、第三低标(第三中标人),若无意外,最低标应是最终的中标者。交易条件主要是看标价,对业主来讲,标价越低越好;技术条件主要包括施工方案、施工所采用的技术、施工的组织与管理、工期,以及施工方案的合理性、可靠性和科学性。评标的标准必须与招标文件规定的条件相一致。

10. 定标

招标机构经过综合分析,写出评标报告并选择报价低、技术实力强、信誉好和工期短的承包商作为中标者叫定标。业主在定标前要分别与中标候选人就合同的条款和细节进行谈判,以达成共识,确定最后的中标者。招标机构在定标后应以电话、电报、电传等快捷的方式通知中标人,对未中标者也应及时发出评标结果。招标不一定都能选中中标人,即废标,也就是招标人拒绝全部投标。一般来说,招标人在出现了下列三种情况之一时,有权拒绝全部投标:①投标人太少,一般指少到不足三家;②最低标价大大超过国际市场平均价格或业主制定的标底;③所有的投标书均未按招标文件的要求编写;④所有得标候选人不愿意降价至标底线以下。废标后,可进行第二次招标。

11. 签订承包合同

中标人接到中标通知以后,应在规定的时间内与业主签订承包合同,并递交履约保证书,至此,招标工作全部结束,中标人便可着手准备工程的开工建设。但若中标人未按期签约或故意拖延,并未事先向招标机构提出可以接受的申请,那么中标人应被视为违约。

二、投标

(一) 投标的概念

投标(bid)是以承包商为主体从事的活动。它是指投标人根据招标文件的要求,在规定的时间并以规定的方式,投报其拟承包工程的实施方案及所需的全部费用,争取中标的过程。投标书中的标价是承包商能否中标的决定性条件。因此,报价要极为慎重,报价应既有竞争力,又有利可图。

(二) 投标的特点

(1) 投标的前提是必须承认全部招标条件,否则就失去了参加投标的机会。

(2) 标属于一次性标价,但主动权掌握在招标人手中,即业主在选定最后中标者的过程中,投标人一般没有讨价还价的权利。

(3) 投标在法律上属于要约,投标人因此要极为慎重,标价一旦报出,不能随意撤销。为此,招标人一般要求投标人交纳投标保证金。

(三) 投标的程序

投标本身也是一个过程,其主要经过投标前的准备、询价、制定标价、制作标书、竞标等程序。

1. 投标前的准备

投标前的准备工作十分重要,它直接影响中标率的大小,准备工作应从以下三方面入手:

(1) 收集有关信息和资料。需要收集的资料主要包括两个方面:一是项目所在国的情况,如项目所在国政治的稳定性,与邻国的关系,经济的发展水平,基础设施状况,金融与保险业的发达程度,水、电、石油、天然气、原材料的供应状况,自然、社会、文化环境等;二是收集竞争对手的有关资料,其中主要是了解能够参与本行业投标的企业数目,这些企业的经营状况、生产能力、知名度,以及他们参加投标的次数和中标率等。如果竞争对手在各方面均优于本企业,本企业中标的机会很小,就应放弃该项目的投标,而转向本企业中标机会较大的其他项目。

(2) 研究国际招标法规。国际招标活动涉及的东道国法规有采购法、合同法、公司法、税法、劳动法、外汇管制法、保险法、海关法、代理法等。

(3) 组成投标小组。投标小组的成员应是由从本企业各部门中选拔出来的具有各种专业技术的人员组成,他们的能力将是本企业能否中标和获利的关键。

2. 询价

询价是投标人在投标前必须做的一项工作,因为承包商在承包活动中,往往需要提供设备和原材料,询价的目的在于准确地核算工程成本,以做出既有竞争力又能获利的报价。此外,有时生活物资和劳务的价格也是询价的一个内容。

3. 制定标价

投标价格的制定工作可以分以下两步来做:

(1) 成本核算。成本主要包括直接成本和间接成本。直接成本主要包括工程成本、产品的生产成本、包装费、运输费、运输保险费、口岸费和工资等;间接成本主要包括投标费、捐税、施工保险费、经营管理费和贷款利息等。此外,一些不可预见的费用也应考虑进去,如设备、原材料和劳务价格的上涨费,货币贬值费及无法预料或难以避免的经济损失费等。

(2) 制定标价。制定标价考虑的因素主要有以下三个:一是成本,原则上讲,承包商在成本的基础上加一定比例的利润便可形成最后的标价;二是竞争对手的情况,如果竞争对手较多并具有一定的经济和技术实力,标价应定得低一些,如果本公司从事该工程的建造有一定的优势,竞争对手较少或没有竞争对手,那么标价可以定得高些;三是企业投标的目的,若是想通过工程的建设获取利润,那么标价必须高于成本并有一定比例的利润,在目前承包市场竞争如此激烈的情况下,很多承包商不指望通过工程的建造来取得收益,而是想通过承包工程带动本国设备和原材料的出口,进而从设备和原材料的出口中获取利润,出于这种目的的承包商所制定的标价往往与工程项目的建造成本持平或低于成本。当然,标价定得越低,中标率就越高。

4. 制作标书

标书是投标书的简称,亦称投标文件。它的具体内容依据项目的不同而有所区别,编制标书是指填好投标书及附件、投标保证书、工程量清单和单价表、有关的技术文件等,投标人的报价、技术状况和施工工程质量全部体现在投标书中。在编制标书以前,预审合格的承包商根据业主的通知到指定的机构购买招标文件,并仔细阅读招标文件,编制出符合招标文件要求的标书,否则投标无效。

5. 投递标书

投标书编制完成以后,投标人应按招标人的要求装订密封,并在规定的时间内送达指定的招标机构。投递标书不宜过早,一般在投标截止日期前几天为宜。

6. 竞标

开标后投标人为中标而与其他投标人的竞争叫竞标。投标人参加竞标的前提条件是成为中标的候选人,在一般情况下,招标机构在开标后先将投标人按报价的高低排出名次,经过初步审查选定2—3个候选人,如果参加投标的人数较多并且实力接近,也可选择5—7名候选人,招标机构通过对候选人的综合评价,确定最后的中标者。有时也会出现2—3个候选人条件相当的情况,招标机构难定取舍,便会向候选人重发通知,再次竞标,投标人这时将会采用各种手段竞标,以决雌雄。

第三节 国际工程承包合同与施工管理

一、合同的种类

国际工程承包合同从不同的角度,可以划分为不同的类型。

（一）按价格的构成和价格的确定方法来划分，合同可以分为总价合同、单价合同和成本加酬金合同

1. 总价合同

总价合同是指在承包合同中规定承包价格，业主按合同规定分期或一次性支付给承包商的一种合同形式。总价合同中所确定的价格是根据工程的图纸和承包的内容计算出来的，其价格一般是固定不变的。如果采用这种合同形式，投标人必须将一些可能发生的风险考虑进去，如原材料价格的上涨、工资的上涨、自然原因导致的误工、政治变动等风险，否则投标人将蒙受难以估量的损失。在有些情况下，总价合同中规定有价格调整条款，即在原材料或工资上涨幅度超过一定的比例时，合同的价格也做相应的调整，这就等于将一部分风险转移给了业主。

2. 单价合同

单价合同是一种按承包商实际完成的工作量和合同的单价来支付价款的合同形式。合同中所确定的单价，既可以固定不变，也可以随机调整，其主要取决于合同的规定。固定总价和单价合同的区别在于前者按总价投标承包，而后者则按单价投标承包。在总价合同中，虽然也要求投标人报单价，但不要求详细；而在单价合同中，所列的单价必须详细，其所报的总价只是在评标时用于与其他投标人做比较。

3. 成本加酬金合同

成本加酬金合同是以工程实际发生的成本（施工费和材料费等），再加上双方商定的管理费和利润向承包商支付工程款的一种合同形式。在这种合同形式下，由于成本实报实销，承包商的风险很小，但这种合同的管理费和利润往往与工程的质量、成本、工期三项指标相联系，因此，承包商比较注重质量、成本和工期，业主便可从中得益。

（二）按承包的内容来划分，可以分为施工合同、设备的供应与安装合同、工程咨询合同、工程服务合同、交钥匙合同、交产品合同、BOT合同等

1. 施工合同

施工合同是业主与承包商签订的工程项目的建造实施合同。在国际工程承包活动中，大多数合同属于这类合同。

2. 设备的供应与安装合同

这种合同的形式依承包商责任的不同而有所不同：一是单纯的设备供应合同，即设备的供应者只负责提供设备；二是单纯的设备安装合同，即承包商只负责设备的安装；三是设备的供应商既负责提供设备又负责设备的安装的设备供应与安装合同；四是设备的供应商负责提供设备，并负责指导业主自行安装的合同。

3. 工程咨询合同

工程咨询合同实际上是一种专业技术服务合同，业主咨询的主要内容有投资前的可行性研究、图纸的合理性、实施方案的可行性等。

4. 工程服务合同

工程服务合同是业主与能够提供某些服务工作的公司签订的合同，其主要目的是为工程项目提供服务，这类合同只有在建造规模较大而且较复杂的工程项目中签署。

5. 交钥匙合同

交钥匙(turnkey)合同国际上也叫建造—设计(design-build,DB)模式,它是指承包商对从项目的可行性研究、规划设计、勘察选点、工程施工到原材料的购买、设备的供应与安装、技术培训、试生产等一系列工作承担全部责任的一种承包方式,即承包商将已建成竣工的工程项目交给业主后即刻投入生产使用。在这种承包方式下,承包商的风险较大,但收益也较高,同时也可保证业主得到高质量的工程项目。

6. 交产品合同

交产品合同是指承包商不仅负责项目的可行性研究、规划设计、勘察选点、工程施工、原材料的购买、设备的供应与安装、技术培训、试生产等工作,还负责指导业主生产出一定数量的合格产品,并在原材料及能耗达到设计要求之后才正式移交给业主的一种承包方式。这种承包方式往往适合技术含量较高的大型项目。

7. PPP合同

PPP合同(public-private-partnership)是指公营与私营合作项目合同。该类合同更强调业主对监控和售后服务的要求,业主在招标时提出参数和规范要求,并进行全程监控,所有的付款都与履约好坏及其连续性等挂钩,付款要在运营达到业主满意以后进行。PPP合同强调了业主的监控和管理作用,克服了EPC合同业主监管不力的缺陷,因此PPP合同目前在日本、韩国和澳大利亚等发达国家被普遍采用。PPP合同方式起源于20世纪80年代中期,90年代才被世界各国广泛运用。

8. BOT合同

BOT是英文build-operate-transfer的缩写,意即建设—经营—转让。BOT合同实际上是承包商将工程项目建成以后,继续经营该项目一段时间才转让给业主的一种承包方式。业主在采用BOT方式发包时,往往要求承包商负责项目的筹资或提供贷款,从而使筹资、建造、运营、维修、转让成为一体,承包商在协议期内拥有并经营该项目,从而达到回收投资并取得合法利润的目的。这种承包方式多用于政府与私营部门之间,而且适用的范围较广,尤其适合那些资金需求量较大的公路、铁路、城市地铁、废水处理、发电厂等基础设施和公共设施项目。

9. BOOT合同

BOOT(build-own-operate-transfer),指的是建设—拥有—运营—转让。它与BOT的区别主要有两个方面:一是所有权的区别,BOT方式项目建成后,承包商只拥有所建成项目的经营权;而BOOT方式在项目建成后,在规定的期限内,私人既有经营权也有所有权。二是时间上的差别,采取BOT方式,从项目建成到移交给政府这段时间一般比BOOT方式短一些。

10. BOO合同

BOO(build-own-operate)是指承包商按照政府的授权负责工程的施工、运营,并最终享有该工程项目的最终所有权。在这种模式下,政府一般在融资方面给予承包商以便利和支持,并在该项目的运营中给予免税等优惠待遇,即建设—拥有—运营。该种合同模式适用于基础设施项目。

一国政府愿意采用BOT,还是BOOT或BOO合同形式,体现了该国政府对于基础设施私有化程度的态度。BOT意味着很低的私有化程度,因为项目设施的所有权并不转移给私人；BOOT 代表了中等的私有化程度，因为设施的所有权在有限的时间内转给私人；而 BOO 代表的是最高级别的私有化，因为在该种模式下，项目设施没有任何时间限制地转移给私人。

11. EPC 合同

EPC(engineering-procurement-construction)合同是一种设计—采购—施工总承包合同，它是指工程总承包企业按照合同约定，承担工程项目的设计、采购、施工、试运行服务等工作，并对承包工程的质量、安全、工期、造价全面负责。EPC 合同有三个特点：一是固定总价，在 EPC 合同条件下一般采用总价合同，即业主与承包商先谈好价格，如果遇到诸如不良地质条件等情况，承包商是不能向业主索赔的，这就意味着承包商要承担设计、自然力和不可预见的困难等风险，因此 EPC 合同比 FIDIC 条款"红皮书"中单价合同的风险要大，因为该种情况在"红皮书"中被列入索赔范畴之列；二是 EPC 合同中没有咨询工程师这个角色，因此业主对承包商的监控力度较弱，只能派业主代表对施工进度进行监控，当发现进度比计划慢时，可以要求承包商采取补救措施，其他问题无权干涉；三是注重竣工试车，只有试车成功才能谈最终验收。

12. BOOST 合同

BOOST(build-own-operate-subsidy-transfer)，其意为建设—拥有—运营—补贴—转让。承包商在工程项目建成后，再授权期内管理和拥有该设施，并享有一定的政府补贴，待项目授权期满后再移交给当地政府的一种承包模式。

(三) 按承包方式划分，可分为总包合同、分包合同和二包合同

这三种合同已在承包方式中做了介绍，这里不再重复。

二、国际工程承包合同的内容

国际工程承包合同的内容虽依承建项目内容的不同而有所不同，但其主要条款大体一致，大多数国家也都为本国的承包活动制定了标准合同格式，目前，使用最为广泛的合同格式是由国际咨询工程师联合会(Federation Internationale Des Ingenieurs-Conseils，FIDIC)拟定的《土木建筑工程(国际)施工合同条款》，亦称 FIDIC 条款。FIDIC 条款的第一版发行于 1957 年，1963 年、1977 年、1987 年和 1999 年又分别印发了第二版、第三版、第四版和第五版。FIDIC 条款得到世界银行的推荐，成为目前国际上最具权威的从事国际工程承包活动的指导性文件。1999 年的 FIDIC 条款由《施工合同条件》(简称新红皮书)、《EPC/交钥匙工程合同条件》(简称银皮书)、《永久设备和设计—建造合同条件》(简称新黄皮书)和《合同简短格式》(简称绿皮书)四部分组成，即土木工程施工合同的一般条件、专用条款和合同格式三方面内容。

(一) 承包合同的定义

这一部分主要是阐明合同的当事人，合同中所包含的文件及其规范，以及对合同中所出现的各种术语的解释。

(二) 业主的责任与违约

业主主要负责清理并提供施工场地，协助承包商办理施工所需的机械设备、原材料、生活物资的出入境手续，支付工程建设款等。按 FIDIC 条款的规定，业主对于应支付的各

类工程款,在接到承包商要求付款的请求后,应在28天内向承包商提供已做出了资金安排的证据,否则承包商可以暂停工作或降低工作速度;工程师在收到承包商的期中支付报表和证明文件后的28天内应向业主发出期中支付证书,业主在工程师收到承包商交来的期中支付报表和证明文件后的56天内向承包商支付期中工程款。业主收到工程师签发的最终支付证书后56天内向承包商支付工程款,如果业主未按合同规定的期限和数额支付,或因业主破产、停业,或由不可预见的原因导致其未履行义务,承包商有权解除合同,撤走设备和材料,业主应向承包商偿付由此而发生的损失和费用。

(三) 承包商的义务与违约

承包商是指其投标书已被业主接受的人,其主要义务是工程施工,接受工程师的指令和监督,提供各种保函,为工程办理保险。其中,承包商应在接到中标通知书28天内按合同规定向业主提交履约保函。当承包商未经许可转包或分包,拖延工期,放弃合同或破产时,业主可以没收保证金并在发出通知14日后占领工地,赶走承包商,自行施工或另找承包商继续施工,由此而产生的费用由违约的承包商负担。若承包商的施工不符合设计要求,或使用了不合格的原材料,应将其拆除并重新施工。承包商应在达成索赔协议后42天内向业主支付索赔款,承包商还必须在业主提出修补缺陷要求的42天内进行修补。

(四) 工程师和工程师代表

工程师是由业主任命并代表业主执行合同规定的任务,如发出开工、停工或返工等指令,除非合同另有规定,工程师行使的任何权利都应被视为已征得业主的同意。工程师代表应由工程师任命并向工程师负责,其主要职责是代表工程师在现场监督,检查施工质量,处理实施合同中发生的问题,工程师代表也可任命一定数量的人员协助其工作。承包商必须执行工程师的书面或口头指令,对于口头指令,承包商应要求工程师以书面形式在7天之内予以确认,如工程师对承包商发出的要求确认申请函自发布之日起7天内未予答复,该口头指令应被视为工程师的一项指令,其工程款的结算也以该指令为依据。

(五) 转让与分包

承包商无业主的事先同意,不应将合同或其中的任何部分转让出去。在得到业主许可的情况下,可将工程的一部分包给其他承包商,但不能全部分包出去。

(六) 开工与竣工

承包商应在收到工程师发给的开工通知后的合理时间内从速开工,其工期从投标附录中规定的开工期限的最后一天起算,并应在标书附件规定的时间内完成。只有在额外增加工程的数量或性质,业主的延误、妨碍或阻碍,不可预见的意外情况等情况下,承包商才有权延迟全部或部分工程的竣工期限。

(七) 检验与检查

工程师有权进出工地、车间检验和检查施工所使用的原材料、零部件、设备,以及生产过程和已完工的部分工程。承包商应为此提供便利,不得覆盖或掩饰而不外露。当工程的基础或工程的任何部分已准备就绪或即将准备好可供检查时,承包商应及时通知工程师进行检查,不得无故拖延。

(八) 工程移交

当整个工程基本完工并通过合同规定的竣工检验时,承包商可向工程师发出通知及附带有在缺陷维修期间内完成任何未完工作的书面保证。此通知和保证应被视为承包商要求工程师发给接收证书的申请,工程师应在接到该通知后的21日以内,向承包商发出接收证书并注明承包商尚未完成的所有工作。承包商在完成所有工作和维修好所指出的缺陷时,并使工程师满意后的21天之内有权得到工程接收证书。另外,在某些特定的情况下,工程师也可对某一部分已竣工的工程进行接收。

（九）工程变更

工程师在认为有必要时,可以对工程或其任何部分的形式、质量或数量做出变更。如果变更后的工程量超过一定的幅度,其价格也应做相应的调整;如果工程的变更是由承包商引起的,变更的费用应由承包商负担。

（十）价格与支付

承包合同中的价格条款不仅应注明总价、单价或成本加酬金价,而且还应将计价货币、支付货币以及支付方式列入其中。在国际承包活动中,一般采用银行保函和信用证来办理支付,其支付的具体方法大都采用预付款、进度款和最终结算相结合的做法,即承包合同签订后和开工前,业主先向承包商支付一定比例的预付款,以用于购买工程所需的设备和原材料,预付款的比例应占合同总额的10%—20%,然后承包商每月底将实际完成的工作量分项列表报给工程师,并经其确认后支付给承包商一定比例的进度款,业主待工程全部完工并经验收合格后,与承包商进行最后的结算,支付尚未支付的所有剩余款项。

（十一）特殊风险

在合同履行过程中,如果出现了签订合同时无法预见的人力不可抗的特殊风险,承包商将不承担责任。如果世界任何地方爆发了战争,无论是否已经宣战,无论对工程施工在经济和物质上有无影响,承包商应完成施工直至合同终止,但业主在战争爆发后的任何时候有权通知承包商终止合同。如果出现的特殊风险造成工程费用的增加,承包商应立即通知工程师,并经双方协商后,增加相应的承包费。

（十二）争议的解决

如果业主与承包商之间发生争议,其中的一方应书面通知工程师并告知另一方,工程师在收到本通知的84天内做出决定并通知业主和承包商,如果业主或承包商对工程师的决定不满意或工程师在84天内未能做出决定,不满方应在收到工程师决定的7天之内或在通知工程师决定而工程师又未做出决定的84天之后的7天内通知对方和工程师,再交由争端裁决委员会(DAB)进行解决。争端裁决委员会由业主和承包商合同双方各提名一名委员,以及双方再与上述二位委员协商确定第三位委员共同组成,委员的报酬由双方平均支付,该委员会必须在84天内拿出裁决意见,双方中的任何一方对裁决有异议,都可提交仲裁机构进行仲裁,仲裁机构的仲裁决议必须在通过双方友好协商解决争端的努力56天后做出。如果双方都未发出要求仲裁的通知,工程师的决定将作为最终有约束力的决定。

阅读专栏　　全球首批FIDIC认证咨询工程师在中国诞生

中新社北京2016年11月28日电　512名中国咨询工程师28日成为全球首批FIDIC认证咨询工程师。

由国际咨询工程师联合会 FIDIC 与中国工程咨询协会联合举行的"全球首批 FIDIC 认证咨询工程师颁证仪式"当日在北京举行。

中国工程咨询协会会长肖凤桐在颁证仪式上说,"FIDIC 认证咨询工程师是 FIDIC 成立 103 年以来,在全球范围内唯一的认证试点项目。该项目于 2010 年经中国国家发展和改革委员会、外交部及人力资源和社会保障部同意,并获国务院正式批准"。

他表示,全球首批 FIDIC 认证咨询工程师在中国的诞生,使中国拥有了一批具有国际视野、熟悉国际规则和惯例的专业技术高端人才,他们将在"一带一路"建设、国际产能合作和国民经济可持续发展中发挥重要作用。对于提高中国工程咨询队伍的素质,加快中国工程咨询业与国际接轨的进程,更好地为工程项目提供高质量的全过程服务,促进中国工程咨询业"走出去",推动中国工程咨询业的国际化,具有重要意义。

国际咨询工程师联合会是全球工程咨询行业权威性的国际非政府组织,成立于 1913 年,目前其成员协会来自 103 个国家和地区。FIDIC 制定的有关工程建设项目管理合同条款等,已成为国际工程咨询、工程项目管理和工程承包合同管理的重要依据,被联合国、世界银行、亚洲开发银行等国际组织普遍认同和广泛采用。

资料来源:http://money.163.com/16/1128/15/C6VH6QHN002580S6.html#from=relevant。

三、国际工程承包的施工管理

在国际工程承包活动中,工程的施工一般都在承包公司总部以外的国家进行,这涉及承包商在国外施工的管理问题。工程施工的国外管理一般分为总部管理和现场管理两个层次。

（一）总部管理

总部管理的大致内容是:①制订或审定项目的实施方案;②为项目筹资及开立银行保函;③制定统一的规章和报表,对现场提交的各种报告进行整理和分析,对重大问题进行决策;④监督项目资金的使用情况及审核财务报表;⑤选派现场各类管理和技术人员;⑥指导并帮助采购项目所需的设备和原材料。

（二）现场管理

现场管理一般分为项目总管理和现场施工管理两个层次。

1. 项目总管理

项目总管理是工程的全面性管理,主要包括合同管理、计划管理、资金管理、财务管理、物资管理、组织工程的分包与转包、人事工资管理、工程的移交与结算、处理与业主的关系、处理与东道国政府及海关、税务、银行等部门的关系等工作。

2. 现场施工管理

现场施工管理的主要工作有:制订具体的施工计划,协调各分包商的施工,做好设备和原材料的维护与保管,招聘和雇用普通劳务,劳务人员工资的核定与发放,监督工程质量,做好工作记录,提交有关工程的报告等。

第四节 国际工程承包的银行保函

一、银行保函的含义

保函是承包合同当事人的一方为避免对方违约而遭受损失,要求对方提供的一种能保障自己权益的担保。银行保函是指银行应申请人的请求向受益人开出的,担保申请人正常履行合同所规定的某项义务的独立的书面保证文件。它实际上是以银行承诺文件形式出现的一种抵押金。银行保函属于备用性的银行信用,它不是一般的履约担保文件,而是一种违约赔款保证书,即如果保函的申请人没有履行其担保文件中所担保的义务,银行则承担向受益人赔偿经济损失的责任。在国际工程承包活动中,银行保函目前已是最普遍、最常见和最容易被各方接受的信用担保形式。

二、银行保函的内容

银行保函是一种规范化的经济担保文件,为了保障受益人的合法权益,其内容十分具体和完整,因而世界各国银行开具的保函的内容基本一致。其具体内容大致如下:

(1) 申请人,即承包商或被担保人,应注明申请人的全称和详细地址。
(2) 受益人,即业主或总包商,应注明受益人的全称。
(3) 担保人,即开具保函的银行,应写明担保行的全称和详细地址。
(4) 担保金额,即担保所使用的货币与最高限额。
(5) 担保责任,即在承包商如何违约的条件下承担索偿义务。
(6) 索偿条件,即承包商违约时,业主凭何种证明进行索偿。
(7) 有效期,即保函的起止时间及保函的生效和失效条件。

三、银行保函的种类

(一) 投标保函

投标保函是银行根据投标人的请求开给业主的,用于保证投标人在投标有效期内不得撤回其标书,并在中标后与业主签订承包合同的保函。投标保函是随投保书一起递交给招标机构的,其担保金额一般为投保报价总额的 0.5%—3%,中小型项目一般为 3%—5%,有效期一般为 60 天、90 天、150 天、180 天不等,长的还有 270 天。对未中标者,业主应及时将保函退回。中标者在规定的时间内与业主签约并递交履约保函后,业主也应将投标保函退还给投标人。如果业主宣告废标,投标保函则自然失效。

(二) 履约保函

履约保函是用于保证承包商严格按照承包合同要求的工期、质量、数量履约的保函。按 FIDIC 条款的规定,承包商应在接到中标通知后 28 天内递交履约保函,其担保金额一般为承包合同总额的 10%,其有效期一般不能短于合同规定的工期,如果工期延长,也应通知银行延长履约保函的有效期,如果承包商中途毁约或破产,业主有权要求银行支付保函的全部担保金额。履约保函只有在工程全面竣工并获得现场监理工程师签署验收合格证后才予以退还,按 FIDIC 条款的规定,业主应在工程师颁发的"解除缺陷责任证书"之日后的 14 天之内将履约保函退回给承包商;如果业主和承包商达成索赔协议后 42 天承包商仍拒付此款项,或业主提出承包商修补缺陷的要求 42 天后仍未修补的,业主可以扣留履约保函。

(三) 预付款保函

预付款保函是银行开立的用于保证承包商按合同的规定偿还业主已支付的全部预付金额的担保文件,即如果由于承包商的责任,业主不能在规定的期限内从工程结算款中按比例扣还预付的款项,业主有权向银行索偿担保金额作为补偿。预付款保函的担保金额应与业主预付款的金额相等,一般为合同总金额的 10%—15%,其担保期限一般从承包商收到预付款之日起到扣还完毕止,由于预付款是逐笔扣还,因此预付款保函的担保额会随之减少。

(四) 工程维修保函

工程维修保函是银行应承包商的请求开具的一种用于保证承包商对完工后的工程缺陷进行维修的经济担保文件。维修保函的担保金额一般为合同金额的 5%—10%,有效期为 1—2 年。维修期的开始时间应为工程竣工验收合格之日,在履约保函到期并退还之前,承包商必须开具维修保函。维修保函既可以重新开立,也可以以续展履约保函的形式代替。维修保函一般在规定的期限内未发现需要维修的缺陷后退还。

(五) 临时进口物资税收保函

临时进口物资税收保函是银行应承包商的请求开给业主的一种担保承包商在工程竣工之后,将临时进口的用于工程施工的机械设备运出工程所在国,或在永久留下这些设备时照章纳税的一种经济担保文件。该保函的担保金额一般与临时进口的机械设备价值相等,担保的有效期一般比施工期限略长。承包商在将机械设备运出工程所在国并取得海关出示的证明之后便可索回保函。

(六) 免税工程的进口物资税收保函

免税工程的进口物资税收保函是银行应承包商的要求,开给业主的一种担保承包商将进口的材料全部用于其承包的免税工程的经济担保文件。该保函的担保金额与进口的原材料的价值相等,其有效期与工期基本一致。在承包商向税务部门展示了业主颁发的进口物资已全部用于免税工程的证明之后便可退回保函。

第五节 国际工程承包的施工索赔与保险

一、施工索赔

(一) 施工索赔的含义

施工索赔是指由于业主或其他有关方面的过失与责任,即非承包商自身的原因,使承包商在施工中增加了额外的费用,承包商根据合同条款的有关规定,通过合法的途径和程序要求业主或其他有关方面偿还其在施工中蒙受的损失。施工索赔的方式主要有两种,分别为要求延长工期和要求赔偿款项。索赔既是承包商的一种正当的权利要求,也是依据承包合同所应得到的合理补偿。在国际工程承包市场竞争日趋激烈的情况下,很多承包商已无利可图,甚至亏损报价,只有借助索赔来赚取利润。

(二) 施工索赔的原因

导致施工索赔的原因一般有以下几种:

1. 自然条件

承包商在施工中所遇到的自然条件或环境比合同中所描述的更为艰难或恶劣,如出现了经现场勘察也难以观测到的地质断层,地下水文条件与事先预测的不符,必须移动地下旧管线、地下旧建筑物等,这将会增加施工难度和施工时间,进而增加施工费用,而上述情况和障碍并非是一个有经验的承包商在签订合同时所能预料到的。

2. 工程变更

在施工中,工程师要求承包商更改或增加额外工程量的情况是非常普遍的,承包合同一般都有业主有权临时增减工作量的规定。工程变更主要表现在以下两个方面:一是工程量的变更,即工程师要求增减工程量,也就是说承包商所完成的实际工程量超过或少于业主提供的工程量表,如果削减的工程量未超过合同规定的幅度,一般不予索赔,如果由于某种原因业主将本属于承包商的工程量转给其他承包商去做,承包商可以获得工程准备费和管理费的索赔;二是工程质量变更,在施工中现场工程师不认可承包合同所要求的原材料的质量、设备的性能等,并对其提出更高的标准,或提出更高的做工质量和试验要求,或现场工程师故意拖延下达上述变更命令,承包商为此可以要求索赔。

3. 不可抗力风险

不可抗力风险是指在签订合同时所无法预见的,而且是不可避免和不可预防的自然灾害或意外事件。例如,自然灾害造成的额外费用,战争、罢工、民族冲突、入侵、内战等导致工程出现各类的损失等应由业主承担。

4. 工程的暂停和中止

在施工中,工程师可以下令暂停全部或部分工程的施工,只要暂停命令不是因为承包商的原因或其他风险造成的,承包商就可以延展工期,由此而付出的额外费用,包括额外增加的工资和管理费等应由业主负担。工程的中止主要是指由于遇到了意外情况或双方任何一方的原因使工程无法继续进行下去,不得不中止合同,此时承包商应得到补偿。

5. 工期延误

承包商遇到了并非由于自身的原因和责任而影响工程进度的障碍,并因此增加了额外的支出时,承包商有权得到补偿。工程延误索赔主要是因为工程量的增加,业主未按时提供施工场地,工程师拖延对施工图纸、工序、材料的认可,业主未能按规定较好地协助承包商按时办好工程所需的境外技术和普通劳务人员的入境手续,业主未能按时提供合同规定的原材料和设备,现场工程师拖延发放工程付款证、验收合格证等证书,对于本来合格的施工和材料拆卸检查并重新修复,以及遇到人力不可抗的自然灾害和意外事故而误工等。

6. 货币贬值

在金融市场动荡不定的今天,承包商为避免货币贬值而给自己造成的损失,往往在承包合同中订有货币贬值补偿条款。但多数补偿条款仅限于东道国政府或中央银行正式宣布的贬值,而市场上汇率的自由浮动则不在此列。

7. 物价上涨

凡订有物价上涨补贴条款的合同,在施工所需的原材料、燃料以及运输费和劳务费等的价格上涨时,可按规定的程序向业主提出差价索赔。索赔的数额应按双方事先定好的计算公式进行计算。

8. 工程进度款的延误支付

对于业主故意拖延向承包商支付其应按时支付的工程进度款而造成的延误工期或利息损失,应由业主承担。

(三) 施工索赔的依据与费用

承包商向业主提出索赔的主要依据是合同以及招标文件、施工图纸等合同的附件,与此同时还应附带能证明确实增加了承包商支出的其他证明材料,如有关双方会谈内容的记录、与工程师往来的各种信件、工程师所下达的各种指令、施工进度表、施工设备和材料的使用记录、工程照片、工程质量的检查报告等施工材料,以及工资的支付、设备和材料的采购、材料和劳务价格的调整、汇率的变动、工程进度款的支付、会计账目等财务资料。

根据上述施工索赔的原因可以说明,承包商可以得到索赔的费用一般应包括以下几种:①由于工程量的增加、工资上涨和工程延误所导致的劳务费;②由于工程量的增加、使用材料质量要求的提高和物价上涨所产生的材料费;③由于工程量的增加、工期的拖延致使设备使用数量和时间增加所引发的设备费;④由于业主的原因导致分包商向总包商的索赔而产生的分包费;⑤由于增加工程量和工期拖延必须加办保险所产生的保险费;⑥由于增加工程量和拖延工期所产生的管理费;⑦由于工程量的增加和工程的拖延致使保证金的延长所出现的保证金费;⑧由于业主延期支付工程进度款所导致的利息。

(四) 索赔的程序

施工索赔大致要经过以下步骤:

1. 提出索赔要求

按 FIDIC 的规定,承包商应在索赔事件发生后的 28 天之内分别向监理工程师和业主发出索赔通知,通知的主要内容为要求索赔的原因和具体项目。

2. 提交索赔报告

承包商应在索赔通知发出后的 28 天之后,或在监理工程师同意的时间内,向工程师提交正式索赔报告,其主要内容为要求索赔的各项费用及总金额,并附有索赔所需的各种依据。索赔报告应简明扼要并富有逻辑性。

3. 索赔谈判

谈判是解决索赔问题的一种较好的途径,谈判前应组成一个精明强干的谈判班子,最好聘请国际上有名望的索赔专家参加。谈判应本着实事求是,有理、有利、有节的原则来说服对方。

4. 索赔的调解

在经过双方谈判,无法达成一致的情况下,可以由第三方进行调解。调解有两种方式:一种是非正式的,即通过有影响的人物或机构进行幕后调解;另一种是正式的,邀请一名双方都能接受的中间人进行调解。调解是在双方自愿的基础上进行的,若其中的任何一方对其工作不满意或双方无法达成协议,便可结束其调解工作。

5. 工程师的决定

承包商在调解无效之后,可以以书面的形式提请工程师对索赔问题做出处理决定,工程师应以公平、合理的原则在收到申诉书的 84 天之内做出处理决定,并通知双方。若双方在收到处理决定的 7 天内均未提出仲裁或诉讼的意向,那么工程师的决定则成为对双方都有约束力的决定。

6. 仲裁或诉讼

如果双方中的任何一方对工程师的处理不满意或工程师在 84 天之内未做出处理决定,不满方应在收到工程师决定的 7 天内,或在提请工程师决定而工程师却未做出决定的 84 天之后,提请仲裁或诉讼。如果提请诉讼,一般需要的时间较长;如果提请仲裁,仲裁机构应在收到仲裁通知后的 56 天之内做出裁决。不管是仲裁还是诉讼,其结果都是终局性的。

(五)索赔应注意的问题

施工索赔是国际工程承包管理中的重要环节,也是国际工程承包中正常的经营活动。通过巧妙的方式,让业主认同索赔,即使无承包商的权利,也是承包商能否盈利的关键。在索赔过程中,承包商应注意以下几个问题:

1. 索赔权的问题

所谓索赔权,是承包商所拥有的,业主认可承包商在施工中出现的某些损失是由于业主方面,或由于业主变更合同内容,或由于自然条件等不可抗力的原因引发的,并在法律上承包商应该获得相应补偿的一种权利。索赔权的成立取决于两个因素:一是施工合同文件,承包商应通晓合同的条款、施工的技术规程、工程量表、工作范围等;二是施工所在国的有关法规,施工索赔的理由还得符合施工所在国的法律规定。此外,承包商还应找出有关类似情况索赔成功的案例,以求得到业主的索赔认可。

2. 合理计算赔款金额

承包商提出的索赔金额既要有根有据,又要合情合理,不能漫天要价,否则得不到业主的认可。其计算的依据包括合同的计价方法和可索赔的项目。

3. 按时并按程序提出索赔要求

承包商的索赔权是有时间限制的,按 FIDIC 条款的规定,应在索赔事项发生起 28 天之内,并以书面形式送交工程师并抄送业主。

4. 写出有力度的索赔报告

索赔报告的好坏是能否让业主认可的一个关键。其力度主要在于其逻辑性和索赔费用与损失之间的因果关系;其文字不仅应简单明了,而且措辞应委婉有理。

5. 力争友好协商

友好协商是解决索赔问题的最佳途径。因为承包商提出索赔的最终目的是得到应得的补偿,通过友好协商解决索赔问题,既可以达到快速得到补偿的目的,也有利于维持承包商的良好声誉。目前国际上各种索赔案件大多是通过友好协商解决的。

二、国际工程承包保险

(一)国际工程承包活动的风险

国际工程承包是一项风险较大的经济活动,这主要是因为其所需时间长,牵涉内容广而且复杂,技术要求较高,资金投入大,并涉及国别政策、国家间的政治经济关系,任何风险的出现都会给双方造成不同程度的损失，了解国际工程承包风险则是防范风险的前提。国际工程承包风险一般有以下几类：

1. 政治风险

政治风险主要是指由于项目所在国政府的更迭、派别斗争、民族冲突、与邻国的冲突，以及经济政策的变化造成各种损失的可能性。

2. 经济风险

经济风险主要是指由于业主延期支付工程款、汇率的变动、通货膨胀、市场供求关系的变化、服务系统出现问题、施工现场及周围环境发生变化造成损失的可能性。

3. 自然风险

自然风险是指由于风暴、地震、洪水、雷雨等自然界的异常变化造成财产损失和人身伤亡的可能性。

4. 意外事故风险

意外事故风险是指在施工中由于外来的、突然的、非意料之中的事故，造成财产损失和人身伤亡的可能性，如火灾、爆炸、施工设备倾倒或在作业中断裂、设备或材料被盗、施工人员滑落等。

（二）国际工程承包保险的险别

1. 工程一切险

工程一切险亦称全险，是指在工程项目的施工期间，由于自然灾害、意外事故、施工人员的操作失误给在建工程、到达现场的材料、施工机械和物品、临时工程、现场的其他财产等造成的损失。工程一切险实际上一种综合性的险别，但其并不承保所有的风险，如由于战争、罢工、政策的变化、违约等原因导致的损失就不在该险别承保的范围内。工程一切险一般按合同的总价投保，其保险期限应从开工之日或第一批施工材料运抵施工现场时起，到工程竣工之日或事先约定的竣工之后的某一时间止。

2. 第三方责任险

第三方责任险是指在施工中，由于任何事故给与工程无关的第三方造成的财产损失或人身伤亡，保险公司予以赔偿的一种险别。第三方责任险只对保险公司和被保险人以外的第三者的财产损失或人身伤亡承保，不包括被保险人财产损失或雇员的伤亡，而且只有在被保险人应依法承担赔偿责任时，保险公司才予以赔偿。

3. 人身意外险

人身意外险是指保险公司负责赔偿被保险人在施工中因意外事故致使人身伤亡损失的一种险别。承包合同一般都规定承包商必须为施工人员投保人身意外险，在投保人身意外险时，还可同时附加由意外事故致伤的医疗保险。人身意外险的保险金额应视施工所在国法律而定，有些国家允许承包商为外国雇员在国外保险公司投保，但本地雇员必须在本国保险公司投保。

4. 汽车险

汽车险是指施工运输车辆在工地以外发生事故，保险公司负责赔偿由此而造成的损失的一种险别。施工中运输车辆的风险分为工地内和工地外风险两类，汽车险仅负责在工地外发生事故造成的损失，而施工车辆在工地内发生事故导致的损失应属于工程一切险的责任范围。有些国家对施工车辆实行强制性保险，未投保汽车险的施工车辆不允许在公路上行驶。

5. 货物运输险

货物运输险是指工程所需的机械设备、原材料、零部件等在运输期间遭受自然灾害和意外事故造成损失，保险公司负责赔偿的一种险别。在国际工程承包活动中，采购施工机械、设备、原材料和零配件的费用一般占整个工程费的 50%—80%，这些物资的运输大多通过海运，在海运风险如此之大的今天，为运输中的货物投保是非常必要的。货物运输险的险别很多，一般分为两大类：一类是可以单独投保的基本险，即平安险、水渍险和一切险；另一类是不能单独投保而只能在投保了一个基本险之后加保的附加险，附加险又分成三种，即一般、特别和特殊附加险，而且每种附加险又有很多险别，至于投保哪一险别，应视货物的性质而定。货物运输险的保险金额一般可按 CIF 价格（成本加保险费和运费价）的 110%投保。

6. 社会福利险

社会福利险是保险公司为工程所雇用的本国和外籍雇员失业、退休、死亡提供救济或补偿的一种险别。有些国家对此采用强制性保险，而且必须在国家指定的保险公司投保，这种做法对外籍雇员极不合理，但外籍承包商在施工结束后外籍雇员离开时可以要求退还一定比例的保险费。

第六节　国际劳务合作

一、国际劳务合作概述

（一）劳务的概念及种类

1. 劳务的概念

劳务是劳动服务的简称，是指劳动力的所有者向需求该种劳动服务的单位或个人提供的活劳动。这种活劳动既可以是为工业、农业等行业提供的生产性劳动，也可以是为商业、旅游、金融、保险、运输、通信、建筑、医疗、教育等行业提供的服务性劳动，这实际上是劳动力要素的合理配置。

2. 劳务的种类

劳务划分的方法很多，从不同的角度可以划分为不同的种类：

（1）劳务按劳动力提供服务所在的部门不同，可以划分为要素性劳务和非要素性劳务。要素性劳务主要是指在工业、采矿业、加工业和农业等生产部门就业的劳动力；而非要素性劳务是指在商业、金融、保险、运输、咨询、旅游、文教等服务性行业就业的劳动力。

（2）劳务按提供服务的目的来划分，可分为五种，即从事工农业生产、资源开发和加工工业等物质生产的生产型劳务，从事公路、铁路、港口、机场、桥梁、水利、厂房建设等直接为工农业生产和资源开发提供服务的服务型劳务，从事商业、金融、保险、咨询、交通运输、计算机服务等间接为生产活动服务的服务型劳务，从事餐饮、旅游、民用航空、海陆空客运、医疗卫生、民用建筑、家庭服务等满足人们物质消费需要型的劳务，从事文化艺术、体育、教育等满足人们精神需要型的劳务。

（二）劳务合作的含义

国际劳务合作也称劳务或劳动力输出，是指一国的各类技术和普通劳务，到另一国为另一国的政府机构、企业或个人提供各种生产性或服务性劳动服务,并获取应得报酬的活动。国际劳务合作实际上是一种劳动力要素在国际间的重新组合配置。

国际劳务合作与国际服务贸易有一定的区别。因为劳务合作讲的是作为生产要素之一的劳动力要素在国际间的移动,在传统意义上,国际劳务合作仅指国际经济技术合作中的工程承包和劳务输出,它只不过是内涵广泛的国际服务贸易中很小的一部分。目前,国际劳务合作的概念已大大扩展,涵盖了服务贸易的许多部分。另外,发生在物质生产领域的劳务合作的内容,并不属于国际服务贸易的范畴。因此,国际劳务合作与国际服务贸易是既相互独立又相互联系的两个概念。

当代国际劳务合作也不同于过去那种简单的劳动力转移。在原始资本积累时期,劳动力的转移是一种强制性的奴隶贸易,即使是在两次世界大战之间,也是一种带有殖民色彩的移民活动,不同于今天的劳务合作。当代国际劳务合作产生于第二次世界大战之后,并经过多年的发展,形成了以国际工程承包、国际投资、技术服务、咨询服务等形式进行的一种劳动服务,这种劳动服务形式已成为当代国际经济合作的一种重要形式。

(三)国际劳务合作的作用

国际劳务合作已成为国际经济合作的一种重要形式,它既对劳务的输出国和输入国有很大的促进作用,也对整个世界经济产生了巨大的影响。

1. 对劳务输出国的作用

国际劳务合作对劳务输出国的作用主要表现在五个方面:一是增加了外汇收入,很多国家通过劳务出口和工程承包获取了可观的外汇收入,尤其是一些人口密度较高的发展中国家,它们中有些国家外汇收入的一半以上来自国际劳务合作;二是缓解了国内的就业压力,有些发展中国家人口密度大,而且工业落后,国内根本无法安置过剩的劳动力,劳务输出便成为解决这一问题的出路之一;三是学到并掌握了国外一些先进的技术和管理方法,外派的劳务人员在国外提供劳动服务的同时,也掌握并带回了国外先进的技术和管理方法,从而提高了外派劳务人员的素质;四是扩大了商品出口,劳务输出国在外派劳务提供各种服务的同时,也将本国的原材料、设备和技术等出售给了输入国;五是提高了输出国劳动服务者个人的收入,劳务的提供者到国外从事劳动服务不仅获得了收入,而且其收入一般高于国内,进而又提高了其生活质量。劳务输出有时也会造成国内通货膨胀、技术人员外流、国家限制出口的技术泄露、新的传染病的流入等负面影响。

2. 对劳务输入国的作用

对劳务输入国的作用一般表现在以下三个方面:第一,弥补了国内劳动力不足或某些行业劳动力短缺的问题,有些国家工业较发达或发包项目较多但人力不足,而有些国家虽不缺劳动力,但其本国人又不愿从事某些脏、累、有污染、收益低的工作,输入外籍劳动力便成为解决上述问题的最好途径;第二,解决技术难题,有些国家技术落后,劳动力素质较差,无法适应本国经济发展的需要,引进技术劳务可以帮助解决很多国内技术难题,进而还可起到引进国外先进技术、调整产业结构的作用;第三,降低产品成本、提高产品的竞争能力或获取高额利润,雇用外籍劳务一般不受本国最低工资水平的限制,即工资可低于本国劳动力的工资,从而使产品成本下降,达到增强产品竞争能力或获取高额利润的目的。劳务输入也会导致民族纠纷、犯罪率上升、新的传染病的传入等不利影响。

3. 对整个世界经济的作用

劳务合作对世界经济的影响主要表现在以下三个方面：

（1）促进了科学技术在世界范围内的普及。在劳动力的转移过程中，有相当部分的劳动力是具有某种专业技术知识的，他们将其所拥有的技术带到世界各地，使这些输入技术劳务的国家也能分享世界上最先进的技术所带来的效益。

（2）加深了生产的国际化程度。源源不断的劳动力转移使世界形成了庞大的劳动力市场，使作为生产要素之一的劳动力要素在世界范围内进行配置，从而加深了生产的国际化程度；与此同时，技术劳务的转移有些是通过跨国公司的海外投资带动的，这不仅促进了劳务输入国产业结构的调整，也加深了生产的国际化。

（3）扩大了贸易的数量。技术劳务在国外提供各种技术服务时，往往要求技术的输入国使用其母国的设备和原材料，或推荐具有国际先进水平的其他国家的产品，从而增加了国际贸易的数量并扩大了贸易的范围。

二、劳务输出

（一）劳务输出的含义

劳务输出实际上就是劳动力的输出，它是指拥有一定技能或符合国际劳动力市场需求的普通劳动者，为获得更多的各种形式的收益，出国从事各种形式的有偿服务。这在人口学上叫人口流动或有劳动能力的人口流动，劳动力的流动一般是以实现自身的价值增值为动力，并伴随着国际市场需求而产生的。20世纪70年代以来，劳务输出事业得以迅速发展，劳务贸易的发展速度超过了商品贸易，其比重已占到世界贸易总额的25%左右，发达国家的劳务贸易已占到其对外贸易总额的30%—40%，劳动力要素已成为国际市场上最活跃的要素之一。

（二）劳务输出的客观必然性

劳务输出之所以在20世纪70年代以后得以迅速发展是有其客观必然性的，其主要表现在以下几个方面：

1. 世界经济发展的不平衡性

有些国家技术落后，资源有限，资金短缺，而人口却较多，由于其技术水平和产品销售市场所限，国内的企业数量和工业规模又十分有限，这就造成了就业压力。而有些国家技术先进，工业规模十分可观，因而劳动力的相对不足便显示出来，需要引进外籍劳务来弥补国内劳动力的短缺。世界经济发展的不平衡性是劳务输出的根本原因。

2. 经济生活的国际化

第二次世界大战后，和平的环境使科学技术飞速发展。随着科学技术的飞速发展，各国的经济关系也日益密切，谁都不能在封闭的状态下求得发展，各国为求得发展便开始了经济生活国际化的进程。因为即使最发达的国家也不可能做到在所有领域都是领先的，引进技术和技术劳务便成为其保持领先地位的一个重要途径。

3. 世界产业结构的调整和国际分工的深化

国际分工的深化和产业结构的调整促使资金、原材料、设备、技术在国际间的自由移动，发达国家往往还在输出大量过时技术的同时，带出了很多技术劳务和普通劳务，以缓解国内的就业压力;发展中国家在引进技术发展经济的同时,由于国内劳动力的素质较低,需要外籍的技术劳动力进行技术指导,以发展国内的落后产业或创建国内的空白产业;这些都推动了劳务输出。

(三) 劳务输出的方式

目前各国输出劳务主要采取以下几种形式:

(1) 通过对外承包工程。国际工程承包一般涉及考察、勘探、设计、施工、安装、调试、人员培训甚至经营等工作,这些工作需要派出一定数量的施工、技术和管理人员。

(2) 通过技术和设备的出口。技术的出口国在向技术的进口国出口技术时,技术的进口国往往要求出口国派出有关技术人员进行技术指导,或对进口国的有关技术人员进行培训,这种方式派出的劳务人员一般是技术劳务。

(3) 直接出口劳务。有些国家通过签署合同的方式,直接向需求劳务的国家出口各类劳务人员,如医生、护士、海员、厨师、教师、体育教练员等。

(4) 通过在海外投资设厂。一国的投资者在海外创办独资企业、合资企业和合作经营企业的同时,会随之派出一些技术人员和管理人员,如果东道国允许,甚至还会派出一些普通工人。

三、国际劳务市场

(一) 国际劳务市场

国际劳务市场是世界上从事劳务交易的场所。国际劳务市场是整个国际市场的重要组成部分,它对劳动力要素在国际间的流动起着非常重要的作用。国际劳务市场经过了 20 世纪五六十年代的孕育与发展,形成了西欧和北美两大劳务市场。随着 70 年代西方国家的经济陷入滞胀和 80 年代的缓慢增长,以及中东国家石油收入的剧增和亚洲"四小龙"的崛起,国际劳务市场已从只进行普通劳动力流动的西欧和北美两大市场,发展成为亚太、中东、西欧、北美、拉美和非洲并能提供多种劳动服务形式的多元化市场。进入 90 年代以后,由于世界经济增长缓慢,各国的贸易保护主义日益加强,劳务市场上的竞争更趋激烈。目前,随着多数国家采用调整与发展并重的政策,国际劳务市场呈现出对技术劳务需求增加的态势,而且国际劳务市场多元化的趋势还在进一步加强。据世界劳工组织统计,目前全球每年的流动劳务约为 3 000 万—3 500 万人,从市场分布看,欧洲、北美、亚洲仍然是吸引外籍劳务的主要市场,如亚太地区每年需求 800 万—1 000 万外籍劳务,北美需求 1 700 万外籍劳务,欧洲发达国家需求近 800 万外籍劳务,中东需求 70 多万外籍劳务。从行业对劳务需求的分布看,信息产业、生物和环保工程、计算机技术、商业和旅游业等朝阳产业对外籍劳动力需求的增长速度快于建筑、纺织、土木工程等传统产业。此外,医护和农业技术人员的需求也在不断增长。

国际劳务市场与国际商品市场有很大的不同,其主要表现在以下两个方面:其一是交易的对象不同,商品交易市场交易的对象是有形的,即有形的实物,而劳务市场上交易的标的是无形的,即非物化的活劳动;其二是交易场所的设置不同,商品交换场所有很多都是固定的,如各类商品交易所以及定期举办的展销会和贸易洽谈会等,而劳务市场一般都没有固定的场所,经常是哪里有劳务需求,哪里就是劳务市场。

（二）世界主要的劳务市场

1. 亚洲劳务市场

亚洲地区持续快速增长的经济状况，导致了其对劳动力需求的增加。亚洲劳务市场成为具有巨大发展潜力的市场，在国际劳务市场中的地位举足轻重，也是中国劳务输出的最主要的市场。亚洲劳务市场包括中东劳务市场和东亚、东南亚劳务市场。

中东劳务市场的发展主要得益于本地区所蕴藏的丰富的石油和天然气资源。沙特阿拉伯、科威特、阿联酋、卡塔尔等产油国家是中东地区集中全球劳务最主要的市场。20世纪70年代末80年代初，国际石油价格经历了两次大幅度提价，使得中东产油国获得了巨额的石油美元收入。为了将这些资金用于本国的经济开发和基础设施建设，从而发展本国的国民经济，人口稀少、劳动力不足的产油国家开始从本地区其他非产油国家招募劳务，后来又吸引了东南亚大批劳务进入中东市场，中国也于1979年以承包工程的形式向该地区输出劳务。此后的两伊战争影响了中东劳务市场的发展。产油国经济低迷，劳务市场也随之萎缩，许多外籍劳务撤回了本国。近年来，随着世界石油价格的攀升，中东劳务市场又开始复苏。

东亚、东南亚地区包括日本、中国香港、新加坡、马来西亚、中国台湾、泰国和韩国等主要的劳务市场。这些国家或地区曾是向中东劳务市场输出劳务的生力军，同时它们也吸引了大批其他国家的劳务人员进入本国或地区，其中，日本每年大约需要引进60万个外籍劳动力，新加坡每年也需要8万名外籍劳工。东亚、东南亚劳务市场的兴起主要取决于这些国家或地区产业结构调整所造成的结构性劳动力短缺，其大规模输入的多是一些初级劳动力。各国政府为了保护本国劳务，又都制定了各自的政策法规，在不同程度上限制外籍劳工的大规模进入。随着这些劳务市场对高级劳务人员的需求有所上升，有更多高素质的外籍劳务开始进入。

2. 西欧劳务市场

西欧劳务市场的空前发展，可以追溯到20世纪四五十年代，是最具历史的国际劳务市场。英国、法国、德国、意大利等西欧发达国家的工农业发展水平位居世界前列，这些国家是西欧劳务市场中吸收劳务最多的国家。由于整体生活水平较高，当地的人们不愿从事一些脏、累、险的工种，因此造成劳动力的缺乏，仅德国每年至少要接纳5万名外籍劳工。在西欧国家几乎各行各业都面临劳动力短缺的状况，条件越差的行业和越边远的地区，就越是存在对外籍劳务的需求。随着西欧国家工业结构的调整，本国劳动力大都转向技术和知识密集型的新兴行业，外籍劳工的就业范围自然就局限在那些工作强度大、工作环境脏、差的工种以及条件艰苦的边远地区。这种情况下，外籍劳务不会妨碍本国工人的就业，这也是西欧各国将外籍劳务的就业限制在较低级工种的目的所在。另外，一些专业性强、当地工人无法胜任的工作也必须通过招募外籍劳务来完成。

3. 北美劳务市场

北美劳务市场由美国和加拿大两个发达国家的劳务市场所组成。北美地区历来就是吸收外来移民最多的地区，尤其是美国，大部分人都是当年移民的后裔。经济的发展和科技的进步对劳务市场的发展起着重要的推动作用。20世纪70年代以来美国产业结构的调整创造了更多的就业机会，随着产业结构从资本密集型向技术和知识密集型的转化，高科技产业部门对高层次劳务人员显示出更高的需求，很多企业对雇员的教育程度要求较高,而大量美国学生对学习失去兴趣,导致有些岗位招不到合适的人选。由于服务业的不断发展,服务行业的就业机会也在大量增加。另外,美国经济发达,社会福利较高,很多美国人不愿从事一些条件差的体力劳动,他们宁愿靠领取失业救济金为生。这些都造成了美国经济中结构性劳动力短缺的现象。美国对外来劳务的需求保证了整个北美市场的活跃与繁荣,加拿大甚为宽松的移民政策也为北美劳务市场注入了活力。与西欧劳务市场的外籍劳工只从事一些层次较低的工作不同,在北美劳务市场,除了那些从事脏、累、险、差的体力劳动的部门外,一些高科技产业部门,如半导体、生物工程、计算机、人工智能及航天部门等,都遍布着来自不同国家的劳务人员。不少来自发展中国家的科学家、研究人员、技术人员和工程师等都活跃在美国经济的各个行业,并发挥着重要作用。

4. 非洲劳务市场

非洲地区的经济发展水平及其所拥有的自然环境资源决定了非洲劳务市场在短期内很难出现较大的发展。首先,非洲地区经济基础较差,尽管非洲各国也都采用了一些能促进本国经济发展的政策,但是由于资金缺乏、支付信誉较差,在一定程度上影响了非洲劳务市场的发展。其次,除尼日利亚、喀麦隆、加蓬、安哥拉及刚果等少数几个产油国家以外,大部分非洲国家缺乏良好的投资环境,它们要么处于气候炎热的热带地区,要么就是茫茫无际的沙漠地带。构成非洲劳务市场的劳工大军中,很多是为谋生而背井离乡的非洲难民。这些难民由于素质低下,只能从事一些简单的劳动。而具有一定资金来源的少数几个产油国,为了发展本国经济,就要从非洲以外的地区招募劳务。比如,在公路、港口、机场等基础设施建设以及城市供水、农村水利灌溉、矿产开采等项目的实施当中,都需要招募外籍劳务来进行勘察、设计、施工、调试及管理等工作。这样,在这几个拥有石油资源的非洲国家中,国际劳务市场才得以发展。

四、国际劳务合同的基本条款

国际劳务合同是确立国际间劳务输出与输入,或彼此之间雇佣关系的一种法律文件。国际劳务合同与其他的经贸合同有所不同,因为它要受当地的政治、法律、宗教、文化等因素的制约。目前各国所签署的国际劳务合同是以欧洲金属工业联络组织拟定的"向国外提供技术人员的条件"为蓝本,其主要包括以下内容:

1. 雇主的义务

雇主(一般被称为甲方)应负责外国劳务的入境手续,为他们提供基本的生活设施和工作条件,有责任对他们进行技术培训或指导,并尊重他们的人格。此外,雇主除应向劳务人员支付工资以外,还应支付从募集外籍劳务人员到外籍劳务人员抵达本国所产生的动员费、征募费、旅费、食宿费以及办理出入境手续所需的各种费用。

2. 劳务输出方的义务

劳务输出方(一般被称为乙方)应按雇主的要求按时派出身体健康、能胜任工作的劳务人员,并保证他们遵守当地的法律、尊重当地的宗教和风俗习惯及项目结束后离开当地,而且应负责及时更换因身体不适或违反上述规定而必须离境的劳务人员。

3. 劳务人员的工资待遇

劳务人员的工资标准是按其技术职称和工种而定的,可按小时、日或月来计算,而且不得低于当地的最低工资标准。劳务工资既可用外币计价,也可用东道国货币计价,支付货币中可规定外币和东道国货币分别所占的比例,但外币不得少于工资总额的 50%。劳务人员工作满一年后,工资标准也应随东道国物价上涨的幅度而进行相应的调整。劳务人员工作满 11 个月后可以享受 1 个月的带薪休假,其往返旅费由雇主负担。若劳务人员放弃回国休假并继续为雇主工作,雇主除支付正常工资以外,还应按规定支付加班费。

4. 劳务人员的生活待遇

劳务人员的伙食、住宿和交通应在合同中做出明确规定。在一般情况下,雇主根据劳务人员的级别与职务来安排他们的食宿,按国际惯例,领队和工程师等一般每人一间,其面积不小于 10 平方米;医生、翻译、会计、厨师以及各类技术和管理人员两人一间,每人平均面积不得小于 8 平方米;普通工人几人一间不定,但每人不得低于 4 平方米。而劳务人员的伙食既可由雇主直接提供,也可提供伙食费,由劳务人员自行解决。雇主一般负责提供班车接送劳务人员上下班,但往返时间不得超过一小时,超过的时间算上班。

5. 劳动与社会保障

雇主应提供为保证劳务人员在工作中的安全所需的一切劳保用品,还应为劳务人员办理人身和医疗等保险。按国际惯例,雇主应以 1∶150 的比例为劳务人员配备医生,如果劳务人员需要住院治疗,其住院费和各种治疗费由雇主负担。如果当地无法治疗,必须送往外地、邻国或回国就医时,也应由雇主支付路费。如果由于雇主的原因致使劳务人员伤亡,雇主应赔偿一切损失;如果是由于劳务输出方的过失,则由劳务输出方承担损失。

6. 仲裁条款

劳务合同应定有仲裁条款,其目的在于如果发生了不能通过友好协商解决的争议,可以通过仲裁得到及时的解决。仲裁机构是由双方选定的,但一般应选择东道国的仲裁机构作为劳务合同的仲裁机构。仲裁机构在收到争议双方签署的申请后,根据国际惯例和当地的法律进行裁决,裁决的结果对双方都有法律约束力。

第七节　中国对外承包工程与劳务合作

一、中国对外承包工程

(一) 中国对外承包工程的现状

中国对外承包工程事业从 20 世纪 70 年代末正式起步,经历了改革开放以后 30 多年的曲折历程,得到了迅速发展,中国的对外工程承包业务遍及世界六大洲的 190 多个国家和地区,对外承包合同额在 20 世纪 80 年代初只有几千万美元,而 2015 年已扩大到 1 540.7 亿美元。中国公司从事的业务范围十分广泛,涉及建筑、石油化工、电力、交通、通信、水利、冶金、有色金属等多个领域,承包工程方式也从最初的单纯劳务承包发展到勘察设计、施工、设备采购、材料进口等工程总承包方式以及项目管理。

(二) 中国对外承包工程的特点

综合分析我国现阶段对外承包工程发展的情况,其特点主要有:

1. 对外承包工程业务发展速度较快

20 世纪 70 年代末 80 年代初,中国对外承包工程事业处在起步阶段,对外承包合同额仅有几千万美元,进入 90 年代,年合同额以 10% 左右的速度增长。2002—2009 年新签合同额年增长率基本上保持在15%以上,2006年更是出现了同比增长122.9%的最高纪录。2010年和2011年受全球经济复苏乏力因素的影响,新签合同额年增长率回落到6.5%和5.9%。完成营业额也呈现出类似走势。2015年我国对外承包工程业务新签合同额2 100.70亿美元,同比增长9.6%;完成营业额1 540.7亿美元,同比增长8.2%(参见表8-1)。

表8-1 1990—2015年中国对外承包工程情况

年份	合同数(份)	合同金额(亿美元)	完成营业额(亿美元)	年末在外人数(万人)
1990	920	21.25	16.44	2.18
1991	1 171	25.24	19.70	2.15
1992	1 164	52.51	24.03	2.54
1993	1 393	51.89	36.68	3.42
1994	1 702	60.27	48.83	3.83
1995	1 558	74.84	51.08	3.84
1996	1 634	77.28	58.21	3.88
1997	2 085	85.16	60.36	4.78
1998	2 322	92.43	77.69	6.11
1999	2 527	101.99	85.22	5.53
2000	2 597	117.19	83.79	5.56
2001	5 836	130.39	88.99	6.00
2002	4 036	150.55	111.94	7.85
2003	3 708	176.67	138.37	9.40
2004	6 694	238.44	174.68	11.47
2005	9 502	296.14	217.63	14.48
2006	12 996	660.05	299.93	19.86
2007	6 282	776.21	406.43	23.60
2008	5 411	1 045.62	566.12	27.16
2009	7 280	1 262.10	777.06	32.69
2010	9 544	1 343.67	921.70	37.65
2011	6 381	1 423.32	1 034.24	32.40
2012	6 710	1 565.29	1 165.97	34.46
2013	11 578	1 716.29	1 371.43	37.01
2014	7 740	1 917.56	1 424.11	40.89
2015	—	2 100.70	1 540.70	—

资料来源:整理自《中国统计年鉴2015》,2015年数据来自商务部统计。

2. 在国际承包工程市场上占有的份额较小

近年来我国对外承包工程业务基本上保持了快速稳定的增长势头,无论是每年完成的营业额,还是新签合同额,基本上都有较高比例的增长(见表8-1)。但是,面临竞争激烈的国际承包工程市场,中国对外承包工程业务在国际承包市场占有的份额仍然较小。2011年,我国入围《工程新闻记录》(ENR)国际承包商225强的51家承包商完成营业额570.6亿美元,仅占全球海外承包市场的14.9%(见表8-2)。

表8-2　2006—2011年中国入围《工程新闻记录》国际承包商225强企业数量与份额

ENR年度	入围国际225强企业数	入围225强企业海外营业额(亿美元)	增长率(%)	占全球海外承包市场份额(%)
2006	46	100.7	14.0	5.3
2007	49	162.9	61.8	7.3
2008	47	226.8	39.2	7.4
2009	50	432.0	90.5	11.1
2010	54	505.7	17.1	13.2
2011	51	570.6	12.8	14.9

资料来源:整理自《工程新闻杂志》统计。

3. 大项目增多,工程技术含量日益提高

中国对外承包工程的项目档次和技术含量不断提高。1997年,中国承揽的1 000万美元以上的大中型项目有142个,比1996年增加了40个;1998年,新签合同额在1 000万美元以上的项目有146个,其中5 000万美元以上的项目23个;1999年,中国对外经济合作业务继续保持迅速增长势头,新签合同额超过1 000万美元的工程项目近200个,累计合同额61.3亿美元,占全国对外承包工程合同总额的60%,其中5 000万美元以上的工程项目27个;2000年,新签单向合同额1 000万美元以上的对外承包工程和劳务合作项目164个,累计合同额58.8亿美元,占合同总额的34%,其中1亿美元以上的工程项目9个;2002年,中国企业继续发挥自身优势,在普通房建、交通运输、电力等领域签订的大项目增多,保持了较快的发展势头,新签上亿美元的合同达19个。其中,承揽的苏丹麦洛维大坝项目的合同额为6.5亿美元。近年来,随着中国"一带一路"倡议的实施,中国对外承包工程项目大型化趋势越发明显。据中国对外承包工程商会资料,2017年,新签合同额在5 000万美元以上的项目782个,合计1 977.4亿美元,占新签合同总额的74.5%。其中,上亿美元项目436个,10亿美元以上项目33个。大型重点合作项目不断涌现,如马来西亚东部海岸铁路项目和印尼美加达卫星新城项目,合同金额双双突破100亿美元;除此之外,蒙内铁路、中老铁路、科伦坡港口城、吉布提港等互联互通项目也在积极推进。

4. 市场多元化战略取得初步成效,但对外承包业务仍主要集中在亚洲市场

近年来,中国对外工程承包的区域范围逐步扩大,工程项目已遍布六大洲的190多个国家和地区。中国在"开拓欧美发达国家市场"、贯彻"市场多元化"战略方面取得初步成效。如表8-3所示,2014年中国企业对外工程承包完成营业额1 424.1亿美元,业务主要集中在亚洲和非洲地区。中国企业在亚洲地区完成营业额648.38亿美元,占当年完成营业额的45.53%;在非洲地区完成营业额529.75亿美元,占当年完成营业额的37.20%。中国企业在亚洲和非洲两大地区完成的营业额占比之和达到82.73%。除了亚洲和非洲地区外,中国企业对外工程承包业务主要分布在拉丁美洲和欧洲地区,2014年完成营业额分别占当年营业总额的9.26%和5.02%。

表 8-3　2014 年中国企业对外工程承包完成营业额及地区分布

地区	完成营业额(亿美元)	占比(%)
亚洲	648.38	45.53
非洲	529.75	37.20
欧洲	71.51	5.02
拉丁美洲	131.81	9.26
北美洲	20.17	1.42
大洋洲及太平洋岛屿	22.48	1.58
其他	0.02	0.00

资料来源：整理自《中国统计年鉴 2015》。

5. 大型实体企业的对外工程承包能力逐渐增强

据《工程新闻杂志》的统计，65 家中国内地公司入围 2016 年全球最大 225 家国际承包商排行榜。作为经营主体，中国公司的对外工程承包能力逐渐增强，中建总公司、中冶集团、中国港湾建设集团公司等一批骨干公司在国际市场上表现出较强的竞争能力。如巴基斯坦山达克铜矿项目是中冶集团 1995 年承建的大型交钥匙工程，完全采用中国的技术和设备，2001 年中冶集团与其签署了经营租赁合同，期限 10 年，合同金额 3.1 亿美元；2002 年 3 月份，中港集团总承包了巴基斯坦瓜达尔港工程，合同额 1.98 亿美元。2002 年 5 月 29 日，由中国电力技术进出口公司在柬埔寨承揽的基里隆 I 级水电站修复工程提前一年竣工，该项目合同金额 1 942.86 万美元，经营方式为 BOT，由我方运行 30 年，工程受到了柬埔寨政府及各界人士的好评。2002 年 8 月，中国上海外经集团代表中方联合承包体，与伊朗签署了合同金额为 2.15 亿美元的德黑兰北部高速公路项目，该项目是隧、桥、路相结合的典型项目，难度大，设计费用达 600 万美元左右，是集技术、设备、施工、管理、原材料和劳务出口为一体的崭新模式。中国化学工程总公司在 2003 年 4 月与印尼巨港电站业主签署了一份 BOOT 项目合同，经营期限 20 年。2003 年 5 月，中国环球化学公司与越南化学总公司签订了海防磷酸二铵项目建设管理承包合同（MPC），这是中国公司与外国公司所签的第一个完整的 MPC 合同。这些都标志着中国国内的龙头企业具备了承揽 EPC、BOT 项目的能力，以及对外工程承包能力已经进入了一个新的层次。经过 3 年的努力，2017 年 5 月由中交集团总承包、中国路桥承建的肯尼亚蒙巴萨—内罗毕标轨铁路正式建成通车，成为首个海外全中国标准的铁路项目。

6. 与国际大承包商之间仍然存在较大的差距

中国公司在国际承包工程市场上表现出越来越强的竞争优势，但这种竞争优势是相对的，而不是绝对的。同发展中国家的承包商相比，我们具备一定的优势，但同欧美大型国际承包商相比，我们的劣势也非常明显。据统计，2016 年，中国有 65 家企业进入了美国《工程新闻记录》杂志评选的世界最大 250 家国际承包商的行列。

二、中国对外劳务合作

（一）中国对外劳务合作的含义

对外劳务合作是指具有对外劳务合作经营资格的境内企业法人与国（境）外允许招收

或雇用外籍劳务人员的公司、中介机构或私人雇主签订合同,并按合同约定的条件有组织地招聘、选拔、派遣中国公民到国(境)外为外方雇主提供劳务并进行管理的经济活动。对外劳务合作属于国际服务贸易中的自然人流动范畴,涉及一国的服务提供者短期进入另一国消费者的所在地,为另一国消费者提供服务并获取相应报酬,也是一种涉外人力资源合作。中国的对外劳务合作也是劳动力要素在国际间的重新组合配置,并属于国际劳务合作的一部分。

(二) 中国对外劳务合作的现状

到目前为止,中国的对外劳务合作有了较大的发展,已经成为中国开展对外服务贸易中的一个优势项目。中国公司广泛开展对外劳务合作业务,从事的业务范围十分广泛,其中涉及公路、桥梁、港口、水电站、水坝、房屋建筑、园林建筑、天然气管道、地质勘探、航天等,派出的劳务人员从原来的建筑工人、医务人员、工程师等,发展到海员、司机、律师等,这不仅扩大了中国在国际上的影响力,带动了产品、原材料和技术的出口,还锻炼了一大批技术和管理人员,并为国家和个人增加了外汇收入。中国公司从事的对外劳务合作业务,从1979年正式起步算起,至今已有30多个年头,这期间,中国公司的经济和技术实力在不断壮大,其影响也在不断扩大。每年派出的劳务人员数量与20世纪70年代末刚起步时相比有了飞速发展,从1979年仅2 000人左右发展到2015年的53万人。截至2015年年底,我国对外劳务合作年末在外各类劳务人员102.7万人,较去年同期增加2.1万人。

现阶段中国对外劳务合作业务基本上处于稳步增长的状况,这与国家政策的支持及协调、对在外劳务人员的逐步规范管理、中国公司经济技术实力的不断增强、劳务人员素质的逐渐提高以及中国积极努力开拓多元化市场等都是密不可分的。

经过多年实践,中国对外劳务合作至今已发展成为由经批准的经营公司与境外雇主和外派劳务人员三方签约,有组织地派遣各类劳务人员到有关国家或地区为境外雇主提供服务,并通过经营公司对外派劳务人员进行后期跟踪管理,以最大限度地保护外派劳务人员合法权益的一项双边经济合作活动。随着改革开放的逐步深入,中国对外劳务合作规模不断扩大,已经成为中国对外经济合作的重要组成部分,形成了对外劳务合作与对外承包工程、对外援助、对外投资和对外贸易等各项业务相互联系、相互促进的格局。

2015年,我国对外劳务合作派出各类劳务人员53万人,较去年同期减少3.2万人,同比下降5.7%;其中,承包工程项下25.3万人,劳务合作项下派出27.7万人。12月当月,派出各类劳务人员5.8万人,较去年同期减少0.5万人。年末在外各类劳务人员102.7万人,较去年同期增加2.1万人。

(三) 中国对外劳务合作的特点

1. 基本保持稳步增长

中国的对外劳务合作事业从20世纪70年代末正式起步,经历了30多年的发展。从表8-1的数字来看,近几年每年完成营业额和新签合同额基本上保持了稳步增长。随着中国对外劳务合作管理的进一步加强,对劳务人员合法权益保障机制的进一步完善,以及在其他各方面的逐步成熟,中国的对外劳务合作事业必将继续保持良好的发展势头。

2. 市场分布呈多元化趋势

中国在保持原有市场的基础上,积极开拓新市场。近年来,在外的中国劳务遍及亚洲、非洲、欧洲、北美洲、拉丁美洲及大洋洲等各个地区,这相对于原来中国的对外劳务合作业务在起步阶段容易受单一市场波动影响的情况有了很大的改善。但从市场结构来看,亚洲仍是中国对外劳务合作的主要市场,而由于语言、技术标准等障碍,中国对欧美等地区劳务市场的开拓仍然是非常困难的。

3. 大型专业企业的作用逐步增强

中国公司从事国际工程承包和对外劳务合作业务至今已有30多年的历史,发展到今天,中国公司的经济和技术实力不断壮大,影响也不断扩大。近年来,跻身于美国《工程新闻记录》杂志评选的世界225家最大承包商行列的中国公司几乎每年都有所增加,位居我国首位的中国建筑工程总公司的名次也在逐渐提前。从这些大型专业企业完成营业额及其在国际上的位置来看,它们在中国工程承包及劳务合作事业中发挥了骨干作用,显示了中国企业的实力。

4. 对外劳务合作的档次逐步提高

中国对外劳务合作的档次逐步提高,除普通劳务外,工程师、医生、护士等专业技术人员,以及飞机维修、软件设计、卫星发射等高科技和经营管理专门人员的份额有所增加。但是,在开拓高新技术市场领域,中国公司仍然任重而道远。

(四) 中国开展对外劳务合作业务的意义

(1) 增加外汇收入。据中国国内专家测算,中国外派劳务目前每年汇回和带回的外汇收入约20亿美元。

(2) 缓解国内就业压力。2015年年末在外劳务人数(102.7万人)比1982年年末在外人数(3.2万人)增加了31.1倍,占全国城镇就业人数的比重由1982年的0.03%提高到0.254%,增长了7.5倍。

(3) 改善劳务人员家庭经济状况,使得400多万劳务人员率先富裕起来。

(4) 外派劳务带动地区开放和经济发展,有着"输出一人,富裕一家,带动一片,安定一方"的美誉。如四川省犍为县国民生产总值的10%是通过外派劳务实现的。

此外,对外劳务合作还使外派劳务人员学到了国外的先进技术和管理经验,提高了自身素质;一些外派劳务人员通过在国外工作,与国外企业和商人建立了良好的关系,带回了一些贸易和投资项目;推动和促进了中国与有关国家的政治、经济、文化交往与联系。

三、中国对外劳务合作的市场分析

伴随着中国经济的飞速发展,中国的对外劳务合作事业也在不断进步。从对外劳务合作事业正式起步发展至今,中国劳务人员遍及亚洲、非洲、欧洲、北美洲等世界主要的国际劳务市场,另外,拉丁美洲、大洋洲地区也都有中国的劳务人员。

亚洲劳务市场是中国劳务输出的最主要市场,中国劳务人员在亚洲地区完成营业额及劳务人数超过了在世界其他地区的总和。首先,这与亚洲劳务市场本身的规模是分不开的,亚洲劳务市场是国际劳务市场中最具活力和潜力的。其次,中国地处亚洲,劳动力资源丰富,也是使得亚洲地区成为中国劳务输出的主要市场的因素之一。在正式的劳务合作业务开始以前,中国政府就曾经以无偿经济技术援助的形式向中东地区输出过劳务,这为以后中国的对外劳务合作业务积累了经验,奠定了基础。从1979年开始,中国劳务正式以劳务合作的形式进入中东地区,打开了我国在中东劳务市场发展对外劳务合作业务的大门。除中东市场外,中国凭借其地缘上的优势及相对廉价的劳动力资源,在向东亚、东南亚市场输出劳务方面也占据相当的优势。鉴于亚洲市场在中国劳务合作业务中的重要地位,中国在积极开拓新市场、推行市场多元化的过程中,也要注意在亚洲传统市场的业务拓展,使得中国对外劳务合作业务在亚洲劳务市场得以维持并不断发展。

非洲劳务市场是中国对外劳务合作的第二大市场。非洲地区的自然环境条件本来是不利于国际劳务合作业务开展的。但由于中国与非洲地区合作较早,早在20世纪60年代,中国就以经济援助的方式向多个非洲国家派出医疗队和铁路修建人员,这些援助项目积累起来的经验和信誉是保证后来中国在非洲劳务市场上占有优势的重要原因。在非洲劳务市场的中国劳务人员主要集中在石油资源丰富的产油国家。

欧洲和北美劳务市场是国际劳务市场中具有活力和发展潜力的两大市场,目前它们分别是中国发展对外劳务合作业务的第三和第四大市场。由于中国劳务进入这两大市场的时间较晚,而且欧美各国为避免外籍劳工大规模进入,挤占本国劳工市场,都在一定程度上制定了限制外籍劳务进入的政策法规,这些都使得中国的对外劳务合作业务在欧美市场的规模有限,市场份额一直较低。然而,随着中国经济实力的增强,中国对外劳务合作公司在质量、信誉、效率上不断发展,中国向欧洲和北美劳务市场的劳务输出正在稳步增长,除普通劳务外,高级技术和专业人员也将在这些发达国家的劳务市场中占有重要的一席之地。

❓ 思考与练习

1. 当代国际工程承包市场的特点是什么?
2. 国际招标方式有哪些?
3. 招标需要经过哪些程序?
4. FIDIC 条款的内容是什么?
5. 导致施工索赔的原因有哪些?
6. 什么叫国际劳务合作?
7. 劳务的种类有哪些?
8. 国际劳务合同的主要条款有哪些?
9. 中国对外工程承包和劳务合作的特点是什么?

案例分析

国际工程承包合同纠纷

1993年3月5日,中国建筑公司通过招投标获得美国集团公司高级商务楼建设工程的设计施工权。1993年4月12日,双方在美国签订一份《建筑工程承包合同》,合同约定:①商务楼工程的设计、施工全部由中国建筑公司承包负责,承包人保证工程质量达到美国建筑工程质量要求。②美国集团公司作为发包人保证按合同约定支付工程款,逾期付款承担每日10万美元罚金且工期顺延。③发包人承担建筑材料、机器设备的购买,1993年5

月 28 日前交于承包人,逾期承担每日 10 万美元的罚金。④建筑施工期为 1993 年 6 月 1 日至 1995 年 5 月 30 日,逾期竣工承担每日罚金 10 万美元。⑤工程总造价为 4 100 万美元,1993 年 6 月 1 日前先支付 30%预付款,1994 年 6 月 30 日前再支付 30%,验收合格后 10 日内付清余下 40%。⑥争议解决,按诉讼方式在美国法院起诉,适用美国实体法和程序法。

合同履行过程中,发包人提供的建筑材料、机器设备未能按期交给承包人,导致承包人无法按期施工,要求追究发包人逾期交货的责任。发包人告知:其在英国某公司购买的建筑材料、机器设备,已收到卖方的装船通知,到港时间为 1993 年 5 月 26 日,价格条件是 CIF(洛杉矶)。提单等单据也寄送至美国集团公司所在地的信用证开出行,现迟迟未收到货物,发包人也不明白原因。

发包人最终收到货物的时间是 1993 年 8 月 14 日,拖延工期 76 天。承包人要求发包人承担逾期提供建筑材料、机器设备的责任且工期予以顺延。发包人不同意,理由是海上运输遭遇大风暴,货物迟到属于不可抗力,英国卖方不承担责任,运输方也不承担责任,当然其作为买方也不承担任何责任。最后,承包人虽经努力施工,工期还是拖延 30 天,于 1995 年 6 月 30 日竣工。工期质量得到发包人验收认可,但在结算工程款时发包人要求扣除 30 天逾期罚金 300 万美元。承包人提出异议,双方发生争执。中国建筑公司依据合同约定诉讼至美国法院,美国法院根据其法律规定判决发包人胜诉,中国建筑公司应支付罚金 300 万美元。

【思考与讨论】

1. 请简要概括案例中存在哪些违约行为。
2. 如果不考虑不可抗力因素,你认为该国际工程承包合同纠纷应如何处理?

21世纪经济与管理规划教材
国际经济与贸易系列

第九章

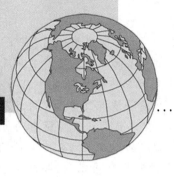

国际租赁

【教学目的】

通过本章学习,学生将能够:

1. 了解现代租赁业在国际经济合作活动中的作用,国际租赁的方式与特征;
2. 熟悉有关租赁方面的国际法规,现代租赁与传统租赁的区别;
3. 掌握国际租赁合同的主要条款与运作程序,租金的计算方式。

【关键术语】

融资租赁   售后回租
经营租赁   综合租赁
杠杆租赁   维修租赁

【引导案例】

2016年11月24日，平安国际融资租赁有限公司(以下简称"平安租赁")在上海举行千亿盛典暨租赁2.0时代启动仪式，庆祝公司总资产突破千亿，跻身租赁行业第一梯队。这一成绩的取得，与平安租赁去年开始将业务触角伸向高端的航空租赁市场不无关系。2015年12月，平安租赁在汉堡向LATAM航空集团交付首架空客A321系列飞机。此项业务的开展，标志着中国平安开始在全球航空租赁市场布局。LATAM是南美规模最大的航空集团，同时也是全球覆盖区域最广的航空集团之一。此项交易通过平安租赁设立在爱尔兰的全资附属公司平安航空租赁有限公司完成，共包含4架空客A321飞机，涉及总价值4.596亿美元。

2015年6月，平安租赁曾与中国商用飞机有限责任公司签署了50架C919大型客机购机意向协议，成为C919大型客机订购量最多的客户。

资料来源：整理自http://www.caacnews.com.cn/1/6/201611/t20161125_1205723.html。

第一节　国际租赁概述

一、国际租赁的概念

租赁业是一种既古老又崭新的交易方式。迄今为止，国际上尚未对租赁(leasing)一词形成统一的概念，甚至同一个国家的学者、政府部门、法律部门和经营者等对租赁的概念也没形成统一的认识。但就世界各国租赁业的运作方式而言，租赁是指出租人在不转让所有权的条件下，把设备、物资、商品、财产等出租给承租人在一定的期限内使用，承租人按租赁契约的规定，分期付给出租人一定租金的一种融资与融物相结合的经济活动。国际租赁也称跨国租赁，它是指分居不同国家和地区的出租人与承租人之间的租赁活动。

现代国际租赁与传统的国际租赁不同，其业务是以金额巨大的机器设备、飞机、船舶等为租赁对象，以融资为目的。其主体既可以是个人和企业，也可以是国家政府和国际组织。现代国际租赁实质上是企业进行长期资本融资的一种手段。由于租赁公司提供以"融资"代替"融物"的服务，使企业在获得使用权的同时，实际上减少了长期资本的支出，并能将其有限的资金用于其他短期业务支出。租赁融资已经与银行借款、公司债券和分期付款等长期信贷方式一起，成为金融大家庭中的一员。

二、国际租赁的产生与发展

租赁的历史可以追溯到原始社会末期，在漫长的发展过程中，租赁业经历了古代租赁、近代租赁和现代租赁三个发展阶段。

古代租赁出现于原始社会末期，其具体表现为一些富人出租其工具、牲畜、货物乃至人，以获取租金。公元前三千年前，腓尼基人开始租赁船只。巴比伦王国曾在公元前1750年通过了一项立法，规定个人资产也可进行租赁交易。古代租赁实际上是一种实物租赁，它是以获取租赁物的使用价值为目的，以支付一定的报酬为前提的。

近代租赁开始于18世纪中叶，它是随着欧洲工业革命的开始而发展起来的。其租赁物主要为铁路车辆、船舶、制鞋机、缝纫机、电话等设备。但租赁的目的仍然只限于使用设备本身,而且只租不售。

现代租赁业起源于第二次世界大战以后的美国,其标志是美国人 J. H. 杰恩费尔德在 1952 年创立了世界上第一家专营租赁业务的企业——美国国际租赁公司,该公司开始了真正意义上的融资与融物于一体的租赁业务。融资与融物相结合实际上是现代国际租赁业的特征。此后,融资与融物于一体的融资方式被其他发达国家效仿。进入 20 世纪 70 年代以后,银行开始参与租赁业务。从 80 年代起,发达国家的租赁业进入成熟期,其租赁物主要包括飞机、汽车、计算机、无线电通信设施、工业机械与设备、医疗设备、废物处理设施、家具和办公用品等,而且发展中国家也开始将租赁业作为一种融资手段,如 1994 年巴西一家航空公司从美国、日本及欧洲以融资租赁的方式租进了 60 架飞机。据《世界租赁年报 2015》的统计,2013 年全球租赁总额(主要是金融租赁)达 8 839.6 亿美元。国际租赁业已成为当今国际资本市场上仅次于商业贷款的第二大融资方式。

三、现代租赁的特征

现代租赁既不同于销售、分期付款和租用,也不同于古代租赁和近代租赁。现代租赁是以融资为主要目的,具有以下特征:

1. 融资和融物相结合,并以融资为主要目的

近代租赁的承租人只是为了获取租赁物的使用权,到期偿还,对租赁物的所有权则不感兴趣。而在现代租赁业务中,出租人按承租人的需要购得设备后,再将其出租给承租人使用,目的在于收取超过贷款本息的租金,这实际上是出租人的一种投资行为。而承租人则通过取得设备的使用权,解决其资金不足的问题,并用租来的设备生产出具有高额利润的产品来偿还租金。租赁的设备在使用一段时间后,可以将设备退回、续租或留购。在现代租赁合同中,租期往往与租赁物的寿命一样长,这就等于将所有权引起的一切责、权、利转让给承租人,实际上已变成一种变相的分期付款交易,即融资与融物相结合。这表明,承租人的目的不仅是在某一段时间内使用该物品,而且还想以此为融资手段占有该物品。

2. 承租人对租赁物的所有权和使用权是分离的

现代租赁虽然在租期结束时,出租人和承租人可能成为买卖关系,或在租期未到之前就已含有买卖关系。但在租期内,由于设备是由出租人购进的,设备的所有权仍属于出租方,承租人只是在按时支付租金并履行租赁合同各项条款的前提下,对所租设备仅享有使用权,而不存在所有权。

3. 一笔租赁业务往往存在两个或两个以上的合同,并涉及三方或更多的当事人

在现代租赁活动的过程中,有些租赁方式往往要在一笔租赁交易中,签订两个或两个以上的合同,例如,融资租赁至少涉及三方当事人,即出租人、承租人和租赁物的供货商,并由出租人与承租人之间签订一个租赁合同及由出租人与供货商之间签订一个购货合同。如果出租人需要融资,则不仅要涉及银行或金融机构,还需要由出租人与银行或金融机构签订一个贷款合同。

4. 承租人有选择设备和设备供货商的权利

在现代租赁业务中,承租人租赁的设备往往是根据承租人提供的型号、规格、技术指标和性能购置的,甚至连提供设备的供货商及购买设备的商务条件都是由承租人指定和商定的。

四、现代国际租赁业迅速发展的原因

现代国际租赁业自20世纪50年代出现起,一直以惊人的速度发展,1988年达到了顶峰,其增长率为21.5%。此后,国际租赁业虽然受世界经济衰退的影响而出现增长放慢的态势,但仍保持着约10%的年增长率,其中欧美日等发达国家企业利用租赁方式筹资进行设备改造已占新设备投资额的20%以上,有些国家甚至达到了30%以上。1999年和2000年全世界的租赁额分别达到了4 735亿美元和4 989.5亿美元,虽然世界租赁业2001年以后受政治动荡,以及安然、世通和其他跨国公司倒闭的影响,租赁额有所回落,但仍保持在4 500亿美元以上的高水平。2007年全球金融租赁达到7 062亿美元的最高峰,2008年受国际金融危机影响回落到6 340亿美元。第二次世界大战后国际租赁业之所以能以如此速度发展,其原因主要有以下几个方面:

(一)战后科技进步加快,西方发达国家经济长期保持高速增长

第二次世界大战以后,由于科技革命的推动,世界经济增长迅速。新技术和新产品不断涌现,设备更新的周期也随之缩短,这就使各国的固定资产投资需求旺盛,原有的使用手段已满足不了企业对巨额资金的需求,这就刺激了以融资为特征的现代租赁业的发展。2008年,欧洲国家租赁额占世界租赁市场的份额在48.5%左右,加上美国、加拿大、日本等国家的租赁额,发达国家的年租赁额大约占到世界租赁总额的70%以上,这充分反映了现代租赁与经济发展水平之间的关系。

(二)企业对外来资金依赖程度的加深

20世纪70年代末至80年代初,工业发达国家经济相继进入滞胀状态,一方面资金市场供过于求,另一方面用于实业的资金不足,这就使企业对外来资金的依赖程度加深。此外,国际商品市场竞争激烈和贸易保护主义在西方各国的又一次盛行,促进了带有融资性质并可有效地绕过贸易壁垒的现代租赁业的发展。

(三)发达国家政府对租赁业的支持

发达国家政府对租赁业的支持主要表现在两个方面:一是政策上的支持,主要体现在税收方面,租赁业一般可享受政府给予的某些额外的减税和免税待遇,政府还为租赁公司提供专项贷款和信用保险等;二是各发达国家都颁布了有关租赁的各种法规,使租赁市场走向法制化轨道。

五、国际租赁的作用

国际租赁是一种融资与融物相结合的中长期信贷方式。它对承租人、出租人、制造商和金融机构等租赁市场上的参与者,以及租赁物的进出口商来说,与简单的商品买卖相比均有相对较大的益处。具体体现在以下几方面:

1. 降低了企业的生产成本

很多发达国家都对租赁设备采取了一定的鼓励措施,如税收减免和加速折旧。承租人在采用租赁方式时,可将租金从成本中扣除不必要的税,如果采用贷款,只能将所付利息计入成本,本金的归还是不能免税的。此外,出租人由于能从其应税收入中抵免设备的投资支出,大大降低了出租人的购买成本,承租人以租赁方式获取设备的成本可能比购买

方式低。鉴于出租人将其投资和加速折旧的部分好处转让给了承租人,以及承租人本身享有的优惠,采用租赁方式比采用借款购买设备的成本要低得多。

2. 增加了利用外资的数量

国际上常用的利用外资的方式很多,但在很多方面都有限制。政府贷款虽然条件优惠,但均有限制性采购规定,金额也不会很大,并往往与项目相联系。出口信贷不仅限定购买的商品,而且只贷给购买设备合同金额的85%。商业贷款虽然也能得到购买设备所需的100%的贷款,但往往以各种形式的抵押作为贷款条件。而采用租赁方式,不仅可使承租人享有购买设备所需资金的100%的融资,而且国际货币基金组织一般不把租赁货物视为承租人所在国的对外债务,因此不会影响该国从其他途径筹集资金,这实际上增加了利用外资的数量。

3. 加快了设备的引进速度

在企业缺乏资金购买设备的情况下,申请各种形式的贷款往往手续繁杂,如提供担保或进行资信调查,有些贷款还需借款国政府出面商谈或提供担保以及审批等。这往往需要很长时间,有的甚至长达1—2年。如果采用租赁方式,设备和供应商可由承租人指定,设备的引进一般由租赁公司包办,这就大大节省了设备的引进时间。

4. 避免了通货膨胀造成的损失

在当今世界,通货膨胀已成为普遍现象。租赁设备由于租金是固定的,即使以后物价上涨,承租人仍以签订租赁合同时的货币价值支付租金,这就避免了由于通货膨胀而给承租人造成的损失。

5. 加强了设备的有效利用

对出租人来说,将自己闲置不用的设备或本国已经淘汰的设备出租给其他需要该设备或那些经济不发达的国家,会使一些企业已无任何价值的设备仍然可以产生经济价值。

6. 减少了投资风险

在租赁期间,由于承租人对租赁的设备不具有所有权,当承租人不能按时支付租金时,出租人有权收回租赁物。而在贷款的情况下,当债务人不能偿还债务时,债权人只能通过法律程序起诉,在债务人以其资产和金钱不足以偿还债务时,债权人只得自认倒霉,这说明租赁融资的风险小于贷款风险。此外,由于承租人可在租期结束后将租赁的设备退还给出租人,这也使承租人避免了借巨资购买的设备在使用几年后弃之无用或因设备过时而需要更新所产生的损失。

7. 促进了销售

在租赁方式下,承租人的租金是分期支付的,再加上享有税收和折旧的优惠,使以租赁方式购买设备比贷款购买便宜,这就增加了社会购买力,实际上是增加了销售量。即使在经济处于不景气或政府采用紧缩政策,致使购买力下降时,仍然可以依靠租赁方式来维持商品的销售,如美国电报电话公司1992年的成交额有13%是靠租赁方式达成的。

第二节　国际租赁方式

随着科学技术的进步和经济的迅速发展,各国的租赁公司为满足不同状况客户的需求及适应不断变更的经营环境,增强自身的竞争能力,采用或创立了适合当前国际市场需求的各种租赁方式。

一、融资租赁

融资租赁(financing lease)是指在企业需要添置设备时,不是以现汇或向金融机构借款去购买,而是由租赁公司融资,把租赁来的设备或购入的设备租给承租人使用,承租人按合同的规定,定期向租赁公司支付租金,租赁期满后退租、续租或留购的一种融资方式。融资租赁主要有以下几个特征:

(1) 承租的设备及设备的供货商是由承租人选定或指定的。由于租赁的设备是出租人按承租人的要求或指定购买的,这就难免出现出租人对该设备缺乏了解或是外行的情况,所以出租人对设备的性能、物理性质、缺陷、供货商交货迟延、设备的维修保养等概不负责。

(2) 至少涉及三方当事人,即出租人、承租人和供货商。因为设备或供货商是承租人选定的,这就使得承租人先与供货商联系,再由出租人与供货商接触,最后出租人将所购设备租给承租人使用。

(3) 要签两个或更多的合同,即出租人与承租人签订一个租赁合同,出租人与供货商签订一个买卖合同。这实际上是一种三边交易,两个合同相互制约。如果出租人由于资金不足需要向银行或金融机构融资,出租人还要与提供贷款的机构签订一个贷款合同。

(4) 全额清偿。出租人在基本租期内只能租给一个特定的用户,并可在一次租赁期限内全部收回投资和合理的利润。

(5) 租期较长。融资租赁的期限一般是根据设备当时的折旧速度来定,一般为3—10年。实际上融资租赁的租期基本上与设备的使用寿命相同。

(6) 不可解约性。由于租赁的设备是承租人自己选定的,合同期满前,双方均不能解约,只有当设备自然毁坏并已证明丧失了使用效力的情况下才能终止合同,但必须以出租人不受经济损失为前提。

(7) 租赁设备的所有权与使用权相分离。在租期内,设备的所有权在法律上属于出租人,而经济上的使用权则属于承租人。

(8) 在租赁期满时,承租人有退租、续租和留购的选择权。在通常情况下,出租人由于在租期内已收回了投资并得到了合理的利润,再加上设备的寿命已到,出租人以收取名义货价的形式,将设备的所有权转移给承租人。

融资租赁实际上是租赁公司给予用户的一种中长期信贷,因为出租人支付了全部设备的价款,等于对企业提供了100%的信贷,因此它具有较浓厚的金融色彩。融资租赁往往被视为一项与设备有关的贷款业务,所以融资租赁又被称为金融租赁或完全支付租赁。融资租赁适用于价值较高和技术较先进的大型设备,如大型电子计算机、施工机械、生产设备、通信设备、医疗器械、办公设备等。目前,发达国家企业的大型设备有近50%是通过融资租赁方式取得或购买的,融资租赁已成为国际上应用最为广泛的融资方式。

图9-1展示了融资租赁的交易程序。

二、经营租赁

经营租赁(operating lease)是指出租人根据租赁市场的需求购置设备,以短期融资的方式提供给承租人使用,出租人负责提供设备的维修与保养等服务,并承担设备过时风险

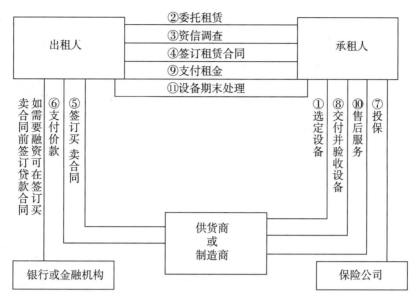

图 9-1 融资租赁交易程序

的一种可撤销的、不完全支付的租赁方式。它也被称为服务性租赁或操作性租赁。经营性租赁一般具有以下特征:

(1) 中途可以解约。在租赁期限内,承租人如果发现租赁的设备已经过时,在承租人预先通知出租人的前提下,可以将所租赁的过时设备退回给出租人,以租赁更先进的设备。这种方式实际上是由出租人承担设备过时的风险。

(2) 租期较短。经营性租赁的租期一般远远低于设备的使用寿命,一般在 3 年以下。

(3) 不完全支付。承租人在一次租约期间所支付的租金不足以补偿承租人购买设备所支付的价款和预期利润,而是通过不断地多次出租设备,逐步收回投资与利润。

(4) 租赁的对象多为有一定市场需求的通用设备。由于经营性租赁的租期较短,出租人不能从一次租约中收回成本和利润,只能通过多次出租给不同的客户来达到收回成本和利润的目的。因此,出租人购置的用来出租的设备多为具有普遍需求的通用设备。

(5) 出租人负责提供租赁设备的维修与保养等项服务。

(6) 租金较高。由于出租人要承担设备过时的风险,并负责维修与保养等服务,经营性租赁的租金要高于其他租赁方式。

经营性租赁所租赁的机器设备一般是专业性较强的,需要精心保养和管理,发展较快,而且是承租人自己进行保养和维修有一定困难的设备,如计算机、科学仪器、工业建筑设备等;或者是市场上有普遍需求的小型设备和工具,如汽车、照相机、摄像机、录像带等。

图 9-2 展示了经营租赁的交易程序。

三、杠杆租赁

杠杆租赁(leveraged lease)在英美法系的国家被称为衡平租赁。它是指出租人提供购买拟租赁设备价款的 20%—40%,其余 60%—80% 由出租人以设备作抵押向银行等金融机构贷款,便可在经济上拥有设备的所有权及享有政府给予的税收优惠,然后将用该方式获得的具有所有权的设备出租给承租人使用的一种租赁方式。购置设备成本中的借款部分

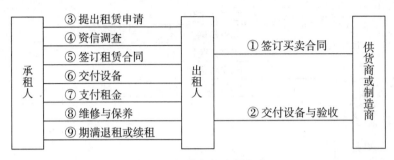

图 9-2　经营租赁交易程序

称为杠杆,即财务杠杆(financial leverage),所以称杠杆租赁。杠杆租赁具有以下特点:

(1) 涉及的当事人至少为三方,一方为出租人,另一方是承租人,还有一方是贷款人。贷款人常常被称为债权持有人或债权参与人。杠杆租赁有时还涉及物主托管人和契约托管人。

(2) 贷款人对出租人无追索权。出租人是以设备、租赁合同和收取租金的受让权作为贷款担保的,在承租人无力偿付或拒付租金时,贷款人只能终止租赁,通过拍卖设备来得到补偿,而无权向出租人追索。

(3) 出租人在购置拟租赁的设备时,必须支付 20%的价款,作为其最低风险投资额。

(4) 租期结束时,租赁设备的残值必须相当于设备有效寿命的 20%,或至少还能使用一年。

(5) 租赁期满,承租人必须以设备残值的市价留购该设备,不得以象征性价格留购。

杠杆租赁实际上是一种举债经营。出租人将以定期收取的租金来偿付贷款。贷款人提供的贷款对出租人无追索权,但出租人必须以设备、租赁合同和收取租金的受让权作为担保。通过财务杠杆,可以充分享有政府提供的税收优惠和加速折旧的好处,使出租人和承租人共同受益。杠杆租赁 20 世纪 70 年代末起源于美国,目前,英国和澳大利亚也广泛采用。杠杆租赁适用于价值百万元以上的及有效寿命在 10 年以上的大型设备或成套设备。杠杆租赁实际上是把投资和信贷结合起来的一种融资方式。

图 9-3 展示了杠杆租赁的交易程序。

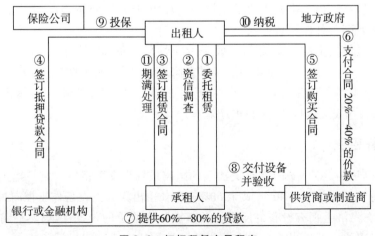

图 9-3　杠杆租赁交易程序

四、售后回租租赁

售后回租租赁简称回租,是指承租人将其所拥有的设备出售给出租人,然后承租人再从出租人手里将出售给出租人的设备重新租回来的一种租赁方式。回租实际上可以使承租人在继续对原来所拥有的设备保持使用权的前提下,收回设备的投资,以解决资金不足的困难和加速企业的资金周转。回租与融资租赁类似,其区别在于融资租赁是出租人出资直接从供货商或制造商那里购买承租人选定的设备,而在回租方式下,承租人先出资从供货商或制造商那里购买其所需的设备,然后再转卖给出租人,并继续租用该设备。回租的租赁物多为已使用过的旧设备,回租新设备的情况极为少见,即承租人一般不会为出售给承租人而去出钱购买设备,而是为使用而购买了该设备,并在使用了该设备一段时间以后,为解决企业资金的暂时困难才会采用回租,由于承租人回租的设备已使用过一段时间,即使承租人购买的是新设备,回租的也属于旧设备。因此,如果回租的设备在出售或回租前已提足了折旧,企业在回租后仍享有租金免税待遇和折旧的好处。如果出售设备的价款高于其账面值,承租人还可获得资产差价的收益。

图 9-4 展示了回租方式下当事人双方的关系。

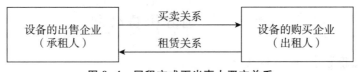

图 9-4　回租方式下当事人双方关系

五、维修租赁

维修租赁是介于融资租赁和经营租赁之间的一种租赁形式。它主要是指运输工具的租赁,出租人在把运输工具出租给承租人使用后,还提供诸如运输工具的登记、上税、保险、维修、清洗和事故处理等一系列的服务。维修租赁的出租人除了出租设备以外,还要提供其他服务,所以租金要高于融资租赁,但一般低于经营租赁。维修租赁适用于飞机、火车等技术较复杂的运输工具,维修租赁的出租人一般是制造厂家。维修租赁的出租人除负责维修和保养外,有时还负责燃料的供应和管理以及操作人员的培训等。

六、综合租赁

综合租赁是一种租赁与贸易相结合的租赁方式。租赁与贸易相结合不仅可以减少承租人的外汇支付,还可以扩大承租人与出租人之间的贸易往来,带动双方国家的商品出口,促进商品贸易与租赁业的共同发展。目前,综合性租赁方式繁多,但大致有以下几种:

1. 租赁与补偿贸易相结合

补偿贸易是指设备的进口方不是以现款来偿付设备的价款,而是以该设备生产出的产品,或双方约定的其他产品,或劳务作为对出口商的补偿。租赁与补偿贸易相结合是指出租人在向承租人出租设备时,承租人并不以现款支付租金,而是用所租设备产出的产品偿付租金。

2. 租赁与加工装配业务相结合

租赁与加工装配业务相结合是指承租人不用现款来支付租赁设备的租金，而是承租人以租来的设备承揽出租人的来料加工、来件装配和来样加工业务，承租人以加工应得的工缴费来作为对租金的支付。

3. 租赁与包销相结合

包销是指出口人通过协议把某一种商品或某几种商品，在某一地区和期限内的经营权单独给予某个包销人或包销公司的一种贸易做法。租赁与包销相结合是指由出租人把设备出租给承租人使用，承租人将所租设备产出的产品交给出租人包销，出租人应得的租金从包销产品的价款中扣除。

4. 租赁与出口信贷相结合

出口信贷是指一国政府为促进本国商品的出口，在给予利息补贴的前提下，鼓励本国的银行对本国的出口商或外国的进口商提供利率较低的优惠贷款，以解决本国出口商的资金周转困难，或国外进口商支付进口出口国产品所需资金的一种融资方式。租赁与出口信贷相结合是指出租人把利用所得出口信贷购买的设备出租给承租人，从而达到降低承租人租金的一种方式。这种做法可以增强出租人在租赁市场上的竞争能力。

第三节　国际租赁合同

一、国际租赁合同的基本条款

国际租赁合同属于经济合同的范畴，鉴于国际租赁业务的特点，一项国际租赁交易往往需要订立多种合同，如进出口销售合同、租赁合同、贷款合同、维修合同等，但租赁合同是其中的基本合同。在国际租赁业务中，由于租赁方式及租赁物的不同，租赁合同的内容也有所差别，但一般应包括以下条款：

1. 合同的当事人

租赁合同的当事人主要是指出租人和承租人。出租人是租赁物品的所有者，承租人则是租赁物的使用者。当事人是合同应首先予以明确的。

2. 租赁物品

合同中应明确列明租赁物品的名称、规格、牌号、数量和交货期，并说明出租人根据承租人的要求购买租赁物后，租给承租人的使用条件。

3. 租赁期限

租期一般从交付租赁物之日算起，如需要安装设备，则应从设备安装完毕，承租人正式开始使用算起。租期的长短主要取决于设备的使用寿命。发达国家一般以设备寿命75%的时间作为设备租赁的最低期限。价值较低的通用设备一般在3年左右；厂房、机械设备、计算机等一般在5年左右；飞机、船舶、铁路机车等一般为10年。

4. 租金

支付租金是承租人的一项主要义务，租金条款必须明确总金额、支付方式、支付时间、每次支付的数额、付款地点、支付货币等。此外，合同还应规定承租人在租赁开始时应缴纳的保证金数额。

5. 租赁物的购买与交货

合同要注明出租人所购买的拟租赁的设备是由承租人选定的,并出具必要的证明。租赁合同还应明确租赁物的交货时间和地点,交货人不能按时交货的责任,验货时间和方法等。

6. 纳税

国际租赁业务中涉及海关关税、工商统一税等多种税款。双方应在合同中列明各自应纳的税种。

7. 租赁物品的保管、使用和保养

租赁合同中应规定承租人对设备的保管义务,设备的使用方法和注意事项,以及设备的保养责任。

8. 保险

为租赁物投保也是租赁业务中的一项重要内容,双方应在合同中规定由谁投保。如果是由承租人投保,承租人应以出租人的名义投保,并应在由于保险范围内的风险致使租赁物受损时,向出租人提交有关文件,以使出租人顺利获取保证金。

9. 租赁保证金

承租人一般在签订合同时,交一笔租赁保证金。保证金的具体数字应在合同中注明。保证金一般不计利息,租期结束后退还给承租人或移作租金支付给出租人。

10. 担保人

担保人必须保证承租人严格履约,并应在合同上签字。

11. 期后租赁物的处理

在租赁合同中,应规定租赁期满后租赁物的处理方法。如果退还,应规定租赁物品除正常消耗外应保证的状态;如果续租,承租人提出续租的最后时间;如果留购,应规定留购的价格。

12. 违约与索赔

双方不仅在合同中应规定各自权利和义务,还应规定履约过程中对各种违约情况的索赔金额和方法。

13. 争议的解决

租赁合同应规定,出租人、承租人以及担保人对履约过程中所出现的争议的解决方法和解决地点。

二、租金的构成

租金是出租人因出租设备而应向承租人收取的补偿和收益。租金一般由租赁物的现值、出租人为购买租赁物筹资所支付的利息、手续费、预期的名义货价、利润、运费、保险费等组成。

(1) 租赁物的现值,是指出租人根据承租人的要求,出资购买租赁物所发生的费用,它包括购买设备的货价、运输费和保险费。

(2) 利息,指出租人因融资购买设备而向贷款银行或其他金融机构所付的贷款利息。利息的高低直接影响着租金的数额。

(3) 手续费,指出租人为承租人办理租赁业务所支付的营业费,如办公费、工资、差旅费、税金等。

(4) 预期的名义货价，指租赁物的期后残值。租赁物残值的计算与折旧期有关。期后残值大则租金低，残值小则租金高。

(5) 利润，是出租人出租物品应获取的收益。出租人的利润也来自租金。

(6) 运费，指将租赁物从购买地运到承租人处所付的运输费。

(7) 保险费，指为租赁物投保所付的费用。

三、租金的计算

租金是由租赁物的现值、利息、手续费、预期的名义货价、利润、保险费、运费等组成，其计算公式为：

$$租金 = \frac{(租赁物原价 + 运费 + 保险费 - 估计残值) + 利息 + 利润 + 手续费 + 税金}{租期}$$

但是，在租赁业务中，由于租金的支付时间和方法不同，租金的计算方法也有所不同。目前，国际上一般采用以下几种计算方法：

(一) 附加率法

附加率法是指按租赁物的价款，再加上一个特定的比率来计算租金。其计算公式为：

$$R = PV\frac{(1+ni)}{n} + PV \cdot r$$

式中：R 表示每期租金；PV 表示租赁资产的概算成本；n 表示还款次数（按月、季、半年或年来计算）；i 表示与还款次数相应的折现率；r 表示附加率。

例 9-1 某企业欲从某租赁公司租赁一套设备，设备的概算成本为 80 万元，期限为 8 年，每年年末支付租金，折现率为 6%，附加率为 4%，每期租金应为：

$$R = 800\ 000 \times \frac{(1 + 8 \times 6\%)}{8} + 800\ 000 \times 4\% = 180\ 000 (元)$$

(二) 年金法

年金法是以现值观念为基础，将一项租赁资产在未来各项租赁期间内的租金总额，按一定比率折现，使其现值总和恰好等于租赁资产的概算成本。每期租金固定不变时，为等额年金法。等额年金法有先付后付之分，其计算公式为：

$$R = PV \frac{i(1+i)^{n-1}}{(1+i)^n - 1} (先付)$$

$$R = PV \frac{i(1+i)^n}{(1+i)^n - 1} (后付)$$

式中：R 表示年金或每期租金；PV 表示租赁资产的概算成本；i 表示折现率；n 表示租赁期数。

例 9-2 仍以例 9-1 为例。

若先付，则：

$$R = 800\ 000 \times \frac{6\%(1+6\%)^{8-1}}{(1+6\%)^8 - 1} = 121\ 536.56 (元)$$

若后付,则:

$$R = 800\,000 \times \frac{6\%(1+6\%)^8}{(1+6\%)^8-1} = 128\,828.75(元)$$

(三)递减式计算法

递减式计算法是指承租人所交的租金中,每期偿还的本金相等,其中所含的利润费不同,即开始所付的租金高,而后几年递减。其计算公式为:

$$R = 各期占款本金数 \times 年利率 \times 占款年数 + 各期应还本金数$$

例 9-3 某企业与某租赁公司达成一笔设备租赁业务,设备的概算成本为 300 万元,租期为 5 年,每年年末支付一次租金,利息和手续费合年利率为 9%。如果采用先期多付、后期少付的办法,每年应付的租金、5 年应付的总租金、每年的利费额和 5 年的利费总额分别为:

第一年应付租金:3 000 000×9%×1+600 000=870 000(元)
第二年应付租金:2 400 000×9%×1+600 000=816 000(元)
第三年应付租金:1 800 000×9%×1+600 000=762 000(元)
第四年应付租金:1 200 000×9%×1+600 000=708 000(元)
第五年应付租金:600 000×9%×1+600 000=654 000(元)
5 年共交租金:870 000+816 000+762 000+708 000+654 000=3 810 000(元)

第一年至第五年的利费额分别为 270 000 元、216 000 元、162 000 元、108 000 元和 54 000 元

5 年的利费总额为 270 000+216 000+162 000+108 000+54 000=810 000(元),上述例题还可用表 9-1 表示。

表 9-1 递减式计算法例题表   单位:万元

期序	项目 占款年数	本金金额	应付本金	利费额	租金
1	1	300	60	27.0	87.0
2	1	240	60	21.6	81.6
3	1	180	60	16.2	76.2
4	1	120	60	10.8	70.8
5	1	60	60	5.4	65.4
应付总额				81.0	381.0

(四)本息法

本息法是利用本息数来计算租金,本息数是指租赁期内承租人应支付租金总额与租赁资产概算成本的比率。其计算公式为:

$$R = PV\frac{C}{n}$$

式中:R 表示年金或每期租金;PV 表示租赁资产概算成本;n 表示租期;C 表示本息数。

例 9-4 某企业欲从某租赁公司租赁一套设备,该套设备的概算成本为 260 万元,租期为 4 年,每年年末支付租金,本息数为 1.40,每期租金应为:

$$R = 2\,600\,000 \times \frac{1.40}{4} = 910\,000(元)$$

(五)租赁率法

租赁率法的计算公式为:

$$R = PV \frac{(1+i)}{n}$$

式中:R 表示年金或每期租金;PV 表示租赁资产概算成本;n 表示租期;i 表示租赁率。

例 9-5 以例 9-4 为例,若租赁率为 20%,用租赁率法计算出的每期租金应为:

$$R = 2\,600\,000 \times \frac{(1+20\%)}{4} = 780\,000(元)$$

第四节 国际租赁机构及实施程序

一、国际租赁机构

目前,国际上经营租赁业务的机构大致可分为四类,即租赁公司、金融机构、制造商和经销商、联合机构,它们构成了国际租赁市场。

(一)租赁公司

租赁公司可分为专业租赁公司和融资性租赁公司两种。专业租赁公司是专门从事租赁业务的企业,这种公司往往专营某一类设备或某几类设备的租赁业务,租赁的设备或公司根据市场需求购置,或根据承租人的指定代购,并为出租的设备提供保养、维修、更换零件和技术咨询等服务,同时也从事租赁业务的介绍和担保等业务。而融资性租赁公司虽然以租赁形式出现,但其主要作用是在保持对设备所有权的前提下,为承租人垫付资本,向承租企业融通资金。

(二)金融机构

西方很多国家的银行或其他金融机构,利用其雄厚的资金在其内部设立经营租赁业务的部门,或几家金融机构联合组成从事租赁业务的机构。如日本东京租赁公司是第一劝业银行的子公司,总和租赁公司是住友银行的子公司,阿尔杰克公司是法国东方汇理银行参与创立的从事租赁业务的公司。

(三)制造商和经销商

20 世纪 70 年代以后,很多发达国家机械设备的制造者和经销商,在本企业内部设立从事租赁业务的部门或直属的租赁公司,以经营本企业所生产或销售的设备的租赁业务。它们开展租赁业务的目的是扩大其产品销路,如美国商用机器公司、美国电报电话公司等就大量出租其所制造的产品。

(四)联合机构

20 世纪 60 年代中期以来,世界租赁市场上相继出现了一些由不同国家的企业联合组成的国际租赁组织,如由英国、美国、法国、意大利、荷兰等国银行组成的总部设在卢森堡的租赁协会,还有1973年由美国、英国、德国、意大利、日本、加拿大等国银行组成的东方租赁控股公司等。

上述四类经营租赁业务的机构各有优势。金融机构在融资条件上能提供很多优惠,而专业租赁公司、制造商、销售商则能在维修服务方面提供便利。

二、国际租赁的基本程序

国际租赁的程序往往随租赁方式的不同而不同,而且往往每个从事租赁业务的租赁公司都有自己的一套做法,但基本程序还是相同的,大致包括以下几个步骤:

1. 申请租赁

承租人先向租赁公司提出租赁申请,索取并填写租赁委托书。

2. 选定拟租赁的设备

有些租赁方式的租赁设备是由承租人选定的,承租人先与自己所需要的设备的生产企业或供货商,就拟租赁设备的品种、规格、性能、品质、交货期、价格等事宜进行商谈,谈妥后再由出租人代为购买,除经营租赁外,出租人一般不承担技术谈判的责任。在选择拟租赁的设备时,既可以由承租人自行选定拟租赁的设备,也可以由租赁公司按承租人的要求,向承租人推荐拟出租的设备。

3. 租赁预约

承租人就拟租赁设备的有关事项与制造商或供应商谈妥后,就所洽谈的有关设备的品名、品质、规格、价格、供货时间、维修保养等情况通知给出租人,并与出租人商谈设备的租赁方式和期限,同时还应要求出租人开具租赁费估价单。承租人对估价单进行研究并与出租人磋商后办理租赁预约。

4. 审查

租赁公司接受租赁预约后,承租人应向出租人提交企业的经营许可证及各种财务报表等文件。出租人根据承租人提供的文件和自己掌握的材料对承租人进行资信审查,必要时还可委托有关信用调查机构对承租人进行资信调查,出租人根据审查结果决定是否接受租赁。

5. 签订租赁合同

经过资信调查,如果承租人的条件符合出租人的要求,出租人将就租赁中的一些细节问题与承租人进行磋商,双方达成一致后便可签订正式的租赁合同。

6. 订购设备

租赁合同签订后,租赁公司根据承租人在租赁合同中所规定的设备的型号、规格等要求向制造商或供货商订购拟租赁的设备,或按承租人与供货商已达成的条件与承租人指定的供货商签订购货合同。与此同时,承租人还应与供货商就设备的安装与维修、人员培训、零配件的供应等事宜签订技术服务合同。

7. 租赁设备的交接

制造商或供货商根据供货合同的规定,向承租人直接供货。承租人应做好租赁设备的报送和提货等工作,以保证租赁设备能顺利进口和交接。

8. 租赁设备的验收

承租人收到租赁物后，经过安装和一段时间的试运转后，如果符合合同要求，即为验收合格，租赁期从验收的合格日开始起算。

9. 支付设备价款

设备的价款由出租人支付，如果出租人资金不足，则可向银行等金融机构申请贷款。出租人根据购货合同规定的支付条件向制造商或供货商支付租赁设备的价款。

10. 支付租金

承租人在收到租赁的设备并验收合格后，按租赁合同的规定，按期向出租人支付租金，租金一般按月、季、半年或一年，分期在期初或期末支付。

11. 投保

在租赁期内，由于租赁设备的所有权属于出租人，所以一般应由出租人或承租人以出租人的名义与保险公司签订租赁设备的保险合同并支付保险费。如果在租赁期限内发生保险范围内的索赔事故，承租人应提供必要的文件，配合出租人顺利得到保险公司的赔款。

12. 维修与保养

在租赁期内，租赁设备的维修与保养的责任因租赁方式的不同而不同，有由出租人负责的，也有由承租人负责的。双方对此应在合同中做出明确规定。

13. 缴纳税金

出租人和承租人根据租赁合同的规定，分别缴纳各自应负责支付的税款。

14. 租赁设备的期后处理

租赁合同期满后，对租赁设备的处理一般有四种方法：一是承租人将设备退还给出租人；二是承租人与出租人签订续租合同，以续租设备；三是承租人买下租赁的设备，其价格既可按市场价格，也可以以象征性价格购买，这要根据租赁方式和租赁设备的期后残值而定；四是出租人将租赁的设备无偿赠送给承租人。

第五节　中国的融资租赁业

一、中国融资租赁业的产生与发展

融资租赁是中国利用外资的形式之一，具有融资和贸易的双重职能，并已被中国企业广泛采用。中国的融资租赁业起源于20世纪70年代末80年代初，发展至今只有30多年的历史，比发达国家晚了大约30年的时间，其大致分以下几个发展阶段：

（一）起步阶段（1979—1983年）

1979年7月，中国颁布了历史上第一部《中外合资经营企业法》。同年10月，中国国际信托投资公司在北京成立，作为中国利用外资窗口之一的中国国际信托投资公司随即便开展了国际租赁业务，并于1980年从日本租进了第一批日产汽车。同年，还为河北涿县塑料厂引进了编织机生产线。1981年又与美国汉诺威尔制造租赁公司和美国劳埃德银行合作，中国国际信托投资公司以杠杆租赁的方式帮助中国民航从美国租进了有史以来第一架波音747飞机。然后，在当时的中国国际信托投资公司董事长荣毅仁的倡议下，经国家有关部门批准,由中国国际信托投资公司、北京机电设备公司和日本东方租赁公司合资组建成了中国第一家专门从事租赁业务的租赁公司——中国东方租赁有限公司。1981年7月,第一家专营租赁业务的中资企业——中国租赁有限公司也在北京诞生。上述两家公司的成立标志着中国现代租赁业的开端。此后,众多从事租赁业务的机构在中国境内纷纷涌现。在这一时期中国政府和企业深刻地认识到融资租赁的融资功能,因此从事租赁业务的机构注册资本很低,并且脱离业主,租赁资产的比例也偏低,当时的业务量与现在相差甚远,4年累计业务量仅为5 300多万美元。

(二) 发展阶段(1984—1989年)

1984—1989年是中国租赁业的高速发展时期,其主要表现为租赁业务的范围扩大了,由原来的汽车和飞机等运输工具扩展到工业技术改造等多个领域。中国租赁业的发展速度与中国国民经济的发展速度基本达到了一致。

(三) 成熟期(1990年至今)

进入20世纪90年代以后,中国的租赁业开始走向成熟。具体表现为中国经营租赁业务的企业开始强调效益,即加强对投资项目的可行性研究和评估,制定重点投资领域等,业务量1994年达到了5.5亿美元,2003年达到了22亿美元。当然在这期间,中国租赁业也出现了运作不规范、资金成本偏高、资产总量急剧扩张等问题,导致欠租问题严重。受东南亚金融危机的影响,从1992年到1996年中国的融资租赁也出现了负增长,1997年以后中国的融资租赁又恢复增长。中外合资租赁公司在1997年和1998年的租赁交易额分别增长了158%和56%,非银行金融类的租赁公司的租赁交易额也分别达到了5.86%和20.2%。中国租赁业是改革开放的产物,中外合资租赁公司已成为中国利用外资的重要渠道之一,它有力地支持了中国经济的发展。中国各租赁公司已基本形成了业务网络,相互间建立了横向合作关系,并与国外的大租赁公司、金融机构和制造商建立了经常性业务往来。中国的租赁业正在成为世界租赁行业中崛起的一支新生力量。

据商务部发布的《中国融资租赁业发展报告(2016—2017)》的统计,2016年在全国融资租赁企业管理信息服务平台登记的融资租赁企业达到6 158家,其中内资试点企业204家,外资租赁企业5 954家;注册资本金总量达到1.92万亿元,是2013年的2 884.3亿元的近7倍;资产总额突破2万亿元,达到2.15万亿元;全行业实现营业收入1 535.9亿元,利润总额267.7亿元。

阅读专栏　　　　　　　　上海拓宽融资租赁服务领域

2016年8月,上海发布了《关于加快本市融资租赁业发展的实施意见》(《实施意见》),自当年9月1日起施行,有效期至2020年12月31日。《实施意见》提出,以中国(上海)自由贸易试验区先行先试为契机,建立支撑融资租赁业持续健康发展的制度创新体系,建立统一、规范、有效的控制行业风险和事中事后监管体系,建立行之有效的政策扶持和服务体系,不断拓宽服务领域,提升上海融资租赁业的国际竞争力和对全市经济社会发展的贡献度。

《实施意见》提出鼓励引导境内外资本来沪设立融资租赁公司,支持具有优势产业背景的融资租赁公司设立专业子公司;鼓励融资租赁公司通过兼并重组、增资扩股等扩大规模、拓展业务,形成一批具有核心竞争力的行业龙头企业;支持有实力的融资租赁公司开展跨境租赁和跨境兼并,培育跨国融资租赁集团;支持设立融资租赁中介服务机构,加快发展为融资租赁企业配套服务的专业咨询、技术服务、评估鉴定、资产管理、资产处置等相关行业。

《实施意见》支持上海自贸试验区先行先试,促进融资租赁业集聚发展。其中包括重点做好各项服务配套工作;支持设立专业子公司和特殊项目公司;支持内资融资租赁试点企业利用外债支持融资租赁公司开展人民币跨境融资业务;允许融资租赁公司开展本外币资金池业务;设立绿色通道,便捷通关手续。《实施意见》允许融资租赁公司以绝对控股方式设立单机单船等特殊项目公司。允许隶属于同一母公司的单机单船等特殊项目公司实行住所集中登记,且与母公司住所相同。允许融资租赁公司设立飞机、船舶等专业子公司并可持续经营多个飞机、船舶等项目。

此外,《实施意见》深入推进制度创新,完善融资租赁行业发展环境。加快推进简政放权,简化相关行业资质管理,研究完善融资租赁物登记公示制度,支持符合条件的融资租赁公司接入人民银行征信系统。

资料来源:http://finance.ifeng.com/a/20160830/14835891_0.shtml。

二、中国从事租赁业务的机构

中国从事租赁业务的公司大致可分为四类:一类是中外合资组建的经营租赁业务的公司,如中国东方租赁有限公司;第二类是完全由中资组成的租赁公司,如中国租赁有限公司;第三类是专业租赁公司,即专门经营某种设备或面向某些部门的租赁公司,如由中国有色金属工业总公司、中国银行信托咨询公司、中国工商银行、美国第一联美银行、法国巴黎国民银行共同出资组建的中国国际有色金属租赁有限公司,该公司专门经营全国有色金属企事业单位的融资租赁业务;第四类是由银行或金融机构设立的专营租赁业务的部门,如中国银行信托投资公司和中国国际信托投资公司的租赁部都是经营租赁业务的部门。

三、中国租赁业的特征

国际租赁业是经济发展到一定阶段的产物,但由于世界各国的租赁业所处的政治和经济环境不同,各国的租赁业也不尽相同,中国租赁业受国情的影响也有自己的特色,具体表现为以下四点:

(一)中外合资租赁企业是中国租赁业的骨干

中国的租赁业是从开展国际租赁业务开始的,即先有国际业务,后有国内业务,实际上国内租赁业务是靠国际租赁业务带动起来的。目前,在中国境内专营租赁业务的租赁公司中,中外合资设立的租赁公司占一半以上,中国租赁业的发展进程与发达国家租赁业的发展进程正好相反。中国的租赁业之所以呈现出先有国际业务后有国内业务的发展进程,不仅是由于中外合资租赁公司熟悉国际业务和国际惯例,而且正反映了在目前形势下,中国利用外资、引进国外先进技术设备的特殊要求。正是这种外向型经济的特殊要求,给了这些外资租赁公司充分发挥作用的机会。

(二) 中国的租赁企业多以从事进口融资租赁业务为主

中国的租赁企业以从事进口融资租赁业务为主,主要是由目前国内落后的技术状况和企业资金短缺造成的。中国的汽车、飞机等大型运输工具及其他一些大型机械设备比西方发达国家落后,而且这些大型运输工具和设备的价格昂贵,企业又缺乏资金,这就使得帮助中国企业融资租赁外国的运输工具和先进的技术设备成为中国租赁公司的主要任务。此外,由于中国的运输工具和机械设备较为落后,经营出口租赁业务就较为困难。

(三) 中国利用租赁融资的行业较广,但多为技术改造项目

中国利用租赁进行融资的行业有运输、邮电、电力、机电、轻纺等,其行业分布十分广泛,但80%以上的融资租赁项目是技术改造项目,其中相当一部分是出口创汇项目。

(四) 承租人可提前向出租人偿还租金

在租金的偿还上,承租人被许可按规定的金额提前偿还租金,而这在西方发达国家是被法律所禁止的,否则将被处以罚款。

(五) 中国租赁业仍较落后

据《世界租赁年报2015》统计,2013年中国租赁额达到889亿美元,居世界第2位,占当年世界租赁总额8839.6亿美元的10.06%;而位居世界租赁业首位的是美国,租赁总额达到3178.8亿美元,是中国的近4倍;位居第三和第四位的是德国和英国,租赁额分别为713.1亿美元、697.9亿美元。

四、中国的租赁方式

(一) 自营进口租赁

自营进口租赁的具体做法是,租赁公司自筹资金,按照国内用户的要求,以买方的身份与国外制造商或供货商签订购货合同,设备进口以后,再将其租给国内承租人使用,在租赁期间,由承租人分期向国内出租人支付租金。

自营进口租赁的实施程序是:①国内承租人向国内出租人提出租赁申请;②选择外国供货商;③出租人与国外制造商或供货商进行技术和商务谈判并签订买卖合同;④承租人和出租人签订租赁合同;⑤出租人为进口设备,向银行申请开立信用证;⑥国外制造商或供货商直接向承租人发货;⑦承租人办理报关手续;⑧承租人验收货物;⑨出租人向国外制造商或供货商付款;⑩承租人向出租人支付租金;⑪租赁物的期末处理。

(二) 进口转租赁

进口转租赁的做法是国内租赁公司根据承租人提交的拟租设备的订单,先以承租人身份从国外租赁公司租进设备,再以出租人的身份将租进的设备转租给国内承租人。

进口转租赁的具体操作程序是:①国内承租人向国内出租人申请租赁;②国内出租人向国外出租人申请租赁;③国外出租人选择制造商或供货商;④国内承租人与国外制造商或供货商进行技术交流;⑤国内出租人与国外制造商或供货商进行商务谈判;⑥国内出租人与国外出租人洽谈租赁条件,并签订租赁合同;⑦国外出租人与国外制造商或供货商签订买卖合同;⑧国内承租人与国内出租人签订转租合同;⑨国外制造商或供货商向国内出租人发送租赁设备;⑩国外出租人凭装运单据向制造商或供货商支付货款;⑪国外出租人向国内出租人转交装运单据;⑫国内出租人将收到的设备转交给国内承租人;⑬国内承租人验收租赁的设备;⑭国内承租人向国内出租人支付租金;⑮国内出租人向国外出租人支付租金;⑯租赁设备的期后处理。

（三）回租后的进口转租赁

回租后的进口转租赁是指国内出租人用现汇从国外制造商或供货商处购入设备，并将购入的设备以与购买时相同的价格出售给国外的出租人，然后再从国外出租人处租回，并转租给国内承租人的一种租赁方式。

回租后的进口转租赁的运作程序是:①国内承租人向国内出租人提出租赁申请;②国内出租人选择国外制造商或供货商;③国内出租人与国外制造商或供货商进行商务谈判并签订购货合同;④国内承租人与国外制造商或供货商进行技术谈判并签订维修服务协议;⑤国内出租人与国外出租人签订设备的转售及回租合同;⑥国内出租人与国内承租人签订转租合同;⑦国外制造商或供货商向国内出租人发货;⑧国外出租人凭提单向制造商或供货商付款;⑨国外出租人向国内出租人转交提单;⑩国内出租人将收到的设备交给国内承租人;⑪国内承租人验收设备;⑫国内承租人向国内出租人支付租金;⑬国内出租人向国外出租人支付租金;⑭设备的期后处理。

（四）介绍租赁

介绍租赁是指由国内租赁公司介绍，国内承租人直接与国外的制造商或供货商签订供货合同，并直接与国外出租人签订租赁合同，国外出租人在收到国内租赁公司或银行等金融机构出具的支付租金的保函之后，将设备交付给国内承租人使用的一种租赁方式。国内承租人按合同的规定，分期支付租金。合同期满后，按合同的规定办理设备所有权的转让手续。介绍租赁与自营进口租赁的区别在于：一是国内的租赁公司由出租人变成了介绍人或担保人；二是国内的租赁公司由设备的买方变为代替国内承租人向国外出租人办理支付租金结算的委托单位。

五、国际租赁业在中国经济发展中的作用

中国的租赁业虽然起步较晚，但发展迅速，而且租赁业在中国经济发展中的作用十分明显。其具体表现在以下几个方面：

（一）国际租赁是中国利用外资的一种最有效的手段

中国租赁业是从经营国际业务开始的，因此，中国租赁业的一个显著特点是，中外合资租赁公司不仅在中国租赁市场上占有较大的比重，而且起着十分重要的作用。据商务部发布的《中国融资租赁业发展报告（2016—2017）》的统计，2016年全国融资租赁企业达到6 158家，其中绝大多数均为外资租赁企业，企业数量达到5 954家，占比达到96.7%。而据商务部发布的统计数据，2015年中国以融资租赁为主的金融业（不包含银行、证券、保险）吸收外资金额达到149.69亿美元，占非金融类实际利用外资金额的11.85%，成为中国利用外资的重要方式。

（二）促进了中国企业的技术改造和外向型经济的发展

20世纪80年代初期，中国几乎所有的企业都面临技术设备陈旧、工艺落后、亟须进行技术改造和更新等问题。解决这些问题最急需的是资金，而且是外汇。依靠国家出资进行技术改造和更新难以满足所有企业需求，在资金不足甚至没有资金的情况下，中国企业采用融资租赁的方式进口企业所需的国外先进技术和设备，既可以解决资金不足的问题，又可以加速企业的技术改造和设备更新，还可以在短期内实现产品的更新换代。此外，融资租赁还可达到扩大企业产品出口规模的目的，例如，轻纺产品历来是中国的创汇产品，环球租赁公司承办的石家庄第六棉纺织厂项目及华和租赁公司承办的青岛国棉六厂项目都达到了产品更新换代的目的，这不仅使中国的轻纺产品保持了原有的世界市场，而且还增加了世界市场份额。

（三）促进了产业结构的调整和资本要素的优化配置

改革开放之前，中国的产业结构不尽合理，有些行业甚至是空白，国家没有能力出巨资来解决这些问题，而融资租赁对改变这一状况起到了十分重要的作用。中国租赁业所走过的路已充分证明了这一点。以中国民航业为例，航空运输业是一个投资大、资产可塑性强、风险系数高、经营较灵活的特殊行业。20世纪70年代末80年代初，中国民航不仅飞机少，而且机型落后，国家没有力量出巨资一下子购买许多几千万美元一架的大型飞机，这就严重制约了中国民航运输业的发展。中国民航自1980年采用美国投资减税租赁方式向美国波音公司租用了第一架波音747SP飞机后，各大航空公司又分别运用德法双沾租赁、日本杠杆租赁、欧洲进出口信贷租赁、日本杠杆租赁与美国进出口银行担保相结合的租赁、日本进出口银行担保租赁等融资租赁方式，引进了各种型号的飞机，大大发展了我国民航运输业，使中国民航运输业从落后的地位一跃而成全国最发达的行业之一。中国民航运输业利用租赁得以发展的成功例证告诉我们，在资金少的情况下，利用融资租赁方式引进国外的先进技术和设备，可以使那些急待发展的行业做到边生产边创利边还款从而达到振兴和发展落后行业的目的。

（四）有利于调整中国的外债结构

利用租赁进行融资不会出现外资在某一行业比重过大或外商对某一业行垄断的现象，租赁融资还可以与外商直接投资、补偿贸易、政府贷款、买方信贷和卖方信贷等其他利用外资的形式相结合，相互补充和相互调节，从而起到减少国家外债负担的作用。

思考与练习

1. 现代租赁的特征是什么？
2. 国际租赁在经济发展中的作用是什么？
3. 国际租赁有哪几种方式？
4. 租金有哪几种计算方法？
5. 国际租赁对中国经济发展的作用是什么？
6. 中国开展国际租赁有哪几种方式？

 **案例分析**

新疆金融租赁公司售后回租

1997年6月,新疆金融租赁公司与新疆维吾尔自治区邮电管理局及其各地区(州)电信局[(包括现在的中国电信集团新疆维吾尔自治区电信公司及其各地区(州)分公司(以下简称"新疆电信")、中国移动通信公司新疆维吾尔自治区分公司及其分支机构(以下简称"新疆移动")、中国联合通信公司新疆维吾尔自治区分公司及其分支机构(以下简称"新疆联通")、新疆维吾尔自治区邮政局及其下属各分局(以下简称"新疆邮政")]达成协议,对其和田—乌鲁木齐、伊犁—乌鲁木齐、阿勒泰—乌鲁木齐三条通信光缆开办了为期3年的售后回租,期限三年,租赁成本总计9.11亿元人民币。

1998—2000年,新疆金融租赁公司为新疆电信、新疆移动、新疆联通、新疆邮政陆续办理了电话程控交换机、接入网设备、IC卡电话机、移动电话机、线路维护用车、运钞车等设备及汽车的融资租赁,租赁成本总计4.5亿元。

1996—2000年,新疆金融租赁公司为新疆的金融机构和中小企业办理生产设备、电脑、运钞车融资租赁,总计租赁成本2.19亿元。

1999—2000年,新疆金融租赁公司为居民办理私人汽车、电脑租赁总计租赁成本1 000万元。

2000年6月23日,新疆金融租赁公司受长安信息(集团)股份有限公司委托,为中国西北航空公司办理了两架"空中客车"A310飞机的售后回租业务,租赁成本1.4亿元。此业务为中国境内租赁公司首次开办飞机租赁业务。

2000年12月20日,新疆金融租赁公司与中国北方航空公司签订协议,为其拥有的两架MD-82飞机办理了售后回租业务,租赁成本1.73亿元。

2001年6月,新疆金融租赁公司以融资租赁的方式,与乌鲁木齐铁路局签订协议,办理三部火车头租赁业务,租赁成本1 500余万元,开创了国内铁路机车融资租赁的先河。

【思考与讨论】

1. 请总结一下新疆金融租赁公司的主要业务中包含了哪些形式的租赁。

2. 请简要分析新疆维吾尔自治区邮电管理局及其各地区(州)电信局采用售后回租方式的主要原因。

21世纪经济与管理规划教材
国际经济与贸易系列

第十章

国际发展援助

【教学目的】

通过本章学习,学生将能够:

1. 了解国际发展援助的含义、国际发展援助的方式、国际援助机构,以及中国接受国际援助和对外提供发展援助的情况;

2. 熟悉联合国三大筹资机构;

3. 掌握当代国际发展援助的特点、作用,国际组织和外国政府发放发展援助的条件,申请和发放援助的具体程序以及各援助大国的主要援助国家和地区。

【关键术语】

赠予成分	官方发展援助
双边援助	方案援助
多边援助	技术援助
财政援助	联合国发展系统

【引导案例】

中国国务院新闻办公室2016年12月1日发表了《发展权：中国的理念、实践与贡献》白皮书。白皮书指出，60多年来，中国共向166个国家和国际组织提供了近4 000亿元人民币援助。

此外，中国共为发展中国家培训各类人员1 200多万人次，派遣60多万援助人员，其中700多人为他国发展献出了宝贵生命。

白皮书还显示，2008年以来，中国连续多年成为最不发达国家第一大出口市场，吸收最不发达国家约23%的产品出口。为进一步推进发展中国家经济增长和民生改善，中国将设立"南南合作援助基金"，继续增加对最不发达国家投资，免除符合条件国家的特定债务，设立国际发展知识中心，继续推进"一带一路"建设。

2002年，中国与东南亚国家联盟签订了《全面经济合作框架协议》，对柬埔寨、老挝、缅甸和越南等东盟新成员国给予特殊和差别待遇及灵活性。中国海关总署先后颁布3个文件，将享受"特别优惠关税"政策的国家从非洲扩大到40个联合国认定的最不发达国家。

未来5年，中国将向发展中国家提供"6个100"项目支持，包括100个减贫项目，100个农业合作项目，100个促贸援助项目，100个生态保护和应对气候变化项目，100所医院和诊所，100所学校和职业培训中心；向发展中国家提供12万个来华培训和15万个奖学金名额，为发展中国家培养50万名职业技术人员；设立南南合作与发展学院，向世界卫生组织提供200万美元的现汇援助。

迄今为止，中国共派出军事人员、警察和民事官员3.3万余人次参与联合国维和行动，目前共有2 600余名维和人员在10个联合国任务区执行维和任务，是联合国安理会常任理事国中派出维和人员最多的国家。

今后5年中国将为各国培训2 000名维和人员，开展10个扫雷援助项目，向非盟提供总额为1亿美元的无偿军事援助，中国—联合国和平与发展基金的部分资金也将用于支持联合国维和行动。

资料来源：http://news.china.com/domestic/945/20161202/30061508.html。

第一节　国际发展援助概述

一、国际发展援助的概念

国际发展援助（international development assistance）是国际经济合作的主要方式之一。它是指发达国家或高收入的发展中国家及其所属机构、国际有关组织、社会团体以提供资金、物资、设备、技术或资料等方式，帮助发展中国家发展经济和提高社会福利的具体活动。国际发展援助分有偿和无偿两种，其形式有赠予、中长期无息或低息贷款，以及促进受援国经济和技术发展的具体措施。它的目标是促进发展中国家的经济发展和社会福利的提高，缩小发达国家与发展中国家之间的贫富差距。国际发展援助属于资本运动的范畴，它是以资本运动为主导，并伴随着资源、技术和生产力等生产要素在国际间的移动，它所采用的各种方式和方法均为资本运动的派生形式。

二、国际发展援助的目标

在人类跨入 21 世纪的时候,世界正发生着深刻的变化,贫困的含义不仅包括低收入和低消费,解决教育、卫生、营养和人口问题也都是消除贫困的主要任务。发达国家经济的飞速发展及高福利,与经济停滞不前的发展中国家及其民众生活日益恶化形成了鲜明的对比,促进发展中国家的经济发展和解决发展中国家人民的温饱问题正在成为发达国家政府的工作之一。

(一)减少贫困

贫困仍然是目前困扰全球以及阻碍世界经济发展的一大问题。按照世界银行发展报告的统计,在目前全世界 63 亿人口中,有 28 亿人每天靠不足 2 美元来维持生计,有 12 亿人每天的生活费不足 1 美元,其中 44% 在南亚地区,这是美国和西欧 200 年前就已达到的生活标准。由于战争、种族冲突和饥荒,全球有至少 54 个国家的居民生活水平在倒退。目前欧洲一头奶牛每天的生活费是一个非洲人每天生活费的 3 倍;20 个最富裕国家的人均收入是 20 个最贫穷国家人均收入的 37 倍。据联合国统计,2015 年最不发达的国家共有 44 个,非洲 31 个,亚洲与太平洋地区 12 个,拉丁美洲和加勒比地区 1 个。

(二)控制人口

目前全世界的人口已超过 60 亿,每分钟降生 275 人,每分钟死亡 98 人,每年人口净增 9 175 万。据世界银行估计,在未来 25 年中,世界人口将增加 20 亿左右,新增人口的 97% 在发展中国家。照此发展下去,到 2050 年世界人口将达到 100 亿。人口在发展中国家的快速增长,正在给发展中国家乃至整个世界带来巨大的压力,控制人口正在成为发展援助的主要任务之一。

(三)普及教育

在学龄儿童中,9% 的男孩和 14% 的女孩无法入学,在非洲的 7 亿人口中,70% 为文盲。在南亚地区,妇女受教育的年限仅是男性的 1/2,女性的中学入学率仅是男性的 3/4。

(四)消除疾病

在目前世界中,由于疾病,每 100 个婴儿中就有 6 个活不到 1 岁,8 个活不到 5 岁;最贫困地区,1/4 的婴儿会在 12 岁前夭折,撒哈拉以南非洲的婴儿死亡率是发达国家的 15 倍。名列全球生活指数倒数第一的塞拉利昂,国民的平均寿命只有 35 岁。疾病肆虐也是发展中国家普遍存在的现象,在津巴布韦和乌干达等非洲国家,每 4 个人中就有一个人感染艾滋病。

(五)促进发展中国家的经济发展

世界银行通过贷款和技术援助,帮助发展中国家制定经济和社会政策,建立金融体制,加强基础设施建设,实现国企民营化,提高生产效率,降低通货膨胀,促进发展中国家的经济均衡发展。

此外,国际机构通过贷款方式来支持发展中国家的水资源管理、河水治理、污水处理、清洁能源,来支持发展中国家经济的可持续发展。

三、国际发展援助方式

国际发展援助的方式,按援款的流通渠道可分为双边援助和多边援助;按援助的方式可分为财政援助和技术援助;按援款的使用方向可分为项目援助和方案援助。

(一) 双边援助

双边援助(bilateral aid)是指两个国家或地区之间通过签订发展援助协议或经济技术合作协定,由一国(援助国)以直接提供无偿或有偿款项、技术、设备、物资等方式,帮助另一国(受援国)发展经济或渡过暂时的困难而进行的援助活动。双边援助与多边援助并行,是国际发展援助的主要渠道。近年来,虽然世界各国通过多边渠道提供的援助数额有所增加,但通过双边渠道提供的援助活动仍占其对外援助的主导地位。

在双边援助中,根据援助提供的形式来分,可把援助分为财政援助和技术援助,其中财政援助占有较大的比重,技术援助所占的比重近年来有所上升。根据援助的有偿和无偿性来分,可分为双边赠予和双边直接贷款。双边赠予指的是援助国向受援国提供不要求受援国承担还款义务的赠款。赠款可以采取技术援助、粮食援助、债务减免和紧急援助等形式来进行。双边直接贷款是指援助国政府向受援国提供的优惠性贷款,它一般多用于开发建设、粮食援助、债务调整等方面。

(二) 多边援助

多边援助(multilateral aid)是指多边机构利用成员国的捐款、认缴的股本、优惠贷款及在国际资金市场借款或业务收益等,按照其制订的援助计划向发展中国家或地区提供的援助。在多边援助中,联合国发展系统主要以赠款的方式向发展中国家提供无偿的技术援助,而国际金融机构及其他多边机构多以优惠贷款的方式提供财政援助。在特殊情况下,多边机构还提供紧急援助和救灾援助等。

多边援助是第二次世界大战以后才出现的一种援助方式,西方发达国家一直是多边机构援助资金的主要提供者。截至 2016 年 6 月 30 日,国际复兴开发银行已收到认缴股本158 亿美元,其中最大的四个股东认缴比例为美国(16.63%)、日本(7.19%)、中国(4.64%)和德国(4.21%)。西方发达国家向多边机构提供的援助资金在多边机构援助资金总额中占有较大比重。多边机构援助资金由多边机构统一管理和分配,不受资金提供国的任何限制和约束,因此多边援助的附加条件较少。

(三) 财政援助

财政援助(financial assistance)是指援助国或多边机构为满足受援国经济和社会发展的需要,以及为解决其财政困难,而向受援国提供的资金或物资援助。财政援助分赠款和贷款两种。贷款又分为无息贷款和有息贷款,有息贷款的利率一般低于国际金融市场利率,贷款的期限也较长,一般在 10 年以上,而且还有较长的宽限期。

财政援助在资金方式上可分为官方发展援助(official development assistance)、其他官方资金(other official flow)和民间资金(private flow)三种。官方发展援助是发达国家或高收入的发展中国家的官方机构为促进发展中国家的经济和社会发展,向发展中国家或多边机构提供的赠款或赠予成分不低于 25%的优惠贷款。赠予成分是根据贷款利率、偿还期、宽限期、收益率等计算出来的一种衡量贷款优惠程度的综合性指标。衡量援助是否属于官方发展援助一般有三个标准:一是援助是由援助国政府机构实施的;二是援助是以促进发展中国家的经济发展为宗旨,不得含有任何形式的军事援助及各种间援形式的援助;三是援助的条件必须是宽松的,即每笔贷款的条件必须是减让性的,其中的赠予成分必须在25%以上。其他官方资金指的是由援助国政府指定的专门银行或基金会向受援国银行、进口商或本国的出口商提供的,以促进援助国的商品和劳务出口为目的的资金援助。其援助主要是通过出口信贷来实施的。其他官方资金也属于政府性质的资金,也以促进发展中国家的经济发展和改善其福利为援助的宗旨,贷款的赠予成分也必须在25%以上,它与官方资金的区别在于不是以政府的名义实施的援助。民间资金是非政府组织提供的援助,也称民间发展援助,它是指由非营利的团体、教会组织、学术机构等提供的援助,它主要以出口信贷和直接投资的形式来实施。

(四)技术援助

技术援助(technical assistance)是技术先进的国家和多边机构向技术落后的国家在智力、技能、咨询、资料、工艺和培训等方面提供资助的各项活动。技术援助分有偿和无偿两种。有偿的技术援助是指技术的提供方以优惠贷款的形式向技术的引进方提供各种技术服务;而无偿的技术援助则是指技术的提供方免费向受援国提供各种技术服务。

技术援助采用的主要形式有:援助国派遣专家或技术人员到受援国进行技术服务;培训受援国的技术人员,接受留学生和研究生,并为他们提供奖学金;承担考察、勘探、可行性研究、设计等投资前服务活动;提供技术资料和文献;提供物资和设备;帮助受援国建立科研机构、学校、医院、职业培训中心和技术推广站;兴建厂矿企业、水利工程、港口、码头各种示范性项目等。20世纪60年代以来,随着科学技术的迅速发展,技术援助的规模和形式都有了较大的发展。在60—70年代,发达国家每年向发展中国家提供的技术援助资金数量只占其对外援助总额的10%左右;到80—90年代,这一比例已提高到30%左右,有些发达国家甚至达到了60%。技术援助已成为加强发达国家与发展中国家经济合作的重要手段。

(五)项目援助

项目援助(project assistance)是援助国政府或多边机构将援助资金直接用于受援国某一具体建设目标的援助。由于每一个具体的援助目标都是一个具体的建设项目,故称项目援助。项目援助的资金主要用于资助受援国开发动力资源和矿藏,建设工业、农业、水利、道路、港口、电讯工程以及文化、教育、卫生设施等。

项目援助既可以通过双边渠道进行,也可以通过多边渠道进行。其资金主要来源于各发达国家或高收入发展中国家的官方援助及世界银行等多边机构在国际资金市场上的借款。项目援助均以某一具体的工程项目为目标,并往往与技术援助相结合,所以援款不易被挪用,从而有助于提高受援国的技术水平。目前,许多发达国家将扩大本国商品的出口和保证短缺物资的进口来源作为提供项目援助的先决条件,因此,项目援助对援助国也十分有利。

(六)方案援助

方案援助(programme assistance)又称非项目援助,是指援助国政府或多边机构根据一定的计划,而不是按照某个具体的工程项目向受援国提供的援助。项目援助一般用于进口拨款、预算补贴、国际收支津贴、偿还债务、区域发展和规划等方面。

一个援助方案含有数个或更多的项目，并且往往要经历数年或数十年的建设周期。一个援助方案虽然含有若干个项目，但援助方案本身一般不与具体项目相联系。在多数情况下，方案援助的资金往往附带有严格的使用规定，特别是近年来，援助国或多边机构往往要求对方案援助的执行情况进行严格的监督与检查。方案援助也是发达国家目前经常采用的一种援助方式。进入20世纪80年代以后，经合组织的发展援助委员会17个成员方以方案援助形式提供的援助额已占到双边援助协议额的1/3以上。在美国国际开发计划署目前提供的援助额中，方案援助一般占50%以上。

四、国际发展援助的特点

近年来，国际发展援助已成为当今世界一种十分引人注目的国际经济合作活动。随着世界各国政治和经济实力对比的不断变化，国际发展援助出现了以下几个新特点：

（一）政治色彩日益浓厚

在20世纪80年代以前的国际发展援助中，援助国只注重受援国的政治倾向，即援助国只给予本政治集团内的国家或在政治上与援助国立场一致的国家经济援助。进入80年代以后，随着一些社会主义国家改革大潮的涌起和东欧国家的剧变，西方发达国家开始将"民主、多党制、私有制、劳工标准"等作为向发展中国家提供发展援助的先决条件，他们往往以经济援助为条件，要求受援国必须按西方国家的意图进行政治和经济改革。援助国的政治条件使一些发展中国家得到发展援助的数额日益减少，如被西方国家认为经济改革不力的科特迪瓦、几内亚、肯尼亚、尼日尔和多哥等国受援数量大幅度下降，而改革有成效的坦桑尼亚、乌干达、赞比亚的受援数量则略有上升。实际上，发达国家正在把援助作为影响发展中国家政策的一种工具。

（二）附加条件日益增多

近年来，越来越多的援助国将援助与采购援助国商品和使用援助国的劳务联系在一起，而且限制性采购占援款的比例不断提高。目前，发展援助委员会成员国提供的双边援助，有一半以上要求受援国购买援助国的商品和使用援助国的劳务。这种带有限制性采购的援助往往迫使受援国进口一些质量差、价格高的商品和劳务，以及一些不适用的、过时的技术，这不仅减弱了发展援助的作用，同时还加大了受援国的债务负担。这是许多发展中国家经济发展速度减慢、债务增加速度加快的重要原因之一。

（三）援助规模起伏波动大

以经合组织设立的发展援助委员会29个成员的官方发展援助规模来看，1990年以来援助总额就经历了三次较为明显的起伏：1992年之后连续5年援助规模持续下滑，由1992年的804.7亿美元下降到1997年的620.7亿美元，降幅接近1/4；2005年之后同样出现了连续两年大幅下滑，由2005年的1 161.3亿美元下降到2007年的1 006.8亿美元；2010年又出现了一次小幅下滑，由当年的1 206.0亿美元下降到2012年的1 151.4亿美元；2017年的援助规模则基本与2016年持平，达到1 441.7亿美元。

（四）大部分援助国没有达到联合国规定的援助标准

根据联合国1970年通过的《联合国第二个10年国际发展战略》的规定，发达国家对发展中国家提供的官方发展援助净交付额应占其国民生产总值的0.7%。而提供发展援助较多的经合组织成员国的平均援助水平,不仅没有达到这个标准,反而离这一标准越来越远。经合组织提供的官方发展援助净交付额平均占国民生产总值的比例从1980年的0.35%下降到1992年的0.33%,进入21世纪以来也只能维持在0.3%的水平。只有年官方发展援助额在30亿美元以下的瑞典、荷兰、挪威、丹麦等援助小国达到了援助额占国民生产总值0.7%的标准,援助大国中只有法国近十年来一直保持在0.6%—0.63%,接近联合国要求的0.7%的标准,其中世界上两个最大的援助国美国和日本在1993年分别只有0.15%和0.26%,在2000—2004年均维持在0.3%以下的水平。2000年西方国家的官方发展援助净交付额仅占其国民生产总值的0.22%,创下了30多年来的最低水平。石油输出国组织成员国每年提供的援助额占各国国民生产总值的平均比重也从1976年的2.32%下降到1993年的0.46%,随着本地区的战争频发和恐怖主义盛行,这一比例也降至不足0.3%。据世界银行统计,以官方发展援助为主的优惠性资金,在1970—1980年约增加了50%,1980—1990年约增加了50%,而在1990—2000年却下降了25%。据经合组织公布的数据,2000年以来其发展援助委员会成员的援助额占国民收入的比重虽有所上升,但基本保持在0.3%左右,2017年该比重为0.31%。

(五)援助格局发生了变化

当前国际发展援助的援助国主要集中在经合组织发展援助委员会成员国,其援助份额占到全球发展援助总额的9成以上。其中,美国、德国、英国、日本、法国等为主要援助国,2017年五国援助额之和接近发展援助委员会援助总额的70%,其中美国以346.38亿美元位居首位,占发展援助委员会援助总额的24.03%,德国(238.44亿美元)、英国(184.25亿美元)、日本(118.64亿美元)、法国(110.57亿美元)占比分别为16.54%、12.78%、8.23%、7.67%。近年来,国际发展援助在基本保持了原有格局的基础上也出现了一些新变化,如德国对外援助额增长迅速,2015年超过英国成为仅次于美国的第二大援助国;土耳其异军突起,2017年对外援助额达到91.09亿美元,仅次于法国,位列第六位。

(六)援助的形式发生了变化

援助形式的变化主要体现在项目援助的比重下降,而方案援助和债务减免的比重上升。1990年生产性项目援助占国际发展援助总额的比重从1976年的21.8%下降到12.2%,债务减免的比重却达到了23.3%。其中,美国1990年的债务减免数额占其当年官方发展援助总额的57.1%,1998—2004年每年的债务减免数额占其当年官方发展援助总额的比重均保持在50%以上。

(七)双边发展援助的地理分布有所变化

近年来,美国发展援助的重点由以前的拉美和中东地区转变为以非洲、南亚和中东地区为主,2016年美国对非洲援助额达到98.61亿美元,对亚洲援助额达到69.48亿美元,其中对阿富汗的援助额达到13.76亿美元。法国援助重点则集中在非洲讲法语的国家,英国将南亚和非洲的英联邦国家视为援助的主要对象,日本则将大部分援助给予了印度和越南等南亚和东南亚各国,而石油输出国组织的成员国将援款的80%以上给予了阿拉伯国家。

(八)援助的赠予成分不断提高

从1989年以后,发展援助委员会成员国向发展中国家提供发展援助的赠予成分平均超过了90%，超过了发展援助委员会规定的86%的标准。1995—2004年，发达国家向48个最不发达国家或地区提供发展援助的赠予成分平均高达98%以上，其中对15个国家援助的赠予成分达到了100%。

（九）受援国加强了对援助项目的管理和评估

20世纪80年代以前，双边援助的管理与评估工作远远不如多边援助。进入80年代以后，援助国加强了同受援国就有关援建项目某些具体问题的联系与合作，并注重项目评估，有时甚至参与项目管理，以此来提高援助的效益，如从1997年开始，联合国发展系统开始推行在驻地一级实行制定"联合国发展援助框架"的做法，使受援国的发展计划与联合国的援助计划相一致，以提高援助资金的使用效益。

（十）发达国家往往是受益最多者

发达国家每年拿出数千亿美元的援款或物资，但这种援助最大的受益者却是发达国家。美国国际开发署在其网站直言不讳地说，"美国对外援助计划的受益者始终是美国，美国国际开发署近80%的合同和赠款直接落进了美国公司的腰包，从而为美国产品创造了市场，为美国人创造了成千上万个就业机会"。据美国《华盛顿邮报》2003年5月26日报道，美国国际开发署的对外援助在首都华盛顿地区造就了一项庞大的"援助生意"，这个地区聚集了数十家争夺美国国际开发署合同的"开发公司"，其中大多数公司员工是美国国际开发署的退休人员。按照联合国的统计，在联合国所需援助物资的采购合同中，10万美元以上合同的供应商一般都是发达国家的跨国公司，这也反映了联合国在采购中一般是带有浓厚的捐助国市场保护色彩的。

（十一）安全援助正受到各援助国的普遍重视

"9·11"后以美国为首的西方发达国家从政治上的军事援助扩大到打击跨国犯罪和反对恐怖主义，甚至一度将打击恐怖主义视为援助的首要目标。

（十二）发展援助政策的调整和变化

各国的对外发展援助政策直接影响到多边机构的援助政策和援助资金的流向。20世纪80年代以来，各发达国家的发展援助政策不断地调整，以欧盟为例，从80年代的第四个《洛美协定》到2000年的《科特努协定》，欧盟的援助政策从以贸易特惠为特色的援助转为强调自由贸易，从注重援助经济方面转为注重发展援助的政治和社会内涵，从不干预和保持中立特色的援助政策转为注重对受援国的经济政治政策的监督和干预。

（十三）减债正在成为援助的主要方式

债务历来是发展中国家最沉重的负担，尤其是非洲，全世界48个最贫穷的国家中非洲占了34个，非洲人口占世界总人口的11%，但经济却只占世界经济总量的约1%。据联合国的统计，非洲要用每年财政收入的25%偿还3 000多亿美元的债务，目前非洲的债务以每年23%的速度递增，远远高于非洲经济目前3%—5%的平均增长率。2000年年底国际金融机构联合签署了一份公报，宣布减免18个非洲国家总额为340亿美元的债务，在2005年6月的八国财长会议上，发达国家减免了非洲18国所欠世界银行、国际货币基金组织、非洲开发银行等国际金融机构400亿美元的债务，减免债务正在成为发展援助的重要方式。

第二节 联合国发展系统的援助

一、联合国发展系统

联合国发展系统(United Nations Development System)是联合国向发展中国家提供发展援助的机构体系,亦称联合国援助系统(United Nations Assistance System)。该系统是一个非常庞大而又复杂的体系,拥有30多个组织和机构。这些组织和机构在世界各国或地区设有众多的办事机构或代表处。联合国发展系统的机构可以分为三大类:第一类是政策指导性机构,如联合国大会、经社理事会等;第二类是筹资机构,主要包括开发计划署、人口基金会、儿童基金会和粮食计划署等,其中前三个筹资机构也被称为联合国的三大筹资机构;第三类是联合国的专门机构或称执行机构,它们主要是由各国政府通过协议成立的各种国际专业性组织,是一种具有自己的预算和各种机构的独立的国际组织。但由于它们通过联合国经济及社会理事会的协调同联合国发展系统进行合作,并以执行机构的身份参加联合国的发展援助活动,故被称联合国发展系统的专门机构。目前,联合国有近20个专门机构,分别是:国际劳工组织、联合国粮农组织、联合国教科文组织、联合国艾滋病规划署、世界卫生组织、联合国妇女发展基金、国际货币基金组织、国际复兴开发银行、国际开发协会、国际金融公司、国际民用航空组织、万国邮政联盟、国际电信联盟、世界气象组织、国际海事组织、世界知识产权组织、国际农发基金、联合国工发组织等。各专门机构根据自己的专业范围,承担执行联合国发展系统相应部门的发展援助项目,其中前两类机构直属联合国发展系统。联合国发展系统的主要任务是向发展中国家提供无偿技术援助。

二、联合国发展系统的三大筹资机构

联合国发展系统内的三大筹资机构是指开发计划署、人口基金会和儿童基金会。联合国发展系统的援款大部分是通过这三个机构发放的。

(一)联合国开发计划署

联合国开发计划署(United Nations Development Programme,UNDP)是联合国发展系统从事多边经济技术合作的主要协调机构和最大的筹资机构。它是根据1965年1月联大通过的第2029号决议,将技术援助扩大方案和经济发展特别基金合并而成,总部设在美国纽约。其宗旨和任务是:向发展中国家提供经济和社会方面的发展援助;派遣专家进行考察,担任技术指导或顾问,对受援国有关人员进行培训;帮助发展中国家建立应用现代科学技术方法的机构;协助发展中国家制定国民经济发展计划及提高它们战胜自然灾害的能力。开发计划署的领导机构由执行局和秘书处组成,执行局是由各大洲的36个成员方代表组成,任期3年,执行局每年举行3次常会和1次年会。秘书处主要是按照执行局的政策并在署长的领导下处理具体事务。署长的任期为4年。开发计划署的援助资金主要来源于会员国的自愿捐款,发达国家是主要的捐款国,其资金拥有量占联合国发展系统资金总量的一半以上。其援款主要是根据由会员国的捐款总额、受援国的人口总数和受援国人均国民生产总值所确定的指规数(indicative planning figure)进行分配。1972年以后,

开发计划署开始实行发展周期制度,即每 5 年为一周期,进行一次援款分配。迄今为止,开发计划署已进行了 6 个周期,前 2 个周期将援款的 2/3 分配给了人均国民生产总值不足 300 美元的国家,从第 3 个周期开始将援款的 80% 在人均国民生产总值低于 500 美元的国家之间进行分配,其中人均国民生产总值低于 250 美元的国家还得到了特别照顾。开发计划署提供援助的方式主要是无偿的技术援助。无偿技术援助活动的范围主要包括发展战略、政策和计划的研究与开发,自然资源、农业、林业、渔业、工业、运输、通信、贸易和金融等方面的考察与开发,人口、住房、卫生、就业、文化和科技等方面的培训与现代技术的应用等。开发计划署已向 140 多个发展中国家或地区提供过发展援助,并在 134 个国家或地区设立了驻地代表处。目前约有 4 万多人服务于开发计划署的各类机构及其自主的各类方案和项目。

(二) 联合国人口基金会

联合国人口基金会(United Nations Fund for Population Activities, UNFPA) 也是联合国发展系统主要的筹资机构。它成立于 1967 年,原名为人口活动信托基金,1969 年改为现名,总部在美国纽约。人口基金会的主要机构也是由 36 国组成的执行局。其宗旨和任务是:提高世界各国人口活动的能力和知识水平;促进国际社会了解人口问题对经济、社会和环境方面的影响,促使各国根据各自的情况寻求解决这些问题的有效途径;对有关人口计划诸如计划生育、人口统计资料的收集和整理、人口动态研究、人口培训及机构的设立,以及人口政策及规划的制定、评估、实施等方面问题给予协调和援助。人口基金会的资金主要来自各国政府和各民间机构的捐赠。该基金的援款主要用于人口较为稠密的亚洲和太平洋地区国家,它们得到的援款大约占该基金会援款总额的 35% 以上。根据联合国对各国人均国民收入和人口的统计,人口基金会将受援国分为 A、B、C 三类,划入 A 类的国家有 62 个,资金分配比例为 67%—69%;B 类的国家有 39 个,资金分配比例为 19%—21%;C 类的国家有 12 个,资金分配比例为 7%—9%。目前中国属于 C 类国家。人口基金会以无偿技术援助的形式提供的项目援助的内容主要有:学校内外的人口教育,计划生育的宣传教育及规划管理和节育手术,进行人口普查,统计手册的编制,人口方面基本数据的收集,关于人口学数据、人口变动、人口发展和社会经济因素对人口影响等方面的分析,制定人口政策和方案并对这些政策和方案进行评价,实施人口政策和方案,为妇女、儿童、青年、老年、赤贫者、残疾者提供特别的援助方案,为人口会议、培训机构、情报交换所和文件中心的建立提供援助。

(三) 联合国儿童基金会

联合国儿童基金会(United Nations Children's Fund, UNICEF) 是联合国国际儿童应急基金会(UN International Children's Emergency Fund) 的简称。1946 年 12 月,为向当时遭受第二次世界大战破坏地区的儿童提供紧急救济而设立,期限仅为 3 年。1953 年 10 月,联合国大会正式通过决议将其永久化,总部设在纽约。儿童基金会的领导机构也是由来自各大洲的 36 个成员方代表组成的执行局,并在全世界设有 37 个国家(地区)委员会。目前,它在全球的 125 个国家设有办事处,并设 8 个地区办事处,在意大利还设有一个研究中心,已发展成为联合国发展系统的主要筹资机构之一。儿童基金会的宗旨和任务是:根据 1959 年 11 月联合国《儿童权利宣言》的要求,帮助各国政府实现保护儿童利益和改善儿童境遇的计划,使全世界的儿童不受任何歧视地得到应享的权益。儿童基金会的援助资金主要来自各成员国政府、国际组织和私人的自愿捐赠,有时也通过出售贺年卡等方式进行筹资活动。该基金会将资金的 2/3 用于对儿童的营养、卫生和教育提供援助;1/3 用于对受援国或地区从事有关儿童工作的人员进行职业培训。儿童基金会在与发展中国家的合作中,主要采用三种形式:一是对规划和设计儿童服务项目方面提供技术援助;二是为上述服务项目提供用品和设备;三是为援助项目中培训从事儿童工作的有关人员提供资金。儿童基金会始终奉行"普遍性、中立性和无偿性"的原则,即在发放援款时,不论儿童的种族、信仰、性别或其父母政见如何,一律公平对待。接受儿童基金会援助的国家大致可分三类:一类是需要特别援助的国家,这类国家主要包括人均国民生产总值在 410 美元以下的最不发达国家、儿童不足 50 万而又确实需要特别照顾的小国和暂时需要额外援助的国家等;第二类是人均收入在 410 美元以上的发展中国家;第三类是已经达到较高经济发展水平,但由于缺乏专门人才,仍然需要特殊援助的国家。目前已有近 120 个发展中国家和约 14 亿儿童接受儿童基金会的援助。儿童基金会一直致力于儿童和妇女方面的保护工作,并经常以项目的名义进行,如在阿富汗、伊拉克和非洲的一些地区。儿童基金会曾在阿富汗进行"妇女收音机计划",为阿富汗的妇女购进了约 2 000 部收音机,让她们收听有关健康和营养的情况;为 880 万名年龄介于 6 个月至 12 岁的阿富汗儿童提供永久性麻疹免疫保护;为约 5 000 名来自阿富汗偏远地区的教师提供教学技巧培训,并为 50 万名学生提供足够的学校设施和学习用品。在非洲,儿童基金会在非洲教育部长会议上发起了一场"2005 年年底前 25 国运动",其目的是彻底消除全世界在初级和中等教育过程中的性别差异,帮助发展中国家的女青少年获得接受教育的权利,让这些国家了解女童入学的必要性,并确保贝宁、巴布亚新几内亚、也门、印度孟加拉等 25 国政府为女童提供就学机会。该基金会已援助的项目涉及儿童基础服务设施、母幼卫生永久服务设施、儿童常见疾病防治、家庭计划、饮用水及环境卫生、教育培训、灾难救济等。资金在全球范围内各领域的分配比例是,妇女儿童保健占 33%,供水和环境卫生占 9%,儿童营养占 6%,社区发展、妇女参与发展和特殊儿童保护占 14%,教育、早期儿童保护和发展占 16%,计划宣传和跨部门活动占 22%。1965 年儿童基金会曾获得诺贝尔和平奖。

三、联合国发展系统援助的实施程序

联合国发展系统所采用的主要援助方式是提供无偿的技术援助。联合国发展系统提供无偿技术援助的整个程序主要包括国别方案和国家间方案的制订、项目文件的编制、项目的实施、项目的评价及项目的后续活动等。这一程序又称项目的援助周期。到目前为止,某些程序在联合国发展系统内的各个组织和机构中尚未完全得到统一,现行的有关程序均是以 1970 年联合国大会通过的第 2688 号决议为主要依据,并在此基础上根据项目实施的需要加以引申和发展而成的。

（一）制订国别方案和国家间方案

国别方案（country programme）是受援国政府在联合国发展系统的有关组织或机构的协助下,编制的有关受援国政府与联合国发展系统的有关出资机构在一定时期和一定范围内开展经济技术合作的具体方案。国别方案的具体内容主要有:①受援国的国民经济发展规划;②需要联合国提供援助的具体部门和具体项目;③援助所要实现的经济和社会

发展目标;④需要联合国对项目所做的投入。每一个接受联合国发展系统机构援助的国家都必须编制国别方案,但国别方案必须经联合国有关出资机构理事会的批准,经批准的国别方案成为受援国与联合国发展系统有关机构进行经济技术合作的依据。在联合国发展系统的多边援助中,国别方案所占有的援助资金的比重最大。国家间方案(inter-country programme)亦称区域方案(regional programme)或全球方案(global programme),是联合国在分区域、区域、区域间或全球的基础上对各国家集团提供技术援助的具体方案。国家间方案的内容与国别方案的内容基本相同,但必须同各参加国优先发展的次序相吻合,并根据各国的实际需要来制订。国家间方案也须由联合国有关出资机构理事会的批准方能生效。根据规定,国家间方案至少应由两个以上的国家提出申请,联合国才考虑予以资助。国别方案和国家间方案均是一种含有许多项目的一揽子方案,其中的每一个具体方案须逐个履行审批手续。根据联合国的现行规定,40万美元以上的项目须由出资机构的负责人批准;40万美元以下的项目只需由出资机构负责人授权其派驻受援国的代表批准即可。

（二）编制项目文件

项目文件(project document)是受援国和联合国发展系统的有关机构为实施援助项目而编制的文件。项目文件的主要内容应该包括封面及项目文件的法律依据,项目及与此有关的具体情况,项目的监督、审评和报告,项目的预算四部分。项目文件封面主要包括项目的名称、编号、期限、主要作用和次要作用、部门和分部门、实施机构、政府执行机构、预计开始时间、政府的投入、项目的简要说明等。项目文件内容的第一部分是项目文件的法律依据,即编制项目文件所依据的有关法律条文或条款。该法律条文或条款通常包括受援国与联合国发展系统的有关机构之间签署的各种协议。第二部分主要是说明项目及与此有关的具体情况,这一部分是项目文件的核心内容。它主要包括项目的发展目标、项目的近期目标、其他目标、项目的活动、项目的产出、项目的风险、事前义务、后续援助等内容。项目文件是受援国政府、联合国发展系统的出资机构和执行机构执行或监督项目的依据。

（三）项目的实施

项目的实施是指执行项目文件各项目内容的全部过程,该过程主要包括以下几项工作:

（1）任命项目主任。项目主任是直接负责实施援助项目的组织者和责任者,项目主任一般由受援国政府主管业务的部门任命,并经政府协调部门和联合国发展系统有关机构的协商和认可。在通常情况下,国别方案下的项目主任由受援国当地人担任,国家间方案下的项目主任由国际人员担任。

（2）征聘专家和顾问。项目专家和顾问的征聘一般由受援国政府决定,但受援国政府必须在项目实施开始前的4个月提出征聘请求,并与联合国发展系统的有关机构协商和编写拟聘专家和顾问的报告。

（3）选派出国培训人员。为实施援助项目而需要出国培训的有关技术人员,主要以进修和考察两种形式进行选派,出国进修和考察的具体人选均由受援国家政府推荐、经联合国发展系统的有关执行机构对其业务和外语水平审查批准后方可成行。

（4）购置实施项目所需要的设备。根据联合国的规定,联合国发展系统出资机构提供的援助资金只能用于购买在受援国采购不到的设备或需用国际可兑换货币付款的设备,价格在 2 万美元以上的设备应通过国际竞争性招标采购,价格在 2 万美元以下或某些特殊的设备可以直接采购,购置实施项目所需要设备的种类和规格须经联合国发展系统出资机构的审核批准。

(四) 项目的评价

项目的评价是指对正在进行中的或已完成的项目的实施、结果、实际的或可能的功效等,做出客观和实事求是的评价。项目评价的目的在于尽可能客观地对项目的实施和功效做出论证。项目的评价工作主要包括对项目准备的审查、对项目申请的评估、对各项业务活动的监督和对项目各项成果的评价。其中,对各项业务活动的监督和对项目各项成果的评价最为重要。对各项业务活动的监督又称进行中的评价,它主要是通过两种方式进行:一种是三方审评,即受援国政府、联合国发展系统的出资机构和执行机构每隔半年或一年举行一次审评会议,评审项目的执行情况、财务情况、项目的近期目标和活动计划,三方审评的目的是找出项目实施中的问题,研究解决方法,调整和制订下一阶段的工作计划,三方审评会议一般在项目的施工现场举行;另一种是年度审评,它是在三方审评的基础上,由受援国政府同联合国发展系统的出资机构对项目总的执行情况所进行的一年一度的审评。

(五) 项目的后续活动

项目的后续活动(follow-up action of project)亦称项目的后续援助(follow-up assistance of project),是指联合国发展系统的技术援助项目按照原订的实施计划完成了各项近期目标之后,由联合国发展系统的有关机构、受援国政府、其他国家政府或其他多边机构继续对项目采取的援助活动。项目的后续活动一般可分为以下三种类型:

(1) 在联合国发展系统的有关机构提供的技术援助项目实现了近期目标之后,为了达到远期发展目标,由联合国发展系统的有关机构对该项目继续提供的技术援助,这种形式的后续活动被联合国称为第二期或第三期援助。

(2) 在联合国发展系统对某一项目提供的技术援助结束之后,由其他国家政府或其他多边机构对该项目或与该项目有直接关系的项目,以投资、信贷或合资等形式提供的援助,这种形式的后续援助大多属于资本援助。

(3) 在联合国发展系统对某一项目提供的技术援助结束之后,由受援国政府根据项目的实际需要,继续对该项目或与该项目有直接关系的项目进行投资,以扩充项目的规模,增加项目的效用。项目的后续活动实际上是巩固援助项目成果的一种手段。

第三节 世界银行贷款

一、世界银行概述

世界银行是世界银行集团的简称,它共包括五个机构,即 1945 年设立的国际复兴开发银行、1956 年设立的国际金融公司、1960 年设立的国际开发协会、1965 年设立的解决投资争端国际中心和 1988 年设立的多边投资担保机构。国际复兴开发银行的主要任务是以低于国际金融市场利率的利率向发展中国家提供中长期贷款;国际开发协会专门向低收入的发展中国家提供长期的无息贷款；国际金融公司则负责向发展中国家的私营部门提供贷款或直接参股投资；多边投资担保机构主要是通过向外国投资者提供非商业性风险担保，帮助发展中国家吸引外国投资，也为政府吸引私人投资提供咨询服务，传播有关发展中国家投资机会的信息；解决投资争端国际中心则是通过调停和仲裁外国投资者与东道国之间的争端，促进国际投资，以鼓励更多的国际投资流向发展中国家。其中，国际复兴开发银行、国际开发协会和国际金融公司属于援助性的国际金融机构。世界银行的资金主要来自成员国认缴的股本、国际金融市场筹资、贷款的业务收益等。按世界银行成立时的协议规定，成员国应缴纳认购股本的20%，其中2%必须用黄金和美元支付，其余18%用本国货币支付；1988年第三次增资后，成员国应缴纳认购股本的比例降为3%，其中0.3%用黄金和美元支付，其余2.7%用本国货币支付。

二、世界银行的国际发展援助活动

世界银行的宗旨是通过向成员国中的发展中国家提供资金和技术援助，来帮助发展中国家提高生产力，促进发展中国家的经济发展和社会进步，通过可持续发展和投资于人来减少贫困，提高生活水平。因此，世界银行把影响最大的领域作为其援助重点，如生育健康、妇女保健、营养、儿童早期开发计划、基础教育等为主要的援助对象。世界银行每年向100多个国家的发展项目提供新增的贷款承诺额在200亿美元左右，世界银行已发展成为当今世界上最大的开发性和援助性国际金融机构。其具体活动表现在以下几个方面：

（一）为发展融资、提供担保和直接向发展中国家提供贷款

向发展中国家提供贷款一直是世界银行的主要任务，而为发展中国家的融资提供担保也是世界银行的任务之一，世界银行实际上是发展中国家经济发展资金的主要来源之一。

（二）支持发展中国家在农业、基础设施、教育卫生等方面的发展

农业、基础设施、教育卫生历来是世界银行对发展中国家资金支持的重点领域，因为世界银行认为，这一领域发展有利于世界银行目标的实现。

（三）帮助发展中国家制订发展计划和实施宏观经济改革

世界银行的贷款均为项目贷款，因为这些项目符合发展中国家的宏观经济发展规划。对正在进行经济改革或转型的发展中国家的有关促进改革的项目，世界银行会给予更多的资金支持。

（四）充当发展中国家经济发展的顾问机构

世界银行一般会利用其拥有的技术、信息、经验为发展中国家提供咨询和培训，帮助发展中国家制定可持续发展的经济政策。主要途径有三种：一是与发展中国家成员国广泛对话，以保证在宏观经济政策、机制和一些关键部门的政策改革方面发挥较大作用；二是促使发展中国家在项目建设中使用最新的科技成果和最有效的操作方式；三是向发展中国家介绍有关的研究成果并推广其积累的经验。

三、世界银行贷款政策的演变

世界银行贷款政策的形成与演变，与世界经济及发展经济学的演变有着密切的关系。

世界银行不断把发展经济学的新观点和新思想付诸实践,其贷款政策从其成立大致经历了三个发展阶段。

（一）投资主导型政策(20世纪50年代至60年代中期)

在这一阶段,世界银行认为,资本积累是不发达国家经济发展的关键因素,不断向发展中国家注入资本,可提高发展中国家的储蓄率,能促使发展中国家经济的快速增长。因此,世界银行的贷款对象主要是那些需要大量投资而发展中国家又无力承担的项目,为此还特别为发展中国家设立了国际开发协会,以向发展中国家转移资金。

（二）"增长再分配型"政策(20世纪60年代中期至80年代初)

这一时期虽然发展中国家经济有所发展,但发展中国家居民的贫富差距在拉大,世界银行开始将收入和消费进行有利于穷人的再分配,并力图把生产性资本转移给穷人,世界银行的贷款重点因此转移到农业、农村发展和社会服务领域。

（三）市场经济政策(20世纪80年代初至今)

受发展经济学从强调政府干预和公共部门带动经济起飞转变为强调市场导向和私人部门作用的影响,世界银行开始对支持经济政策的调整、建立市场机制的项目提供贷款,如提高支持公共部门调整、金融部门改革、市场发育、贸易体制改革等政策性贷款的比例,帮助发展中国家建立市场经济机制,并为发展中国家的政策研究、制订改革的行动计划、进行机构和法制建设提供技术援助;此外,还在其支持的投资项目中增加政策性要求,如对我国贷款的电站项目要求同时进行电价改革和控制污染,支持的工业项目要求企业进行股份制改革等。

因此,目前世界银行贷款的业务活动的目标主要在于减少贫困,保护环境,开发人力资源,帮助成员国减轻债务,加强私营部门发展等。

四、世界银行贷款的特点

世界银行是具有开发援助性的国际金融机构,其主要目的是向成员中的发展中国家提供资金和技术援助。世界银行向发展中国家提供的开发援助性贷款具有以下特点:

（一）贷款期限较长

国际复兴开发银行的贷款期限一般为20年,其中含5年的宽限期;国际开发协会的贷款期限长达30年,其中含10年的宽限期。

（二）贷款实行浮动利率

贷款利率每半年调整一次,利息按已支付未偿还的贷款余额计收,对贷款协议签订60天后还未支取的已承诺的贷款余额收取年率0.75%的承诺费。国际开发协会贷款虽免收利息,但须征收年率为0.75%的手续费,手续费按已拨付未偿还的贷款余额计收。

（三）贷款的还本付息实行"货币总库制"

从1980年开始,世界银行对国际复兴开发银行的贷款还本付息实行"货币总库制"。"货币总库"由各国已支付未偿还贷款余额组成,并用几十种货币折算成美元进行混合计算。其中,日元、欧元、英镑、瑞士法郎等占70%以上,美元只占10%,如果其指数受美元大幅度贬值的影响而急剧上升,则借款国还本付息的数额也随之大幅度上升。也就是说,汇兑风险要在所有借款国之间分摊。

（四）申请贷款需要的时间较长

从贷款项目的选定、准备、评估到贷款协议的正式签订一般需要一年半或更长的时间。这也说明使用世界银行贷款的手续十分烦琐。

五、世界银行的贷款条件

世界银行贷款虽然具有援助开发性质，但它并不是慈善机构，其资金的很大一部分来自国际金融市场的筹措，这就使贷款必须有足够的偿还保证。世界银行为了实现其贷款宗旨，特别强调贷款的使用效率。世界银行要求贷款的使用者必须具备下列条件：

（1）贷款只贷放给会员国政府或由会员国政府、会员国中央银行担保的公私机构。

（2）贷款一般用于世界银行批准的特定项目。这些经批准的特定项目，都是世界银行确认在技术和经济上可行的，并在借款国的经济发展中应优先考虑的。但世界银行一般只提供该贷款项目所需资金总额的30%—50%，其余部分由借款国筹措。

（3）贷款项目建设单位的确定，必须按照世界银行的采购指南，实行公开竞争性招标、公正评标并报经世界银行审查。

（4）贷款项目的执行必须接受世界银行的监督和检查。

（5）只贷给那些确实不能以合理的条件从其他途径得到资金的会员国。

（6）只贷给有偿还能力的会员国。因为世界银行不是一个救济机构，它的贷款资金主要来自会员国认缴的股份和市场融资，为了银行业务的正常运转，它必然要求借款国有足够的偿还能力。贷款到期后必须足额偿还，不得延期。

六、世界银行贷款的种类

世界银行贷款种类很多，但大致可以分为以下六类：

（一）具体投资贷款

具体投资贷款又称项目贷款。这类贷款的发放必须与具体的建设项目相联系，如世界银行向农业和农村发展、教育、能源、工业、交通、城市发展及给水和排水等项目发放的贷款均属于这一类。发放这种贷款的目的是提高发展中国家的生产能力和增加现有投资的产出。这类贷款在世界银行成立之初曾占有绝对大的比例，随着世界经济空前的发展及世界银行政策的调整，这类贷款在世界银行贷款业务中的比重已有所下降，但目前仍占40%左右。在世界银行向我国提供的贷款中，具体投资贷款占了80%以上。

（二）部门贷款

部门贷款大致可分为三种，即部门投资贷款、中间金融机构贷款和部门调整贷款。

（1）部门投资贷款。部门投资贷款的重点在于改善部门政策和投资计划，帮助发展中国家有关机构制订和执行部门投资计划。这类贷款对贷款国的组织机构要求较高，借款国要按与世界银行商定的标准对每个具体项目进行评估和监督。到目前为止，中等发展中国家使用这种贷款较为普遍，并且这类贷款多用于运输部门的项目。

（2）中间金融机构贷款。中间金融机构贷款主要是指世界银行通过受援国的中间金融机构再转贷给具体的项目。承揽这项贷款业务的中间金融机构一般是开发金融公司和农业信贷机构。这类贷款项目的选择、评估和监督由借款机构负责,但项目选择和评估的标准及贷款利率由承办机构和世界银行商定。目前我国承办这类贷款的银行是中国投资银行和中国农业银行。

(3) 部门调整贷款。当借款国执行能力有限,总的经济管理和政策改革水平或国民经济的规模不允许进行结构调整时,世界银行将考虑提供部门调整贷款。这种贷款的目的在于帮助借款国某一具体部门进行全国的政策调整和体制改革。中国曾向世界银行借过一笔3亿美元的该种贷款,用于在农村开发方面的改革。

(三) 结构调整贷款

使用结构调整贷款的条件较为严格,借款国必须按规定的程序和条件使用这类贷款,其中任何一笔贷款未按条件执行,下一笔贷款便停止支付。该类贷款旨在帮助借款国在宏观经济、部门经济和机构体制方面进行全面的调整和改革,以克服其经济困难,特别是国际收支不平衡。结构调整贷款比部门调整贷款涉及的范围要广。在苏联解体和东欧国家体制变化期间,世界银行就曾增加这类贷款的比重,以帮助这些国家进行经济转轨。

(四) 技术援助贷款

世界银行在向发展中国家提供技术援助贷款时,不仅要求贷款的一部分用于项目的硬件建设,还要求将其中的一部分资金用于人员培训和组织机构的改革等软件建设。该种贷款的目的不仅是为某一具体项目的建设,而且也是为发展中国家制定国民经济规划、改革国有企业和改善机构的经营管理提供帮助。

(五) 紧急复兴贷款

紧急复兴贷款是世界银行向由于自然或社会原因所造成损失的发展中国家提供的贷款。世界银行曾因大兴安岭火灾为我国提供过这类贷款。

(六) 小额扶贫信贷

小额扶贫信贷是世界银行20世纪90年代中后期推出的,为发展中国家的穷人提供的无抵押担保的小额信贷。它的特点是资金入户,资金的使用者自我管理,这样不仅解决了穷人贷款难的问题,也提高了穷人的个人能力,其贷款的效用已经超越了贷款本身。如1995年10月起,世界银行在陕西省安康市汉滨区的小额贷款效果显著,5年后98%的农户解决了温饱问题。

七、世界银行贷款的发放程序

世界银行贷款的发放需要经过项目的选定、项目的准备、项目的评估、项目的谈判、项目的执行和项目的总结评价六个程序。这六个程序也被称为项目周期。

1. 项目的选定

项目的选定是指由借款国选定一些符合本国经济和社会发展需要并符合世界银行贷款政策的项目,提供给世界银行进行筛选。借款国选定项目以后,编制"项目的选定简报",然后将"项目的选定简报"送交世界银行进行筛选。经世界银行筛选后的项目,将被列入世界银行的贷款计划,成为拟议中的项目。

2. 项目的准备

项目准备工作的主要内容是借款国对经世界银行筛选过的项目进行可行性研究。项目的可行性研究一般由借款国独立完成,但世界银行对借款国所进行的项目可行性研究等项目准备工作提供资金和技术援助。项目准备工作时间的长短取决于项目的性质和借款国有关人员的工作经验和能力,一般需要1—2年。

3. 项目的评估

项目评估就是由世界银行对筛选过的项目进行详细审查、分析、论证和决策的整个过程。它实际上是对项目可行性研究报告的各种论据进行再分析、再评价、再论证,并做出最后决策。如果世界银行认为申请贷款的项目符合世界银行的贷款条件,就提出两份报告书,其中先提出一份项目可行性研究的"绿皮报告书",随后再提出一份同意为该项目提供贷款的通知书,即"灰皮报告书"。

4. 项目的谈判

世界银行在经过项目评估并提出上述两份报告之后,便邀请借款国派代表团到其总部就签署贷款协议问题进行谈判。项目谈判的内容主要包括项目的贷款金额、期限、偿还方式,以及为保证项目的顺利执行所应采取的具体措施。项目的谈判大约需要10—14天,在双方共同签署了贷款协议之后,再由借款国的财政部代表借款国政府与世界银行签署担保协议。在贷款协议和担保协议报经世界银行执行董事会批准,并报送联合国登记注册后,项目便可进入执行阶段。

5. 项目的执行

项目的执行一般由借款国负责,但世界银行要对项目的执行情况进行监督,项目执行必须是在贷款项目完成了法定的批准手续之后进行。项目执行主要包括两方面内容:一是配备技术和管理等方面的专家,并制定项目的实施技术和时间表;二是组织项目建设的招标工作,按世界银行的规定,投标者除瑞士之外,必须是国际复兴开发银行和国际开发协会的会员国,如果投标者是来自借款国的企业,还可以给予10%—15%的优惠。

6. 项目的总结评价

项目的总结评价是世界银行对其提供贷款项目所要达到的目标、效益和存在的问题所进行的全面总结。对项目的总结评价一般在世界银行对项目贷款全部发放完毕后一年左右进行。在对项目进行总结评价之前,一般先由项目的银行主管人员准备一份项目的完成报告,然后再由世界银行的业务评议局根据项目的完成报告对项目的成果进行全面的总结评价。

第四节　政府贷款

政府贷款是各类贷款中优惠程度最高的一种,具体体现为无息或低息,以及贷款期和宽限期均较长。以发展援助委员会成员国提供的政府贷款条件为例,贷款的平均期限为30年左右,宽限期平均为10年,利息率均在3%以下,其赠予成分平均高达80%以上,是发展中国家寻求发展资金的一种较好途径。

一、政府贷款的概念及其种类

政府贷款亦称外国政府贷款或双边政府贷款。它是指一国政府利用其财政资金,向另一国政府提供的具有开发援助性质的,期限较长、利率较低的优惠性贷款。政府贷款的偿还期一般在 20—30 年,最长的可达 50 年,其中含有 5—10 年的宽限期,贷款的年利率一般为 2%—3%。有的国家在发放政府贷款时免收利息。政府贷款的资金主要来自各国的财政拨款,并通过列入国家财政预算支出的资金进行收付,所以政府贷款一般是由各国的中央政府经过完备的立法手续加以批准后才能提供。政府贷款按贷款的条件可分为四类:第一类是软贷款或称政府财政性贷款,这种贷款有无息和低息两种,而且还款期和宽限期均较长,它一般贷放给那些非营利的开发性项目;第二类是混合性贷款,它是将政府财政性贷款和一般商业性贷款混合在一起的一种贷款,其优惠程度低于财政性贷款而远远高于一般商业性贷款;第三类是将一定比例的赠款与出口信贷结合而成的一种贷款;第四类是政府财政性贷款与出口信贷结合而成的一种贷款。因为政府贷款是一种无息或低息、偿还期限较长并有一定的宽限期的优惠性贷款,所以政府贷款含有一定的赠予成分。按国际惯例,政府贷款属于官方发展援助,其赠予成分必须在 25% 以上。

二、政府贷款的特点

1. 资金来自政府预算

贷款国用国家的预算资金直接与借款国发生信贷关系,属于国家资本输出的一种形式。

2. 政府贷款属于主权外债

政府贷款是借款国政府借用外国政府的一种外债,是属于债权和债务国政府之间发生的一种债权和债务关系。因此,它被视为一种主权外债。

3. 政治性极强

政府贷款是必须建立在两国政治经济关系良好的基础上的一种合作关系。在推翻萨达姆政权后,美国国防部立即宣布筹款 17 亿美元用于援助伊拉克。

4. 政府贷款的数额受援助国财政支出和国际收支的影响

在一个国家经济状况较好或国际收支状况良好时,该国用于政府贷款的数额可能会较多。但当国际收支出现逆差或经济状况不好时,用于政府贷款的数额便随之减少。

三、各国提供政府贷款的一般条件

政府贷款的提供者是发达国家或有能力提供贷款国家的政府,这些国家政府往往根据本国的政治和经济需要,制定了不同的贷款条件。贷款条件大致可归纳为以下几种:

(1) 接受政府贷款的项目单位不管是国营的还是私营的,必须以政府的名义接受,即需要经过双方国家的政府照会,并通过法定的批准程序并辅之以一系列的外交函件。

(2) 借款国必须按贷款国的要求购买项目建设所需的物资和设备,即限制性采购。从目前来看,大多数贷款国都要求借款国将贷款的全部或一部分用于购买贷款国生产的物资和设备。即使贷款国没有采用限制性采购条款,但也要求借款国必须以国际公开招标的方式,或在包括经合组织成员在内的,或在发展援助委员会所规定的发展中国家或地区的"合格货源国"采购设备和物资。

(3) 有些国家在发放政府贷款时,将贷款的一定比例与出口信贷相结合。其目的在于带动贷款国的商品出口,以扩大贷款国商品输出的规模。

(4) 少数国家在发放政府贷款时,要求借款国在政治倾向、人权等方面做出承诺。因此，政府贷款的发放必须以两国良好的政治关系为前提。

四、政府贷款的发放程序

政府贷款一般由援助国政府主管财政的部门或通过该部门由政府设立的专门机构负责提供。政府贷款对援助国和受援国来说都是一种涉外业务，但它与国内业务又是密不可分的，其中的很多工作往往是同时或交叉进行的。由于提供政府贷款的援助国较多，它们发放贷款的程序也不相同，但大都需要经过以下几个程序：

（1）由受援国选定贷款项目，并与援助国进行非正式的会谈。在受援国向援助国提出项目贷款的请求以前，先由受援国申请项目贷款的单位向受援国的有关主管部门提交贷款申请，然后由受援国主管部门选定需要贷款的备选项目。在准备申请贷款的备选项目确定之后，由受援国政府的有关主管部门以政府的名义与贷款国政府的有关主管部门进行非正式的会谈，并将申请贷款的备选项目提供给贷款国进行研究。双方经过仔细的研究和磋商，开始对双方共同感兴趣的项目进行调查、评估和筛选。

（2）编制贷款项目可行性研究报告。贷款项目的可行性研究报告一般由借款国的项目单位负责。如果项目单位确有困难，可以聘请外国的咨询机构帮助编制。项目可行性研究报告实际上是贷款国确定是否给该项目提供贷款的依据。在项目可行性研究报告得到正式批准以后，便可签订各种商务合同。

（3）援助国对双方共同感兴趣的项目进行调查和评估。对备选的贷款项目进行调查和评估是援助国选定贷款项目的基础。援助国为确保受援国所借款项到期能够还本付息，并使援助性贷款用于受援国急需建设或能够促进受援国经济和社会发展的项目，就必须对借款国的经济状况和未来的发展前景进行调查，并在调查的基础上进行评估，以了解项目在技术和经济上的可行性。调查一般可采用两种方式：一种是援助国对受援国提交的贷款项目可行性研究报告和项目建设的具体实施计划进行调查和研究；另一种方式是援助国派调查组到借款国进行实地调查，实地调查的内容主要包括受援国的工农业生产、资源、工业基础设施（包括能源、交通运输、电信等）、管理水平、进出口状况、国际收支、偿债能力、经济政策、有关法规、近期规划和长远发展目标等。援助国在调查的基础上开始对备选项目进行评估，评估的内容主要包括从确定项目到提出项目贷款的全部过程，以及项目形成的背景和特点；项目是否符合受援国国民经济发展计划的目标；项目的工程总体规划在技术上的可行性；项目的实施计划是否切实可行（包括资金来源、执行机构、施工方式、计划与进度、原材料的采购方法等）；项目的预算（包括土地、设备、原材料、动力与燃料、人工以及其他费用）；项目的贷款计划和支付时间表；项目在财务上的可行性；项目的经济和社会效益；项目对环境的影响等。

（4）援助国与受援国举行正式会谈，并由援助国通过外交途径对项目贷款进行正式承诺。在调查和评估的基础上，援助国与受援国开始举行正式会谈，以确定双方共同感兴趣的合作领域或项目、贷款金额和贷款的各项具体条件等。在经过双方正式会谈并确定了贷款项目和各项具体条件之后，援助国则通过外交途径向受援国正式做出提供项目贷款的承诺，即援助国向受援国承诺提供贷款的项目、贷款金额和贷款期限等。

（5）商谈贷款条件、签署贷款协议。在援助国和受援国政府间的正式会谈中所谈的贷款条件往往是总体的或是原则性的，而不是具体的。有关项目贷款的各项具体的财政条件和实施细则有时在政府间的会谈中确定,有时由两国政府委托各自的中央银行或其他有关银行来商谈确定。在援助国正式做出贷款承诺并确定了具体条件以后,两国政府应正式签署贷款协议。

(6) 项目的实施、总结评价和还本付息。贷款协议签署后,借款单位根据协议做好接货、商检、调试、投产工作,并按协议规定提取贷款。项目建成并进行试运转后,双方对贷款项目进行总结评价,受援国还应按时还本付息及支付各项应付的费用。

第五节 主要发达国家的对外发展援助

一、美国的对外发展援助

美国是当今世界经济实力最强的国家,也是历史上提供发展援助最早和数量最多的国家。1980—1999 年,美国提供的对外发展援助相当于同期发展援助委员会其他成员国提供的官方发展援助总额的约 1/5。早在第二次世界大战初期,美国就曾利用其在第二次世界大战中取得的政治、经济和军事上的优势,谋求通过双边援助来发展同其他国家的政治经济关系。1945 年 12 月,美国就与英国签署了财政协定,美国以英国支持布雷顿森林协定和建立国际货币基金为条件,给英国 37.5 亿美元的低息贷款。1947—1952 年,美国又通过马歇尔计划向西欧提供了 131.5 亿美元的援助。1949 年以后,美国通过"第四点计划"将援助的范围扩大到亚洲和非洲的发展中国家。

第二次世界大战以后,美国一直是世界上头号援助大国,尤其是 20 世纪 70 年代之前,美国每年提供的发展援助数量比发展援助委员会其他成员国提供的援助数量的总和还要多。1989 年美国提供的官方发展援助额首次居日本之后降为第二位,1990 年加上对发展中国家的债务减免才恢复到第一位。1991—1999 年,美国多数年份的官方发展援助额处于第二的地位。美国的对外发展援助数量的增加与其经济实力的增长是极不相称的,尤其是 20 世纪 60 年代以来,发展援助与经济实力相比有负增长的趋势,1965 年美国提供的官方发展援助净交付额占其国民生产总值的 0.58%,到 1970 年、1975 年、1980 年、1985 年却分别降至 0.32%、0.27%、0.27% 和 0.24%,1989 年降至最低点 0.15%,1990—2017 年一直保持在 0.22%—0.25%。这不仅低于联合国规定的 0.7% 的标准,而且是发展援助委员会成员中提供官方发展援助净交付额占国民生产总值比例最低的国家。

美国的对外发展援助政策是与其政治经济利益紧密联系在一起的,其援助政策取决于其政治经济的需要,并经常根据其政治经济的需要加以调整。美国的对外援助分为安全援助和发展援助。安全援助是指为外交政策服务的军事援助。20 世纪 80 年代中期以前,军事援助占有相当的比重,1946—1985 年,美国共向 170 多个国家和多边机构提供过 4 070 亿美元的援助,其中发展援助为 2 940 亿美元,军事援助为 1 130 亿美元,分别占援助总额的 73% 和 27%。80 年代中期以后,美国对发展援助政策进行了调整,开始强调利用援助来促进发展中国家有关货币、私人投资和农产品价格等方面经济政策的改革;增加对私人部门的援助,以推动受援国市场经济的发展;加强技术援助,以培训受援国当地居民接受和应用技术的能力;帮助受援国建立学校、技术推广站、研究中心、培训中心和卫生保健系统。

国际开发署是美国负责实施发展援助的政府机构,它是依据美国 1961 年的对外援法由肯尼迪政府设立的。经过多次变革,1998年确定为一个直接从属于国务卿领导下的法定的对外援助执行机构,美国的发展援助方案也是由国际开发署制订的。美国提供的发展援助一般采取赠款和贷款两种形式,但一半以上的援助采取限制性采购或半限制性采购,而且贷款的偿还必须以美元支付,并常常附有改善人权和民主状况,实行市场经济等条件。此外,美国还设立了主要用于援助与美国有特殊政治和安全利害关系的经济支撑基金,目前有40多个国家享受该基金的援助。美国发放贷款的优惠程度取决于受援国的经济状况,对取得国际开发协会贷款资格的发展中国家,贷款期限为40年,宽限期为10年,偿还期为30年,宽限期内的贷款利率为2%,偿还期内的贷款利率为3%;对人均收入较高但又低于1 300美元的发展中国家提供贷款的期限为25年,宽限期为10年,宽限期前5年的贷款利率为2%,后5年为3%,偿还期内的贷款利率为5%;对人均收入高于1 300美元的发展中国家,贷款期限为20年,宽限期为10年,宽限期前5年的贷款利率是3%,后5年是5%,偿还期内的贷款利率是6%。

非洲是美国对外发展援助的主要地区,2016年美国对非洲发展援助额达到98.61亿美元,占当年美国对外援助总额的34.56%。除非洲外,美国对外发展援助的主要地区还包括南亚和中东地区,2016年美国向南亚和中东地区提供的发展援助额占其援助总额的20.95%。阿富汗是接受美国援助最多的国家,大约占美国向南亚地区提供援助总额的46.57%。

二、德国的对外发展援助

德国是发展援助委员会五大援助国之一。20世纪70年代,德国跨入发展援助委员会三大援助国的行列。进入80年代以后,由于法国对外援助额的不断增加而退居第四位。近年来,德国官方发展援助增长迅速,已经跃居发展援助委员会第二大援助国。2017年,德国官方发展援助净交付额达到238.44亿美元,占发展援助委员会当年援助额的16.54%。虽然德国的官方发展援助净交付额占其国民生产总值的比例一直徘徊在0.4%左右,远远低于联合国所规定的0.7%的水平,但高于其他西方发达国家0.3%的平均水平。

德国的发展援助政策是:原则上只向与德国有正式外交关系的发展中国家提供援助,援助数额的多少取决于受援国与德国的关系;一般不搞军事援助,也不向与军事援助有关的项目提供援助;受援国必须是发展中国家或有某种特殊需要的国家。近年来,德国政府提出了援助政策应遵循的五大目标,即和平、人权、民主、市场经济和环境保护。

德国的双边发展援助的方式主要有贷款、无偿援助和技术援助,并只提供给那些经双方商定的项目,德国政府贷款的条件视受援国经济状况而定,对最贫穷的发展中国家的贷款期限为50年,宽限期为10年,利率仅为0.75%;对收入较高的发展中国家的贷款期限为20年,宽限期为5年,利率在4%左右;对中等收入的发展中国家的贷款期限为30年,宽限期为10年,利率在2%左右。德国对最不发达国家有关基础设施的项目往往采取无偿援助。德国提供技术援助的形式主要包括培训、科研和咨询。

德国从事双边发展援助的主要机构有德意志开发银行和复兴信贷银行,德意志开发银行主要通过投资和贷款的方式向最贫穷的发展中国家提供财政援助和技术援助,而复兴信贷银行则向所有的发展中国家提供项目贷款和技术援助。德国对外发展援助的重点国家或地区是亚洲和非洲最贫穷的国家或地区。2016年,德国对亚洲援助额达到48.86亿美元,占援助总额的24.88%;对非洲援助额达到34.99亿美元,占援助总额的17.82%。

能源、交通、工业和农业是德国对外发展援助的主要部门。

三、英国的对外发展援助

英国是世界上最早从事发展援助的国家之一。英国1960年的官方发展援助净交付额在发展援助委员会中仅次于美国,居世界第二位,进入20世纪60年代中期以后,援助大国的地位不断下降,1987年以后位于美国、日本、法国、德国和意大利之后,退居第六位。英国的官方发展援助净交付额占国民生产总值的比重也不断下滑,从1965年的0.47%下滑到1990年的0.27%,在经合组织成员国中位居第17位。近年来,英国官方发展援助规模有所回升,2017年官方发展援助净交付额达到184.25亿美元,占发展援助委员会援助总额的12.78%,在发展援助大国中居第三位,仅次于美国和德国。

英国开展双边援助的主要方式有赠款、贷款及援助与贸易基金。英国政府每年提供的双边赠款占援助总额的比例很高,基本维持在95%以上。贷款的赠予成分也很高,20世纪70年代在70%左右,90年代平均在98%以上,既高于发展援助委员会成员国92.8%的平均水平,也高于发展援助委员会要求其成员国达到的94.7%的水平。英国的政府贷款往往是由25%的政府贷款和75%的出口信贷所组成,贷款的期限一般在20—25年,宽限期为5—10年,利率为5%。援助与贸易基金虽然是用于发展援助,但它是为促进英国商品的出口而设立的,在使用该基金提供援助时,英国对项目合同总价的30.1%—35.1%提供赠款,对合同总额的69.9%—64.9%提供出口信贷或由受援国以自有外汇支付,这一方式主要用于对亚洲远东地区的援助。

英国主管对外发展援助工作的机构是1964年设立的海外开发局。在此之前,联邦关系部和外交部分别负责英联邦国家和英联邦以外国家的援助。1961年,英国成立了海外合作局,接管了政府各部门分管的所有的技术援助工作。但该局从属于外交部领导。英国发展援助的执行机构是英联邦开发公司,它只对英联邦国家提供有偿援助,不提供无偿援助。英国对外发展援助的重点地区是非洲,尤其是撒哈拉以南的非洲国家,英国每年将50%以上的援款用于这一地区,其中肯尼亚、马拉维、莫桑比克、赞比亚、乌干达、苏丹、津巴布韦、埃塞俄比亚等国得到的援助最多;其次是南亚地区的国家,南亚的印度是累计得到英国援助最多的英联邦国家。英国对外发展援助的主要部门是教育、健康、人口、公共管理等,每年资助这些部门的款项占英国双边发展援助总额的25%,其次是能源、运输、农业和采矿等部门。英国对中国的援助起步较晚,英国早在16世纪就曾想与中国建立联系,1596年本杰明·伍德携带着英国女王伊丽莎白一世致中国皇帝的信前往中国,只是因为他没有到达中国而夭折。1637年东印度公司的船队抵达中国,至此中英两国的贸易开始了,但在1997年以后英国才开始制订针对中国的发展援助计划,其方式不是贷款,而是资助。其重点领域是提高卫生和教育水平,这也是英国在全球范围内消除贫困战略的一部分。

四、日本的对外发展援助

日本虽然是第二次世界大战中的战败国,但从经济起飞到跨入发达国家的行列也只有20多年,其国民生产总值1966年超过法国,1967年超过英国,1968年超过联邦德国。日本的对外援助额也随其经济的发展不断增加。日本从20世纪60年代开始对外提供援助，1965年日本的对外发展援助总额仅为2.44亿美元，在美国、法国、英国和联邦德国之后居第五位；1975年为11.48亿美元，超过英国位居第四位；1985年为37.97亿美元，超过联邦德国跃居第三位；1986年为56.34亿美元，成为世界第二援助大国；1989年以84.94亿美元首次超过美国成为世界第一援助大国。不过，近年来日本援助额在发展援助委员会成员国中的地位下降至第四位。从1991年至2017年，日本的对外官方发展援助净交付额虽然都在100亿美元以上，但其占国民生产总值的比例仍然没有达到联合国所规定的0.7%的标准，一直徘徊在0.29%—0.32%，低于发展援助委员会成员国的平均水平。

日本从事对外援助的主要机构是1961年设立的海外经济协力基金，其隶属于经济企划厅领导，负责具体实施日本的对外发展援助。日本对外发展援助的方向和规模由经济企划厅、外务省、大藏省、通产省等共同协商。国际协力事业团和日本输出入银行也是负责日本对外发展援助的执行机构，前者主要负责技术援助，后者主要负责发放优惠性贷款。日本政府于1992年6月30日通过了《政府开发援助大纲》，确立了对外援助的原则、目标、重点地区、重点领域和实施方法。

日本对外提供发展援助的主要形式有赠款、贷款和技术援助。赠款只向最不发达的发展中国家提供，一般用于帮助它们提高农业生产能力的粮食援助和难以得到资金的开发性项目，日本政府也对发展中国家的教育、渔业和救灾等提供赠款。贷款分两类，一类是由日本政府向发展中国家政府提供直接贷款；另一类是由日本企业提供资金用于这些企业在发展中国家的合作项目。其中，直接贷款又分为用于购买项目所需设备、材料和劳务的项目贷款，开发项目购置设备的设备贷款，通过受援国开发金融机构向受援国某项目提供资金的两步贷款，为项目设计、标书编写、咨询服务提供的工程服务贷款，支持项目当地费用的当地费用贷款，为项目建设的超支部分或维修已建成项目提供补充资金的补充资金贷款。日本提供的技术援助主要包括培训受援国的技术人员、派遣专家和技术人员到受援国进行技术指导及科研合作，向受援国提供设备和仪器等。

日本政府贷款的期限一般为15—30年。宽限期为5—10年，贷款的利率一般在2.5%以下，贷款的赠予成分平均在70%左右，日本发放政府贷款的限制性采购部分目前为25%左右，而且在发放政府贷款时，要求受援国必须通过国际竞争性招标方式向所有合格货源国的合格供货厂商或承包商购买商品和劳务，对于有些非限制性采购贷款，日本政府要求受援国在经合组织成员范围内购买商品和劳务。日本是为中国提供官方发展援助较多的国家，原则上是无附加条件的，但操作中却是限定性的，如日本政府贷款的多数项目规定"限定两国间采购"等捆绑条件。

日本的援助政策也是逐渐变化的，第二次世界大战以后，日本在美国的引领下，进行了一系列政治经济改革，并走上了和平发展之路。在美国的扶植下，日本的经济得以迅速发展，为了恢复与东南亚国家之间的关系，日本1954年10月作为援助国加入了英联邦国家主导的"南亚及东南亚经济合作与发展的科伦坡计划"，以赠送和借款方式向上述地区国家提供资金或物资、派遣专家、接收培训研修生。而日本采用了派遣专家、接收培训研修生等援助方式。1955年日本政府在预算中拨款3 840万日元，正式开始了派遣专家、接收培训研修生业务，从此拉开了日本对外援助的序幕。日本还曾要求美国设立"亚洲版的马歇尔计划"，要求美国每年投资40亿美元，设立科伦坡框架内的"东南亚开发基金"，该提议虽然没有得到美国的支持，但日本利用美国的资金、日本的技术和东南亚的资源，以援助为幌子来发展自己。1958年初，日本出资50亿日元设立了"东南亚开发合作基金"，后来又追加了100亿日元。1958年8月，日本出资30亿日元设立了"经济合作基金"。从1958年开始，日本开始向印度政府提供"束缚性"日元贷款，政府贷款从此成为日本对外从事经济援助的主要手段。1973年，由于第一次石油危机的爆发，日本被阿拉伯国家列为"非友好国家"之列，减少了对日本的石油供应，87.7%的石油靠从中东进口的日本，改变追随美国轻视阿拉伯国家的立场，对中东国家开展援助外交，中东国家又将日本列入"友好国家"。

一直以来，亚洲是日本主要的援助对象，尤其是南亚和东南亚国家，如印度、越南、印度尼西亚、中国、泰国和菲律宾等。2016年，日本对亚洲地区的援助额达到30.42亿美元，占当年援助总额的43.16%。日本在大平首相的倡导下，从1966年开始向非洲国家提供援助并几乎遍布所有非洲国家，2016年，日本对非洲援助额达到14.95亿美元，占当年援助总额的21.21%。日本的发展援助主要集中在电力、天然气和运输部门，向这三个部门发放的援款大约占其对外援助总额的50%以上；其次是农业和采矿业；日本很少对发展中国家的教育、卫生和计划生育等部门提供援助。日本与美国不同，其援助对象是在贸易和投资方面与其有密切联系的国家。从1979年开始，日本每年都要对中国提供大量的援助，主要方式有资金合作、技术合作和人才交流。资金合作包括有偿资金合作、无偿资金合作和利民无偿资金援助。有偿资金合作主要是长期低息贷款，一般为50年，还款期40年，宽限期10年；无偿资金援助主要是提供赠款，用于农业、医疗保健、环保、人才培养和教育等领域；利民无偿资金援助主要是小额赠款，主要是以向非政府组织及地方公共项目提供的资金援助。技术合作主要是派遣专家将日本的技术传授给中国，接收进修生，提供设备等，涉及的领域主要有基础设施、农业和环境保护。人才交流主要是培养相互理解的人才，实施人与人交流计划。

五、法国的对外发展援助

法国是发展援助委员会中的第五大援助国。2017年，法国官方发展援助净交付额为110.57亿美元，占发展援助委员会援助总额的7.67%。

法国主管对外发展援助的机构有合作部、文化科学和技术关系管理总局、中央经济合作金库、财政部、领地国务部。它们分别负责不同国家和地区的发展援助工作，法国的海外省和领地的发展援助由领地国务部直接负责，各专业部和中央经济合作金库有时也向它们提供援助；对撒哈拉以南讲法语的非洲国家的财政和技术援助由合作部负责，贷款由中央经济合作金库负责；对其他发展中国家的无偿援助和援助性贷款由财政部负责，技术援助由文化科学和技术关系管理总局负责。此外，法国的各专业部分别负责执行各自领域内的技术援助。1975年以后，中央经济合作金库开始向讲法语以外的国家和地区提供援助。

法国提供援助的主要形式有赠款、贷款和技术援助。赠款在法国提供的双边援助中一直占有很高的比例，目前每年在80%左右。法国政府贷款的期限一般为30年，宽限期为10年，利率原来在2.5%以下，1987年以后改为2%以下，从第二个10年开始每半年还款一次，政府贷款有时还以混合贷款的形式提供。法国的技术援助主要采取培训技术人员、接受留学生和派遣技术专家等形式。法国对外发展援助的重点地区是海外省及其领地，每年将援助总额的一半以上给了这些国家和地区，其次是讲法语的非洲国家和地区以及洛美协定的成员国。目前，法国增加了对法语以外国家和地区的发展援助。法国对外提供的发展援助主要集中在教育和卫生部门，其次是农业和农村发展部门。

第六节 中国与国际发展援助

现代的世界是一个开放的世界，对于已经打开国门并日益开放的中国来说，从事和接受国际发展援助已成为中国参与国际经济合作活动的重要内容。对外向发展中国家提供援助和向国际多边机构提供援助资金，并接受国际多边和双边援助，对加强中国与世界各国的联系与合作、提高中国的国际地位、推动改革开放、加快中国的经济发展有着非常重要的意义。

一、中国对外援助的方式

（一）资金方式

中国对外援助的方式从资金角度来看，可以分为无息贷款方式、优惠贷款方式、援外合资合作项目基金方式、无偿援助方式和债务减免。

1. 无息贷款方式

无息贷款方式是中国对外援助的传统方式，主要用于受援国一般基础设施建设项目和一些民用基础设施等项目，以扩大中国在受援国的政治和社会影响。在过去的60多年里，中国通过无息贷款方式帮助许多发展中国家建设了一大批公共民用设施，政治和社会影响重大。但鉴于我国对外援助主要推行优惠贷款方式，今后除对外已签的无息贷款协议继续执行外，中国政府一般不再向受援国提供新的无息贷款。如有特殊需要确需对外提供新的无息贷款，应报国务院批准。

2. 优惠贷款方式

优惠贷款是中国政府指定的金融机构对外提供的具有政府援助性质、含有赠予成分的中长期低息贷款。其优惠贷款的年利率最低为2%，贷款期限最长不得超过20年，贷款利率与中国人民银行基准利率之间的利息差额由政府的援外经费进行补贴。优惠贷款主要用于中国企业和受援国企业的合资合作建设，经营当地需要又有经济效益的生产性项目，或提供中国生产的成套设备或机电产品等。这样做的好处在于，一是政府资金与银行资金相结合，可以扩大援助规模；二是银行作为执行机构能提高资金的使用效益；三是推动了双方企业的投资合作，以利于带动中国的技术、设备、原材料的出口。这也是目前国际上通用的一种做法。2010—2012年，中国对外提供优惠贷款497.6亿元人民币，占对外援助总额的55.7%。中国提供的优惠贷款主要用于帮助受援国建设有经济社会效益的生产型项目、大中型基础设施项目，提供较大型成套设备、机电产品等。

3. 援外合资合作项目基金方式

援外合资合作项目基金是中国政府为支持中国企业同受援国企业以合资经营、合作经营以及租赁等方式到发展中国家投资实施项目的一笔资金。中国政府援建的或拟援建的受援国有需要、有资源且有经济效益的中小型生产性项目均可采用这种方式。援外合资合作项目是援外与投资、贸易和其他方面的互利合作相结合的一种新的援外方式，是指在中国政府与受援国政府原则协议的范围内,双方政府给予政策和资金支持,中国企业同受援国企业以合资或合作经营的方式实施项目。其具体做法是,中国企业与受援国企业就某一项目共同出资进行合作,中国政府和受援国政府在政策和资金上予以支持。这种方式有利于中国政府援外资金同企业资金相结合,扩大资金来源,提高援助效益。

4. 无偿援助方式

无偿援助是指中国政府向受援国无偿提供资金、物资、技术、人力资源和其他服务的援助方式。无偿援助主要用于承担满足受援国政府建设的最基本的生产生活需求的福利性援外项目及人道主义援助项目,如医院、学校、低造价住房和打井供水等。无偿援助的主要对象是经济比较困难的周边友好国家、最不发达国家和外交上有特殊需要的国家,还可将一部分无偿援助资金与联合国发展机构的资金相结合,开展发展中国家间技术合作活动。无偿援助不仅灵活、多样、实施快、效果好,而且可以配合中国的外交工作。因此,中国政府今后将适当增加无偿援助。但是无偿援助应主要用于项目、技术和物资援助,以及多边援助资金和大使援助基金。在中国财力允许的范围内,还继续提供少量的捐款,援建一些受援国人民能广泛受益的公共工程和社会福利项目。

5. 债务减免

中国也和其他援助国一样,采用对发展中国家减免债务的援助方式。2010—2012年中国免除了坦桑尼亚、赞比亚、喀麦隆、赤道几内亚、马里、多哥、贝宁、科特迪瓦、苏丹等9个最不发达国家和重债穷国共计16笔到期无息贷款债务,累计金额达14.2亿元人民币。

(二)项目类型

1. 成套项目

对外援助成套项目是指在中国政府提供的无偿援助、无息或低息贷款项下,主要由中国进行考察、设计并提供设备材料、组织或指导施工、安装和试生产全过程或其中部分阶段的建设项目。成套项目实行企业总承包责任制和监理责任制。2010—2012年,中国共在80个国家建设成套项目580个,重点集中于基础设施和农业等领域。

2. 一般物资项目

一般物资项目是指中国根据受援国的要求,向其提供物资产品,包括单项设备。一般物资项目主要是紧急救援物资。中国提供的物资涉及机械设备、医疗设备、检测设备、交通运输工具、办公用品、食品、药品等众多领域。这些物资满足了受援国生产生活急需,其中一些设备如民用飞机、机车、集装箱检测设备等,还促进了受援国装备能力的提高和产业的发展。

3. 技术合作项目

技术合作项目是指中国根据受援国的要求,向受援国派遣专家或技术人员以提供技术服务和指导。技术合作涉及领域广泛,包括工业生产和管理,农业种植养殖,编织、刺绣等手工业生产,文化教育,体育训练,医疗卫生,沼气、小水电等清洁能源开发,地质普查勘探、经济规划等。技术合作期限一般为1—2年,必要时应对方要求可以延长。

4. 培训项目

培训项目是指中国为受援国培训管理人员和专业技术人员,举办经济管理官员研修班。培训项目援助是中国对外援助的重要内容之一。当前中国采取"请进来,走出去"的方法,加强与发展中国家人力资源开发方面的合作。目前主要有五种形式,包括经济管理官员研修、技术培训、区域人员交流、双边技术培训和"走出去"技术培训,其中官员研修和培训项目是重点。2010—2012 年,中国在国内举办 1 951 期培训班,其中包括官员研修班、技术人员培训班、在职学历教育项目等,为其他发展中国家培训人员 49 148 名。此外,中国还通过技术合作等方式为受援国就地培训了大量管理和技术人员。

5. 优惠贷款项目

优惠贷款项目是指中国根据受援国的要求,在优惠贷款项下建设有经济效益的生产性项目,或者支持有偿还能力的受援国建设基础设施和社会福利性项目,或者提供成套设备与机电产品等。中国设立优惠贷款风险补偿基金,专门用以补偿由不可抗力风险造成的优惠贷款损失,接受补偿的银行使用拨付资金冲减贷款损失。

6. 援外合资合作项目

援外合资合作项目是指在中国政府与受援国政府原则协议的范围内,双方政府给予政策和资金支持,中国企业同受援国企业以合资或合作经营的方式实施的具有援外性质的项目。中国设立援外合资合作项目基金,用以支持中国企业利用受援国当地资源和中国的设备、技术,与受援国企业举办合资合作项目及在受援国举办独资、租赁经营等以生产性为主的中小型项目。

7. 现汇援助

现汇援助是指中国根据受援国要求,直接向其提供外币现汇。现汇援助不利于援助资金的有效使用,在今后应当适当加以控制。

案例讨论　　　　　　　　　苏丹石油开发项目

一、项目背景

苏丹石油资源丰富,油气勘探有较长的历史。自 20 世纪 20 年代至 90 年代初,先后有十多家外国石油公司在苏丹陆上及红海沿岸开展过油气勘探活动,其中以美国 Chevron 公司在苏丹所进行的勘探活动规模最大。Chevron 公司从 20 世纪 70 年代中期起,在苏丹陆上近 60 万平方公里的范围内进行了为期 10 年的大规模石油勘探,累计投资近 11 亿美元,先后在苏丹 6 区发现了两个小油田,探明和控制石油地质储量共 1 179 万吨;在 1/2/4 区发现两个中型油田,探明石油地质储量共 1.7 亿吨(6 区块位于苏丹西南部,距首都 1 000 公里,与 1/2/4 区西界毗邻,面积 59 000 平方公里)。后来,由于美苏关系恶化等原因,Chevron 公司在还没有对上述油田进行开发的情况下撤出苏丹,放弃了苏丹石油项目。

1994 年 2—9 月,中国石油天然气集团公司(以下简称"CNPC")先后两次组团赴苏丹进行考察和现场踏勘,收集了大量的资料,经认真评价后,优先选了 6 区作为合作区块,并与苏丹能源矿产部勘探开发局签署了《合作备忘录》。CNPC 于 1994 年 11 月 19 日向中国外经贸部呈报了该项目的可行性研究报告和使用援外优惠贷款的申请。

1995 年 9 月 26 日,在苏丹总统访华期间,双方在北京正式签订了《产品分成合同》。1995 年 12 月 8 日,CNPC 与中国进出口银行签署了使用援外优惠贷款 1 亿元人民币的贷款协议。该项目开创了我国石油界利用政府援外优惠贷款进行石油勘探开发的先例。1996 年 1 月 1 日,《产品分成合同》正式生效。

二、项目执行情况

CNPC 于 1996 年 1 月派出 7 人小组抵喀土穆开始筹建公司并具体负责项目合同的执行,并于 1996 年 4 月 2 日在喀土穆正式注册成立了中油国际(苏丹)公司,负责项目的操作。

该项目从 1996 年 1 月启动至 1999 年,共完钻 4 口井,其中 3 口评价井,1 口预探井。3 口评价井均有较好的显示,新增基本探明石油地质储量 122 万吨;控制石油地质储量 550 万吨;共完成三维地震 121 平方公里,二维地震 1 079 公里。截至 1998 年 12 月,已累计投资 3 457 万美元。与此同时,进行了大量的石油地质综合研究工作,取得了一系列成果和认识,为下一步勘探目标的选择做好准备。

在苏丹 6 区项目进行施工和作业的全部为中方队伍,包括一个地震队、一个钻井队、一个测井项目组和一个试油队,作业施工人员 100 多人,加上国内从事技术、管理、外贸等工作的人员,共有 150 多人。到 1998 年年底,该项目共为国内带来总合同额达 2 909 万美元的技术、装备、劳务输出。

苏丹 6 区项目的实施,使苏丹政府和石油界对中国石油工业实力及管理方法有了比较深入的了解。他们一致认为中国的石油技术装备和管理虽然不是最先进的,但是最实用的、高效的、最适合苏丹国情的。正是这一认识,使 CNPC 在苏丹 1/2/4 区勘探开发项目竞标中挤掉了几家国外大石油公司(如西方石油公司、道达尔石油公司等),成为该项目的最大股东。

从 1996 年起,中国石油天然气集团(中油集团)投资开发了苏丹项目,包括 1 506 公里输油管线建设、1 000 万吨油田地面工程和喀土穆 250 万吨炼油厂建设,工程量浩大,投资巨大。中油集团严格按照国际标准作业,优质、高效地完成了施工任务。

苏丹石油项目受到了苏丹政府乃至国际石油界的普遍赞誉,成为中油集团在海外的标志性工程和"活广告"。1999 年 8 月 30 日,由中油集团控股的苏丹 1/2/4 区首船原油出口,标志着我国第一个海外经营的大型新石油诞生。据苏丹石油部门发布的材料显示,3 块开始产油的新油田,2001 年共产油 6 400 万桶,收入 11.6 亿美元。按照合同,油田最大的投资者中国石油天然气集团公司分得红利 3.2 亿美元,成品油 1 225 万桶,苏丹政府与加拿大、马来西亚的两家石油公司共分得 6.8 亿美元,成品油 2 500 万桶。该项目目前已经由建设投入期进入投产回收期。吴邦国副总理在视察该项目作业现场时说:"苏丹项目为中国企业树立了很好的形象,也取得了很好的经验,找到了一条很好的石油发展的路子。"

如今,中油集团所属企业在对外经贸企业中经营业绩位居前茅。中油集团实施"走出去"的国际化经营战略,在国际市场上展示出昂扬进取的宏伟气势,也壮大了企业实力。

【思考与讨论】

1. 请简要评论石油勘探开发与对外援助相结合的模式。
2. 请思考对外援助在密切我国与发展中国家关系以及推动中国企业"走出去"方面的积极作用。

二、中国与国际发展援助机构的合作

(一) 中国利用国际双边援助

外国政府向中国提供的援助也分为有偿援助和无偿援助两部分。外国政府对中国的有偿援助主要是通过政府贷款来进行的,中国政府接受的外国政府贷款中既有项目贷款,也有商品贷款;既有有息的,也有无息的;还有与出口信贷相结合的混合贷款。20 世纪 80 年代以来,中国接受的外国政府贷款多为混合贷款。中国接受外国政府贷款的利率一般为 1%—3%,偿还期为 20—30 年,综合计算其赠予成分在 35% 以上。政府贷款从币种来看,有美元贷款、日元贷款、英镑贷款、法国法郎贷款和科威特第纳尔贷款等。自 1979 年以来,中国已与日本、比利时、丹麦、法国、英国、意大利、德国、西班牙、奥地利、瑞士、瑞典、卢森堡、荷兰、挪威、芬兰、加拿大、澳大利亚、科威特、韩国等建立了双边贷款关系。截至 1998 年 5 月 31 日,中国利用外国政府贷款总额为 353.7 亿美元,涉及 1 700 多个项目。其中,中国接受的日本政府贷款最多,大约占到了中国接受的外国政府贷款总额的 40%。自 1979 年到 2000 年 12 月 31 日,日本共向中国提供了 2.65 万亿日元的政府贷款,约合 220 亿美元,占中国接受外国政府贷款总额的 40%。其中,第一批(1979—1983 年)提供了 15 亿美元;第二批(1984—1988 年)为 21 亿美元;第三批(1990—1995 年)为 56 亿美元;第四批(1996—2000 年)为 128 亿美元。此外,2000 年日本还向中国提供了 172 亿美元的特别贷款,用于北京地铁和西安咸阳机场的改建工程。2000 年以后,日本对中国的政府贷款改为单年度方式,而且对中国提供的贷款额连年下滑,2001 年度共提供了 1 613.6 亿日元的政府贷款,比 2000 年的 2 144 亿日元减少了 25%,2003 年仅有 967 亿日元。截至 2003 年 12 月 31 日,日本共向中国提供了 2.9 万多亿日元的政府贷款。据 OECD 公布的数据,2016 年中国利用的官方发展援助的政府贷款规模为 6.52 亿美元,绝大多数均来自发展援助委员会成员国,其中德国提供的政府贷款金额达到 5.54 亿美元,占到向中国提供的政府贷款总额的 85%,日本提供的政府贷款仅有 0.21 亿美元。外国政府贷款转贷业务及相关资产、债权、债务从 1995 年 9 月 1 日起由中国对外经济贸易信托投资公司全部划转至中国进出口银行。中国政府利用国际双边无偿援助较晚,始于 1982 年,到目前为止,大约有近 20 个国家或地区向中国提供过无偿援助。

(二) 中国利用国际多边援助

中国接受的国际多边援助主要来自联合国发展系统和世界银行。自 1971 年中国恢复了在联合国的合法席位以后,中国与联合国发展系统的合作经历了逐步扩大到深入发展的过程。中国于 1972 年到 1978 年曾派代表参与了联合国有关发展问题的决策并向其捐款。从 1979 年起,中国改变了只捐款不受援的政策,开始接受联合国发展系统的无偿援助。联合国发展系统各机构向中国提供的援助主要是通过开发计划署、粮食计划署、农发基金、人口基金会、儿童基金会、粮农组织、世界卫生组织、教科文组织、全球环保基金等机构提供的,涉及农牧渔业、林业、机械、电子、能源、基础设施及老少边穷地区的开发项目等。

1. 中国与联合国开发计划署的合作

自 1981 年开始,联合国开发计划署对中国已实施了八个国别方案,每个国别方案周期为 5 年,目前正在实施的方案是 2016—2020 年的中国国别方案。涉及的项目包括农业、工业、交通与电信、化工、食品与农药、冶金与剪裁、轻工与纺织、能源与电力开发、文化、教育、科技与卫生、环境保护,智力引进与吸收外资,经济改革与对外开放,扶贫等。1979—2004 年,开发计划署共向中国提供了 5.78 亿美元的核心资金,此外,通过开发计划署筹集的政府分摊资金为 1.5 亿美元。截至 2003 年年底,安排的项目数共 627 个,其中农业 77 个、工业 138 个、能源环保 87 个、交通通信 26 个、教育卫生 77 个、扶贫 43 个、管理改革 40 个、智力引进 15 个、引进外资 20 个、金融外贸和地质 21 个、区域规划 6 个、南南合作 19 个以及其他项目 58 个。据不完全统计,截至 2005 年 7 月,实施的项目已达 800 余个。目前中国是开发计划署的第三大受援国,仅次于印度和孟加拉。与此同时,中国于 2003 年向开发计划署提供正常资源捐款 370 万美元和当地费用捐款 250 万人民币。近年来,中国加强了与联合国开发计划署的全球合作,2017 年中国参与了联合国开发计划署在全球 12 个国家的 10 个项目,受益民众超过 62 万多人,其中为 5 个国家灾后重建项目提供了 1 700 万美元资金支持。

2. 中国与联合国人口基金会的合作

人口基金会一开始就重视与中国的合作,合作涉及的领域有妇幼保健和计划生育、避孕药的生产与研究、妇女、人口和发展。人口基金会于 1980 年 6 月通过了第一个援华国别方案(1980—1984 年),提供援款 5 000 万美元,安排项目 22 个,其中中国与人口基金会于 1982 年合作进行了第三次全国人口普查,人口基金会向中国提供了 21 套计算机设备,使中国首次利用计算机处理数据获得成功。此外,人口基金会又向中国提供了第二个(1985—1989 年)、第三个(1990—1996 年)和第四个(1997—2000 年)援华国别方案。在接受人口基金会援助的同时,中国也向人口基金会提供正常资源捐款。

3. 中国与联合国儿童基金会的合作

中国与儿童基金会开展的合作涉及儿童免疫、卫生与营养、基础教育、妇幼发展等方面,其中 20 世纪 80 年代初合作实施的脊髓灰质炎、麻疹、白喉、百日咳四种疫苗接种以省为单位达 85%,1991 年以县为单位也达到了 85%。自 1980 年开始,中国在力所能及的情况下每年都向儿童基金会捐款。

4. 中国与世界银行的合作

世界银行贷款也是中国利用多边援助的一个主要途径,中国利用世界银行贷款是从 1981 年开始的,世界银行向中国贫困地区提供了大量的贷款,以支持中国的基础设施建设、教育、卫生、农村发展、减贫以及培训和技术援助等。

中国与世界银行的合作始于 1981 年,那时中国正处于改革开放之初,技术和引进技术所需的外汇短缺正是中国燃眉之急,因此中国与世界银行的合作可以解决生产要素的稀缺问题。20 世纪 90 年代,中国开始注意利用世界银行的智力资源,如引入世界银行的竞争性招标机制、工程监理制度、业主制度、项目的评估方法,以及通过世界银行项目引进其供水和污水的收费方法等。进入 21 世纪以后,中国又注意引入世界银行的发展理念,将减少贫困与发展联系在一起,开始注重体制创新、私营部门的发展。

(三)中国支持和参与多边机构发展援助

近年来,联合国等多边机构在发展援助领域的作用突出,尤其在推动发展筹资、实现千年发展目标以及应对全球性发展问题等方面发挥巨大作用。中国通过自愿捐款、股权融资等方式，支持并参与多边机构发展援助行动。

据《中国的对外援助白皮书（2014）》的统计，2010—2012年，中国向联合国开发计划署、工业发展组织、人口基金会、儿童基金会、粮食计划署、粮食及农业组织、教育科学及文化组织、世界银行、国际货币基金组织、世界卫生组织以及全球抗击艾滋病、结核病和疟疾基金等国际机构累计捐款约17.6亿元人民币，支持其他发展中国家在减贫、粮食安全、贸易发展、危机预防与重建、人口发展、妇幼保健、疾病防控、教育、环境保护等领域的发展。三年中，中国通过联合国粮食及农业组织项目，先后派出235名专家赴蒙古、尼日利亚、乌干达等9个国家，为当地提高农业生产水平提供技术援助。2011—2012年，中国与世界卫生组织密切配合，先后派出15名专家赴纳米比亚、尼日利亚、埃塞俄比亚和巴基斯坦，帮助当地控制脊髓灰质炎传播。2012年，中国在联合国教育科学及文化组织设立援非教育信托基金，帮助非洲8个国家开展师资培训。除此之外，中国还大力支持地区性金融机构的发展。中国加强与亚洲开发银行、非洲开发银行、泛美开发银行、西非开发银行、加勒比开发银行等地区性金融机构的合作，促进更多资本流入发展中国家的基础设施、环保、教育和卫生等领域。截至2012年，中国向上述地区性金融机构累计捐资约13亿美元。继2005年中国出资2 000万美元在亚洲开发银行设立减贫和区域合作基金之后，2012年中国再次出资2 000万美元续设该基金用于支持发展中成员的减贫与发展。截至2012年年底，中国累计向亚洲开发银行的亚洲发展基金捐资1.1亿美元。此外，中国利用在非洲开发银行、西非开发银行和加勒比开发银行设立的技术合作基金，支持上述机构的能力建设。

思考与练习

1. 国际发展援助的具体方式有哪些？
2. 当代国际发展援助的特点有哪些？
3. 何谓联合国发展系统？
4. 世界银行发放贷款需要经过哪些具体程序？
5. 各国提供政府贷款的条件有哪些？
6. 中国对外援助的方式有哪些？

案例分析

中国援建非洲联盟总部

非洲联盟有50多个成员国，每年要开两次峰会，但在中国援建非洲联盟会议中心之前，他们每次开会，都得向在亚的斯亚贝巴的联合国非洲经济委员会借场地。2006年11月，在中非合作论坛峰会期间，国家主席胡锦涛宣布，中国政府将无偿援建非洲联盟会议中心。

仅用了3年时间，中国人就将埃塞俄比亚最古老的监狱旧址，变成了一座造型优美的现代大厦。埃塞俄比亚总理梅莱斯曾说：这块地从前是监狱，关着很多死囚，有很多绝望的人，当时整个非洲大陆给人的感觉就是绝望；现在，这里造了这座建筑，带来了一种希望,"象征着非洲的复兴,非洲的希望"。在会议中心落成之后,出席非洲联盟峰会的中国领导人表示,除这幢大楼以外,中方还将向非洲联盟提供6亿元人民币的无偿援助,并将派出一些中国技术人员,以满足会议中心大楼未来几年的维护所需。

在非洲联盟会议中心落成之际,它身上的"中国特色"引起了西方媒体注意。法新社与英国广播公司(BBC)都在报道中提及,建造这栋大楼的材料绝大部分从中国进口,连室内的陈设也是从中国购买。但在设计师眼中,这些选择都有着实际原因:所有建筑材料都要从中国进口,原因是埃塞俄比亚工业非常落后。他有过使用当地石材的设想,但当地的加工水平不足以满足设计师的要求,还要运回中国来加工。由于这些原因,设计师团队面对的是一项工作量浩大的工作:所有建筑细节在图纸上都必须十分清晰、准确,建筑材料必须在国内加工好,由设计师签字确认之后,才能发船运往非洲。中非之间路途遥远,一趟运输要花费几个月,所有东西在上船前必须确保品质,因为到了当地,就无从更换了。

资料来源:整理自 http://news.ifeng.com/mainland/special/likeqiangfeizhou/content-4/detail_2012_04_11/13813500_0.shtml。

【思考与讨论】
1. 请分析中国对外援助的意义。
2. 请分析中国对外援助与中国企业"走出去"之间的紧密联系。

21世纪经济与管理规划教材
国际经济与贸易系列

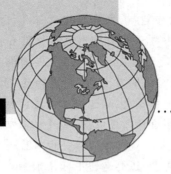

第十一章

可行性研究与资信调查

【教学目的】

通过本章学习,学生将能够:

1. 了解可行性研究的组织实施;

2. 熟悉可行性研究的概念、阶段划分、应注意的问题,资信调查的分类、途径和程序;

3. 把握可行性研究与资信调查的重要性,可行性研究与资信调查的主要内容和基本步骤。

【关键术语】

可行性研究　　　　　　　　　资信调查
项目评估　　　　　　　　　　资信等级评定

【引导案例】

中国银行资信调查业务介绍

产品说明

资信调查业务是指根据客户委托,通过与外部资信调查公司合作提供商业资信报告,或通过我行有关海内外机构了解有关企业的基本背景、信用状况、付款能力、不良记录等信息形成资信调查报告,并将该报告或信息向客户提供的业务。

产品功能

帮助企业了解目标客户,识别和控制信用风险,寻找潜在的利润来源。

产品特点

1. 降低业务风险。为企业提供及时、全方位的资信信息,帮助企业对调查对象做出评价和思考,识别高风险的客户,以降低业务风险。

2. 寻找业务机会。帮助企业更好地了解目标客户,寻找潜在的利润来源。

适用客户

企业对交易对手不了解,希望对目标客户做出评价,识别和控制信用风险,寻找潜在的利润来源。

业务流程

1. 客户根据交易情况及具体资信报告需要,向中国银行申请办理资信调查业务;

2. 中国银行根据客户资信调查需求进行资信调查;

3. 中国银行完成资信调查报告后,将通过委托行转交给客户。

温馨提示

申请办理资信调查业务时须提交申请书,其中应注明:被调查单位名称、地址、电话、传真;对海外客户的调查必须提供英文名称和地址。

中行优势

中国银行与国际咨询机构建立了长期合作关系,可以提供包括全球企业资信调查报告、国家风险及付款评估等全方位的资信服务。

资料来源:选自中国银行主页(http://www.boc.cn/cbservice/cb3/cb33/200807/t20080701_896.html)。

第一节 可行性研究的概念与阶段划分

一、可行性研究的概念

可行性研究是在项目投资决策前,对项目进行研究评价的一种科学方法,它通过对市场需求、生产能力、工艺技术、财务经济、社会法律环境等方面情况的详细调查研究,就项目的生存能力和经济及社会效益进行评价论证,从而明确提出这一项目是否值得投资和如何运营等建议。

可行性研究产生于第二次世界大战前。20世纪30年代,美国在开发田纳西河流域这一大规模国土整治工程时,正式将"可行性研究"作为项目前期论证的名称。这一时期,可行性研究的侧重点在于工程技术方面。第二次世界大战后,可行性研究的重点逐渐转向财务分析方面。经过诸多专家的不懈努力,可行性研究从理论到实践日趋完善。当今可行性研究的特点是注重投资项目的综合性效果,以财务分析为核心,并且对政治、社会、生态环境等因素给予相应的重视。

二、可行性研究的阶段划分

(一) 机会研究

机会研究,又称投资机会鉴定。其任务是:在一个特定的地区和行业,分析和选择可能的投资方向,寻找最有利的投资机会;同时,对项目有关数据进行估算。其研究步骤大体是:国别研究、地区研究、部门或行业研究以及提供项目报告。

机会研究工作比较粗略,主要依靠笼统的估计而不是详细的分析。这种粗略研究所依据的各种数据一般是经验数据和规划数据,也有的是参考现有项目匡算得出的数据,其精确度一般为±30%。对于大中型投资项目,机会研究所用的时间一般为2—3个月,所耗费用一般占投资费用的0.1%—1%。投资机会鉴定后,凡能引起投资者兴趣的项目,就有可能转入下一阶段即初步可行性研究。

(二) 初步可行性研究

初步可行性研究是经投资决策者初步判断并提出进一步分析的要求后,对项目方案所做的初步的技术和经济等方面的分析。这一步骤有时根据决策者的要求和建议也可省去而直接进入下一阶段的研究。

初步可行性研究,主要是对以下各项做出研究和分析:市场状况、生产能力和销售策略;资源(人力、动力、原材料);建厂地址选择;项目技术方案和设备选型;管理结构;项目实施进度;项目财务分析(项目资金筹措、产品成本估算、盈利率和还贷期估算);不确定性分析。

初步可行性研究,将为项目是否可以上马提供判别依据。初步可行性研究一般要用4—6个月或更多一点的时间来进行,各种数据的估算精度为±20%,所需费用一般占总投资的0.25%—1.5%。如果确定项目可以上马,则可进入下一阶段即可行性研究。

(三) 可行性研究

这一阶段不但要对项目从技术、经济上进行深入而详尽的进一步研究,确定方案的可行性,还必须对多种方案进行反复权衡比较,从中选出投资少、进度快、成本低、效益高的最优方案。可行性研究将为如何实施投资项目提供指导性依据。

可行性研究的内容与初步可行性研究的内容基本相同,但它所需要的资料数据比初步可行性研究更精确些,对数据处理精度要求更高些。这一阶段各种数据的估算精度为±10%,时间一般为8—12个月,所需费用占总投资费用的1%—3%,大型项目占总投资费用的0.2%—1%。

(四) 编写可行性研究报告

这一阶段的主要任务是将可行性研究的基本内容、结论和建议用规范化的形式写成报告,成为最终文件以提交决策者作为最后决策的基本依据。

下面以中外合营(合资与合作)项目为例说明可行性研究报告的主要内容。其内容主要包括:基本概况(包括合营企业名称、法定地址、注册国家、总投资、注册资本和合营企业期限等);产品生产安排及其依据;物料供应安排及其依据;项目地址选择及其依据;技术设备和工艺过程的选择及其依据;生产组织安排及其依据;环境污染治理和劳动安全、卫生设施及其依据;建设方式、建设进度安排及其依据;资金筹措及其依据;外汇收支安排及其依据;综合分析(包括经济、技术、财务和法律等方面的分析)和主要附件(包括合营各方的营业执照副本、法定代表证明书等)。

案例讨论　　可行性研究报告目录格式

下面是一份制造业项目可行性研究报告的目录格式,从中可以看出这类报告所包含的主要内容和要求:

第一章　实施要点(项目名称、宗旨、规模、范围、期限等)
第二章　项目的背景和历史(项目各方基本情况介绍等)
第三章　市场和工厂生产能力(需求和市场研究、销售、生产计划、生产能力)
第四章　原材料投入(投入和供应计划)
第五章　项目地点和厂址(项目地点、厂址与当地条件、环境影响)
第六章　项目设计(项目的布局、技术与设备、工艺、土木工程)
第七章　工厂机构和管理费用
第八章　人力(工人、管理人员和技术人员总数及构成等)
第九章　项目执行时间安排(建设方式、建设进度)
第十章　财务和经济评价(投资支出总额、项目筹融资、生产成本、盈利性等经济、技术、财务和法律等方面分析评价)
第十一章　主要附件(与项目有关的批准文件等)

【思考与讨论】
1. 可行性研究报告主要包括哪些内容?
2. 进行可行性研究的必要性和意义是什么?

(五) 项目评估

项目评估是指银行、政府部门、金融信贷机构对项目的可行性研究报告做出评审估价。项目评估和可行性研究同是为投资决策服务的技术经济分析手段。它们的内容基本相同,但它们是投资决策过程中的两个不同的重要阶段。其主要区别在于:可行性研究是由投资者负责进行的,其考虑的重点是更新技术、扩大生产、赚取利润。项目评估主要是由银行或金融机构进行的,所关心的是贷款的收益与回收问题,主要评估项目的还款能力及投资的风险。所以,在项目评估时侧重考查以下几个问题:

(1) 基础数据,尤其是重要基础数据的可靠性。
(2) 项目方案是否优选。
(3) 项目投资估算的误差是否超过允许的幅度。
(4) 项目投资建议是否切实可行,有没有错误的建议或遗漏。
(5) 项目的关键方面是否达到期望研究的质量。

可行性研究的五个阶段都是在项目投资前进行的,可行性研究是项目发展周期的一个重要组成部分(见图11-1所示)。

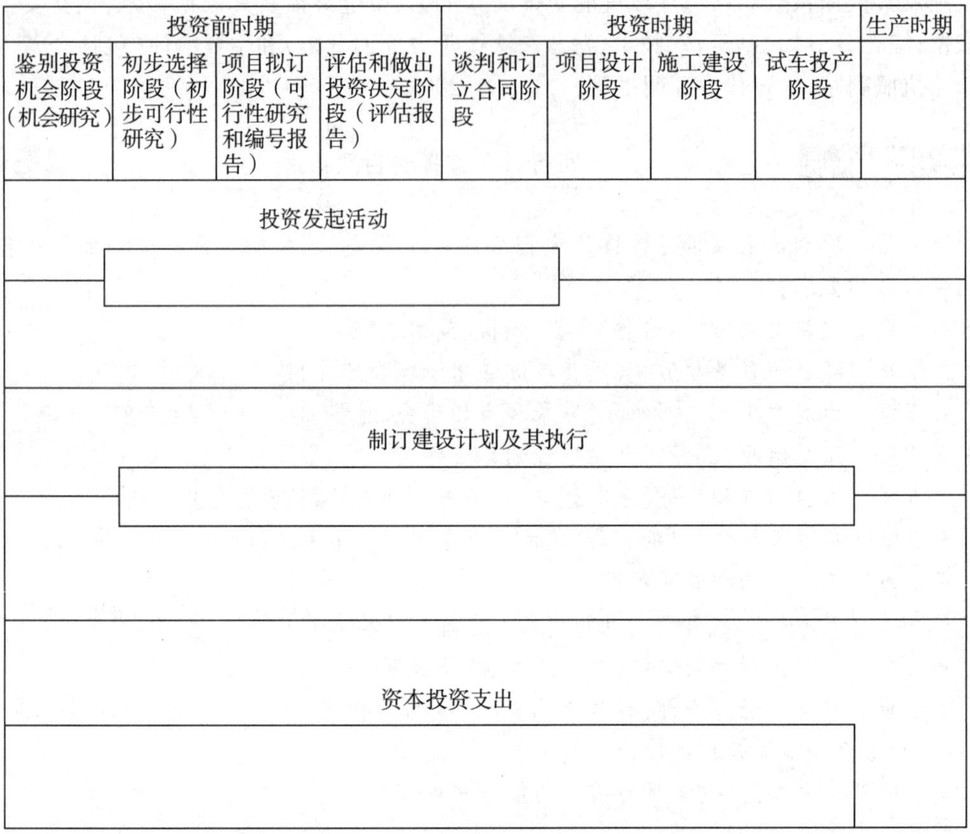

投资前时期				投资时期				生产时期
鉴别投资机会阶段（机会研究）	初步选择阶段（初步可行性研究）	项目拟订阶段（可行性研究和编号报告）	评估和做出投资决定阶段（评估报告）	谈判和订立合同阶段	项目设计阶段	施工建设阶段	试车投产阶段	
投资发起活动								
制订建设计划及其执行								
资本投资支出								

图 11-1　可行性研究与项目发展周期关系图

三、可行性研究中应注意的几个问题

（一）科学性和公正性

进行可行性研究，必须坚持实事求是的原则，数据资料要求真实可靠，分析要据实比选，据理论证，公正客观，绝不能出现为达到事先已经确定的投资目标而任意改动数据的情况。

（二）评价数据的正确性、合理性和可靠性

（1）认真审核基础数据的可靠性。投资额、生产量、成本费用和销售收入等基础数据一定要比照同类项目，结合当地实际情况认真估算，如果基础数据估算失误，下面的内部收益率计算过程再规范、计算数值再准确，也不能起到应有的作用。

（2）合理确定计算期。计算期不宜过长，如果过长，便难以预测环境的变化，进而使计算的各项动态经济指标的可信度降低。

（3）基准收益率的确定必须切合实际，偏高或偏低都会使折现计算失真。

（4）多方案比较时应认真审定方案之间的可比条件，否则，不仅使比较失去实际意义，而且可能导致决策失误。

（三）可行性研究的结论应简单明确

可行性研究中的结论和建议，应以简洁的文字，总结本研究的要点，建议决策人采用推荐的最优方案，并简述其理由。其中，包括推荐方案的生产经营和技术的特点、主要技术经济指标、不确定性分析结论、对项目各阶段工作的指导意见等。同时，对实施项目中要加以注意和预防的问题也应明确指出，切忌有意隐瞒一切可能出现的风险。

四、进行可行性研究时的一些重要参考资料

从国外方面来看，联合国工业发展组织曾制定和出版了三本工作手册，作为在世界范围内通用的项目可行性研究标准工作手册，它们是《工业可行性研究报告编写手册》《项目评价准则》《项目估价实用指南》。从国内来看，主要是国家发展和改革委员会与建设部制定出版的《建设项目经济评价方法与参数》。

第二节　可行性研究的实施

目前进行项目可行性研究通常采用两种方式：一是由企业自己编制，但同时聘请一些专家作为顾问；二是委托专业咨询公司编制。

一、由企业承担编制任务

（一）可行性研究小组成员的组成

如果由企业自己承担编制任务，则首先要成立一个研究小组。项目可行性研究小组按照理论模式至少应包括下列成员：一名负责人，一名市场分析专家，一名本行业技术专家，一名管理专家，一名财务专家。此外，还应视项目的具体情况聘请一些短期专家协助工作，如法律、金融、生态环境等方面的专家。

（二）由企业自己承担编制任务的利弊分析

以企业自身为主，同时视情况聘请一些短期专家协助编制可行性研究报告的优点主要是：编制人员熟悉本行业和本企业的技术业务以及企业管理特点，编制的报告针对性较强，并且所花费的费用较少。但是，同时也存在一些缺点：如可行性研究结论往往带有一定的倾向性；有些企业因专业人才不全或水平较低，有可能导致可行性研究报告的质量较差，甚至有可能带来一些问题。

二、委托专业咨询公司编制

在国内外，承担项目可行性研究的机构大小各异，有跨国公司、研究院所、大学、设备制造商、施工承包公司以及专门的咨询公司和小型事务所等机构。目前，在西方国家有一些世界性的跨国咨询公司专门从事可行性研究工作，如美国的麦肯锡公司和克泰尔公司、法国的雷诺咨询工程公司、瑞士的哈耶克咨询公司等。因此，企业必须按照一定的程序，选择信誉高、经验多的咨询机构为己服务。委托专业咨询公司编制可行性研究报告时，要注意处理好以下两个问题：

（一）合作程序

1. 确定咨询服务的职责范围

项目投资者应为本次咨询服务划定界限，其中包括需要提供服务的内容细目、日程安排、报告的最终形式等。

2. 发送征求咨询文件

根据咨询服务的职责范围，项目投资者编制出征求咨询文件，然后向项目投资者认为比较合适的咨询机构发送。备选咨询机构一般以 3—6 家为宜，提出名单过多，会给选择工作带来困难。

3. 确定候选机构的优选顺序

候选机构在接到征求咨询文件后，如对此次咨询感兴趣，一般都会编制咨询建议书。内容包括可行性研究的工作大纲、时间进度、研究重点、研究深度、费用和支付方式、人员组成、向项目投资者汇报的时间、次数等必须明确的问题。项目投资者在收到各候选机构的咨询建议书后，即可开始对各咨询机构的业务能力、从事工作的人员是否称职以及该建议书的适应程度进行评价，选出一个值得与之进行合同谈判的公司。

选择咨询机构的标准，可以从以下方面确定：①咨询机构对项目所涉及的经济和技术活动的一般经验如何；②所提出的工作计划是否切合项目的实际情况；③所提出的费用是否能被项目投资者基本接受。综合以上三项标准，排出优选顺序。

4. 谈判签订合同

通过以上优选排序确定候选机构后，即可安排与选中的公司谈判，就一些细节问题进行磋商，最后签订咨询合同。谈判结束，项目投资者将选定咨询公司的消息通知其他候选公司之后，咨询工作人员即可开始工作。

（二）可行性研究咨询费用的计算方式

1. 固定金额计算方式

这种方式是按照咨询价格的理论构成计算出咨询费用总额，以后的整个咨询活动不再另外计取费用。通常，这项总额费用中还包括有一定比例的不可预见的支出费用。咨询过程中，如费用有结余，归咨询机构；如有超支，投资者不予补偿。对于确定属于业务增加而引起的费用，可以用追加合同的方式解决。

2. 咨询人员工资加一定比例其他费用方式

这种方式是将咨询人员的工资加上一定比例的其他费用作为咨询费。其计算公式为：

$$咨询费 = 咨询人员工资 \times (1 + 系数) + 直接费用$$

公式中的系数，实际上反映了咨询活动中间接咨询费用的内容，它的高低一般取决于常规的间接费用数量和咨询工程的所在地、工作季节、工程类型等。该系数通常在 2 以上，美国一般取 2.3—3。

3. 概略估计方式

对于某些投资项目，由于其所需咨询服务的不确定性，可由咨询机构一方根据项目难易程度和以往同类项目咨询的经验，提出一个咨询费用的总金额，并同时规定一个报酬总额的上限和下限。如果项目咨询活动出现意外增减，咨询费用增减的额度以预先议定的上下限为界。

第三节 资信调查

一、资信调查的概念、分类和意义

（一）资信调查的概念

资信调查（credit information）是指通过一定的方式对贸易客户或合作与投资伙伴的资金及信用等方面情况进行调查了解。资信调查在有的国家或地区又称征信调查，其英文有时又译成 credit investigation 或 credit inquiry，简单来讲就是验证一个人或企业的信用。资信调查与咨询服务并不完全相同，咨询服务是请人当经营与管理或信息方面的顾问或参谋，而资信调查可以说是请人当商业方面的侦察人员。我们通常所讲的在投资决策之前要做好国外市场的调查研究工作，主要讲的是要做好投资环境的评估，当然，如果广义来理解，也可以把资信调查包括在其中。

（二）资信调查的分类

资信调查按照不同的标准可以分为许多不同的类型：按资信调查的地域分类，可以分为国外资信调查与国内资信调查；以资信调查的对象分类，可以分为个人资信调查、企业资信调查、财产资信调查和产业资信调查；以资信调查的目的分类，可以分为投资资信调查、交易资信调查、管理资信调查、聘雇资信调查和婚姻资信调查；按资信调查的方式分类，可以分为直接资信调查、间接资信调查与直接和间接相结合资信调查，等等。

一般来讲，资信调查是在一项决策做出之前进行的，但由于经营管理过程中时常要进行一些较重要的决策，资信调查也不是一次就完结，而是根据需要选择时机对投资与合作伙伴的资信状况不断地进行了解和掌握。另外，投资与合作伙伴的资信状况也是在不断变化的，也需要不断进行了解，特别是当其法律与管理组织结构发生重大改组、人事发生重大调整或生产与经营状况发生逆转时，更需要及时把握其资信的相应变化。由此看来，资信调查又可以分为事前资信调查、事中资信调查、追踪资信调查和应急资信调查等。

（三）资信调查的意义

从进行国际合作与投资项目的角度而言，做好资信调查的意义和作用主要有：

（1）有助于选定资金和信用等方面情况良好的投资合作伙伴。如果我们选定的合作伙伴资信可靠，就有助于合作与投资项目的顺利开展；反之，如果选定的合作伙伴资信不佳，不仅对项目的顺利开展不利，甚至还会受骗上当，造成企业亏损以至于倒闭破产。据报道，仅20世纪90年代初的4年间，境外企业拖欠我国外经贸企业的货款就高达89亿美元。被拖欠的货款既有外贸出口方面的，也有对外承包工程方面的。在上述89亿美元的拖欠货款中，有意欺诈款约占六成。造成外商拖欠货款的主要原因就是我国不少外经贸企业不重视对外商的资信调查。

（2）有利于做出科学的国际合作与投资项目决策，提高项目的成功率，促进国际经济合作与投资事业的发展。例如，在我国利用外资与海外投资工作中，都把对外方投资合作伙伴的资信调查作为一个重要环节来抓，有力地提高了这两方面的审批质量和工作水平。

（3）有助于减少我国海外企业投产开业后合营各方的矛盾和纠纷，避免出现不必要的风险和损失,使我国海外企业能够取得较好的经济效益,使海外投资的本金能够保值和增值。如我国某省的国际经济合作公司与巴巴多斯华人何某合资创办了一家公司生产服装,由于事先未对合作伙伴的资信情况进行认真调查了解,公司创办后何某采取多种手段侵吞公司资金,导致公司破产,我方损失一百多万美元。又如,我国某市一家外贸公司在国外合资开办了一家中餐馆,但由于企业开办前轻信对方的自我表白,未进行很好的资信调查,结果餐馆开业后,对方为人刁钻刻薄,很难合作共事,开业当年即出现亏损,后来该企业难以正常经营,只得提前关闭。

(4)资信调查一般在项目可行性研究之前进行,因此,做好资信调查对项目可行性研究工作的顺利开展也有很大益处。总之,资信调查是做好我国对外经济贸易工作的重要前提。

二、资信调查的内容

(一)关于资信调查内容方面的不同学说

在资信调查的内容(要素)主要应当包括哪些方面的问题上存在着不同观点和学说,较有代表性的有"三F"说、"五C"说、"五P"说和"五M"说。下面分别介绍一下这几个学说:

"三F"说中的三个"F"是指三个要素,即管理要素(managerial factor)、财务要素(financial factor)和经济要素(economic factor),认为企业资信调查的内容主要是这几个方面。

"五C"说认为企业资信调查的内容应当是:①品行(character),指潜在的合作伙伴在以往的经营中表现出来的商业道德,如债务偿还情况等;②经营能力(capacity of business),指潜在合作伙伴在日常经营管理中所显示出的经营技能和实力;③资本(capital),指潜在合作伙伴的财务情况;④担保品(collateral),指潜在合作伙伴担保品的种类、性质和变现性;⑤经营状况(condition of business),指潜在合作伙伴目前经营业务的状况,如市场环境状况、所在行业的现状与前景、企业的竞争力状况等。

"五P"说认为资信调查主要应当围绕以下五方面的内容进行:一是人的因素(personal factor),二是目的因素(purposeful factor),三是还款因素(payment factor),四是保障因素(protective factor),五是业务展望因素(perspective factor)。

"五M"说认为资信调查的内容是管理(management)、财力(money)、企业员工(man)、市场(market)和机器设备(machine)方面的状况。

以上几种学说的立论有所不同,但实质上区别并不是很大,因为资信调查的内容总是围绕着与被调查对象直接相关的因素而展开的。

(二)资信调查的主要内容

对合作与投资伙伴进行资信调查,主要应注意和考虑下列内容:

1. 公司或企业的注册时间与注册地点

公司或企业成立的早晚是一个很重要的信号。据几个主要西方国家的官方统计,公司的破产率与公司成立的时间长短有很大的关系。在破产的公司中,破产绝大多数是发生在公司成立的早期,破产的高峰期是在公司成立后的前三年,一般破产率达20%左右,到成立后第十年,破产率逐步趋稳,在5%上下徘徊。所以,在寻找合作伙伴时要特别注意这一点。当然,这并不是说绝对不能与新成立的公司打交道。另外,还要注意公司或企业的注册地点,有些外国企业在一些特殊地点注册,这都是有其用意的。例如,有些企业不在本国或经营业务所在国注册,而是到巴哈马、开曼群岛、百慕大、瑙鲁、利比里亚等地注册,因为上述地区对企业的管制较少,税收政策也较优惠,所以吸引了不少公司去寻求特殊的好处。对在这些地区注册的公司的资信情况,应慎重对待。

2. 公司的注册资本金额

现在国外的大多数公司都是有限责任性质的,即企业只是以其注册资本的金额为上限对本企业的债务承担有限责任。企业的经营能力与企业的资本实力有着密切的关系。

3. 公司的法律或管理组织结构

外国公司有不同形式的组织结构,如有子公司、分公司与母公司之分;有有限责任公司、无限责任公司和股份有限公司之分;有股票上市公司与不上市公司、独资公司与合资公司、控股公司与非控股公司之分;此外,还有独资企业与合伙企业之区别。总之,所有这些组织结构形式,都会在某些关键时刻和关键问题上影响公司的权益。如子公司与分公司形式就有很大不同:子公司的债务由子公司负责偿还,偿还不了时则企业倒闭破产;而分公司则不同,因分公司不是独立的企业法人,所以分公司所欠的债务在自身偿还不了时,母公司要代为偿还,这说明分公司是无限责任性质的企业。

4. 资产负债率

资产负债率是指企业负债总额与企业资产总额的比率。其计算公式为:资产负债率=(负债总额/资产总额)×100%。资产负债率是衡量企业资力和风险的重要尺度。这里所指的负债,是指企业所负担的全部短期和长期债务(国外把一年以上的欠款均视为长期债务,银行透支额按其性质也算在长期债务之内)。这里所讲的资产是指企业所拥有的一切财产、物资、债权和其他各种可以用货币计价的权益。一般来说,该项比率越低,说明该企业资信越好;该项比率越高,说明该企业资信越差。这项比率原则上不应超过100%。英、美等国工业企业的负债对资产比率平均为50%左右,一般工业企业超过了这个比例,就很难从银行或财务公司借到资金。当然,各国的经营管理观念不同,银行等金融机构对企业的支持程度也有所不同,对这一比率的要求也就不一样,在日本,工商企业的资产负债率高达60%—90%也属正常。

5. 合作伙伴的性格、道德(品行)和能力

合作伙伴诚实可靠并具有较强的业务开拓能力,是双方合作成功的保障和基础。为此,要对合作伙伴的经历、学历、信用、性格特点、主要经营者之间的相互关系、实际经营者与其继承者关系、经营者对现代经营管理知识的认识与实践程度、经营者的经营作风、履约情况以及经营者的经营能力等进行调查了解。

6. 企业的员工与设备等经营管理方面的情况

具体包括企业员工的数量、构成比例、流动率、敬业精神、薪金水平和工会组织作用;企业设备的技术档次、配套能力和商标牌号;企业经营与管理机构的设置、经营与管理计划的制订和执行情况、经营范围和经营性质等。

7. 往来银行

了解潜在合作伙伴往来银行的名称、地址以及其在银行中的存、借款情况和对外付款记录也是很重要的。

8. 业务现状与展望

企业供货来源状况、生产状况、销售状况、销售市场的分布与未来销售计划,前后向关联企业现状与预测和该行业发展前景,企业业务开拓规划以及长期投资的行业、产品、时间和地区分布状况等与企业的资信情况也有密切的关系。

三、资信调查的途径和程序

(一)资信调查的途径

(1)通过国内外银行进行调查。可以通过中国境内的银行(如中国银行等)进行调查。调查时,国内企业要先提出委托申请并提供国外被调查对象的有关资料,然后由银行拟好文稿,附上调查对象资料,寄给其往来银行的资信部门。国内企业也可以直接向对方的往来银行调查。调查时,将企业自拟的文稿和调查对象的资料寄给对方的往来银行资信部门。企业在自拟的文稿上可用以下简洁文句:We should be obliged if you would inform us, in confidence, of their financial standing and modes of business。通过银行系统进行调查,除了可以了解到被调查对象的资力与借贷信誉等属于银行内部保密的情况,所需费用也相对较低。

(2)通过国内外的专业咨询和资信调查机构进行调查。许多咨询机构都进行客商资信调查工作,还有一些咨询机构是以资信调查作为其主要业务的,即专业性的资信调查机构。在通过国内外的咨询和资信调查机构进行资信调查时,也是要先提出委托申请并提供被调查对象的有关资料。目前,中国境内从事国际资信调查业务的机构已建立了不少,仅北京地区较有名的就有中国国际经济咨询公司、中国对外经济贸易咨询公司、北京中贸商务咨询公司和东方国际保理咨询服务中心等。有些境外或国外的咨询公司也已在中国内地指定代理机构或设立分支机构,开展资信调查等方面的业务,国内企业也可以直接委托它们进行资信调查。例如,美国邓白氏信息咨询公司已在中国境内设立机构,从事资信调查等业务;中国台湾地区最有影响的资信调查机构中华征信所也在北京设立了办事处,直接开展境外或国外工商企业资信调查等项业务。因为是专业咨询和资信调查机构,所以调查报告的内容会更全面准确,时效性也会更强,并且由于是中立机构,其所提供的报告也会更客观公正。但是,委托这类机构进行资信调查,所支出的费用会相对高些。

(3)通过国内外商会或进出口协会进行调查。各国的商会组织都拥有各行业企业的详细资料,因此,企业也可以通过商会了解国外调查对象的资信情况。

(4)通过我国驻外使(领)馆商务机构进行调查。我国驻外使(领)馆的商务机构(经济商务参赞处或经济商务参赞室)对当地企业的情况比较了解,委托它们调查当地企业的资信情况也是一个有效的途径。

(5)通过国外的亲朋好友、本企业的海外机构、本国的其他海外企业与机构、本企业的国外现有客户与合作伙伴进行调查。

(6)本企业派人到国外进行实地考察了解,判断对方的资信,或根据对方的来函、报道对方情况的报纸杂志以及对方股票的股市行情等做出判断。

(7)要求对方直接提供能反映其资信状况的资料,直接与对方接触,面对面核对对方的身份和询问对方的生产经营规模、注册资金、年度盈利情况等,通过这些方式了解和判断其资信。对当面询问不要有不礼貌的顾虑。如果怕有悖于对方的风俗人情,则可以先出示自己的合法身份和介绍本公司的情况,然后礼尚往来,自然引起对方向我方相应地介绍其有关情况,或者我方直接询问对方也是顺理成章的。签订合同或协议本身就是为了防止今后的纠葛,这样做对双方都有利,任何一个诚实的客商都明白这个道理。

在上面所讲的七个途径中,前五个是间接的资信调查途径,后两个是直接的资信调查途径。有时可以结合起来使用间接和直接的资信调查途径。凡是进行间接的资信调查,都要将被调查对象的全称、地址、电话和传真号码以及其往来银行的全称、地址、电话和传真号码告之被委托调查机构或个人;同时,还需要提供被调查对象与自己单位接触的意向。

(二)资信调查的程序

程序主要是针对间接资信调查而言的。间接资信调查五种途径的程序大同小异,下面以通过国内资信调查机构进行调查为例,介绍其基本程序:

(1)提出委托申请。由委托人向资信机构提出书面申请,填写国外资信报告委托书,详细列明调查对象的有关情况和具体事项以及委托方的情况。

(2)付款。零散客户在委托申请提出后付清费用。固定客户付款情况有所不同,采用的是定期结算付款方式。

(3)开始调查。资信机构在将委托人所填具的委托书统一编号备案后,便开始通过相应的方式进行调查工作。根据国际惯例,资信机构在从事调查时无权向调查对象透露委托来源。

(4)提供资信调查报告。资信机构在事先约定的期限内完成调查工作,向委托人提供资信报告。报告标准文字为中文,如委托人有要求也可提供英文等文种的报告。

四、资信(信用)等级评定

资信(信用)等级评定是指以统计方法,将影响企业信用的各项要素数量化和精确化,按照具体、客观、准确、迅速的原则,对被调查企业的信用状况给予一个总体评价。具体进行评定时要制定出一个评分表,以企业得分总数评定其信用等级。现在,一般的做法是将企业的综合信用分为四个等级,即最好(high)、好(good)、一般(fair)、差(limited),有时也记为 A、B、C、D 四级。

(一)工商企业信用等级评定的具体标准和条件

下面以台湾中华征信所信用等级划分标准为例进行介绍。中华征信所将信用等级划分为:

(1)A级:优良客户。标准和条件是:①在本行业与银行界必须具备最高的信誉;②有稳定的高于本行业平均水平的获利能力;③属于第一类股票上市公司,盈余情况良好;④属于成绩优秀的大厂商;⑤财力雄厚的厂商;⑥对本公司盈利有突出贡献的厂商;⑦自动付款交易情况良好者。

(2)B级:满意客户。标准和条件是:①长期往来客户,收付款情况正常;②公司获利情况良好;③往来交易量极为平稳;④企业与其负责人无不良评价;⑤对本公司盈利有贡献的厂商;⑥地方性厂商;⑦上市股票公司,盈余正常;⑧同行业与银行界评价良好;⑨小型企业具有潜力者。

（3）C级：应该注意的客户。标准和条件是：①往来交易有延滞或换票情况；②查询往来银行实绩较差；③公司或工厂用房与用地为租用；④企业财力薄弱；⑤公司新成立营业未满三年；⑥旧客户久未往来，近来重新往来；⑦夕阳行业的厂商；⑧不景气受害较严重的厂商；⑨负债比率偏高厂商；⑩有财务纠纷或诉讼的厂商；⑪资信资料不全的厂商；⑫在同行业往来交易中有不良记录的厂商。

（4）D级：应特别注意的客户。标准和条件是：①营业情况不良；②获利能力差，近年严重亏损；③资产负债比率偏高，负债情况严重；④产品滞销情形严重；⑤关系企业经营失败；⑥被主要往来客户重大倒账；⑦股东不和，情形严重，重大股东退股；⑧遇水灾、火灾等重大自然灾害；⑨有重大漏税或违法情形；⑩同行业传说不稳定；⑪有退票等不良记录；⑫有刑事犯罪前科；⑬付款情况不良，经常需要催讨。

（二）工商企业信用等级评定的对应分值

下面仍然以台湾中华征信所企业信用等级评定的对应分值为例加以说明。通过工商企业信用等级评定的对应分值表（见表11-1）可以看出，80分至100分对应的是A级，50分至79分对应的是B级，30分至49分对应的是C级，29分以下对应的是D级。

表11-1 信用等级评定的对应分值表

等级		分数	信用情况
A	AA	90—100	信用优良，往来交易应无问题
	A	80—89	信用良好，目前往来交易应无问题
B	B+	70—79	信用尚佳，当前正常交易尚无问题
	B	60—69	信用尚可，有保证或有条件之交易尚可往来
	B-	50—59	信用普通，资产有限，大宗交易宜慎重
C	C	30—49	信用欠佳，往来交易应注意
D	D	0—29	信用不良，不宜往来交往

资料来源：台湾中华征信所。

五、如何阅读和利用资信调查报告

在委托资信机构进行资信调查后，我们会得到一份资信调查报告，在阅读和利用资信调查报告时主要应注意以下几点：

（1）拿到一份资信调查报告后，首先要关注调查对象的信用等级，因为信用等级是整个调查报告的核心，通过信用等级可以观察到调查对象的总体资信情况。如果资信等级为A级，说明被调查对象的资信很好，可放心与之合作。现实中，多数被调查对象的资信为B级，说明资信较好，在一定条件下可与之合作。如果资信为C级，与之合作时应特别加以注意。被调查对象的资信为D级，则不应与之合作。其次，要认真阅读报告中的总体分析或重要评论部分的内容，因为这些部分会给出一些有关调查对象的综合情况分析和评价，以及提示与之进行交易时应注意的问题。

（2）不论调查对象的信用等级评定是高还是低，在抓住上面提到的两个关键内容之后，还要对资信报告从头到尾进行阅读。在阅读报告时，要注意分析给调查对象评定为那个等级的依据,还要注意将自己所了解的调查对象的情况以及调查对象所提供的自身情况同报告中所反映出来的情况进行对照。

(3) 要根据本企业与调查对象的接触意向,拟与调查对象进行合作的项目性质,对资信调查报告进行针对性的阅读,分析是什么因素影响了调查对象的信用情况,而这些因素对本企业与之合作是否有直接的影响,如果有,本企业应当做出什么样的决策。

思考与练习

1. 简述可行性研究的概念与阶段划分,可行性研究与项目发展周期的关系。
2. 简述委托专业咨询公司编制可行性研究报告时应注意的主要问题。
3. 什么是资信调查?它有什么意义?资信调查可以通过哪些途径进行?

案例分析

北京新华信商业信息咨询有限公司企业信用报告样本(节选)

本报告所指的金额除特别说明外,均为人民币。

重要事项:

目标公司于 2001 年由原名某科技发展有限公司更为现名。

报告摘要:(略)

信用评价:

建议信用额度:1 500 千元

信用等级:CR3

新华信的建议信用额度没有考虑您与目标公司的具体交易情况,仅供您在确定您与目标公司进行信贷决策时参考。新华信在分析目标公司资信状况时,综合考虑了目标公司的规模、背景与历史,目标公司相对于行业平均水平的财务状况和经营情况,目标公司的信用历史等。新华信具体信用等级的含义如下:

等级	风险水平	新华信建议
CR1	风险极小	信贷交易可以很宽松
CR2	风险小	信贷交易可以较宽松
CR3	风险低于平均水平	可以正常信贷条件与其交易
CR4	风险属于平均水平	可在密切监控基础上以正常信贷条件与其交易
CR5	风险高于平均水平	尽量避免信贷交易
CR6	风险大	信贷交易应以担保为基础
CR7	风险很大	只在现金基础上与其交易

综述:

目标公司是一家专业从事计算机设备批发的公司,主要代理各知名品牌的计算机设备,目标公司近几年业务收入增长速度高于整个行业的增长速度,但由于竞争激烈,销售毛利率有所下降。目标公司的资产结构和资产效率好于同行业的平均水平。

实地探访:

信用分析员于 2002 年访问了目标公司经营地点——某大厦某楼某座某室。此大厦位于上海市徐汇区繁华地段,交通非常方便。据大厦物业管理处的有关人员透露,大厦属于甲级写字楼,租金约为 100—120 元/平方米/每月。目标公司租用办公面积若干平方米。办公室内部陈设标准,工作气氛紧张。

主营业务:(略)

销售情况:(略)

采购情况:

目标公司是某显示器的总代理,直接向南京某显示器有限公司采购显示器,其采购条件是 30 天赊账。目标公司一般的采购条件是 30 天赊账或现金进货。

信用记录:

信用分析员通过与南京某显示器有限公司财务部联系,得知目标公司是其在华东地区的总代理,付款较为及时。信用分析员与目标公司的另一家供货商苏州某电子有限公司进行电话联系,该供应商的销售经理告知,其与目标公司合作至今未发生拖欠现象。信用分析员访问了目标公司所在大厦的物业人员,了解到目标公司于 2000 年开始进驻经营,到目前为止,目标公司每月支付租金均较为及时。经向当地法院查询,未发现目标公司被起诉的记录。

员工数量:(略)

财务资料:(略)

财务说明:(略)

基本财务指标对比:(略)

银行账号:(略)

注册资料:(略)

股东及股份:(略)

主要股东背景:(略)

主要管理人员:(略)

附属机构:(略)

资料来源:新华信公司网站(http://www.sbd.com.cn)。

【思考与讨论】

1. 该企业信用报告中目标企业的信用状况如何?在阅读该报告时应该注意哪些问题?

2. 将本案例与教材中的相关内容结合起来分析,总结企业信用(资信)调查的主要内容和信用等级评定方面的一些基本规律。

3. 投资环境评估、投资项目可行性研究、资信调查等几项工作都是在投资决策做出之前进行的,它们之间是什么关系?可以相互替代吗?

第十二章

国际税收

【教学目的】

通过本章学习,学生将能够:

1. 了解国际避税的性质、国际反避税措施以及中国的涉外税收改革;

2. 熟悉国际税收协定、中国涉外税收的定义以及中国涉外税收优惠政策的主要内容;

3. 掌握税收管辖权与国际双重征税、国际避税的客观基础和刺激因素、国际避税的主要方法以及中国涉外税收的税种和税率。

【关键术语】

国际税收	国际逃税
国家税收	税率
外国税收	税基
涉外税收	国际避税地
税收管辖权	转移价格
国际双重征税	转移价格税制
国际税收协定	税种
国际避税	

【引导案例】

近年来,跨国企业的避税问题日益受到各国重视。据经合组织估算,保守估计,各国政府因跨国企业的避税行为每年税收损失多达 2 500 亿美元。

美国 2015 年的一项调查显示,截至 2014 年年底,位列财富 500 强名单的美国大企业中,近四分之三存在跨国避税现象。这些公司在百慕大、爱尔兰、卢森堡和荷兰等"避税天堂"开设子公司。其中,苹果公司是"逃税大户"。如果把苹果公司的海外资产带回美国,美国税收部门将可对其征税约 592 亿美元。

2015 年年底,G20 领导人正式批准了经合组织发布一项方案,包括中国在内的 60 多个主要国家参与了这一方案。方案旨在修改国际税收规则、遏制跨国企业规避全球纳税义务、侵蚀各国税基的行为,标志着一个世纪以来国际税收规则体系正在发生根本性变革。

资料来源:整理自 http://news.163.com/16/0511/17/BMQ66I7I00014JB5.html。

第一节　国际税收概述

一、国际税收的概念

(一)税收与税收制度

税收是一个经济范畴,也是一个历史范畴,它的发展是受社会生产力发展水平制约的。税收是国家为了实现其职能,以政治权力为后盾,强制、无偿地参与社会产品分配的一种方式。税收所反映的是一国政府同其政治权力管辖范围内的纳税人(包括自然人与法人)之间所发生的征纳关系。税收是国家参与国民收入分配的一种特殊方式,同其他的分配方式相比较,具有强制性、无偿性和固定性等特征。

税收制度是国家各种税收法律、法规和征收管理办法的总称,是国家征税的法律依据和工作规程。构成税收制度的基本要素主要有:纳税人、征税对象、税目、税率、纳税环节、纳税期限、减免税和违章处理等。

(二)国际税收的概念

国际税收是指两个或两个以上国家的政府,在依据各自的税收管辖权对跨国纳税人征税的过程中,所发生的国与国之间的税收分配关系。对国际税收概念的理解,要注意把握以下内容:①国际税收作为一种税收活动,不能脱离国家而独立存在。它是国家税收在国际范围内的运用,是以国家为一方,以跨国纳税人为另一方的税收征纳行为。②跨国纳税人是国际税收中的一个关键性因素。这是因为,一个国家对纳税人征税,行使其征税权力,本属国家税收的范围,只是由于纳税人的活动超出了国界,成为跨国纳税人,才引起了国家之间的税收分配关系,产生了国际税收。③国际税收的实质是国家与国家之间的税收分配关系,它同国家税收的实质有着严格的区别。国家税收所反映的是一国政府与国内纳税人之间的分配关系,而国际税收所反映的除了这方面的分配关系,更多的是指不同国家之间的税收分配关系,或者说是不同国家之间的财权利益分配问题。

(三)国际税收与外国税收和涉外税收的区别

国际税收不仅同国家税收有着明显的区别,而且它同外国税收以及涉外税收等概念也是不同的。外国税收是相对于本国税收的一个概念,它是外国人眼里的本国税收,它同本国税收一样,也属于国家税收的范畴,因而不能把外国税收看成是国际税收。涉外税收是一国税收制度中涉及外国纳税人的部分。各国的涉外税收同国际税收有着一定的联系,各国的涉外税收制度是国际税收关系形成的基础,国际税收是各国涉外税收的延伸和扩展。但是,两者的立足点是不一样的。一国的涉外税收立足于国内,主要是处理本国政府的对外征税问题,所体现的是该国的对外经济关系,它对别国的税收制度是不起约束作用的。而国际税收主要立足于国际,所要处理和解决的问题主要是国与国之间的税收分配关系,它把各国的涉外税收制度放在国际经济关系的整个体系中加以分析和考察,从而揭示出带有规律性的本质的联系,调整和规范国际税收分配关系。所以,也不能把涉外税收同国际税收等同看待。

（四）国际税收中的纳税人和征税对象

在国际税收中,纳税人和征税对象是其不可缺少的两个要素。实际上,国际税收本身并没有单独的纳税人和征税对象,国际税收所涉及的纳税人和征税对象仍然是各个国家税法所规定的纳税人和征税对象,只有当有关国家各自对它的税法所规定的纳税人征税,引起了这些国家相互之间的税收分配关系时,才使得这些国家的纳税人和征税对象同时成为国际税收所涉及的纳税人和征税对象。国际税收所涉及的纳税人是指负有跨国纳税义务的自然人和法人。该跨国纳税人必须拥有来自居住国以外的收入或所得,并且该跨国纳税人的同一笔跨国收入或所得同时在两个或两个以上的国家成为征税对象。由于国际税收的研究范围主要是所得税,国际税收中所涉及的征税对象主要是指跨国收入或所得,它包括跨国经常性收入或所得、跨国超额收入或所得、跨国资本利得或跨国其他收入或所得等。

二、税收管辖权和国际双重征税

（一）税收管辖权的概念

税收管辖权是国家主权在税收领域中的表现,是国家依法确定纳税人和征税对象及其纳税义务的权力。税收管辖权的主体,是拥有征税权的国家,其客体则是负有跨国纳税义务的跨国纳税人及其跨国所得。

（二）税收管辖权的分类

税收管辖权是国家主权的重要组成部分,它受到国家政治权力所能达到的范围的制约。对于一个主权国家的政治权力所能达到的范围,一般有两种理解:一个是地域概念,即一个国家只能在该国区域内(领土范围内)行使它的政治权力;一个是人员概念,即一个国家可以对该国的全部公民和居民行使其政治权力。在国际税收中,选择地域概念作为一国行使其征税权力的指导原则的,称为属地原则;选择人员概念作为一国行使其征税权力的指导原则的,称为属人原则。按照属地原则确立的税收管辖权,称为地域税收管辖权或收入来源税收管辖权,它根据纳税人的所得是否来源于本国境内来确定其纳税义务,而不管纳税人是否为本国的居民或公民。依照属人原则确立的税收管辖权有两种,称为居民税收管辖权和公民税收管辖权,它们根据纳税人同本国的居住联系或政治法律方面的联系(即是否拥有国籍)来确定其纳税义务,而不管这些居民或公民的所得是否来源于本国领土范围之内。近年来,公民税收管辖权的应用越来越少,世界各国普遍行使的是居民税收管辖权。

在当今世界上,绝大多数国家和地区都在同时行使地域税收管辖权和居民(公民)税收管辖权,也就是常说的"两权并用"。有的个别国家甚至是"三权并用",即同时行使地域、居民和公民三种税收管辖权,如美国。当然,也有少数国家和地区单一行使地域税收管辖权,如中国香港地区、巴拿马、乌拉圭和阿根廷等。还有极少数国家和地区完全放弃对所得税的税收管辖权,即两种税收管辖权都不采用,如巴哈马、开曼群岛、瑙鲁和安道尔等。目前,中国内地在所得税方面同时采用了地域和居民两种税收管辖权。

(三)国际双重征税的含义和产生的原因

国际双重征税有时也称为国际重复征税,它是指两个或两个以上的国家,在同一时期内,按同一税种对参与国际经济活动的同一跨国纳税人或不同跨国纳税人的同一征税对象同时征税。国际双重征税一般可分为法律性双重征税和经济性双重征税两种类型。法律性双重征税强调的是纳税主体(纳税人)与纳税客体(征税对象或税源)均具有同一性,指的是不同国家对同一跨国纳税人的同一征税对象或税源进行的重复征税;而经济性重复征税指的是不同国家对不同的跨国纳税人的同一征税对象或同一税源的重复征税,经济性重复征税不强调纳税主体的同一性。

国际双重征税是由于各国税收管辖权的重叠行使造成的。税收管辖权重叠的方式主要有三种,即地域税收管辖权与居民税收管辖权的重叠;地域税收管辖权与地域税收管辖权的重叠;居民税收管辖权与居民税收管辖权的重叠。国际双重征税的存在加重了跨国纳税人的税收负担,违反了税收的公平原则,影响了有关国家之间的财权利益关系,因而对国际经济尤其是国际投资的发展会产生十分不利的阻碍作用。

(四)避免和消除国际双重征税的方式与方法

由于国际双重征税对国际经济的发展有不良影响,为了顺应国际经济发展的潮流,为了各国财政经济利益和税务管理的需要,各国政府和国际经济组织采取各种方式与方法来避免和消除国际双重征税。目前,各国采取的避免国际双重征税的方式有三种,即单边方式、双边方式和多边方式。单边方式是指一国政府单方面采取措施来消除和缓和国际双重征税的方式。双边方式是指有关的两个国家之间通过谈判,共同签订双边税收协定以克服双重征税的方式。多边方式是指两个以上的国家间通过谈判签订多边税收协定的方式。在上述三种方式中,应用最普遍的是双边方式。

在各国税法和国际税收协定中通常采用的避免、消除或缓和国际双重征税的方法主要有免税法、扣除法、抵免法和减免法。免税法也称豁免法,采用免税法是以承认地域税收管辖权为前提的,即政府对本国居民来自本国以外的全部所得免税,而只对其来源于本国境内的所得征税。扣除法是指行使居民税收管辖权的国家,对居民已纳的外国所得税额,允许其从来自世界范围内的应税总所得中作为费用扣除。扣除法有时也称作扣减法,它同抵免法一起构成一国单边免除国际双重征税方法的体系。抵免法指的是采用居民管辖权的国家,对其居民在国外的所得征税时,允许居民把已纳的外国税额从应向本国缴纳的税额中扣除。行使抵免法的原则是既承认居民税收管辖权,也承认地域税收管辖权,并且承认地域税收管辖权的优先地位。抵免法是目前国际上采用较普遍的避免国际双重征税的方法。减免法是指一国政府对本国居民来源于国外的所得,在本国按较低的税率征税。减免法可以减轻或缓和国际重复征税,但不能消除国际重复征税。以上四种方法在避免或消除国际双重征税方面都可以起到积极的作用,但相对而言,免税法与抵免法比较彻底,扣除法和减免法作用小一些。

三、国际税收协定

(一) 国际税收协定的发展与作用

国际税收协定是有关国家为了协调相互间在处理跨国纳税人征税事务和其他有关方面的税收关系,本着对等原则通过谈判而达成的一种书面协议。国际税收协定有时也称为国际税收条约。签订国际税收协定的目的,主要是避免国际双重征税;此外,还包括反对税收歧视和通过加强国际税务合作防止国际偷、漏税。

最早的国际税收协定是1843年在比利时和法国之间签订的。该协定主要是解决两国间在税务问题上的相互合作和交换情报等问题,目前已不执行。目前仍在执行中的最早缔结的税收协定是意大利和奥地利于1925年10月31日签订的双边税收协定。从第一个国际税收协定出现到现在的一个半世纪中,国际上签订了各种类型的税收协定1 000多个。国际税收协定已成为当今国际经济关系中的一项重要内容。为了使国际税收协定规范化,多年来,各国政府和国际经济组织做出了积极的努力。现在,有两个税收协定范本供各国在签订税收协定时参考,一个是经合组织于1977年颁布的《经合组织关于避免对所得和财产双重征税的协定范本》(简称《经合组织范本》),另一个是联合国于1979年颁布的《联合国关于发达国家和发展中国家间双重征税的协定范本》(简称《联合国范本》)。《联合国范本》和《经合组织范本》都承认从源征税原则应当优先,而纳税人居住国应当采取抵免或免税的方法来避免国际重复征税。但两者也有区别:前者强调收入来源税收管辖权,后者则偏向居民税收管辖权。因此,这两个范本在一定程度上分别反映了发展中国家和发达国家的利益。对于发展中国家而言,《联合国范本》是它们在谈判双边税收协定时的一个较好的参考样本。

国际税收协定的作用主要有:它体现出了主权国家之间的相互尊重和平等协商;它可以赋予本国居民(公民)履行跨国纳税义务的安全保障;它可以促进缔约国各方协调相互之间的税收分配关系;它可以推动有关国家之间的经济技术交流与合作。总之,国际税收协定的签订,可以实现避免国际双重征税、减轻跨国纳税人的负担、反对税收歧视和防止国际偷、漏税,从而有力地促进世界经济的发展和一体化。

(二) 国际税收协定的主要内容

国际税收协定的主要内容一般包括适用范围、征税权的划分、消除双重征税的方法、无差别待遇和情报交换五个方面。适用范围是指国际税收协定对哪些人、哪些税种适用,以及它在时间和空间(领域)上的法律效力。征税权划分方面的内容是国际税收协定的主要部分,这方面的规定一般要占整个协定条文的3/5至4/5之多。征税权划分所要解决的是跨国纳税人的各项所得在各缔约国间如何进行公平合理分配的问题,它主要涉及对营业所得、投资所得、劳务所得和财产所得的征税权的划分。国际税收协定中避免双重征税的方法同各国国内税法中规定的方法基本上是相同的,即免税法和抵免法等。无差别待遇是国际税收协定的一项常有的内容，指的就是反对税收歧视，实质上就是要求实行国民待遇。无差别待遇的具体含义是指：缔约国一方国民在缔约国另一方负担的税收或者有关义务，不应与该缔约国另一方国民在相同情况下负担或可能负担的税收或有关义务有所不同或比其更重。建立缔约国间的税务情报交换制度是缔约各方的一种义务，这种制度的建立有利于防止国际偷、漏税行为的发生，避免潜在的不公平税负。所以，在国际税收协定中都列有一些专门条款，规定双方国家的主管当局应定期交换税务情报。

案例讨论　　避免双重征税的有关协定

《中国和乌克兰关于对所得和财产避免双重征税和防止偷漏税的协定》节选如下：
第二十四条　消除双重征税方法
一、在中国，消除双重征税如下：
（一）中国居民从乌克兰取得的所得，按照本协定规定在乌克兰缴纳的税额，可以在对该居民征收的中国税收中抵免。但是，抵免额不应超过对该项所得按照中国税法和规章计算的中国税收数额。
（二）从乌克兰取得的所得是乌克兰居民公司支付给中国居民公司的股息，同时该中国居民公司拥有支付股息公司股份不少于10%的，该项抵免应考虑支付该股息公司就该项所得缴纳的乌克兰税收。
二、在乌克兰，消除双重征税如下：
按照乌克兰关于消除在乌克兰境外缴纳的税收的法律规定（该规定应不影响本协定总的原则），根据中国法律，并与本协定相一致，就来源于中国境内的利润、所得或应税财产而支付的中国税收，无论直接缴纳或通过扣缴，应允许在就该利润、所得或财产计算的乌克兰税收中抵免。该抵免在任何情况下，不应超过抵免前按照实际情况计算的，应属于在该另一国可能就该所得或财产征收的所得税或财产税部分。

（资料来源：http://www.chinalaw114.com）。

【思考与讨论】
本案例中采取的避免国际双重征税的方法属于哪一种？还有其他的避免国际双重征税的方法吗？

第二节　国际避税方法与国际反避税措施

一、国际避税的性质

国际避税（international tax avoidance）是指跨国纳税人利用各国税法规定所存在的差别或税法规定允许的办法，采用各种公开与合法的手段做出适当的财务安排和税务筹划，以达到减少或消除税收负担的行为。

国际避税与国际逃税（international tax evasion）的性质是不同的，国际逃税是指跨国纳税人利用国际税收管理合作的困难和漏洞，采取不向税务机关报送纳税材料、谎报所得、虚构扣除、伪造账册和收付凭证等种种非法的隐蔽手段,蓄意瞒税,以谋求逃避应承担的纳税义务的行为。避税是公开与合法的,而逃税是隐蔽和非法的,这是两者的主要区别。

国际逃税和国际避税的性质不同,因而各自所承担的责任也不同。对国际逃税,可由有关国家根据其国内税法或税收协定的规定,依法进行补税和加处罚金,以示惩罚。而对国际避税行为,由于是各国税法上的漏洞和各国税法之间的差别引起的,对避税人无法也不可能进行处理,有关国家在发现这些问题之后,只能通过完善税法,如相应做出一些补充规定,或加强与他国税法的衔接,来进行防范。

需要指出,逃税与避税只是两个相对而言的概念,以合法与否来作为区分二者的标准本身也是相对的。特别是当逃税与避税成为一种跨国界行为时,就更难区分了,因为各国对合法的理解是不一样的。同一行为,在A国是合法的,在B国可能就是非法的。

企业在进行避税活动时,要注意以下两点:一是要注意处理好经营盈利与避税盈利的关系。相对于避税盈利来讲,经营盈利是主要的和基本的盈利方式,如果企业连正常的收入都没有也就谈不到避税。二是要注意培养有关人才和学习有关知识。企业要开展避税活动,首先要拥有精通国际税收的人才,同时要了解有关法律和政策等方面的信息和知识。

二、国际避税的客观基础和刺激因素

（一）国际避税的客观基础

从主观因素上讲,国际避税的动机当然是纳税人要减轻税负,获得更大利润。但如果没有产生避税的客观基础,则这种动机是不会实现的。国际避税的客观基础,简单说,就是各国税收上的差别。国家间税收差别的存在,意味着人、收入来源或资金的流动会影响纳税义务和实际税负。

国际避税的客观基础,或者说各国税收规定间的差别,主要有以下八种情况：

(1) 各国在税收管辖权上的差别。各国在税收管辖权上的差别,可能会造成双重征税,也有可能导致不纳税。例如,A国行使居民税收管辖权,B国行使地域税收管辖权,某纳税人是B国居民,如果他的收入来自A国,就可以在两国都免于纳税。

(2) 课税程度和方式上的差别。一些国家对所得、财富或财富转让不课税,大多数国家对个人和公司所得课税。

(3) 运用税率上的差别。有些国家使用比例税率,有些国家使用超额累进税率;有些国家最高税率可能达70%,而有些国家最高可能不超过35%。

(4) 税基上的差别。所得税税基为应税所得,但在计算应税所得时,各国对各种扣除项目的规定可能差异很大。如给予各种税收优惠,会缩小税基;取消各种税收优惠,则会扩大税基。在税率一定的情况下,税基的大小决定着税负的高低。

(5) 避免国际双重征税方法上的差别。为避免国际双重征税,各国采用了不同的方法,如免税法、扣除法、抵免法等。这些不同的方法会使纳税人承担不同的税负。其中,扣除法税负最重,其次是抵免法,税负最轻的是免税法。

(6) 国与国之间有无税收协定上的差别。国与国之间有无税收协定,直接影响到避免双重征税及子公司向母公司汇出股利及贷款利息等预提税的多寡。如美国政府规定,对于向没有同美国政府签订税收协定的国家和地区汇出股利、利息或特许使用费,预提税为30%；对于有税收协定的国家，则为10%。

(7) 使用反避税措施上的差别。例如，扩大纳税义务，在税法中采用国籍原则，以及各种国内和国际反避税措施方面的差别。

(8) 税法有效实施上的差别。各国税务部门的征收管理水平不同，使纳税人的实际税负产生差异。有些国家税法上规定的纳税义务很重，但实际征收水平可能会很低。

上述差别的存在给纳税人合法避税提供了机会。由于逃税（或偷、漏税）是非法行为，要受到法律惩处，所以纳税人目前正越来越多地潜心研究各国税制上的差别，寻求合法避税途径，以达到减轻税负的目的。

(二) 国际避税的刺激因素

近年来，许多国家的税率和实际税负都有了提高，所得税的税负一般要占净收入的一半左右。税收负担的加重，是导致纳税人，特别是从事跨国经营活动的纳税人想方设法进行避税的外在因素。具体说来，导致税负增加，从而刺激国际避税的因素主要有以下三个：

1. 税率

在其他条件不变的情况下，税率越高，税负越重。相应地，逃税的动机也就越强。税率分平均税率和边际税率两种。平均税率是指税收总额与税基相除的比率，也就是应纳税额占应税所得的百分比。边际税率是指对税基下一个单位适用的税率，也就是对每一新增应税所得额适用的税率。在实行累进税率的情况下，边际税率随税基增加而增加。

对纳税人来说，他所关心的主要是边际税率的大小，即政府要从纳税人新增加的每一元收入中拿走多少。经验表明，当边际税率不到50%时，纳税人一般尚可忍受。当边际税率超过50%时，纳税人的抗拒心理增强，避税行为增加。

2. 税基

税基是征税的客观基础。在税率一定的前提下，税基的大小决定了税负的轻重。近年来，各国所得税税基都有扩大的趋势，如美国和法国，将过去一向不视为征税对象的转让所得也列入征税范围。加拿大税制委员会提出了把转让所得、赠予、继承及其他一切收入均列入征税所得概念的提案。

3. 通货膨胀

通货膨胀是各国都面临的一个经济问题。在实行累进所得税的国家，若没有对收入和资本或二者兼而有之的价格指数进行调整来提供相应的免税补偿（即税收指数化），由通货膨胀造成的名义收入的增加将把纳税人的适用税率推向更高的档次，政府由此会从纳税人实际所得中征走更大的份额。国外学者将这种现象称为"档次爬升"（bracket creep）。从某种意义上说，"档次爬升"是政府增加财税收入的一条捷径，因为它不需要立法机构发布新的增税法令，而是通过利用所得税累进税率的特点，使政府从国民收入真实所得中取走更多的份额。此外，由于通货膨胀直接引发的物价水平上涨和消费价格指数提高，以及对企业资本原始价值的影响，还造成了对个人所得和企业所得中应扣除的成本费用的扣除不足，从而导致过分征税。由通货膨胀造成的"档次爬升"和扣除不足，蚕食了纳税人的实际所得和资本，迫使纳税人选择了避税这条路。

三、国际避税的主要方法

国际避税的方法分自然人避税方法和企业法人避税方法两个方面,下面重点介绍企业法人避税的主要方法。

(一)利用国际避税地避税

1. 国际避税地的种类

国际避税地也称国际避税港,是指对所得与资产免税,或按较低的税率征税,或实行大量税收优惠的国家和地区。主要分为三类:

第一类,是指不征收个人或企业所得税以及一般财产税的国家或地区,这一类一般被称为"纯国际避税地",如巴哈马、开曼群岛、英属维尔京群岛、海峡群岛、百慕大、瑙鲁、巴巴多斯、西萨摩亚、新喀里多尼亚、瓦努阿图、特克斯与凯科斯群岛、安道尔、摩纳哥等。海外投资者到这些国家或地区设立企业,只需向当地有关部门注册登记,缴纳一定的注册费,而不必缴纳企业所得税和一般财产税;个人到这些地方长期居住,则不必缴纳个人所得税。

第二类,是指完全放弃居民(自然居民和法人居民)税收管辖权而只实行地域税收管辖权的国家或地区。在这类国家和地区,只对来源或存在于当地的所得与财产征税而不对来源或存在于国外(地区外)的所得与财产征税,如中国香港地区、马来西亚、巴拿马、阿根廷、哥斯达黎加、利比里亚等。

第三类,是指按照国际惯例制定税法并进行征税,但对外来投资者提供某些税收优惠的国家或地区。这一类国家和地区包括加拿大、希腊、爱尔兰、卢森堡、荷兰、英国、菲律宾等。

2. 利用国际避税地避税的具体方法

(1)在第一类和第三类国际避税地开办企业或银行,从事正常的生产和经营活动,享受其在所得和资产以及其他方面的减免税优惠,从而达到避税目的。

(2)在国际避税地虚设机构。跨国企业在避税地设立一个子公司,然后把母公司销售给另一公司的货物,在根本未通过避税地子公司中转销售的情况下,制造出一种通过该子公司中转销售的假象,从而把母公司的所得转移到避税地子公司的账上,以达到避税的目的。设立于避税地的这家子公司,实际上并不从事生产经营活动,只从事专门的避税活动,因此又被称为挂牌公司、纸面公司、文件公司或基地公司。

(3)在国际避税地虚设信托财产。虚设信托财产是指海外投资者在避税地设立一个个人持股信托公司,然后将其财产虚设为避税地公司的信托财产,由于避税地对财产税实行减免征收,从而达到避税目的。比如,美国某公司在巴哈马设立一个信托公司,并把远离巴哈马的财产虚设为避税地的信托财产,把这部分财产的经营所得放在避税地信托公司的名下,这样就逃避了纳税义务。

(二)利用转移价格避税

转移价格是跨国公司母公司与子公司、子公司与子公司之间进行内部交易时所使用的一种价格。跨国公司通过内部价格的划拨,来达到避税的目的。转移价格不受市场供求关系的影响,也不是买卖双方在市场上按独立竞争原则确定的价格,而是一种人为的内部转账价格。由于跨国公司的内部交易涉及商品和劳务两个方面,因而,转移价格也包括两个方面:一是有形产品的转移价格,如公司内部相互提供的设备、零部件和原材料等的价格;二是无形产品的转移价格,如子公司付给母公司(或其他子公司)的技术使用费、贷款利息、商标使用费、佣金费、管理费和咨询服务费等的价格。

转移价格首先被用来逃避所得税。跨国公司的子公司分布在不同国家,这些国家的所得税税率高低不同,因此,跨国公司就可以利用这一点,将盈利从高税率国家转移到低税率国家(包括属于避税地的三类国家),从而减少公司的纳税额。

利用转移价格还可以逃避关税。具体做法有两种:一种是在跨国公司内部企业之间进行商品交易时,以调低的价格发货,减少缴纳关税的基数。比如,某商品的正常价格为 2 000 美元,在甲国要交 80% 的从价进口税,跨国公司如果采取折半的价格以 1 000 美元进行内部交易,进口税就可以从 1 600 美元减少到 800 美元,从而少缴 50% 的进口关税。另一种做法是利用区域性关税同盟或有关协定对不同商品的进口关税率所做的不同规定来逃避关税。区域性贸易集团为保护内部市场,促进商品在本区域范围内流通,对内部产品都制定有优惠关税政策。如欧洲自由贸易区规定,如果商品是在该贸易区外生产的,或在该贸易区内生产的价值含量不足 50%,那么由一成员国运往另一成员国必须缴纳关税。但如果该商品价值的 50% 以上是在该贸易区内增值的,则在该贸易区成员国间运销不用缴纳关税。

(三) 利用变更企业总机构登记注册地或变更企业实际控制与管理机构所在地的办法避税

国际上认定法人居民身份(公司居住地)的标准主要有两个,一个是以公司总机构登记注册地为标准(指负责管理和控制法人的日常经营业务活动的中心管理机构所在地),另一个是以公司的实际控制和管理机构所在地为标准(指做出和形成法人经营管理决定和决策的地点)。如果一家海外企业的所在国是以登记注册地为标准认定法人居民身份,且这个国家是高税国,那么企业就可以采取到低税国登记注册的办法避税。同样,如果一家处于高税国的海外企业的所在国是根据实际控制和管理机构所在地来认定法人居民身份,那么这家企业就可以采用将实际控制和管理机构转移到低税国的办法来避税。

(四) 利用双边税收协定进行国际避税

不同国家间签订的双边税收协定通常为缔约国各方的居民提供了某些减免税的优惠待遇,这些协定规定的优惠待遇对非缔约国居民的纳税人则不适用。利用双边税收协定进行国际避税是指本无资格享受某一特定的税收协定优惠的第三国居民,为获取该税收协定的优惠待遇,通过在协定的缔约国一方境内设立一个具有该国居民身份的公司,从而间接享受该税收协定提供的优惠待遇,减轻或避免了其跨国所得本应承担的纳税义务。例如,甲国和乙国之间签订有双边税收协定,协定规定甲国居民来源于乙国的所得可享受减免税优惠,丙国与甲国之间也签订了税收协定,但丙国与乙国之间没有签订税收协定。在这种情况下,丙国的居民纳税人通过在甲国设立公司,直接收取其来源于乙国的所得,从而享受甲乙两国间税收协定规定的优惠待遇。而根据丙国与甲国之间的协定规定,丙国居民来源于甲国的收入也可获得减免税优惠,这样就减轻了其来源于乙国的所得本应承担的税收义务。

(五) 避免成为双边税收协定中所称的常设机构而实现避税

"常设机构"一般是指企业在某一国家进行营业活动的场所。常设机构要想逃避纳税义务是很困难的,因为在相互签订了双边税收协定的国家,常设机构是对企业进行征税的前提和依据。所以,避免成为常设机构就成为外国企业经常采用的利用国际税收协定避税的一种手段。例如,双边税收协定一般规定:外国企业在当地开展的一些业务活动(货物仓储、货物购买、存货管理、广告宣传、信息提供、建筑安装咨询服务或其他辅助性营业活动等),只有超过一定的期限(6个月或以上)才构成常设机构。

(六) 通过弱化股份投资进行国际避税

在一般情况下,跨国企业经营所需要的资金,主要来自股东的股份投资和各种贷款。当跨国企业融资时,是选择以股份形式还是以贷款形式融资,通常主要考虑的因素有企业的经营控制权、企业的性质和企业的自有资金状况等,而较少考虑税收方面的因素。但是,在现实的国际经济活动中,跨国股息和利息所得的实际国际税负是不一样的,两者之间存在着差别,这就使得跨国企业可能利用这种国际税负的差别,通过有意弱化股份投资而增加贷款融资比例的方式,把本来应以股份形式投入的资金转变为采用贷款方式提供,从而达到逃避或减轻其本应承担的国际税负的目的。

四、国际反避税措施

针对跨国公司的国际避税行为,各国政府和国际组织近年来都在积极采取行动,堵塞漏洞,加强反避税措施。

(一) 国际组织提出的国际收入与费用分配原则

所得税的征收对象是应税所得,而应税所得则是收入扣除费用后的余额。应税所得的多少直接取决于收入和费用的增减变化。转移价格的实施,使收入和费用出现了非正常的国际间流动。从这个意义上说,要想堵塞国际避税的漏洞,必须设法使跨国关联企业间的收入和分配合理化。从20世纪60年代起,联合国及经合组织就致力于研究切实可行的国际收入与费用分配原则,以规范跨国公司的行为。目前这一努力已取得一定进展。这些原则包括:

(1) 独立核算原则。它要求关联企业间的交易往来,必须按无关联企业的交易往来方式进行。

(2) 总利润原则。对跨国关联企业的内部交易不予过问,但到财政年度终了时,要将各关联企业在世界范围内所取得的全部利润汇总相加,再按合理标准重新分配。

(3) 合理原则。以经济合理性为基础进行国际间的收入与费用分配。

(4) 合理利润划分安全地原则。要求跨国关联企业内部交易利润的划分,只有在有关国家规定的"安全地"范围内才可认为合理而予以承认。

在上述四项原则中,后两项原则应该说只在理论上成立,不具有可操作性。就前两项原则来看,只有少数几个国家实行了总利润原则,其余大部分国家奉行的都是独立核算原则。它们把独立核算原则贯彻在国内的税法中,并提出了一些具体的国际收入费用分配标准。

（二）转移价格税制

美国《国内收入法典》第482条规定，若两个以上的企业有特殊关系时，为了防止避税或正确地计算所得，税务部门在必要时可以对这些企业的所得进行分配，即实行转移价格税制。转移价格税制的基本思路是要求跨国关联企业按照正常交易原则进行交易。

美国税法还对交易是否正常提出了具体的操作方法。这些方法得到了联合国及经合组织的税务专家们的认可，并被很多国家吸收采纳。这些方法包括：

（1）独立价格比照法。将彼此无关联的企业在市场竞争中讨价还价形成的价格视为市场价格，以此为标准衡量关联企业价格的高低。其基本点是，要求跨国关联企业间的交易价格，按照独立竞争企业间相类似交易的价格制定。

（2）再销价格倒算法。从企业的再销售价格中减去一定的利润，以此来倒算标准的市场价格。这种方法通常适用于最终产品销售价格的认定。

（3）成本利润推算法。按成本加正常利润的方法进行推算。这一般适用于缺乏可比对象的某些工业品销售及特许权使用费之类无形资本转让收入的分配。

（4）其他方法。包括投资利润率推算法、最终销售价格推算法、机能推算法等。

按照美国法律规定，上述几种方法必须按顺序择用，不能随意选择。特别是，当前三种方法都不能采用时，才可选用第四种方法。事实上，虽然独立价格比照法是最为合理的，但实施起来也是很困难的。美国1979年年末的一份统计资料表明，在所调查的519家公司中，只有200家公司受到了转移价格课税调整的劝告，涉及交易403次，金额2.775亿美元。其中，只有3%是根据独立价格比照法进行调整的，根据第二种和第三种方法进行调整的件数占27%，金额占65%。

从20世纪80年代开始，美国的转移价格税制又增加了新的内容。这是因为，在无形资产及特许权转让方面，要想根据以前的判断标准，先找出市场竞争的交易价格，然后与转移价格比较，判断其是否合理的做法很难行得通，因为很难找到比较对象的交易价格。因此，1986年的税制改革提出了无形资本转让时支付的价格，必须与它所带来的收益相适应的原则。在具体的判断方法上，认为用前三种方法判断无形资本价格已经显得乏力，应实行利润分割推算或利润率推算等其他方法。基本特征是，不直接与市场交易价格相比较，而是采用机能分析，根据经营体内部的机能推算利润。

美国制定转移价格税制的目的，是防止美国跨国公司把应税所得转移到海外。但随着其他国家对美国直接投资的增加，转移价格税制的重点已发生变化，防止外国跨国公司把美国的应税所得转移到母国或第三国日益成为转移价格税制的主攻方向。近年来，美国税务当局特别把矛头对准了在美投资的日本企业。1985年，美国追征了日产、丰田9亿美元的税款，1990年又追征了日立、东芝、松下等日本企业500亿日元的税款。

（三）避税地对策税制

避税地对策税制最早出现在美国。美国制定避税地对策税制的目的，是防止跨国公司把利润留在避税地，不汇回国内。避税地对策税制是避免企业利用避税地来推迟纳税的重要税收立法。以前的美国税法规定，凡是有美国股东参股的外国公司，其所得无论是股息还是盈余分配，在汇回美国之前，对美国股东暂不征税。如果这些公司设在避税地，那么美国股东就可能利用这一规定享受延缓纳税的特权。为了防止这种避税行为的发生,美国在 1962 年的《国内收入法典》第 951—964 条中提出了"F 分部所得"(Subpart F Income)的概念,即对美国股东控股的特定外国法人的一定所得征税。

该条款规定了三方面的内容:①美国股东必须拥有避税地公司 50%以上的股权,纳税义务人为美国股东中拥有该法人股票 10%以上者;②所得项目不指该法人从正常营业活动中的所得,主要针对在避税地成立的基地公司所得,如外国基地公司销售所得、外国基地公司提供劳务所得等。③该外国法人必须是设在低税负的避税地。凡符合上述条件者,不管美国股东是否收到上述所得,均应申报其 F 分部所得,在美国缴纳税金。

继美国之后,许多其他国家也都在税法中做了类似的规定。例如,1972 年联邦德国的对外税法就规定,一个联邦德国居民,从某个受该国控股的特定外国法人得到的利息,如果占该公司利息的 10%或 10%以上,那么在特定外国法人分配利润时,该居民必须就他的这部分所得申报纳税,不管这部分所得是否汇回国内。日本在 1978 年的税制改革中,将避税地对策条款引入租税特别法中,规定日本的居住者或法人直接或间接拥有特定外国人股票的 10%以上时,该居住者或法人的所得须向日本政府申报纳税。这样,即使海外子公司把全部所得留在国际避税地,但对母公司来说,海外留存等同于汇回国内,同样要向国内申报纳税。据统计,1987—1989 年,根据避税地对策税制,日本共追征漏报的留存利润税金 70 多亿日元。

第三节　中国的外商投资企业税收制度

一、外商投资企业税收制度的演变

大体来讲,从建立之初到现在,中国的外商投资企业税收制度已经经历了五次较大的改革:

第一次,合并《中华人民共和国中外合资经营企业所得税法》和《中华人民共和国外国企业所得税法》。为了积极有效地吸引外资,中国政府在实行改革开放政策初期,曾先后制定了《中华人民共和国中外合资经营企业所得税法》和《中华人民共和国外国企业所得税法》,并配套制定了这两部法律的施行细则。在执行若干年后,于 1991 年对这两部涉外税法进行了合并,合并后的新税法名称为《中华人民共和国外商投资企业和外国企业所得税法》,这部法律于 1991 年 7 月 1 日开始施行,与其配套的实施细则也在当年 7 月 1 日实施。两部税法的合并统一了涉外企业所得税制,是中国外商投资企业税收制度进行的第一次改革。

第二次,统一内外税收征管制度。以 1992 年《中华人民共和国税收征收管理法》的公布为标志,统一了对内税收和涉外税收的征管制度,这是外商投资企业税收制度的第二次改革。

第三次,进行全面的税制改革。1994 年,根据"统一税法、公平税负、促进平等竞争"的指导思想,统一了内外流转税制和个人所得税制,使内资企业和外商投资企业及外国企业适用统一的增值税、消费税和营业税暂行条例。同时,废止了原适用于外商投资企业和外国企业的工商统一税条例;并且实现了外籍个人和国内公民适用统一的个人所得税法,即公布了统一的《中华人民共和国个人所得税法》。

第四次,关税和进口环节增值税免税方面的改革。当时的涉外税法规定,从 1996 年 4

月 1 日算起,在此日期以后批准设立的外商投资企业,在其投资总额内进口的自用设备一律按法定税率征收关税和进口环节增值税。这一政策在执行过程中曾做过一些调整。

第五次,2007 年进行的两税并轨,即将《中华人民共和国外商投资企业和外国企业所得税法》与《中华人民共和国企业所得税暂行条例》合并,建立不分内外的《中华人民共和国企业所得税法》,从而为内外资企业的市场竞争创造平等的税收环境。

外商投资企业税收制度是中国原来建立的涉外税收制度的主要内容之一。原来建立的涉外税收制度除涵盖外商投资企业外,还包括外国企业和外籍在华人员。改革开放 30 多年来,中国的税法走过了一条"从统一到国内税收与涉外税收分开再到重新合并统一"的历程,这个历程也反映了改革开放走过的历程。实行改革开放政策后,中国依据维护国家权益、服务于对外开放、尊重国际税收惯例的原则,制定了一套比较完整的涉外税制,给涉外税收纳税人提供了一些优惠待遇,为外国投资者及外籍人员提供了良好的税收环境。当时之所以采取单独制定和实施涉外税法的政策,原因一是为了给予外商投资优惠待遇,二是国内税收体制与国际上的标准存在差距。涉外税收优惠既体现在税种的设立上,也体现在税率的高低和税收减免上,既针对企业也针对个人。涉外税收优惠以企业所得税为主,还涉及个人所得税和进出口关税等。但与外商投资企业相关的税收除这几种外,还包括增值税、消费税、营业税、土地增值税、城市房地产税、印花税、车船使用牌照税和契税等。

从实际效果来看,单独设立涉外税收制度在当时确实起到了比较好的作用,使我国利用外商直接投资和吸引跨国公司来华投资取得了举世瞩目的成就,外资流入量连续 16 年列发展中国家第一位,多年来一直排列世界前五名,外资已经成为中国经济高速稳定增长的一个重要因素。但是,在中国加入世贸组织和进入 21 世纪后,为了推进市场化改革,建立统一高效的市场经济体制,创造平等的企业竞争环境,有必要对单独设立的外商投资企业所得税法进行改革,使其与国内企业所得税法合并统一。通过合并内外资企业所得税法,逐步减少给予外商投资企业和外国企业的税收优惠与超国民待遇,逐步取消内外资企业在税种、税率和税收待遇上的差别,实行平等的国民待遇。正是出于这样的考虑,在 2007 年对两部相互独立的企业所得税法进行了合并统一。

二、新《企业所得税法》的制定和实施

2007 年 3 月 16 日,第十届全国人民代表大会第五次会议审议通过了新的对内外资企业共同适用的《中华人民共和国企业所得税法》,这部法律自 2008 年 1 月 1 日起施行。新的《企业所得税法》共 8 章 60 条,主要内容涉及总则、应纳税所得额、应纳税额、税收优惠、源泉扣缴、特别纳税调整、征收管理和附则等。与《企业所得税法》相配套的《企业所得税法实施条例》的框架也是 8 章,但具体内容多达 133 条。

根据新《企业所得税法》,企业分为居民企业和非居民企业,居民企业(即依法在中国境内设立的内外资企业)实行统一的企业所得税率,税率为 25%;对于非居民企业,在适用税率上有一定的差别。凡是在中国境内依法设立的外商投资企业均属于税法中所称的居民企业,应当就其来源于中国境内、境外的所得缴纳企业所得税,税率为 25%;凡依照外国(地区)法律成立且实际管理机构不在中国境内,但在中国境内设立机构或场所的,即为税法中所称的非居民企业,非居民企业应当就其所设机构或场所取得的来源于中国境内的

所得,以及发生在中国境外但与其所设机构或场所有实际联系的所得,缴纳企业所得税,税率为25%;在中国境内未设立机构或场所,或者虽设立机构或场所但取得的所得与其所设机构或场所没有实际联系,但有来源于中国境内所得的企业,也为税法中所称的非居民企业,它们也应就其来源于中国境内的所得缴纳企业所得税,税率为20%。

新《企业所得税法》还对既适用于外商投资企业也适用于内资企业的税收优惠做出了规定,主要内容包括:国家对重点扶持和鼓励发展的产业与项目,给予企业所得税优惠;企业的下列所得,可以免征或减征企业所得税:从事农、林、牧、渔业项目的所得,从事国家重点扶持的公共基础设施项目投资经营的所得,从事符合条件的环境保护、节能节水项目的所得,符合条件的技术转让所得等;符合条件的小型微利企业,减按20%的税率征收企业所得税;国家需要重点扶持的高新技术企业,减按15%的税率征收企业所得税;民族自治地方的自治机关对本民族自治地方的企业应缴纳的企业所得税中属于地方分享的部分,可以决定减征或者免征,自治州(县)决定减征或者免征的,须报省、自治区、直辖市人民政府批准;企业的下列支出,可以在计算应纳税所得额时加计扣除:开发新技术、新产品、新工艺发生的研究开发费用,安置残疾人员及国家鼓励安置的其他就业人员所支付的工资;创业投资企业从事国家需要重点扶持和鼓励的创业投资,可以按投资额的一定比例抵扣应纳税所得额;企业的固定资产由于技术进步等原因,确需加速折旧的,可以缩短折旧年限或者采取加速折旧的方法;企业综合利用资源,生产符合国家产业政策规定的产品所取得的收入,可以在计算应纳税所得额时减计收入;企业购置用于环境保护、节能节水、安全生产等专用设备的投资额,可以按一定比例实行税额抵免等。

三、中国与外国(地区)签订的双边税收协定

为了从国际法方面保障利用外商投资事业的健康发展,自实行改革开放政策以来,中国已经先后同世界上许多国家签订了双边层次的《关于对所得避免双重征税和防止偷漏税的协定》以及《关于相互促进(鼓励)和保护投资协定》。截至2015年8月,中国政府已正式对外签署100个避免双重征税和防止偷漏税的协定,其中97个协定已经生效,与香港和澳门两个特别行政区签署了税收安排,与台湾地区签署了税收协议,同时与一些国家就国际运输收入(空运和海运)的税收处理问题签署了议定书或相关协定。可以说,这些协定的签订,对于确保经济和税收的互利互惠,健全和完善中国的涉外税收制度和征收管理,促进国际间的相互投资,特别是扩大外商来华投资,增强中国在国际经济活动中的地位等,都起到了重要的作用。

另外,中国政府还通过与其他国家订立双边税收协定的方式向外国投资者提供税收优惠。通过订立双边税收协定提供税收优惠是通过国际法方式提供,有别于通过国内立法提供。要确保外国投资者从我国给予的税收优惠中真正得到好处,有赖于税收饶让的争取和实行。税收饶让是指居住国政府对本国纳税人所得因来源国给予的税收减免而未缴纳的税款视同已纳税给予抵免。税收饶让的实行一般要依据国家间订立的税收协定,因而它是一种国家间的措施,是居住国政府对所得来源国吸引外资政策的一种积极配合。

思考与练习

1. 如何准确地理解国际税收的概念?
2. 如何理解税收管辖权?税收管辖权分为哪几类?税收管辖权与国际双重征税是什么关系?避免和消除国际双重征税的方法是什么?
3. 国际避税的客观基础和刺激因素是什么?
4. 目前国际上采取的反避税措施主要有哪些?
5. 中国涉外税收的税种和税率有哪些?

案例分析

文艺界名人利用国际避税地避税

2001年,意大利著名男高音歌唱家帕瓦罗蒂因为偷逃税款一案在自己的家乡,即意大利北部小城摩德纳法庭与检察官们对簿公堂。案件的起因是:检察机关认为帕瓦罗蒂在1989—1995年存在未申报的课税收入达350亿—400亿里拉(约合1 660万—1 900万美元),而帕瓦罗蒂则申辩说,在这7年时间里,他一直居住在摩纳哥的蒙特卡洛,因此应该享受免税待遇。检察机关给出的依据是:从1989年到1995年这7年间,帕瓦罗蒂的主要居住地不可能是蒙特卡洛,因为他在意大利的摩德纳和海滨度假地帕萨洛都拥有住宅,而他在蒙特卡洛居住未满6个月,不能算是当地正式居民。与此同时,帕瓦罗蒂本人没能拿出有力的证据证明自己在此期间一直居住在"免税天堂"蒙特卡洛,因而,作为意大利公民的他仍应在意大利纳税。检察官们还进一步指出,即使帕瓦罗蒂在这几年间是居住在摩纳哥的蒙特卡洛,但他在意大利从事了商业经营活动,所以仍需照章纳税。面对指控,帕瓦罗蒂的辩护律师说:在这期间,帕瓦罗蒂的商业活动不是在意大利境内开展的,对此他们有充分的证据。

【思考与讨论】

1. 国际避税地有哪些种类?企业和个人如何利用国际避税地进行合理避税?
2. 什么是税法上所称的"居民"?
3. 在近年来中国利用外商直接投资来源的统计中,英属维尔京群岛居于比较靠前的位置,甚至超过了一些资本输出大国(如在2004年对华投资前15位的国家或地区排名中,英属维尔京群岛排名第二,仅次于中国香港地区,位居韩国、日本和美国等国家之前),请问你能解释其中的原因吗?另外,避税港、自由港和离岸金融中心之间的区别与联系是什么?它们有交叉吗?你能分别列举出一些著名的避税港、自由港或离岸金融中心吗?

主要参考文献

1. 卢进勇主编:《中国企业海外投资政策与实务》,对外经济贸易大学出版社1994年版。
2. 卢进勇编著:《入世与中国利用外资和海外投资》,对外经济贸易大学出版社2001年版。
3. 卢进勇等主编:《国际服务贸易与跨国公司》,对外经济贸易大学出版社2002年版。
4. 卢进勇、杜奇华著:《国际投资理论与实务》,中国时代经济出版社2004年版。
5. 卢进勇、杜奇华、闫实强主编:《国际投资与跨国公司案例库》,对外经济贸易大学出版社2005年版。
6. 卢进勇、杜奇华著:《国际经济合作》,对外经济贸易大学出版社2005年版。
7. 卢进勇、余劲松、齐春生主编:《国际投资条约与协定新论》,人民出版社2007年版。
8. 卢进勇、李建明、杨立强主编:《中国跨国公司发展报告2015》,对外经济贸易大学出版社2016年版。
9. 卢进勇、刘辉群、王辉耀主编:《中国跨国公司发展报告2016》,对外经济贸易大学出版社2017年版。
10. 卢进勇、杨国亮、杨立强主编:《中外跨国公司发展史》(上卷),对外经济贸易大学出版社2016年版。
11. 卢进勇、杨国亮、杨立强主编:《中外跨国公司发展史》(下卷),对外经济贸易大学出版社2016年版。
12. 杨立强、王丽丽等著:《中国外商投资发展报告2014——新一轮改革开放下的外商投资》,对外经济贸易大学出版社2014年版。
13. 卢进勇、杜奇华编著:《商务国际投资》,中国商务出版社2008年版。
14. 卢进勇主编:《中外跨国企业融资理念与方式比较》,中国商务出版社2009年版。
15. 卢进勇、刘恩专编著:《跨国公司理论与实务》(第二版),首都经济贸易大学出版社2012年版。
16. 杜奇华编著:《国际投资》,高等教育出版社2006年版。
17. 杜奇华编著:《国际技术贸易》,对外经济贸易大学出版社2008年版。
18. 杜奇华、卢进勇编著:《商务国际合作》,中国商务出版社2006年版。
19. 储祥银、葛亮、卢进勇编著:《国际经济合作原理》,对外经济贸易大学出版社1994年版。
20. 邱年祝、严思忆、李康华、卢进勇编著:《国际经济技术合作》,中国对外经济贸易出版社1994年版。
21. 张汉林、卢进勇等著:《经济增长新引擎:国际直接投资方式、规范与技巧》,中国经济出版社1998年版。
22. 张锡嘏、卢进勇、王福明编著:《全国公务员世贸组织知识读本》,对外经济贸易大学出版社2001年版。
23. 王志乐主编:《跨国公司中国报告(2011)》,中国经济出版社2011年版。
24. 王志乐主编:《走向世界的中国跨国公司(2007)》,中国经济出版社2007年版。
25. 中华人民共和国商务部编:《中国外资统计》(历年),政府公开出版物。
26. 中华人民共和国商务部编:《中国外商投资报告》(历年),政府公开出版物。
27. 中华人民共和国商务部、中华人民共和国国家统计局和国家外汇管理局合编:《中国对外直接投资统计公报》(历年),政府公开出版物。

28. 商务部编写组编:《国际投资》,中国商务出版社 2007 年版。

29. 曹凤岐等编著:《证券投资学》(第二版),北京大学出版社 2000 年版。

30. 林康著:《跨国公司经营与管理》,对外经济贸易大学出版社 2008 年版。

31. 马春光编著:《企业国际化经营与管理》,中国对外经济贸易出版社 2002 年版。

32. 江小娟著:《中国的外资经济》,中国人民大学出版社 2002 年版。

33. 陈继勇等编著:《国际直接投资的新发展与外商对华直接投资研究》,人民出版社 2004 年版。

34. 〔英〕安格斯·麦迪森著,武晓鹰等译:《世界经济千年史》,北京大学出版社 2003 年版。

35. 杨圣明、裴长洪等主编:《中国对外经贸理论前沿》(1—6集),社会科学文献出版社 1999—2010 年陆续出版。

36. 黄静波编著:《国际技术转移》,清华大学出版社 2005 年版。

37. 国际咨询工程师联合会(FIDIC)编,中国工程咨询协会译:《施工合同条件》,机械工业出版社 2002 年版。

38. 国际咨询工程师联合会(FIDIC)编,中国工程咨询协会译:《简要合同格式》,机械工业出版社 2002 年版。

39. 〔英〕尼尔·胡德、斯蒂芬·扬:《跨国企业经济学》,经济科学出版社 1994 年版。

40. 杨海明、王燕著:《投资学》,上海人民出版社 1998 年版。

41. UNCTAD, *World Investment Report*(1991—2017), United Nations Publication.

42. United Nations Conference on Trade and Development, *Transnational Corporations*(1991—2016, All Issues), United Nations Publication.

43. Charles W. L. Hill, *International Business*: *Competing in the Global Marketplace*(Fifth Edition), McGraw-Hill Company, Inc, 2005.

44. Alan M. Rugman, "Forty Years of the Theory of the Transnational Corporation", *Transnational Corporations*, 8(2), August 1999.

45. Alan M. Rugman and Verbeke A., "Subsidiary Specific Advantages in Multinational Enterprises", *Strategic Management Journal*, 22(3), 2001.

46. David Rayome and James C. Baker, "Foreign Direct Investment: A Review and Analysis of the Literature", *The International Trade Journal*, IX(1), Spring 1995.

47. Joel W. Messing, "Towards a Multilateral Agreement on Investment", *Transnational Corporations*, 6(1), April 1997.

48. Hymer, S. H., *The International Operation of National Firms*: *A Study of Direct Investment*, Cambridge, MIT Press, 1976.

49. Jagdish Bhagwati, *International Factor Mobility*, MIT Press, 1983.

50. Vernon, Ramand, "International Investment and International Trade in the Product Cycle", *Quarterly Journal of Economics*, May 1966.

51. Peter J. Buckley and M. Casson, *The Future of Multinational Enterprises*, London, Macmillan Press-Ltd., 1976.

52. Peter J. Buckley, *Multinational Firms*, *Cooperation and Competition in the World Economy*, Macmillan Press Ltd. and ST. Martin's Press, LLC., 2000.

53. Dunning, J. H., "Towards an Eclectic Theory of International Production: Some Empirical Tests", *Journal of International Business Studies*, 2, 1980.

54. Dunning, J. H. and Alan M Rugman, "The Influence of Hymer's Dissertation on the Theory of FDI," *American Economic Review*, Papers and Proceedings, May 1985.

55. Dunning, J. H. and Fabienne Fortanier, "Multinational Enterprises and the New Development Paradigm: Consequences for Host Country Development", *Multinational Business Review*, 15(1), Spring 2007.

56. Cantwell John, "Knowledge in the Theory of the Firm and MNC: Asset or Action?" *Journal of Management & Governance*, 10(1), 2006.

57. Hans-Werner Sinn, "Why Banking Crises Happen", *The International Economy*, 22(3), Summer 2008.

58. Louis T. Wells, "The Role of Foreign Direct Investment in East Asian Economic Development", *Journal of Economic Literature*, (39)4, Dec 2001.

59. Bruno Solnik and Dennis McLeavey, *International Investment* (Fifth Edition), Person Education, Inc., 2004.

专业名词中英文汇编

ADR(american deposita ryreceipt)
BOT 投资方式(build-operate-transfer)
FIDIC 条款(FIDIC clause)
OIL 理论(theory of ownership-internalization-location, OIL Theory)
QFII(qualified foreign institutional investors)
《巴黎公约》(Paris Convention for the Protection of Industrial Property)
北美自由贸易区(North American Free Trade Area)
比较优势理论(the theory of comparative advantage)
并购境内企业(M&A with domestic enterprises)
财政援助(financial assistance)
产品生命周期理论(the theory of product life cycle)
独占许可(exclusive license)
多边投资框架(multilateral framework on investment, MFI)
多边投资协定(multilateral agreement on investment, MAI)
多边援助(multilateral aid)
二包(separate contracting)
发行市场(issuance market)
法律组织形式(legal organizational structure)
范纳模型(Viner model)
方案援助(programme assistance)
非股权投资(non-equity investment)
分包(subcontracting)
分公司(branch)
封闭式基金(closed-end fund)
杠杆租赁(leveraged lease)
关税同盟(tariff union)
官方发展援助(official development assistance)
归核化(refocusing)
国际避税(international tax avoidance)
国际避税地(international tax havens)
国际独资企业(international sole enterprises)
国际合资企业(international joint-venture enterprises)
国际经济合作(international economic cooperation)
国际生产折中理论(the eclectic theory of international production)
国际双重征税(international double taxation)
国际税收(international taxation)
国际税收协定(international taxation treaties)
国际逃税(international tax evasion)
国际直接投资(international direct investment)
国际直接投资环境(international direct investment climates)
国际直接投资协调(coordination of international direct investment)
国家税收(national taxation)
海外直接投资宏观管理(macro-management of overseas direct investment)
技术(technology)
技术援助(technical assistance)
交钥匙合同(turn key contract)
经营当地化(localization of operation)
经营租赁(operating lease)
开放式基金(opened-end fund)
可行性研究(feasibility study)
跨国并购(transnational mergers and acquisitions)
跨国公司(transnational corporations)
跨国化指数(transnationality index, TNI)
劳务(labor)
劳务合同(service contract)
劳务输出(export of labor)
联合国发展系统(the United Nations Development

System)
联络办事处(liaison office)
流通市场(circulation market)
垄断优势理论(monopolistic advantage theory)
《罗马条约》(Treaty of Rome)
《马斯特里赫特条约》(Maastricht Treaty)
买壳上市(reverse merger)
贸易扩大效应(trade expansion effect)
贸易转移效应(Trade diverting effect)
母公司(parent company)
内部化理论(the theory of internalization)
欧盟(European Union)
欧洲债券(Euro bonds)
排他许可(sole license)
普通许可(simple license)
企业国际竞争力(international competitiveness of corporations)
全球性地区结构(global regional structure)
全球债券(global bond)
融资租赁(financial lease)
软环境(soft environment)
《商标国际注册马德里协定》(Mardrid Agreement Concerning International Registration of Trade Marks)
商标权(trademark right)
涉外税收(foreign-related taxation)
生产要素(factors of production)
生产要素禀赋(factors endowment)
生产要素的非同一性(differences in factors of production)
生产要素的国际移动(transnational movement of factors of production)
施工索赔(construction claim)
售后回租(sale and lease back)
双边投资协定(bilateral investment treaties, BIT)
双边援助(bilateral aid)
税基(tax base)
税率(tax rate)
税收管辖权(tax jurisdiction)
税种(tax type)

投标(bidding)
投资动机(investment motive)
投资发展周期理论(the theory of investment development cycle)
投资环境等级评分法(investment climate rating)
投资性公司(foreign-invested holding companies)
外国税收(foreign taxation)
外国债券(foreign bonds)
外商投资股份有限公司(shareholding companies with foreign investment)
外商投资企业的合并与分立(M&A for foreign-invested enterprises)
外资企业(foreign-invested enterprises)
维修租赁(maintenance lease)
项目评估(project assessment)
亚太经济合作组织(Asia-Pacific Economic Cooperation Organization)
银行保函(guarantee letter)
硬环境(physical environment)
与贸易有关的投资措施协议(Agreement on Trade-Related Investment Measures, TRIMs)
赠予成分(grant element)
战略联盟(strategic appliance)
招标(invitation to tender)
知识产权(intellectual property rights)
中外合资经营企业(sino-foreign equity joint ventures)
中外合作经营企业(sino-foreign contractual joint ventures)
专利权(patent right)
专有技术(know-how)
转移价格(transfer price)
转移价格税制(transfer price taxation)
资本证券(capital securities)
资信等级评定(credit status rating)
资信调查(credit status analysis)
子公司(subsidiary)
综合租赁(comprehensive lease)
总包(main contracting)
"走出去"战略("goingglobal" strategy)

北京大学出版社教师反馈及教辅申请表

北京大学出版社本着"教材优先、学术为本"的出版宗旨,竭诚为广大高等院校师生服务。为更有针对性地提供服务,请您按照以下步骤在微信后台提交教辅申请,我们会在1～2个工作日内将配套教辅资料,发送到您的邮箱。

◎ 手机扫描下方二维码,或直接微信搜索公众号"北京大学经管书苑",进行关注;

◎ 点击菜单栏"在线申请"—"教辅申请",出现如右下界面:

◎ 将表格上的信息填写准确、完整后,点击提交;

◎ 信息核对无误后,教辅资源会及时发送给您;
如果填写有问题,工作人员会同您联系。

温馨提示:如果您不使用微信,您可以通过下方的联系方式(任选其一),将您的姓名、院校、邮箱及教材使用信息反馈给我们,工作人员会同您进一步联系。

我们的联系方式:

通信地址：北京大学出版社经济与管理图书事业部北京市海淀区成府路205号,100871
联 系 人：周莹
电　　话：010-62767312 / 62757146
电子邮件：em@pup.cn
Q　　Q：5520 63295(推荐使用)
微　　信：北京大学经管书苑(pupembook)
网　　址：www.pup.cn